KANT ET L'HUMAIN

GÉOGRAPHIE, PSYCHOLOGIE, ANTHROPOLOGIE

À LA MÊME LIBRAIRIE

Années 1747-1781. Kant. Avant la Critique de la raison pure, sous la direction de Luc Langlois, 352 p., 2009.

L'année 1790. Kant. Critique de la faculté de juger. *Beauté, vie, liberté*, sous la direction de Christophe Bouton, Fabienne Brugère et Claudie Lavaud, 352 p., 2008.

L'année 1793. Kant. Sur la politique et la religion, sous la direction de Jean Ferrari, 272 p., 1995.

L'année 1795. Kant. Essai sur la paix, sous la direction de Pierre Laberge, Guy Lafrance et Denis Dumas, 406 p., 1997.

L'année 1796. Kant. Sur la paix perpétuelle. De Leibniz aux héritiers de Kant, sous la direction de Simone Goyard-Fabre et Jean Ferrari, 216 p., 1998.

L'année 1797. Kant. La métaphysique des mœurs, sous la direction de Simone Goyard-Fabre et Jean Ferrari, 144 p., 2000.

L'année 1798. Kant. Sur l'anthropologie, sous la direction de Jean Ferrari, 224 p., 1997.

Années 1796-1803. Kant. Opus postumum. Philosophie, science, éthique et théologie, sous la direction de Ingeborg Schüssler, édité par Christophe Erismann, 246 p., 2001.

Années 1781-1801. Kant. Critique de la raison pure. Vingt ans de réception, sous la direction de Claude Piché, 288 p., 2002.

Kant. Les sources de la philosophie kantienne aux XVII*e et* XVIII*e siècles*, sous la direction de Lukas K. Sosoe et Robert Theis, 384 p., 2005.

Kant et les Lumières européennes, sous la direction de Lorenzo Bianchi, Jean Ferrari et Alberto Postigliola, 374 p., 2009.

Kant et Wolff. Héritages et ruptures, sous la direction de Sophie Grapotte et Tinca Prunea-Bretonnet, 236 p., 2011.

Kant et la Science. La théorie critique et transcendantale de la connaissance, sous la direction de Sophie Grapotte, Mai Lequan et Margit Ruffing, 328 p., 2011.

Kant et les sciences. Un dialogue philosophique avec la pluralité des savoirs, sous la direction de Sophie Grapotte, Mai Lequan et Margit Ruffing, 388 p., 2011.

Kant. Théologie et religion, sous la direction de Robert Theis, 402 p., 2013.

Kant. La raison pratique, sous la direction de Sophie Grapotte, Margit Ruffing et Ricardo Terra, 426 p., 2015.

Kant et les penseurs de langue anglaise. En hommage à Jean Ferrari, sous la direction de Sophie Grapotte, Mai Lequan et Lukas Sosoe, 304 p., 2017.

L'année 1784. Droit et philosophie de l'histoire, sous la direction de Sophie Grapotte, Mai Lequan et Margit Ruffing, 469 p., 2017.

KANT ET L'HUMAIN

GÉOGRAPHIE, PSYCHOLOGIE, ANTHROPOLOGIE

sous la direction de

Paulo Jesus, Elisabeth Lefort,
Mai Lequan et Diogo Sardinha

PARIS
LIBRAIRIE PHILOSOPHIQUE J. VRIN
6, place de la Sorbonne, Ve

2019

Imprimé en France
ISSN 0249-7875
ISBN 978-2-7116-2940-4
www.vrin.fr

LISTE DES ABRÉVIATIONS

Les œuvres de Kant (voir ci-dessous la liste des sigles utilisés) sont citées dans l'édition de l'Académie de Berlin, *Kant's gesammelte Schriften*, de la manière suivante : la mention abrégée AK est suivie du numéro du tome en chiffres romains, puis de celui de la page en chiffres arabes. En outre, les références à la *Critique de la raison pure* mentionnent la pagination des éditions A et/ou B. Le sigle OP renvoie à l'édition des *Œuvres philosophiques* de Kant dans la collection de la « Bibliothèque de la Pléiade » (le tome est indiqué en chiffres romains, la page en chiffres arabes).

Anthropologie	*Anthropologie du point de vue pragmatique*
APP	*Annonce de la prochaine conclusion d'un traité de paix perpétuelle en philosophie*
APL	*Annonce du programme des leçons du semestre d'hiver 1765-1766*
CDH	*Conjectures sur les débuts de l'histoire humaine*
CF	*Conflit des Facultés*
CFJ	*Critique de la faculté de juger*
CO	*Essai de quelques considérations sur l'optimisme*
CRP	*Critique de la raison pure* (A / B)
CRPr	*Critique de la raison pratique*
DCR	*Définition du concept de race humaine*
Dissertation	*Dissertation de 1770 : De la forme et des principes du monde sensible et du monde intelligible*
DD	« Doctrine du droit », *Métaphysique des mœurs*
DM	*D'un prétendu droit de mentir par humanité*

DRH	*Des différentes races humaines*
DV	« Doctrine de la vertu », *Métaphysique des mœurs*
EET	*Sur l'échec de tout essai philosophique en matière de théodicée*
EGN	*Essai pour introduire en philosophie le concept de grandeurs négatives*
Feyerabend	*Vorlesungen Naturrecht Feyerabend* (AK XXVII)
FMM	*Fondements de la métaphysique des mœurs*
FV	*Pensées sur la véritable évaluation des forces vives*
GP	*Géographie physique*
HDN	*Histoire et description naturelles du tremblement de terre qui ébranla une partie de la Terre en 1755*
HGN	*Histoire générale de la nature et théorie du ciel*
Idée	*Idée d'une histoire universelle au point de vue cosmo-politique*
LEP	*Abrégé de philosophie ou Leçons sur l'encyclopédie philosophique*
LOG	Logique
MM	*Métaphysique des mœurs*
NE	*Nouvelle explication des premiers principes de la connaissance métaphysique*
OBS	*Observations sur le sentiment du beau et du sublime*
OPost	*Opus postumum*
Progrès	*Quels progrès effectifs a accomplis la métaphysique depuis l'époque de Leibniz et de Wolff ?*
PMF	*Prolégomènes à toute métaphysique future qui pourra se présenter comme science*
PPM	*Premiers principes métaphysiques de la science de la nature*
PPed	*Propos de pédagogie*
PPP	*Projet de paix perpétuelle*
QL	*Qu'est-ce que les Lumières ?*
QOP	*Qu'est-ce que s'orienter dans la pensée ?*

RE	*Réponse à Eberhard*
Recherche sur l'évidence	*Recherche sur l'évidence des principes de la théologie naturelle et de la morale*
Réfl.	*Reflexionen* (*Handschriftlicher Nachlass*)
Rel.	*La religion dans les limites de la simple raison*
Rêves	*Rêves d'un visionnaire expliqués par des rêves métaphysiques*
ROBS	*Remarques touchant les Observations sur le sentiment du beau et du sublime*
SCS	*Suite de la considération sur les séismes* (AK I)
TP	*Sur le lieu commun : il se peut que ce soit juste en théorie, mais en pratique cela ne vaut rien*
Unique fondement	*Unique fondement d'une démonstration de l'existence de Dieu*
UPT	*Sur l'usage des principes téléologiques en philosophie*
V-Anthrop	*Vorlesungen über Anthropologie / Leçons d'anthropologie* (AK XXV)
V-Ethik	*Vorlesungen über Ethik / Leçons d'éthique* (AK XXVII)
V-Log	*Vorlesungen über Logik / Leçons de logique* (AK XXIV)
V-Met	*Vorlesungen über Metaphysik / Leçons de métaphysique* (AK XXVIII et AK XXIX)
VKK	*Versuch über die Krankheiten des Kopfes / Essai sur les maladies de la tête* (AK II)

PRÉFACE

Toutes les interrogations philosophiques, ainsi que la philosophie tout entière en tant que tâche critique, trouvent leur unité suprême et leur sens fondamental dans une seule et même question : Qu'est-ce que l'humain ? Cette question, à la fois première et ultime, se rattache à l'origine radicale et à l'horizon infini de toute pensée. Pour Kant, pourrait-on dire, toutes les questions possibles ne seraient que des déclinaisons variables ou des espèces particulières de cette question, *arkhé* et *télos*, qui engage, investit et se retourne définitivement, sans aucune dérobade possible, sur le sujet du questionnement lui-même. Par ailleurs, Kant récuse et dépasse l'essentialisme humaniste des anciens et des modernes jusqu'à renouveler la question qui s'adresse à « l'essence de l'humanité ». Le renouvellement de la question procède d'une révolution logique et méthodologique grâce à laquelle Kant redéfinit le statut épistémologique et les stratégies heuristiques de nouvelles sciences de l'humanité, à savoir la géographie, la psychologie et l'anthropologie. Au cœur de ces sciences on trouve le concept et l'expérience du « Je pense », la conscience de soi et la personne psychophysique qui se manifeste dans le pouvoir de sentir, penser et dire : « Je ». Il est, donc, ici question du « Je » vivant et agissant, au-delà de la cognition pure et de sa simple forme logique. La question de l'humain convoque le « Je » en tant que « pouvoir » d'habiter le monde et de déployer une aventure cosmique et un processus développemental virtuellement infini qui recèle, pour Kant, la responsabilité sur la réalisation de son propre « pouvoir-être ».

Ce livre rassemble une sélection de textes qui reprennent, dans une version remaniée, des communications présentées lors du « XIIIe Congrès international de la Société d'études kantiennes de langue française (SEKLF) », consacré à « Kant et l'humain », qui s'est tenu du 13 au 15 septembre 2017 à l'Université Portucalense (UPT), à Porto (Portugal). Les études ici publiées veulent contribuer à l'examen des figures kantiennes de l'humain et des sciences qui prennent l'humain pour objet. Les problèmes principaux qui sont abordés concernent : 1) le sens kantien de l'humain ou de l'humanité (en tant qu'« espèce animale » et en tant que « personnalité ») ; 2) la primauté de la signification cosmopolitique et éthique de l'humain dans le cadre de la philosophie pratique de Kant ; et 3) les contributions de la géographie, de la psychologie et de l'anthropologie en tant que « sciences kantiennes de l'humain ».

Le fil conducteur qui organise la séquence des textes propose un parcours de lecture où ces trois sciences humaines se succèdent et s'articulent, culminant dans une dernière section éthique. Il s'agit, par conséquent, d'un ensemble de 27 textes distribués en quatre parties thématiques, à l'exception du premier chapitre, « Itinérance en Anthropologie », rédigé par Jean Ferrari, Président de la Société d'Études Kantiennes de Langue Française au moment du Congrès, qui offre une introduction personnelle aux questions majeures de la recherche sur l'anthropologie kantienne. Ensuite, la première partie est consacrée à la « Géographie : l'humain sur la terre et dans la cité » et comprend six chapitres qui s'occupent des sujets suivants : la place de l'humain dans les recherches en géographie physique (par Mai Lequan), la métaphore de la « machine » appliquée au monde, à l'homme et à l'Etat (par Giovanni Pietro Basile), la citoyenneté cosmopolite (par Soraya N. Sckell), le nationalisme et le racisme (par Elisabeth Lefort), la notion de peuple (par Diogo Sardinha), et enfin le thème ou « mythe » révolutionnaire (par Elena Partene). La deuxième partie s'intitule « Psychologie : l'humain intérieur », regroupant six chapitres qui ont trait à l'imagination (par Claude Piché), à la sympathie (par Dimitri Lang), à l'introspection ou observation de soi (par Luc Langlois), à la folie ou déraison (par Didier Hurson), à la conscience sensible de soi (par Frédéric Seyler) et à la liberté intellectuelle (par Gennaro Luise). La troisième partie, « Anthropologie : l'humain en tant qu'être et devenir », contient sept chapitres qui traitent du rapport entre anthropologie et philosophie transcendantale (par Claudia Serban), du sens critique de l'anthropologie (par Angelo Cicatello), du rapprochement analogique entre animalité et humanité (par Nuria Sánchez et Diane Morgan), du caractère du sexe féminin (par Monique Hulstof), du statut intellectuel de la femme (par Charlotte Sabourin) et de la nature poétique et cognitive des rêves (par Fernando Silva). La quatrième et dernière partie, placée sous le signe pratique de l'« Ouverture éthique : l'humanité et son devoir de développement », présente huit chapitres qui portent sur l'amour de soi (par Brigitte Geonget), le rapport sensible à la mort (par Arnaud Pelletier), le transhumanisme (par Guillaume Lejeune), la normativité (par Gualtiero Lorini), la relation entre bonheur et moralité (par Helke Panknin-Schappert), les formes de l'égoïsme (par Lisa Frank), le suprême bien (par Margit Ruffing) et, enfin, le problème du perfectionnement de l'humanité (par Sophie Grapotte).

Nous tenons à reconnaître avec gratitude que l'organisation du XIII [e] congrès de la SEKLF, d'abord, et la publication de cet ouvrage, ensuite, n'ont été possibles que grâce au généreux soutien logistique et financier de plusieurs institutions et projets de recherche, notamment le « *Portucalense Institute for Legal Research* » (IJP/UPT, Porto), le « *Centro de Filosofia da Universidade de Lisboa* » (CFUL), l'Université franco-allemande (UFA/DFH), la « *Johannes Gutenberg-Universität Mainz* » (JGU), le Collège international de philosophie

(Ciph, Paris), l'« *Instituto de Filosofía* » (IFS/CSIC, Madrid), la « *Fundação para a Ciência e Tecnologia* » (FCT/Portugal) et le projet « *Cosmopolitanism : Justice, Democracy and Citizenship without Borders* » (PTDC/FER-FIL/30686/2017, dirigé par Soraya N. Sckell).

Paulo JESUS
Centro de Filosofia da Universidade de Lisboa

(Au nom de l'équipe de direction)

ITINÉRANCE EN ANTHROPOLOGIE

Je voudrais, si vous me le permettez, parcourir avec vous le long chemin que j'ai suivi, depuis le commencement de mes recherches, sur l'anthropologie de Kant. Pour avoir organisé en 1996 à Dijon un colloque intermédiaire de notre société sur le thème : « La naissance de l'anthropologie à l'époque des Lumières », il m'était difficile de ne pas intervenir, lors du XIIIe congrès de notre association, à Porto, sur ce thème qui fait expressément partie des sujets proposés. Le titre de cette communication indique la singularité de mon propos qui rapporte le parcours d'un chercheur à travers plusieurs décennies, invité à diverses reprises à rencontrer chez Kant la question anthropologique. Curieusement cet itinéraire est en partie jalonné par les congrès, colloques, journées d'étude de notre société de telle sorte que c'est un peu son histoire qu'en même temps que la mienne je rapporterai.

Mon intérêt pour l'anthropologie de Kant est né de mes premières recherches pour la rédaction de ma thèse sur les sources françaises de la philosophie de Kant [1]. Alors que, dans mes études supérieures à l'université de Dijon et à la Sorbonne, aucun cours ne m'avait jamais été donné sur cette partie de l'œuvre de Kant, souvent ignorée ou dépréciée – aucune mention n'en était faite à l'époque dans les grandes histoires de la philosophie de Bréhier et de Rivaud – je découvris son importance par rapport à mon sujet, par les nombreuses citations que l'*Anthropologie d'un point de vue pragmatique* contenait d'auteurs français, au point que, pour sa publication, je décidais de lui consacrer un chapitre entier qui avait pour titre : « les sources françaises de l'anthropologie kantienne », qui suivait l'ordre des matières du livre de Kant, de la faculté de connaître, du sentiment de plaisir et de déplaisir, de la faculté de désirer, du caractère de l'espèce, et une dizaine de pages plus érudites dans l'appendice que, sur le conseil d'Henri Gouhier, j'ajoutais au volume. Ces références montraient l'étendue et la diversité des lectures faites par Kant d'auteurs français. A côté de nombreuses remarques sans intérêt proprement philosophique, empruntées à des recueils d'anecdotes, à des récits de voyages ou à des romans, le questionnement anthropologique de Kant se révélait, selon le propos de la préface, dans « cette

1. Jean Ferrari, *Les sources françaises de la philosophie de Kant*, Paris, Klincksieck, 1980.

connaissance ici exposée de ce que l'homme en tant que libre activité fait, peut et doit faire de lui-même » [1].

J'allais être conduit à approfondir ma recherche par une demande d'André Robinet, à l'issue du congrès mondial de Philosophie à Vienne en 1968, où j'avais présenté une communication sur la bibliothèque de Kant, de rédiger le volume consacré à Kant dans la collection « Philosophes de tous les temps » qu'il dirigeait chez Seghers [2]. Parmi les nombreuses interprétations de son système et à la recherche d'un thème cardinal permettant d'en unir les différentes parties, s'imposa bientôt à moi la question de l'homme, négligée par ses premiers exégètes, d'abord attachés à la seule *Critique de la raison pure*. La question pourtant n'était pas nouvelle depuis l'origine de la philosophie en Grèce. Mais jamais, avant Kant, on ne lui avait donné une telle radicalité. D'où l'audace du sous-titre que je proposais pour ce petit volume : « L'invention de l'homme ». Dans l'air du temps et sous l'influence, à l'époque, des propos de Michel Foucault sur l'humanisme et sa disparition prochaine, l'idée semblait s'imposer que l'homme était une invention récente qui, avec une nouvelle *épistémè*, ne tarderait pas à disparaître, selon les dernières lignes des *Mots et des choses*, « comme à la limite de la mer un visage de sable » [3]. Si, à un certain moment de l'histoire, il y eut en effet une sorte de basculement des conceptions traditionnelles de l'homme vers une caducité irrémédiable, Kant y a certes puissamment contribué, mais dans un autre sens que celui que Michel Foucault voulait lui donner. Certains ont même considéré, comme Pierre Trotignon, que le criticisme était l'origine absolue de notre modernité [4].

L'achèvement de ma thèse et sa publication, les traductions faites pour le premier volume des *Œuvres philosophiques de Kant* à la Pléiade ne m'éloignèrent pas de la question anthropologique partout présente dans la période précritique. J'avais accepté, à cette époque, diverses responsabilités universitaires et associatives, jusqu'à l'organisation en 1988 à Dijon du XXIIe congrès de l'ASPLF sur « L'espace et le temps ». A l'occasion de cette rencontre internationale je proposais la création d'une société d'études kantiennes de langue française. Cette proposition avait été précédée d'une enquête auprès de collègues éminents sur l'intérêt de cette initiative. Une trentaine dont je garde précieusement la liste me répondirent favorablement, parmi lesquels Pierre Aubenque, Yvon Belaval, Luc Ferry, Simone Goyard-Fabre, Henri Gouhier, Joachim Kopper, Paul Ricoeur, Jules Vuillemin, Sylvain Zac…, tous m'encouragèrent vivement dans cette entreprise. D'emblée je fus entouré de spécialistes de Kant, dont trois furent élus vice-présidents à la première assemblée générale d'août 1988, qui organisèrent ensuite, après celui

1. Kant, *Anthropologie du point de vue pragmatique*, traduction Michel Foucault, Paris, Vrin, 1964.

2. Jean Ferrari, *Kant ou l'invention de l'homme*, Paris, Éditions Seghers, 1971.

3. Michel Foucault, *Les mots et les choses*, Paris, Éditions Gallimard, 1964, p. 404.

4. *Handschriftlicher Nachlaß Moralphilosophie*, AK XIX, 21. Pierre Trotignon, *La Philosophie allemande depuis Nietzsche*, Paris, A. Colin, 1968.

de Dijon en 1993, les trois congrès suivants de notre société : Pierre Laberge à Ottawa en 1995 sur la paix perpétuelle, Evanghélos Moutsopoulos à Athènes en 1997 sur Droit et vertu chez Kant, et Ingeborg Schüssler à Lausanne en 1999 sur l'*Opus postumum*, assurant ainsi pour nos congrès une biennalité désormais traditionnelle. Le XVIe congrès international Kant à Mayence en 1990 nous permit de faire connaître notre nouvelle société. Plusieurs d'entre nous furent invités à y faire des conférences plénières. Reprenant mes réflexions sur l'anthropologie, je proposais un sujet qui avait pour titre « La question de l'homme dans la philosophie de Kant conduit-elle à la définition d'un humanisme ?» [1]. Là encore je me faisais l'écho de débats entre plusieurs interprètes, débats qui rappelaient ceux qui opposèrent à Davos en 1929 Cassirer et Heidegger sur le kantisme et la philosophie.

Humain, humanisme, curieusement la question « qu'est-ce que l'homme ? » apparaît fort tardivement et en très peu d'endroits dans l'œuvre de Kant : dans la lettre à Stäudlin du 4 mai 1793 [2] et dans la *Logique*, le dernier ouvrage publié de Kant, édité par Jäsche à partir des notes d'un cours que Kant donna pendant plus de trente ans à l'université de Königsberg. Le texte de la *Logique* est le seul qui rapporte à l'anthropologie la tâche de répondre aux trois questions qui déterminent la fin suprême de la raison dans la *Critique de la raison pure* : que puis-je connaître ? Que dois-je faire ? Que m'est-il permis d'espérer ?, en lui donnant un sens cosmopolitique (*Weltbegriff*) comme science des fins dernières de la raison humaine [3]. Il convenait donc d'interroger l'ouvrage de 1800 et de découvrir l'extrême difficulté de situer l'*Anthropologie du point de pragmatique* dans le système kantien : ni science au sens formel du terme comme discipline dont l'objet serait phénoménal et les principes transcendantaux, ni science purement *a priori* puisqu'elle repose sur l'expérience que les hommes peuvent avoir d'eux-mêmes et des autres. Reprenant certains enseignements développés dans les opuscules sur la philosophie de l'histoire, l'ouvrage s'oriente vers une caractéristique de l'espèce humaine qui fait de l'homme un animal *rationabile* capable de devenir *rationale* [4], inscrivant la perfectibilité au cœur de sa nature et capable de se cultiver, de se civiliser, de se moraliser.

Le texte de l'*Anthropologie* ne répondant qu'imparfaitement à la question anthropologique sur le plan théorique, je fus conduit à poser la question de savoir si la perspective critique, qui pourtant exclut d'emblée toute connaissance métaphysique de l'homme et toute donnée de l'expérience, pouvait nous enseigner sur la question de l'homme. La critique n'est-elle pas présentée comme l'invite à reprendre la plus difficile des tâches et en même temps la plus nécessaire, celle de la connaissance de soi-même ? Celle-ci conduit en effet à l'examen rigoureux des pouvoirs et des limites de l'esprit humain qui met en évidence les conditions de l'objectivité du savoir et s'ouvre sur l'existence d'une raison pure pratique,

1. *Akten des Siebenten Internationalen Kant-Kongresses*, I, Bonn, Bouvier, 1991.
2. *Briefwechsel*, « An Carl Friedrich Stäudlin, 4. Mai 1793 », AK XI, 429.
3. LOG, AK IX, 25 ; OP III, 1296.
4. *Anthropologie*, AK VII, 321 ; OP III, 1133.

identifiée à la liberté, « clé de voûte de tout le système de la raison pure, y compris de la raison spéculative » [1]. L'exigence éthique, révélée par l'impératif catégorique, fait connaître cette liberté en même temps que l'appartenance de l'homme au monde intelligible. Fragment de la nature, *homo phaenomenon*, soumis au plus strict déterminisme, l'homme est aussi *homo noumenon*, certes inconnaissable, mais dont la raison se voit obligée d'affirmer l'existence pour se concevoir elle-même comme pratique. Il en résulte un être cassé entre sa nature phénoménale et sa nature nouménale, séparées par un gouffre que la *Critique de la faculté de juger* a pour fin de combler. Au terme de ses analyses, elle concluait sur l'idée d'un homme raisonnable mais fini, dont la finitude, comme l'affirmait déjà l'*Essai sur les grandeurs négatives*, explique la faillibilité. Toutefois ces limites qui concernent la connaissance humaine dont le savoir par elles est assuré sont aussi celles qui permettent l'accès à la raison pratique. Une ultime interrogation sur la *Menschheit* permettait de conclure que ce n'est ni sa nature sensible, ni même ses facultés intellectuelles qui définissent l'homme, mais son autonomie et sa liberté : elles en font le sujet d'une raison moralement pratique, une fin en soi qui lui confère une valeur au-delà de tout prix.

A l'issue du congrès mondial de Mayence, son président, le professeur Gerhard Funke, me demanda d'envisager la possibilité de tenir à Dijon en 1995 le XVIIe congrès mondial. L'obligation faite à la société organisatrice de publier les actes dans les langues utilisées par les congressistes me contraignit à décliner cette offre, ne disposant pas à l'université d'un secrétariat à cet effet, mais nous décidâmes que le premier congrès de notre société aurait lieu à Dijon en 1993 sur le thème : « L'année 1793, sur la politique et la religion », inaugurant, pour la publication de ses actes à la librairie philosophique Joseph Vrin, une collection sous le titre « Les années Kant » qui compte aujourd'hui une vingtaine d'ouvrages parus sous l'égide de notre société. La même année, un colloque à Nancy sur « Images de l'homme au XVIIIe siècle » me fit m'interroger plus précisément sur les § 83 et 84 de la *Critique de la faculté de juger*, avec la question : l'homme peut-il se penser comme l'effet du hasard et de la nécessité ? [2]. Allusion explicite à l'ouvrage de Jacques Monod paru en 1970. Cet examen me donna une grande lumière. Ce fut pour moi l'occasion, par un examen rigoureux du vocabulaire kantien, de corriger certaines traductions qui occultaient la signification exacte de ces deux paragraphes, dont on ne peut exagérer l'importance non seulement dans la troisième *Critique*, mais aussi par rapport à l'entreprise kantienne en son entier. En effet, il ne s'agit rien moins que de situer la place et de définir le sens de l'homme dans l'ensemble des choses existantes, question qui habite Kant depuis les années soixante, après sa lecture de Rousseau. Kant établit que l'homme est comme un *vinculum* entre le domaine de la nature et celui de la liberté et il montre comment la nature elle-

1. CRPr, AK V, 3 ; OP II, 610.

2. Jean Ferrari, « L'homme peut-il se penser comme l'effet du hasard et de la nécessité ? », in *Images de l'homme au XVIIIe siècle*, Nancy, Éditions universitaires, 1995.

même, par les dispositions qu'elle a déposées dans l'espèce humaine, conspire à son propre effacement, en faisant de l'homme en tant qu'être libre la fin dernière de la nature (*letzer Zweck der Natur*). La compréhension de ces deux paragraphes implique que l'on définisse précisément les significations du terme de nature chez Kant, d'abord compris comme l'ensemble des objets sensibles qui se donnent en tant que phénomènes à notre connaissance. Et à ce titre l'homme est un fragment de la nature, soumis au plus strict déterminisme. Mais parmi les êtres qui composent l'univers physique, les êtres vivants requièrent, par leur constitution propre, une approche particulière qui est celle de la finalité. Dans le système des causes finales, l'homme se définit alors comme fin dernière de la nature, dans la mesure où il met un terme à la série des conditions qui le déterminent, soumettant la nature à ses propres fins. Il est le seul être vivant qui possède le pouvoir de se proposer à lui-même des fins qu'il réalise par la culture de l'habileté et par celle de la discipline, la première le conduisant à la civilisation, la seconde à la moralisation. Apparaît alors le concept de but final (*Endzweck*), fin qui n'a besoin d'aucune autre comme condition de sa possibilité, comme l'indique le début du § 84. L'*Endweck* ne saurait donc être une fin de la nature, puisqu'il n'y a rien dans la nature qui ne puisse être déterminé. Seul « l'homme est le but final de la création, car, sans lui, la chaîne des fins subordonnées les unes aux autres ne serait pas pleinement fondée, et ce n'est que dans l'homme et seulement en lui comme sujet de la moralité que la législation inconditionnée concernant les fins peut se rencontrer, qui le rend seul capable d'être un but final auquel est subordonnée téléologiquement toute la nature » [1]. « Sans les hommes, écrit Kant, la création tout entière ne serait qu'un simple désert, inutile et sans but final » [2]. Une interprétation, à mes yeux fallacieuse, pourrait ici s'imposer qui verrait une Providence souveraine à l'œuvre dans la création et orientant l'histoire de manière que ses desseins s'y accomplissent, oubliant que c'est par rapport au jeu de nos facultés que nous pensons le sens de l'homme et de la nature. Autrement dit, ce serait poser une théologie au fondement de la téléologie, et revenir aux vieilles lunes de la philosophie traditionnelle.

Le thème d'un colloque intermédiaire de notre société sur la *Critique de la faculté de juger* en 2008 m'incita à poursuivre mon interrogation sur les rapports chez Kant entre téléologie et théologie, tels qu'ils apparaissent, faisant suite aux § 83 et 84, à la fin de l'Appendice à la méthodologie de la faculté de juger téléologique [3]. L'homme, but final de la création, découvre en lui un but final auquel sa raison pratique l'oblige à tendre, le souverain Bien qui se définit comme l'union de la vertu et du bonheur que seul un Dieu peut assurer. Ainsi s'énonce une preuve morale de l'existence de Dieu. Tout le souci de Kant sera ensuite de montrer que cet argument se limite au domaine pratique et ne saurait constituer

1. CFJ, AK V, 435 ; OP II, 1239.
2. CFJ, AK V, 442 ; OP II, 1247.
3. Jean Ferrari, « De la téléologie à la théologie, impasses et promesses », in *L'année 1790. Kant,* Critique de la faculté de juger. *Vie, beauté, liberté*, Paris, Vrin, 2008.

une preuve objective de l'existence de Dieu. La démarche est la même pour l'immortalité de l'âme. L'idée d'une survie comme « condition requise pour le but final qui nous est imposé par la raison » n'est que subjectivement nécessaire, puisque ce que l'on appelle « connaissance de l'âme, selon Kant, n'est qu'une simple anthropologie du sens interne » sans portée ontologique [1]. Si respectable que soit la preuve téléologico-physique, elle ne saurait conduire à une théologie physique et à un savoir sur Dieu, inaccessible à l'esprit humain. Seule la preuve morale peut fonder une théologie morale qui n'est autre que la religion définie « comme la connaissance de nos devoirs comme commandements divins » [2].

Je dois maintenant revenir au colloque de 1997 sur l'anthropologie, à l'occasion duquel j'avais proposé une réflexion sous le titre : « D'une introuvable science de l'homme », parue dans *L'année 1798* (Paris, Vrin, 1997) et reprise en traduction allemande dans un volume intitulé *Kants Anthropologie*, à l'Akademie Verlag à Berlin. J'y faisais le point sur les différentes conceptions de Kant sur l'anthropologie, qu'il les reprenne à son compte, qu'il les critique ou qu'il les rejette comme la psychologie rationnelle de Baumgarten, au nom des principes de la *Critique de la raison pure*. J'avais été amené à distinguer avec Kant plusieurs conceptions de l'anthropologie. 1/ D'abord une anthropologie physique en tant que connaissance de ce que la nature fait de l'homme, ainsi la géographie physique dans la mesure où elle s'attache, comme chez Kant, aux conditions d'insertion de l'homme dans son milieu naturel, ou, si elle était possible, une anthropologie physiologique. 2/ Une anthropologie morale qui contiendrait les conditions subjectives empiriques, favorables ou non, de l'exécution des lois de la métaphysique des mœurs comme par exemple l'éducation, le milieu familial. 3/ Une anthropologie pragmatique, qui embrasse l'ensemble des facultés humaines de connaître, de sentir et de désirer pour l'usage qu'en peut ou doit faire l'homme en tant qu'être de libre activité. Dans tous les cas, l'anthropologie a une dimension empirique qui l'exclut du système de la raison pure, malgré l'*apax* qui figure dans une réflexion sur la métaphysique, d'*anthropologia transcendentalis* [3], *sans rapport avec le contexte dans lequel elle apparaît* et qui demeure inexplicable.

Une fois encore le cours de mes réflexions et de mes travaux fut déterminé par les sujets proposés lors de nos congrès, en 2009 à Lyon où, sur la suggestion de Claude Piché, je proposais de revenir sur le rapport de Kant à Rousseau, après la parution des deux nouveaux volumes dans les œuvres complètes de l'Académie de Berlin consacrées aux leçons sur l'anthropologie. Ces leçons ne font que confirmer ce que j'avais pu établir dans ma thèse, avec des références nouvelles à des œuvres non citées ailleurs, ce qui m'a fait caractériser modestement cette intervention comme *revisiones*, sur le modèle de l'ouvrage de saint Augustin. Mais surtout un congrès organisé à Luxembourg en 2011 par Robert Theis sur « Théologie et Religion » me fit reprendre une recherche commencée

1. CFJ, AK V, 460.
2. CFJ, AK V, 481.
3. Réfl. (*Handschriftlicher Nachlaß Anthropologie*), AK XV, 395.

quelques années plus tôt sur « L'homme et Dieu dans la dernière philosophie de Kant » [1] et interroger la pensée ultime de Kant sur l'homme et l'anthropologie. On sait que dans l'*Opus postumum* [2], cherchant à établir un passage des principes d'une science de la matière à la physique, Kant se heurte au problème de la théologie transcendantale qu'il perçoit comme inséparable de cette philosophie transcendantale qu'il voudrait définir comme l'achèvement de toute son entreprise. Deux questions se posent alors : qu'est-ce que Dieu ? Y a-t-il un Dieu ? [3]. Cette dernière question, qui restera ouverte jusque dans les dernières pages de l'*Opus postumum*, renvoie à l'homme qui la pense. « Dieu n'est pas une substance hors de moi, écrit Kant, mais ma propre pensée. Il est déplacé de se demander s'il y a un Dieu » [4]. L'indécision par rapport à l'existence de Dieu revient à donner à l'homme nouménal que révèlent l'impératif catégorique et la loi morale la place de Dieu. Kant écrit encore, dans l'une des dernières réflexions de son ouvrage, ce texte étonnant, admirablement traduit par François Marty : « Il y a un être en moi, distinct de moi, qui a pouvoir sur moi (*agit, facit, aperitur*) dans le rapport causal d'efficacité (*nexus effectivus*) qui étant lui-même libre, c'est-à-dire sans être dépendant de la loi de la nature dans l'espace et le temps, me dirige intérieurement (justifie et condamne) et moi l'homme je suis moi-même cet être, et celui-ci n'est pas par exemple une substance hors de moi et ce qui est le plus étrange : la causalité est cependant une détermination à l'action en liberté (non comme causalité de la nature) » [5]. Un texte comme celui-ci montre l'extrême complexité des relations qui se nouent, dans la pensée ultime de Kant, entre Dieu, la nature et l'homme. Et l'impossibilité de pouvoir conclure sur l'existence de Dieu, qui révèle l'échec de la théologie transcendantale, entraîne celui de la philosophie transcendantale dans sa prétention à achever le système. Seuls demeurent, qui donnent un sens aux questions ultimes restées sans réponse, l'exigence morale et l'élan qui entraîne l'homme au-delà de lui-même.

Jean FERRARI
Président de la Société d'Études Kantiennes de Langue Française

1. Dans Jean-Marie Paul (org.), *L'Homme et l'Autre, de Suso à Peter Handke*, Presses universitaires de Nancy, 1990.

2. Kant, *Opus postumum, passage des principes métaphysiques de la science de la matière à la physique*, traduction et notes par François Marty, Paris, PUF, 1986.

3. OPost, AK XXI, 19 ; Marty, *op. cit.*, p. 194.

4. OPost, AK XXI, 151 ; Marty, *op. cit.*, p. 256.

5. OPost, AK XXI, 25 ; Marty, *op. cit.*, p. 212.

PREMIÈRE PARTIE

GÉOGRAPHIE :
L'HUMAIN SUR LA TERRE ET DANS LA CITÉ

LA TRIPLE PLACE DE L'HUMAIN DANS LES 3 ARTICLES DE 1756 SUR LE SÉISME DE LISBONNE. RÉFLEXIONS SUR LE RÔLE DE L'HOMME DANS LA RECHERCHE KANTIENNE EN GÉOGRAPHIE PHYSIQUE

Dans les trois écrits qu'il consacre en 1756 au séisme de Lisbonne comme dans ses cours de géographie physique, Kant traite de la structure et de l'histoire de la Terre (et dans ce cadre des phénomènes sismo-volcaniques), des espèces animales, végétales, minérales terrestres, et particulièrement de *l'espèce humaine*, en tant qu'espèce *raisonnable dotée d'un goût naturel pour la recherche et la connaissance* et appelée à peupler toute la surface terrestre. Ces trois écrits – *Histoire et description naturelle du séisme qui ébranla une partie de la Terre en 1755* ; *Des causes des séismes* et *Suite de la considération sur les séismes* – parus dans la gazette locale, le *Bulletin hebdomadaire de Königsberg* (et non dans une revue savante de diffusion européenne) sont destinés au grand public local ou régional. Si leur objet est l'actualité du drame de Lisbonne (récit chronologique des faits, description des circonstances, formulation d'hypothèses scientifiques relatives aux causes probables de l'événement), le regard qu'y porte Kant sur le séisme est autant celui d'un *géographe physicien*, soucieux d'expliquer le séisme rationnellement, loin de toute superstition, par ses causes chimico-physiques (feu souterrain de matières soufrées) et géologiques (galeries souterraines propageant ce feu de façon continue sous les continents et les mers sur de grandes distances), que celui d'un *géographe* et, dans une moindre mesure, d'un *historien de l'humain*, comme en témoignent les divers statuts que ces trois écrits confèrent à l'homme. L'humain, dont traite ici Kant, n'est pas seulement la population européenne touchée par le séisme, mais l'espèce humaine prise en son universalité terrestre et à travers les âges. Kant y parle *de l'humain, à l'humain* en sa plus grande étendue spatio-temporelle. A l'occasion de l'actualité dramatique du séisme, ces trois textes engagent une réflexion plus large (souvent menée aussi dans les leçons de géographie physique) sur *l'homme habitant de la Terre*. L'humain y apparaît à travers un triple prisme : 1) d'abord en sa fonction testimoniale, comme *témoin* (populaire ou scientifique) du séisme, d'où l'importance du volet descriptif et narratif du récit kantien, inspiré des rapports (directs ou indirects) issus des divers pays touchés par le séisme et ses répliques : Kant construit ses trois articles à partir du *récit chronologique factuel des événements* ; 2) ensuite comme *victime* de la catastrophe : Kant évoque les morts, les blessés, les dommages matériels, sans toutefois céder à la facilité d'une lecture pathologique, empathique, sentimentale ou psychologisante, ni encore moins superstitieuse du drame (là où certains y voient une punition infligée par Dieu à une cité corrompue) ; 3) enfin comme *savant* capable, par sa *raison universelle*, de se hisser à une vue globale, objective et neutre de l'événement comme d'un système de causes et d'effets soumis à des lois naturelles d'origine divine, sans céder à la superstition. Car par le séisme la sagesse divine parle à l'homme d'une manière toute intellectuelle, en lui révélant certaines de ses lois naturelles. Dieu s'adresse au *sujet humain connaissant*, au *savant-chercheur*, au géographe physicien et au géographe de l'humain. Kant loue ce faisant la figure humaine du *Naturforscher* toujours en quête de vérité, idéal régulateur orientant tout homme en général, *telos* idéal de tout être humain, et non du seul savant de métier. Comme la *Doctrine de la vertu* l'explicitera, l'homme doit tendre à cultiver et parfaire *toutes ses dispositions naturelles*, dont ses aptitudes intellectuelles et son goût pour le savoir (ici des lois et phénomènes naturels). Il doit s'efforcer d'expliquer par des lois causales universelles *tous* les phénomènes naturels, ordinaires ou catastrophiques, ces derniers étant rares, sans être ni exceptionnels, ni extraordinaires (au sens leibnizien du miracle rompant le cours ordinaire des lois naturelles). Tout homme dans les limites de son entendement doit *se faire savant* et viser à comprendre (*einsehen*), à pénétrer par l'esprit le cœur du phénomène, ici la catastrophe naturelle dont il est témoin, et ce, dans le but non tant de *connaître pour connaître* (idéal d'un savoir gratuit, libre, désintéressé) que de contribuer à une *anthropologie*, *via* une *géographie* et une *histoire pragmatiques* visant à prévenir des drames similaires par la mise en place de mesures appropriées (règles de construction anti-sismiques) et par un bon usage des phénomènes sismo-volcaniques au service de l'agrément de l'espèce humaine.

Les trois écrits de 1756 convergent en effet vers une même apologie de l'humain en son devenir destinal de savant. En s'appuyant principalement sur le plus développé et approfondi des trois articles, l'*Histoire et description naturelle*, on se demandera si la *géographie humaine* est une sous-partie parmi d'autres de la *géographie physique* ou bien le centre de gravité, voire la fin de celle-ci, ce qui lui confère sens et intérêt, dans la mesure où ces trois écrits esquissent ce qui deviendra dans les cours des années 1760-1770 un pan important de la géographie physique de Kant, à savoir une histoire à la fois *scientifique* et *pragmatique de la nature au service du genre humain*.

L'HOMME *TÉMOIN* : LE RÉCIT FACTUEL DES ÉVÉNEMENTS (OÙ, QUAND, COMMENT ?) ; HISTOIRE ET DESCRIPTION DU SÉISME DE LISBONNE

Kant ne cite jamais nommément ses sources ni les *témoins oculaires directs* du séisme. L'humain témoin du séisme prend le plus souvent la forme d'un « on » indifférencié et impersonnel. Dans *Des causes des séismes* (§ 12), Kant cite l'une de ses principales sources d'informations : le n° 199 des *Correspondances de Hambourg*, qui donne un compte rendu complet des événements.

C'est à partir de cette source testimoniale que Kant relate par exemple les phénomènes atmosphériques précédant le séisme (vapeurs chaudes, brouillards, averses rouges, crues des fleuves, rafales de vent), signes avant-coureurs perçus au Portugal comme en divers lieux d'Europe [1]. Le récit du séisme du 1er novembre 1755, de ses répliques [2] et des divers mouvements des eaux (affectant fleuves, sources, lacs) repose sur les observations de témoins anonymes, que Kant ne cite pas, mais qui tous s'accordent à dater et situer la première secousse à Lisbonne le 1er novembre 1755, 9h50. A partir des témoignages relatés dans les journaux d'alors, Kant reconstitue le récit factuel du séisme. « Tout d'abord un tremblement (*Bebung*) du fond de la mer » [3] au large des côtes portugaises, lieu de l'épicentre, suivi d'un ébranlement du sol de la terre ferme, puis d'un « bouillonnement des eaux » sensible jusque dans les lacs suisses, dû à une transmission de la secousse [4], comparable à l'explosion ou choc (*Schlag*) d'une poudrière, qui ébranlerait le sol en cercles concentriques [5]. Dans le cas du séisme de Lisbonne, la masse immense de la mer à l'épicentre ne put suffire à contenir « la force avec laquelle le feu souterrain souleva rapidement le fond de la mer » [6]. La puissance du choc exerça une pression telle sur la mer qu'elle se propagea en quelques minutes jusqu'en Finlande, Hollande, Angleterre et Norvège, où les eaux furent ébranlées, sans que ceci s'accompagne de séisme de la terre ferme. Kant évalue ainsi maximale l'intensité du séisme de Lisbonne [7] et avance pour l'expliquer l'hypothèse d'une double cause de la propagation du séisme : la transmission du choc à partir de l'épicentre aux eaux et un feu souterrain se propageant dans les galeries souterraines. « Ces deux [causes] se sont produites en même temps et ont toutes deux participé aux phénomènes qui ont eu lieu » [8].

Si Kant porte foi aux récits des témoins, dont il dispose par les journaux, il lui arrive aussi de douter de leur *fiabilité*. Il ne reproduit pas de façon systématique et aveugle les récits factuels et observations des témoins humains, nécessairement imparfaits : il les interprète plutôt à l'aune de ses propres hypothèses physiques. Par exemple, certains témoins concluent de la simultanéité du

1. Un brouillard rouge fut « perçu à Locarno en Suisse le 14 octobre [1755] à 8h du matin » (*Histoire et description naturelle* [HDN], § 10). Toutes les traductions sont de l'auteur. HDN, AK I, 431-459. Dans la suite nous indiquons uniquement les § correspondant aux alinéas de l'HDN.

2. Du 18 novembre, du 9 et du 26 décembre, ressenties en Espagne, Allemagne, Suisse, Norvège, Suède, Finlande, Maroc, France, Italie, Irlande.

3. HDN, § 15.

4. Kant ne parle pas encore d'*onde* sismique, même si ce concept émerge ici implicitement.

5. Kant note l'inertie que l'immense masse de terre ferme oppose au séisme, se référant à une expérience relatée par Buffon dans son *Histoire naturelle*, selon laquelle l'explosion d'un feu souterrain capable de soulever à un mille de haut une montagne de 1700 milles de long et 40 milles de large ne pourrait déplacer néanmoins d'un seul pouce la masse totale de la Terre (HDN, § 15). Il cite aussi les calculs réalisés par Marsigli évaluant la force explosive nécessaire pour soulever le fond de la mer Méditerranée en son point le plus profond (environ 8000 pieds), compte tenu du poids d'une colonne d'eau de cette hauteur.

6. HDN, § 17.

7. Bien avant la mise en place de l'échelle des magnitudes de Richter.

8. HDN, § 18.

mouvement des eaux dans des pays éloignés et des secousses sismiques enregistrées sur la terre ferme dans des pays proches de l'épicentre (c'est-à-dire de la concomitance des ébranlements en milieux liquide et solide) qu'une cause unique les a produits, alors que Kant distingue deux causes, dont seuls les effets sont simultanés. Ceci lui permet d'expliquer qu'à certains endroits on n'a ressenti qu'un séisme terrestre, à d'autres qu'un mouvement des eaux, sans que les deux soient nécessairement corrélés [1]. Kant explique que certains lacs se soient taris, puis de nouveau remplis, par ce qu'il nomme, posant une analogie entre l'hydropisie et les systèmes de vidange hydraulique, le « diabète de l'hydraulique » (*Diabetes der Hydraulik*), l'eau étant tantôt aspirée dans les cavités terrestres, tantôt refoulée en surface, en fonction des appels d'air créés par le passage du feu souterrain. Il dénonce la fausseté de certaines *observations prétendues*. Une observation n'est jamais pure et simple description factuelle, mais toujours déjà structurée par une hypothèse explicative. « C'est une absurdité tout à fait évidente qu'un lac situé dans les terres, *comme les récits* (*Berichte*) *publics ont voulu l'expliquer* au sujet du lac de Meiningen, parce qu'il n'est pas alimenté par des ruisseaux extérieurs, doive être en communication souterraine avec la mer ; ceci est absurde tant à cause des lois de l'équilibre [...] qu'à cause de la salinité de l'eau de mer » [2]. Si le lac de Meiningen communiquait avec la mer, son eau serait salée ou saumâtre, ce qui n'est pas le cas. Kant nous apprend ainsi parfois à nous défier, non tant des *témoignages* que des *interprétations* (implicites ou explicites) qu'on y adjoint subrepticement. L'observateur n'est jamais un homme purement voyant ou percevant. Qu'il le veuille ou non, il est toujours déjà aussi un savant en puissance interprétant, interrogeant la nature afin d'en expliquer les lois. L'être humain est toujours déjà potentiellement *Naturforscher*, fût-ce sans le savoir, de sorte qu'il n'est pas d'observation totalement neutre, objective. Toute *observation-description* est déjà le fruit d'une *interprétation-explication*.

Si le témoignage est véridique, les soubassements théoriques de celui-ci ne le sont pas nécessairement et peuvent le rendre douteux. Aussi Kant s'en tient-il au strict récit des faits observés, tels que les témoins oculaires les rapportent, avant d'y appliquer ses propres hypothèses causales explicatives, par exemple concernant le mouvement des eaux des lacs et sources de France ou la fontaine de Töplitz, qui, après s'être tarie, réapparut d'un rouge boueux, avant de redevenir limpide. Kant explique ce phénomène observé par les témoins par la présence de particules de soufre et de fer dans les vapeurs en fermentation (liées à l'incendie souterrain), qui imprègnent les couches de terre où les sources se fraient leur passage. Il se fie aux observations, mais sans toujours adopter les interprétations explicatives auxquelles elles s'adossent. Pour sa part il explique ces mouvements des eaux indépendants de tout séisme de la terre

1. « On ne s'étonnera donc plus d'avoir vu les lacs situés à l'intérieur des terres en Suisse, en Norvège et en Allemagne si agités et si bouillonnants, sans ressentir d'ébranlement du sol » (*HDN*, § 19).

2. HDN, § 19 ; nous soulignons [n.s.].

ferme – « principales curiosités » du 1er novembre – par les lois hydrodynamiques et hydrauliques d'aspiration et refoulement des fluides, en lien avec l'activité du feu souterrain. Il isole ainsi deux séries causales : 1) ce diabète (hydropisie) hydraulique *via* les galeries souterraines, 2) la transmission de l'onde de choc de l'épicentre sous-marin à l'eau de la mer, causant tsunamis marins et crues des fleuves se jetant dans la mer. « Je suis d'avis que le malheur de Lisbonne, comme de la plupart des villes des côtes occidentales d'Europe, doit être attribué à la situation de Lisbonne par rapport à la région de l'océan qui fut ébranlée » [1]. Kant explique ainsi, en conformité avec les rapports et témoignages publics dominants, la crue du Tage et le tsunami qui ravagea Setubal. « Ce mouvement de la mer, qui se produisit un certain temps après le séisme et après la première compression effrayante des eaux, acheva aussi la ruine de la ville de Setubal, puisqu'il s'éleva sur les ruines de la ville et détruisit complètement ce que le séisme avait épargné » [2].

Kant retrace aussi fidèlement l'historique des répliques successives du séisme de Lisbonne à partir des observations des témoins relayées par les « informations (*Nachrichten*) publiques » : répliques des 17 et 18 novembre, qui touchèrent le Portugal, l'Espagne, l'Afrique du Nord, Gibraltar, l'Angleterre, l'Italie ; du 9 décembre, qui touchèrent l'Espagne, la France, la Suisse, l'Autriche, la Roumanie, suivant l'axe dorsal des Alpes et des principaux fleuves, lesquels suivent la direction des montagnes ; enfin répliques des 26 et 27 décembre, qui touchèrent la France, l'Allemagne, la Suisse et les Pays-Bas. Cette *observation de l'homme commun* (d'un parallélisme entre fleuves, chaînes montagneuses et sens de propagation du séisme) est aussi confirmée par les savants de métier que sont les « géographes les plus scrupuleux *Varenius, Buffon, Lulof* » [3]. Kant déplore toutefois l'*imprécision des témoignages de l'homme du commun* quant à l'heure des diverses répliques, imprécision qui ne permet de calculer ni la vitesse d'avancement du feu dans les galeries souterraines, ni celle de la transmission de l'onde sismique en milieu terrestre ou aqueux [4]. Il se fie moins aux relevés imprécis des témoins oculaires directs, souvent biaisés par l'émotion, qu'aux observations neutres et rigoureuses accumulées par les géographes (qu'elles soient directes ou non). « *Cette loi de la propagation des séismes* [suivant les dorsales des montagnes et le tracé des fleuves] *n'est pas affaire de spéculation, ni de jugement, mais quelque chose qui est connu par les observations de nombreux séismes. On doit ici s'en tenir au témoignage* de *Ray, Buffon, Gentil* » [5], géographes de métier. C'est du moins là une loi vraisemblable, que corroborent le bon sens et les observations, pourvu qu'elles soient bien faites. Kant distingue ici deux régimes observationnels,

1. HDN, § 21.
2. HDN, § 22.
3. HDN, § 24.
4. « Les informations [*Nachrichten*] sont si peu concordantes qu'on ne peut en la matière se fier à rien » (HDN, § 25).
5. HDN, § 26.

deux manières pour un homme de témoigner, engageant deux niveaux d'humanité : 1) le témoin oculaire fortuit, *l'homme du commun*, dont le récit est fiable pourvu qu'il ne soit pas pollué par des hypothèses explicatives implicites erronées et 2) le témoin de métier, *géographe professionnel*, le *Naturforscher* formé à la rigueur de la méthode et à la discipline scientifique (mesures spatio-temporelles précises), dont le regard neutre n'est pas troublé par le drame dont il est témoin. Kant se défie de l'imprécision de l'observation commune et loue l'acribie mathématique de l'observation savante. Concernant par exemple l'intervalle séparant les répliques du séisme, il dit « rapporte[r] ceci, non dans le but d'en tirer quelque chose, car *les informations* (*Nachrichten*) à ce sujet *sont bien trop peu fiables*, mais pour donner occasion, lors d'événements semblables, à des observations et réflexions *plus précises* » [1]. Il s'agit pour Kant de favoriser le passage à un régime observationnel scientifique, de faire advenir le *Naturforscher* dans le témoin humain commun, de *révéler à tout homme sa vocation cachée de savant*. Pour illustrer ce régime observationnel acribique du géographe de métier, Kant cite à plusieurs reprises dans ses trois écrits de 1756 l'exemple de l'Académicien français Bouguer, qui participa à l'expédition menée par l'Académie royale des sciences de Paris pour étudier les volcans du Pérou. Si l'observation des volcans péruviens donna à Bouguer satisfaction, c'est dans la mesure où il put *mesurer avec exactitude* les intervalles de temps fixes et égaux séparant deux éruptions. Dans le cas du séisme de Lisbonne, Kant tire de même des observations, pourtant approximatives, matière à confirmer la loi de Bouguer, mais cette fois appliquée aux séismes, à savoir que les répliques sismiques se suivent selon des intervalles de temps réguliers et forment ainsi des cycles, qu'il estime, par lissage des données, dans le cas du séisme de Lisbonne, à 9 jours. Ce qui intéresse le géographe de métier, et en général le *Naturforscher*, c'est, au-delà de l'observation factuelle des dates de répliques, la loi de régularité qui s'en dégage, loi qui permet de déterminer et d'anticiper périodes d'accalmie et d'activité.

Pour illustrer la nécessité de se hisser à un régime observationnel scientifique, Kant cite les observations de Mariotte, faites à plus petite échelle sur un four, qui, imitant la respiration animale, tantôt expulse, tantôt absorbe l'air chaud. De même, note Kant, le feu souterrain tantôt s'embrase, expulse l'air chaud hors des cavités (provoquant soit une éruption volcanique, soit une secousse par compression de l'eau ou de la terre), tantôt privé d'air, finit par s'éteindre et revient à sa place initiale. Kant fait ici un parallèle entre trois phénomènes : le *four*, le *cratère d'un volcan* (observés par Mariotte) et le *séisme* de Lisbonne observé par l'homme commun. « Les éruptions d'un volcan se succèdent alternativement selon des intervalles de temps déterminés. Il en va [...] de même des embrasements souterrains » [2]. Ce qui distingue observation commune et observation scientifique, c'est donc le pouvoir de *comparer* et

1. HDN, § 30.
2. HDN, § 31.

d'*évaluer* (*mesurer* ou *calculer*) avec *précision*, en l'occurrence ici les intervalles de temps séparant les éruptions volcaniques ou les répliques sismiques.

Enfin, il ne suffit pas au *témoin* d'*observer* (que par exemple les séismes les plus violents ont lieu statistiquement à l'équateur, en mer ou sur les côtes, ou que les séismes se propagent selon les directions du relief et des fleuves). Encore faut-il l'*expliquer*, ce que tente de faire Kant par sa double hypothèse d'un feu souterrain se propageant par un réseau de galeries *et* d'une transmission continue de l'onde sismique en milieu solide ou liquide.

DERRIÈRE LA CATASTROPHE NATURELLE, LE DRAME HUMAIN : L'HOMME *VICTIME* DU SÉISME

Si Kant n'entend pas ici faire prioritairement le récit d'une *catastrophe*, ni en général une histoire des *désastres touchant l'espèce humaine*, cet aspect est néanmoins présent en filigrane. Si Kant refuse d'en faire le centre de son propos, le drame humain reste bien présent au second plan : « J'en viens [...] à l'histoire même du dernier séisme. Je n'entends pas par-là l'histoire des désastres (*Unglücksfälle*) que les hommes ont subis, ni un catalogue des *villes dévastées* et des habitants ensevelis sous leurs décombres. Tout ce que l'imagination peut se représenter d'horrible doit être rassemblé pour se figurer dans une certaine mesure l'épouvante où les hommes doivent se trouver quand la terre bouge sous leurs pieds, quand tout s'effondre autour d'eux [...] et porte le malheur à son comble, quand la crainte de la mort, le désespoir de perdre complètement tous ses biens et la vue de bien d'autres misères abattent le courage le plus ferme. Un tel récit serait émouvant, il pourrait peut-être aussi, parce qu'il exerce un effet sur le cœur, favoriser l'amélioration de celui-ci. Mais je laisse le soin d'écrire cette histoire à de plus habiles. Je ne décris ici que l'œuvre de la nature, les circonstances naturelles remarquables qui ont accompagné le terrible événement, ainsi que leurs causes » [1]. Kant se pense lui-même d'abord en *Naturforscher*, même s'il n'est pas indifférent au drame humain. Il souligne le caractère exceptionnellement violent (physiquement) et destructeur (humainement), l'ampleur étonnante du séisme de Lisbonne comparé à d'autres séismes historiques. « L'histoire ne possède pas d'exemple d'ébranlement (*Rüttelung*) de toutes les eaux et d'une grande partie de la terre qui ait été ressenti en même temps à d'aussi grandes distances et en l'espace de quelques minutes » [2]. L'homme est donc convoqué aussi à titre de *victime de la catastrophe naturelle*, au-delà même du cas particulier et d'actualité de Lisbonne, quoique ce ne soit pas l'objet principal de Kant.

À cet égard, le désastre – note Kant – est d'autant plus terrible pour les hommes et les destructions d'autant plus importantes que le séisme se propage dans des cavités souterraines *correspondant au sens de construction des villes*.

1. HDN, § 9.
2. HDN, § 15.

« La situation (*Lage*) du sol peut contribuer à détruire complètement une ville, dont les rues principales suivent justement la direction de la pente du sol. Cette remarque n'est pas une idée de pure hypothèse, c'est un fait d'expérience. Le Gentil, qui eut lui-même l'occasion d'engranger de bonnes connaissances de très nombreux séismes, rapporte ceci comme une *observation confirmée par maints exemples*, à savoir que, quand la direction dans laquelle le sol est ébranlé coïncide avec celle d'après laquelle la ville est construite, la ville est complètement et totalement renversée, au lieu que, quand la direction du séisme est perpendiculaire à celle de la construction de la ville, il se produit moins de dommages » [1]. Kant cite à l'appui de cette loi, déduite de l'observation commune comme scientifique, le cas du séisme de Smyrne (1688), où les murs orientés Est-Ouest furent détruits, alors que les murs orientés Nord-Sud restèrent intacts [2].

Si le séisme de Lisbonne et en général les catastrophes naturelles affectent durement le genre humain et son habitat, il convient, selon Kant, *via* une meilleure connaissance scientifique de ces phénomènes, de ne pas en rester à l'émotion (stérile et éphémère [3]) que le drame suscite d'abord. Il faut s'efforcer de *comprendre* les désastres pour mieux les *prévenir* par des mesures pragmatiques appropriées (par exemple choix judicieux du sens de construction des édifices). La leçon à tirer du cas Lisbonne consiste à saisir scientifiquement les causes de l'événement pour en tirer des *mesures de prudence pragmatique visant à diminuer les risques futurs pour l'homme*. À l'occasion du désastre de Lisbonne, la nature nous apprend à préserver autant que possible sur toute la surface de la Terre les populations humaines des effets dévastateurs des séismes, volcans et autres cataclysmes, voire à user des bienfaits qu'ils apportent par ailleurs. Le chapitre de l'*Histoire et description naturelle* intitulé « De l'utilité des séismes » [4] vise à la fois à prémunir l'homme contre séismes et volcans et à exhiber quelques-uns des bénéfices connexes qu'il peut en tirer, en tant qu'espèce appelée à peupler toute la surface du globe terrestre. Prenant le contrepied du discours catastrophiste dominant les actualités, Kant loue contre toute attente les *effets positifs des phénomènes sismo-volcaniques pour l'homme*. Bien qu'il puisse sembler cynique de trouver utile ce qui est *toujours aussi* un désastre pour l'humain, Kant nous invite à nous déprendre, non de toute peur des séismes, mais de la crainte superstitieuse et vaine qui y voit un châtiment divin. Il y a une peur saine, voire salutaire, du séisme, qu'il est bon que l'homme éprouve. Bref, toute catastrophe naturelle n'est pas réductible à un désastre humain. « On sera horrifié de voir louer, du point de vue de son utilité, la *férule si effrayante d'un châtiment des hommes* [...]. *Nous autres hommes sommes ainsi faits.* Après avoir revendiqué indûment tous les agréments de la vie, nous refusons de payer le prix de tous ces avantages. *Nous exigeons que le*

1. HDN, § 40.
2. HDN, § 41.
3. Comme le précisera l'*Anthropologie du point de vue pragmatique*.
4. HDN, § 47 à 55.

sol terrestre soit de telle nature qu'on puisse y vouloir habiter éternellement [...]. *Nous ignorons l'utilité que peuvent nous procurer les causes qui justement nous horrifient lors des séismes*, et nous voudrions savoir les séismes bannis. *En tant qu'hommes, nés pour mourir, nous ne pouvons supporter que quelques-uns soient morts lors du séisme, et nous qui sommes des étrangers et ne possédons aucune propriété ici-bas, nous sommes inconsolables si des biens ont été perdus*, qui auraient été abandonnés par eux-mêmes d'ici peu de temps par la voie universelle de la nature » [1]. Kant nous incite ici à convertir notre regard : au lieu de voir dans le séisme de Lisbonne unilatéralement un désastre humain, ou pire un châtiment divin, on doit y voir un ensemble de phénomènes neutres, que l'intelligence pragmatique doit viser, sinon à éviter, du moins à dompter (en s'en accommodant et en s'en protégeant autant que possible), voire à tourner à son avantage, ce qui exige une meilleure *connaissance scientifique de l'événement*, i.e. la promotion du *Naturforscher* en l'homme. Ce qui fait la condition humaine, au-delà de sa mortalité et de la douleur que cause la mort des proches, c'est le devoir moral de toujours parfaire nos aptitudes naturelles, en cultivant notre vocation à progresser sans cesse dans le savoir, ici en matière de géographie physique et humaine. Kant nous invite à relativiser le drame humain dans la catastrophe naturelle, en nous désolidarisant des biens que nous croyons à tort posséder sur Terre, le genre humain n'étant que de passage. *A fortiori* l'individu humain n'est propriétaire de rien sur Terre, ni des maisons qu'il bâtit, ni du sol qu'il cultive. *L'homme a à habiter la Terre* (en en peuplant toutes les régions sans exception), *mais sans la posséder*. Il doit l'entretenir, la cultiver, la préserver, afin de la léguer intègre aux générations à venir. Mais la brièveté de son passage sur Terre doit le rendre humble et corrélativement l'inciter à relativiser les catastrophes naturelles, en cherchant, derrière le désastre, une utilité *pour lui*. Si le séisme tue, détruit, il n'affecte 1) que des biens qui ne nous appartiennent pas, dont nous sommes seulement les dépositaires passagers et 2) il apporte aussi des bienfaits au genre humain, pourvu qu'on se hisse du point de vue de la partie au point de vue du monde terrestre (voire au plan divin de l'univers, selon les termes leibniziens, dont le Kant précritique est encore très proche). « Si les hommes construisent sur un sol empli de matières inflammables, toute la pompe de leurs édifices peut, à court ou long terme, tomber en ruine sous l'effet des séismes ; mais doit-on pour cela se montrer impatient à l'égard des voies de la Providence ? Ne serait-il pas [...] mieux de juger qu'il était *utile que des séismes se produisent parfois sur le sol terrestre*, alors qu'il n'était pas indispensable que nous construisions de pompeuses demeures sur ce sol ? Les habitants du Pérou habitent dans des maisons qui sont faites seulement de murs bas et de roseaux. *L'homme doit s'adapter à la nature, bien qu'il veuille que la nature s'adapte à lui. Quels que soient les dommages que la cause des séismes ait jamais occasionnés aux hommes d'un côté, cette cause peut aisément*

1. HDN, § 47-48, n. s.

les compenser par des gains d'un autre côté » [1]. Doctrine de la *compensation des biens et des maux* que sont les phénomènes naturels, lesquels, du fait de la logique neutre à laquelle ils obéissent, peuvent être interprétés par l'homme aussi bien comme des bénéfices que comme des désastres pour lui. Kant nous incite à décentrer doublement notre regard monadique : 1) de l'individu au genre humain et 2) de l'homme au monde terrestre qu'il habite, voire à l'univers.

Il cite plusieurs exemples d'utilité, non des séismes ou volcans mêmes, mais de leur cause principale (le feu souterrain) : les *sources thermales*, eaux chaudes riches en minéraux, bénéfiques à notre bien-être, « ont pu favoriser la santé d'une partie considérable des hommes à différentes époques, tirent leurs propriétés minérales et leur chaleur précisément de ces mêmes causes par lesquelles se produisent, à l'intérieur de la terre, les incendies qui la font trembler » [2]. Autre utilité du feu souterrain : la *régénération de l'atmosphère et du sol terrestres*. L'atmosphère, pour rester respirable aux êtres vivants, doit contenir une proportion constante d'air vital (oxygène), que les phénomènes sismo-volcaniques contribuent à réguler, et le sol, épuisé par la croissance des végétaux, doit reconstituer régulièrement ses réserves en minéraux. « Notre atmosphère requiert [...] un certain principe actif (*wirksames Principium*), des sels volatils et des particules devant entrer dans la composition des plantes, afin que celles-ci croissent et se développent. Ne faut-il pas croire que les formations naturelles, qui emploient en permanence une grande partie de ce principe actif [...], épuiseraient complètement avec le temps les particules les plus actives, si de temps en temps ne s'en produisait un nouvel afflux ? » [3], lié à l'activité du feu souterrain. L'activité sismo-volcanique terrestre permet ainsi de renouveler une partie de l'oxygène de l'air et des minéraux du sol, le feu souterrain alimentant indirectement la faune et la flore terrestres. « Cette source est vraisemblablement la réserve de matières les plus actives et les plus volatiles que contiennent les fosses souterraines, dont elles répandent une partie de temps en temps à la surface de la Terre » [4]. Autre utilité des matières soufrées de ce feu souterrain, expulsées dans l'atmosphère sous forme de vapeurs par les éruptions volcaniques : leur capacité à désinfecter les lieux souillés par des déchets organiques (étables ou prisons). Kant cite enfin la chaleur bienfaisante que ce feu souterrain véhicule du cœur magmatique de la Terre jusqu'à sa surface. Cette chaleur tellurique intrinsèque se substitue utilement à celle du Soleil, qui, ne pénétrant guère à l'intérieur de la Terre, ne suffirait pas à la réchauffer. « On doit rencontrer des incendies permanents et un feu inextinguible [...] qui communique sa chaleur à l'écorce supérieure. [...] N'aurons-nous pas à attendre de ce feu souterrain les effets les plus avantageux, feu qui à chaque moment conserve à la Terre une douce chaleur, quand le Soleil nous prive de la sienne, feu capable de favoriser la pousse des plantes et le renouvellement des règnes naturels ? Et au vu d'une

1. HDN, § 49-50, n. s.
2. HDN, § 50.
3. HDN, § 52.
4. *Ibid.*

si grande utilité apparente, l'inconvénient qui augmente pour le genre humain à l'occasion d'une ou de plusieurs éruptions peut-il nous exempter d'être reconnaissant à la Providence pour l'institution de tout ceci ? » [1]. L'écrit se conclut sur l'éloge de l'utilité positive (quoique souvent inaperçue) de la cause des volcans et séismes pour l'homme. *In fine* cette utilité doit conduire l'homme (grâce au *Naturforscher*) à louer Dieu ou la nature, malgré ces catastrophes naturelles des plus meurtrières.

FIGURE SUPRÊME DE L'HUMAIN ET *TELOS* DE TOUT HOMME : LE *NATURFORSCHER*, INCARNATION D'UNE RAISON SCIENTIFIQUE CONSTAMMENT EN QUÊTE DU VRAI, ET L'IDÉAL RÉGULATEUR D'UN DÉTERMINISME PRÉDICTIF INTÉGRAL DES PHÉNOMÈNES NATURELS

L'*Histoire et description naturelle* lie étroitement le séisme de Lisbonne au *destin de l'humain en son devenir Naturforscher*. Le principal intérêt du séisme est d'*élever chaque homme au rang de Naturforscher* fût-ce amateur. C'est par la compréhension pénétrante (*Einsehen*) du phénomène naturel, par la connaissance de ses lois causales, qu'il nous faut louer la sagesse du Créateur divin, et non par l'admiration naïve, ni par la crainte superstitieuse, toutes deux également vaines, quoique symétriquement opposées. Le motif de la sagesse divine, loin d'être évacué, reste prégnant, mais toujours *sous l'angle intellectuel du savant naturaliste*. Si l'homme doit admirer la nature, ce n'est pas simplement pour ses « curiosités », phénomènes rares et spectaculaires, comme le séisme de Lisbonne, mais parce que ces événements lui enseignent les secrets de la nature et les lois physiques instituées par Dieu. Le savoir que l'homme en tire fait la valeur de l'événement et élève le savant à une admiration authentique des œuvres divines. Le texte s'ouvre sur la double figure (récurrente dans la géographie physique et humaine de Kant) de *l'homme habitant la Terre*, et indissociablement voué par sa vocation destinale à devenir *Naturforscher*. L'humain, unique être raisonnable habitant la Terre, est destiné par nature à parfaire son savoir en s'efforçant de comprendre, conformément à son goût naturel, les phénomènes qui s'y déroulent, en pénétrant les lois divines qui y président. « La nature n'a pas en vain étalé en tout lieu un trésor de curiosités [...]. *L'homme, à qui est confié l'entretien du sol de la Terre, possède la capacité et l'envie d'apprendre à les connaître*, et c'est par ses vues pénétrantes (*Einsichten*) qu'il rend gloire au Créateur. Même les terribles instruments éprouvant et affligeant l'espèce humaine, les séismes, la colère de la mer [...], les volcans en éruption invitent l'homme à les prendre en considération et résultent exactement des lois immuables établies par Dieu dans la nature, au même titre que d'autres causes habituelles d'incommodités [...]. *La considération de tels hasards terribles* est instructive. Elle *humilie l'homme en lui montrant qu'il ne doit pas* [...] *attendre*

1. HDN, § 53-54.

des lois de la nature, que Dieu a ordonnées, exclusivement des conséquences agréables » [1].

Cette vocation humaine au savoir, doublée d'une soif innée de connaître, s'applique particulièrement à la partie de son habitat terrestre que l'homme connaît le plus mal et qu'il lui reste encore largement à explorer, à savoir le sous-sol. Selon le « Préliminaire » à l'*Histoire et description naturelle*, intitulé « De la nature du sol terrestre », l'homme habite la Terre, mais ignore encore en grande part les secrets du sol qui le porte. « *Nous connaissons presque parfaitement la surface du sol terrestre, pour ce qui est de son étendue. Mais nous avons encore sous nos pieds tout un monde, dont nous ne connaissons actuellement que très peu de choses*. Les crevasses des montagnes [...], les gorges sans fond, les cavités que nous rencontrons en montagnes, les puits les plus profonds des mines [...] ne suffisent pas – loin s'en faut – à nous procurer des connaissances claires sur la structure intérieure du grand globe que nous habitons » [2]. La connaissance humaine du sous-sol est encore très superficielle au double sens du terme : l'homme connaît mal l'intérieur de la Terre et sur une profondeur dérisoire [3].

Pourtant si la nature (et particulièrement la Terre) dissimule ses secrets aux yeux de l'homme, elle les lui dévoile aussi de façon privilégiée à travers ses effets rares et remarquables que sont les phénomènes sismo-volcaniques. Le séisme de Lisbonne n'est donc réductible ni à une catastrophe naturelle, ni à un désastre humain, mais il est aussi un moyen (une ruse) dont la nature – sage Providence divine [4] – se sert pour révéler au savant ses lois. Le séisme nous permet de mieux appréhender la structure creuse du sous-sol terrestre, fait de galeries, cavités, canaux, grottes et failles, formant un réseau relativement continu sous les mers comme sous les continents. « Les séismes (*Erdbeben*) nous ont révélé que la croûte terrestre est remplie de galeries (*Wölbungen*) et cavités (*Höhlen*) et que sous nos pieds des mines dissimulées courent dans toutes les directions avec leurs multiples labyrinthes » [5]. Dieu ou la nature *via* les séismes offre ainsi une occasion à l'homme géographe d'étendre son savoir de la Terre qu'il habite et dont il doit prendre soin. Le séisme enseigne au *Naturforscher*, outre la structure creuse de l'écorce terrestre (liée au retrait progressif de l'océan originaire qui recouvrait toute la surface du globe et aux effondrements que ce retrait a causés), l'existence dans *toutes* les galeries souterraines d'un feu (en acte ou en puissance) [6], dont les éruptions et séismes sont l'effet.

1. HDN, § 1 et 2.
2. HDN, § 3, n. s.
3. « La plus grande profondeur à laquelle les hommes sont parvenus [...] ne dépasse pas encore 500 toises [1 toise = 1,95 m], c'est-à-dire à peine un 6 millième de la distance au centre de la Terre » (HDN, § 4).
4. Selon l'équation que déploiera plus tard le *Projet de paix perpétuelle*.
5. HDN, § 5.
6. Que Kant distingue d'une combustion à l'air libre avec flammes, et qu'il compare plus à une fermentation, inflammation ou putréfaction effervescente de matières soufrées (comme les pyrites, tirant leur nom du feu).

« Ces cavités contiennent toutes un feu ardent, ou du moins un combustible qui n'a besoin que d'une stimulation minime pour se déchaîner avec violence en tous sens et pour ébranler, voire fendre le sol au-dessus de lui » [1]. Du fait de l'omniprésence de ce feu souterrain se propageant à travers les cavités en tout temps, les séismes n'épargnent aucun pays [2]. Le feu souterrain produit tantôt des séismes (*Erdbeben* = tremblement de terre, *Erschütterung* ou *Rüttelung* = ébranlement, *Stoss* = choc, *Schlag* = secousse), tantôt des éruptions volcaniques, la géographie des galeries souterraines déterminant l'emplacement, la fréquence et l'intensité des phénomènes sismo-volcaniques, ainsi que leur sens de propagation.

Dans ses deux autres articles de 1756, Kant souligne de même, à l'occasion du séisme de Lisbonne, ce que ce type d'événement nous révèle de la destination-vocation de l'homme, en tant qu'être raisonnable destiné à peupler toute la surface de la Terre, de l'homme comme *Naturforscher* en puissance ou en devenir. Dans *Des causes des séismes*, il insiste sur ce devoir proprement humain de comprendre et d'expliquer les phénomènes naturels, de progresser sans cesse dans la connaissance de leurs causes en suivant le double *Leitfaden* de la raison (formulant ses hypothèses et principes *a priori*) et de l'expérience (observation descriptive et/ou dispositif expérimental élaboré par le savant). Kant y loue la soif naturelle de l'homme-chercheur par vocation, la curiosité intrinsèque de sa raison et son goût inné pour les phénomènes étonnants, étranges, rares, remarquables, voire exceptionnels. Par eux, la nature sollicite la pénétration intellectuelle de l'homme. Séismes et volcans piquent notre curiosité, attisent notre intelligence et enjoignent notre raison à résoudre les énigmes de la nature et à formuler ses lois. « De grands événements intéressant le destin *de tous les hommes* suscitent à bon droit la louable *curiosité* qui s'éveille à l'occasion de tout ce qui est extraordinaire et qui a pour fonction d'interroger les causes de ces événements. L'engagement à l'égard du public doit ici permettre aux savants (*Naturforscher*) de rendre raison des vues susceptibles de permettre au public d'observer et d'enquêter. Je renonce à l'honneur de m'acquitter suffisamment de ce devoir dans toute son étendue et le laisse à celui qui – *si toutefois un tel homme doit exister* – peut se glorifier d'avoir pénétré de façon exacte l'intérieur de la Terre » [3]. Par ces événements curieux, la nature éveille et sollicite l'aptitude cognitive de l'humain. Et réciproquement, le *Naturforscher* interroge la nature, la soumet à la question, en la soumettant à ses expériences en vue de confirmer ou infirmer ses hypothèses [4]. Par ses phénomènes sismo-volcaniques remarquables, la nature met au jour la double destination de l'homme : 1) son *avenir historique évolutif en tant qu'espèce* appelée à habiter toute la surface de la Terre [5] et 2) son *devenir involutif en tant qu'indi-*

1. HDN, § 6.
2. « Il y a peu de pays qui sur le sol terrestre n'en aient parfois ressenti l'effet » (HDN, § 7).
3. *Des causes des séismes* [CS], § 1, n. s. CS, AK I, 419-427.
4. Comme le redira la Seconde Préface de la première *Critique*.
5. Thème que reprendra le *Projet de paix perpétuelle via* l'argument de la rotondité du globe

vidu raisonnable, par nature *savant au sens de chercheur*, dont la vocation-devoir est de progresser toujours dans l'explication des phénomènes et de prendre soin de cette demeure terrestre temporaire, dont il n'est cependant pas propriétaire. Kant s'adresse ici, au-delà des individus singuliers que sont ses lecteurs, à l'humanité universelle et rationnelle en sa plus vaste extension. Il parle autant à l'homme du commun (grand public de ses lecteurs), à l'« honnête homme » cultivé et curieux qu'au public instruit des savants, rappelant *l'engagement*, le *devoir* du savant-chercheur vis-à-vis du grand public. Loin de se contenter d'appeler de ses vœux l'avènement d'une communauté de savants-chercheurs, d'un « public instruit » [1], il invite son lectorat de 1756, l'homme du commun, le grand public, instruit ou non, à cultiver sa « soif naturelle de savoir » [2], son désir inextinguible d'interroger avec curiosité les phénomènes naturels dont il est témoin. Corrélativement Kant fustige l'une des conséquences de l'ignorance : la désinvolture de l'homme, qui, renonçant à son devoir de savoir, bâtit des villes n'importe où, sans considérer avec prudence, comme il devrait le faire, les risques sismo-volcaniques liés à la structure du sous-sol terrestre et du feu qui s'y propage. Il dénonce l'insouciance, voire l'inconscience de l'homme, qui habite les lieux les plus sujets aux séismes. La raison pragmatique en l'homme doit tirer de sa science des séismes (de la géographie physique) des mesures de bon sens pour s'en prémunir. « Si, dans des circonstances aussi terribles, il est permis aux hommes de faire preuve de quelque prudence, lorsqu'il n'est pas [...] téméraire et vain de prendre les quelques dispositions qu'offre la raison face aux épreuves générales, les malheureuses ruines de Lisbonne ne devraient-elles pas nous mettre en garde, quand on cultive de nouveau sur le même fleuve, dans le sens de sa longueur, lequel fleuve indique la direction selon laquelle le séisme doit se produire naturellement dans ce pays ? » [3]. Du devoir théorique de *connaître* résulte le devoir, pour la raison pragmatique cette fois, d'*anticiper pour se protéger*. Kant articule ainsi *raison connaissante* et *raison* pragmatique, savoir et prudence, *Naturforschung* et anthropologie, laquelle vise à améliorer la sécurité et le confort de la vie humaine en tous points du globe. Kant, réfléchissant en géographe physicien et humain au cas d'actualité du séisme, invite à convertir notre regard en une vue pénétrante de l'entendement connaissant et à dépasser par-là nos vaines craintes. Le séisme de Lisbonne nous enseigne que « ce qui nous plonge dans la terreur nous sert de bienfait » [4], *pourvu que nous parvenions à en acquérir un savoir*, d'abord théorique (physique, chimique, géologique), puis pragmatique. Kant soutient ici, contre les vaines craintes superstitieuses, l'utilité d'une peur saine et modérée des séismes, de laquelle doit découler l'effort constant de l'homme

terrestre.

1. Selon l'expression future de *Qu'est-ce que les Lumières ?*

2. Qu'évoqueront plus tard les *Remarques sur les Observations sur le sentiment du beau et du sublime*.

3. CS, § 4.

4. CS, § 7.

en tant que Naturforscher pour mieux connaître la planète qu'il habite. C'est de la science et de son progrès continu, adossé à l'infatigable soif de connaître du chercheur humain, que le genre humain tire en partie son bonheur, par la mise en œuvre de mesures de prudence pragmatique adaptées.

Parmi les phénomènes liés au séisme suscitant le plus l'interrogation de l'homme et aiguisant la soif de connaître du *Naturforscher* sommeillant en chacun, Kant cite le mouvement des eaux observé peu après la première secousse en divers lieux d'Europe souvent éloignés de l'épicentre. Plus encore que le séisme même, cette commotion des eaux doit aiguillonner l'appétit de l'homme en tant que savant par destination. « Le violent mouvement de l'eau qui fut ressenti lors de cet événement [...] est *l'objet le plus étrange d'admiration et d'enquête* » [1], dans la mesure où il ne s'accompagne d'aucune secousse sismique. Ce mouvement est-il dû à une communication entre galeries souterraines contenant le feu responsable du premier séisme ? à une transmission de l'onde de choc en milieu solide, puis liquide ? ou à l'attraction des astres (Soleil, Lune, Mars, Jupiter) ? La nature provoque en l'homme, savant en puissance, ces diverses interrogations et hypothèses. Par cet étrange phénomène, à la fois elle cache et dévoile ses secrets au *Naturforscher*. « La nature ne se découvre que peu à peu. On ne doit pas par impatience par une fable [2] chercher à la dissuader de nous révéler ce qu'elle nous cache, mais on doit attendre qu'elle nous révèle ses secrets de façon indubitable à travers des effets clairs » [3]. Que ces effets soient désastreux pour le genre humain, loin de dissuader le *Naturforscher*, doit *a contrario* l'encourager à mener une enquête rigoureuse et patiente, qui, au-delà du savoir théorique, doit viser pragmatiquement, sinon à prédire avec précision les prochains séismes en un lieu donné, du moins à anticiper leur force, leur fréquence et leur direction de propagation.

Dans la *Suite de la considération sur les séismes* de même, Kant fustige les fables fantasques des pseudo-savants, qui laissent libre cours à leur imagination, au lieu d'interroger la nature par la raison et l'expérience. Ces esprits irrationnels sont légion et tout aussi nombreuses leurs pseudo-explications du séisme. Parmi les plus ignorants, « on en entend certains, privés d'entendement et de réflexion, dire que la Terre devient folle et qu'elle se serait rapprochée du Soleil [...], jugement digne d'un esprit infantile, qui ferait passer pour des observations les rêves d'une tête folle » [4]. D'autres, universitaires reconnus, soutiennent que le séisme est dû à l'attraction des planètes sur la Terre. Si Kant n'exclut pas l'influence de l'attraction des astres sur la Terre, elle ne joue, selon lui, qu'à la marge (en agissant sur l'air contenu dans les cavités souterraines) et ne suffit pas

1. CS, § 8, n. s.

2. C'est-à-dire une fiction de l'imagination, que ni la raison ni l'expérience ne corroborent, supposition fantastique farfelue, comme l'est la croyance selon laquelle l'attraction des planètes suffirait à produire es phénomènes sismo-volcaniques en agissant sur l'air contenu dans les galeries souterraines.

3. CS, § 9.

4. *Suite de la considération sur les séismes* [SCS], § 1, AK I, 461-471.

à elle seule à expliquer la violence du premier séisme à l'épicentre. « D'un savant (*Naturkündiger*) on attend plus que cela. Il ne suffit pas d'être arrivé par hasard à une cause qui présente quelque similitude avec l'effet : encore faut-il que la cause soit proportionnée à son effet eu égard à la grandeur » [1], ce qui n'est pas le cas de l'hypothèse astrale, car la force des planètes, même alignées sur l'axe Terre-Soleil, ne suffit pas à expliquer l'intensité du séisme. Kant vise les pseudo érudits cités par l'Académicien Bouguer dans le récit de son expédition au Pérou, tels que l'auteur de l'*Horloge astronomique des tremblements de terre*, qui prétend prévoir les séismes d'après le cycle lunaire [2]. Selon Kant, « Devant le tribunal de la raison, les planètes ont été lavées de toute accusation d'avoir participé à la cause de la désolation qui nous advient lors des séismes. Dorénavant nul ne doit soupçonner les planètes plus longtemps [...]. Les influences de la Lune sont négligeables […]. Interrogeons-nous […] sur la cause, à partir du lieu même où nous habitons, nous avons la cause sous nos pieds » [3]. En bonne méthode, le *Naturforscher* doit chercher d'abord les causes proches et principales, avant les causes lointaines et secondes. Or la cause première qui *suffit* à expliquer le séisme réside dans la structure creuse et ignée du sol terrestre.

Kant n'entend pas produire une théorie scientifique expliquant les causes des séismes, mais plus modestement formuler des hypothèses en simple honnête homme, conscient de son *devoir de connaître* et de sa *vocation destinale de Naturforscher*. « Ce serait une œuvre très longue à accomplir que de rapporter et de soumettre à l'examen toutes les hypothèses que chacun introduit, afin de se frayer pour lui-même de nouveaux chemins de recherche, et dont l'une souvent prend la place de l'autre, comme les vagues de la mer. Il y a aussi dans la science de la nature un goût juste et certain, qui sait distinguer aussitôt la libre divagation, liée à l'attrait pour la nouveauté, d'une part, des jugements sûrs et prudents, d'autre part, qui ont pour eux le témoignage de l'expérience et la vraisemblance de la raison » [4]. Kant dénonce en outre l'audace téméraire de certains savants zélés (Bina, Krüger, Hollmann), qui, outrepassant leur devoir de *connaître* le vrai, entendent aussi *agir* sur la nature et empêcher séismes et éruptions. Même l'immense Franklin fut victime de cette *hybris*, qui guette tout *Naturforscher* désireux de prolonger sa science théorique en prudence pragmatique. Comme Franklin, ce « Prométhée des temps modernes », crut par sa science de l'électricité « désarmer le tonnerre », certains savants, assimilant le volcanisme à un phénomène électrique, espèrent « éteindre ce feu dans la fabrique du volcan. *Tous les efforts de ce type prouvent l'audace de l'homme, assortie d'un pouvoir qui se trouve bien petit en proportion, et ils rappellent*

1. SCS, § 3.
2. « Il est difficile de dénier à la Lune toute influence sur les séismes. Mais cette force ne pourrait exciter au plus haut point que les matières inflammables qui se trouvent dans la terre » (SCS, § 5).
3. SCS, § 9.
4. SCS, § 12.

finalement l'homme au souvenir décourageant par lequel il devrait justement commencer, à savoir *qu'il n'est toutefois jamais rien de plus qu'un homme* » [1], i.e. un être doublement fini, en tant qu'habitant temporaire de la Terre n'y possédant aucune vraie et durable propriété *et* en tant que savant-chercheur, dont le savoir reste limité par ses moyens d'investigation.

En conclusion, les trois écrits de 1756 sur le séisme traitent de l'humain à la fois comme *témoin*, comme *victime* de la catastrophe naturelle, et sinon comme *savant*, du moins appelé à devenir *Naturforscher* et à produire, par-delà sa science théorique, une *histoire* et à une *géographie humaines* pragmatiques. La géographie humaine, loin d'être une sous-partie quelconque de la géographie physique, en forme le cœur et le sommet, voire la fin qui lui confère sens et intérêt. Toutefois, si la science (géographique), en tant qu'elle est celle de l'humain, peut et doit viser, au-delà d'elle-même, des fins pragmatiques, utiles au genre humain, elle ne doit jamais céder à l'audace téméraire de se vouloir prométhéenne. Le *Naturforscher* ne doit pas vouloir altérer le cours de la nature, ni changer le monde pour et par l'homme en supprimant par exemple les causes de séismes. Les trois articles de 1756 célèbrent un même *Leitmotiv* : l'homme (espèce vouée à peupler la Terre et individu raisonnable destiné à progresser dans le savoir des lois naturelles) n'a ni le pouvoir, ni le savoir d'un Dieu, qui seuls le garantiraient définitivement contre toute catastrophe naturelle *en supprimant en amont leurs causes*. En écho aux *Principes de la philosophie* (I^e^ partie, art. 24) de Descartes, Kant géographe rappelle l'essentielle finitude de l'humain et de sa science, ainsi que l'imperfection irréductible de sa raison tant théorique que pragmatique.

Mai LEQUAN
Université Lyon III

1. *Ibid.*

KANT ET LA MACHINE COMME METAPHORE DU MONDE, DE L'HOMME ET DE L'ÉTAT

La conception moderne du monde, de l'homme et de l'État en tant que machines trouve, dans la métaphore de l'horloge, l'expression la plus paradigmatique de la raison technique à la base d'un projet de totalisation conceptuelle, que la philosophie kantienne vise à mettre en question. La présente contribution examine d'abord la métaphore de la machine appliquée au monde, à l'homme et à l'État, ensuite les critiques de Kant à chacune de ces trois réductions technico-mécanistes.

L'IDÉE MODERNE DU MONDE, DE L'HOMME ET DE L'ÉTAT COMME MACHINES

Entre les trois métaphores dites il y a un rapport d'implication, car on ne pourrait pas penser l'État comme une machine sans avoir d'abord conçu l'homme comme une simple machine. Mais cette réduction, à son tour, ne s'avère possible qu'après avoir vu, dans le monde naturel, l'image réflexe des artefacts de la technique humaine.

Le monde comme machine

La représentation du monde comme une machine automatique est une métaphore proprement moderne, dont la naissance est liée à l'évolution du mot « machine » [1]. Les Grecs ont bien élaboré des analogies entre les produits techniques et l'univers – que l'on pense, par exemple, au monde modelé par le démiurge-artisan platonicien dans le *Timée* [2] – et, en latin, l'expression

1. *Cf.* Gabriele Baroncini, « Note sulla formazione del lessico della metafora *machina mundi* », in *Nuncius* 4/2 (1989) p. 3-30 ; Jürgen Mittelstrass, *Machina Mundi. Zum astronomischen Weltbild der Renaissance*, Basel/Frankfurt am Main, 1995 ; Popplow Marcus, « Setting the World Machine in Motion : the Meaning of *Machina Mundi* in the Middle Ages and the Early Modern Period », in *Mechanics and Cosmology in the Medieval and Early Modern Period*, édité par Massimo Bucciantini *et al.*, Firenze, 2007, p. 45-70.

2. *Cf.* Luc Brisson, *Le même et l'autre dans la structure ontologique du Timée de Platon. Un commentaire systématique du Timée de Platon*, 2 [e] éd., Sankt Augustin, 1994, p. 35-50.

« *machina mundi* » correspond à une métaphore architectonique. Mais ces images demeurent loin de la métaphore moderne du monde-machine, où l'horloge mécanique, fonctionnant avec un système de poids et ressorts et distribuant le mouvement grâce au mécanisme de l'échappement, devient la machine par excellence, étant capable de perdurer en action en absence d'un agent.

C'est probablement à Johannes Kepler que remonte la première désignation du monde comme une horloge mécanique [1]. Mais c'est avec Descartes que la métaphore du monde-machine devient une représentation prégnante de la conception mécaniste du monde. Descartes utilise l'analogie de la montre et des artefacts mécaniques pour exprimer le double réductionnisme à la base de son mécanisme : la réduction de toute la matière, c'est-à-dire aussi de la matière organique, à la *res extensa* et la réduction de toute la physique à la mécanique. Le premier réductionnisme implique que même les animaux sont des machines, le deuxième que l'espace est entièrement rempli par une matière inerte, dont les mouvements locaux sont transmis uniquement par collisions et non pas par l'action de forces motrices originaires [2]. Dieu, à l'instar d'un horloger, a créé la matière aussi bien que les lois qui déterminent son mouvement, en lui transmettant la première impulsion. À partir de cela, le monde a évolué selon la fameuse théorie des tourbillons, sans qu'il soit besoin que Dieu intervienne encore dans l'ordre de la nature [3].

À la théorie cartésienne des tourbillons Newton oppose une mécanique antagoniste fondée sur l'idée révolutionnaire de la force gravitationnelle universelle conçue comme une force à distance. Néanmoins, le physicien anglais considère que le mouvement circulaire des corps célestes conduit à une instabilité croissante, qui ne peut être corrigée que par une intervention divine directe et continuelle. C'est pourquoi il reconnaît non seulement que Dieu est le créateur de l'univers, mais aussi que le système de la nature est dépendant de son action constante [4]. Ces deux traits de la cosmologie newtonienne – l'existence d'une force fondamentale à distance et l'intervention divine constante – s'avèrent ainsi incompatibles avec la conception du monde comme une machine parfaitement automatique selon le modèle de l'horloge mécanique, dont les mécanismes de transmission comportent exclusivement des forces de contact.

Les implications théologiques de la métaphore du monde-machine constituent un des points décisifs dans la controverse entre Leibniz et Samuel Clarke, qui, dans cette controverse, est le porte-parole de Newton [5]. Leibniz

1. Johannes Kepler, « Lettre du 10 février 1605 », in *Gesammelte Werke*, vol. XV, München, 1995, p. 146.

2. *Cf.* René Descartes, *Principia philosophiae*, AT VIII, 326 ; *Lettre à un destinataire inconnu*, AT V, p. 546.

3. Descartes, *Principia philosophiae*, II, 23 (AT VIII, 52), 36 f. (AT VIII, 61-63) ; III, 25-27 (AT VIII, 89 f.), 30 (AT VIII, 92), 140-149 (AT VIII, 192-198).

4. *Cf.* le *Scholium generale* aux *Philosophiae naturalis principia mathematica*.

5. « Recueil des lettres entre Leibniz et Clarke sur Dieu, l'âme, l'espace, la durée etc. » (1715-1716), *in* Gottfried Wilhelm Leibniz, *Opera philosophica quae extant latina gallica germanica omnia*, édité par J. E. Erdmann et R. Vollbrecht, Aalen, 1959, p. 746-788.

objecte qu'un Dieu obligé de réparer sa création serait comparable à un horloger humain, qui doit remettre régulièrement sa pendule à l'heure. Il lui ferait défaut la capacité de connaître et de résoudre à l'avance toutes les difficultés de fonctionnement de son artefact. À une divinité pareille on ne saurait attribuer ni la toute-puissance ni la prévoyance providentielle propre au monothéisme biblique, ce qui conduit finalement, d'après Leibniz, au spinozisme et au matérialisme. Pour Leibniz, au contraire, la perfection divine implique de penser Dieu comme un horloger infiniment supérieur aux mécaniciens humains, capable de créer l'univers selon une harmonie préétablie, à l'image d'une horloge parfaite [1]. Dans ses répliques, Clarke met en question précisément l'analogie leibnizienne du Dieu horloger, car, du point de vue newtonien, Dieu non seulement crée la matière et assemble le système du monde, mais il est aussi l'auteur des forces qui maintiennent l'univers en mouvement, ce qui ne trouve pas d'équivalent chez les mécaniciens humains. Clarke ajoute que l'idée d'un monde fonctionnant comme une horloge parfaite, sans besoin d'aucune intervention divine, ferait de Dieu une hypothèse superflue, fournissant ainsi un argument qui pourrait être utilisé pour justifier l'athéisme [2].

La métaphore de l'horloge atteint chez Christian Wolff un usage spécialement élargi, presque inflationniste. Pour Wolff l'horloge constitue le prototype de la machine finalisée pour un emploi précis. Elle s'avère ainsi particulièrement adéquate pour exemplifier la constitution et conception de la machine cosmique, mais aussi comme argument physico-théologique [3].

La thèse newtonienne de l'existence de forces à distance va finalement prévaloir au cours du XVIIIe siècle. La découverte, d'autre part, que l'univers physique est plus stable que ne le croyait Newton rendra superflu le recours à l'intervention divine dans l'ordre de la nature. Le monde sera dès lors toujours conçu – jusqu'au développement de la mécanique quantique – comme une structure au fonctionnement parfaitement déterministe, mais désormais on trouvera dans d'autres métaphores d'engins une image appropriée, tels que, par exemple, le moulin sans architecte et sans meunier de Novalis [4].

L'homme comme machine

En ce qui concerne la représentation de l'homme comme machine, on remarque, à l'époque moderne, un progressif élargissement de la métaphore du corps à l'âme. Il est bien connu que Descartes considère que, entre un corps animé et une machine, la différence est exclusivement dans le degré de complexité, non pas d'ordre qualitatif. De ce fait, le corps de l'homme, mais pas son

1. *Cf.* le premier et le second écrit de Leibniz (« Recueil », *op. cit.*, p. 746 s. et p. 748 s.).

2. *Cf.* la première réplique de Clarke (« Recueil », *op. cit.*, p. 747 s.).

3. *Cf.* Hans-Peter Neumann, « Machina Machinarum. Die Uhr als Begriff und Metapher zwischen 1450 und 1750 », in *Early Science and Medicine* 15 (2010) 122-191, p. 172-181.

4. Novalis, « Die Christenheit oder Europa. Ein Fragment » (1799), *in* Novalis, *Schriften* vol. 3 : *Das philosophische Werk*, Tome 2, édité par Richard Samuel *et al.*, Stuttgart, 1968, p. 507-524.

âme, est une machine [1]. Leibniz dépasse le dualisme cartésien de corps et âme et définit l'âme comme un « automaton spirituale ». Il reconnaît que, entre l'homme et l'automate inconscient, il y a une différence nette mais elle est purement quantitative. Il attribue à l'*automaton spirituale* la liberté de décision, qu'il définit comme *spontaneitas rationalis* ou *spontaneitas intelligentis*. En d'autres termes, la nature de la liberté, pour Leibniz, est une autodétermination rationnelle du même intellect [2]. Wolff reprend cette conception leibnizienne de la liberté, soutenant que l'agir de l'homme est indépendant de toutes conditions extérieures et fondé uniquement sur son intériorité [3]. On verra que Kant va critiquer cette idée de la liberté comme étant une réduction de l'âme humaine à une simple machine. La tendance moderne à l'extension progressive de l'analogie entre la machine et l'homme atteint son sommet avec la théorie de la vie purement mécaniste élaborée par La Mettrie dans son œuvre *L'homme machine*. En reprenant le principe de l'animal-machine de Descartes, La Mettrie réduit l'homme à son corps et le corps humain à « une Machine qui monte elle-même ses ressorts » [4], c'est-à-dire à une montre. Une version plus actuelle des thèses de La Mettrie et de Leibniz est que, entre intelligence artificielle et intelligence humaine, il n'y a qu'une différence de degré. L'esprit humain ne serait dès lors qu'une machine, qui trouve dans l'ordinateur – et non plus dans l'horloge – son équivalent parmi les artefacts humains.

L'État comme machine

La métaphore de l'État comme machine remonte à Hobbes. Dans l'introduction à son *Léviathan* [5], Hobbes écrit que les hommes, à l'imitation de la Nature, qui est l'art par lequel Dieu a créé et régit le monde, sont à même de créer un « animal artificiel » (*artificial animal*), car tous les « automata (engines that move themselves by springs and wheels as doth [= does] a watch) have an artificial life ». Ainsi, de même que le corps humain n'est rien d'autre qu'une machine, de même les hommes construisent le Léviathan – c'est-à-dire l'État – comme un « homme artificiel » (*artificial man*). Le mot divin par lequel a été créé l'homme – « faisons l'homme » (Gn 1, 26) – trouve son analogue dans les « pactes et contrats » (*pacts and covenants*) par lesquels les parties du corps politique sont faites et assemblées. C'est pourquoi, alors que l'homme est créé par

1. *Cf.* René Descartes, *Discours de la méthode* (1637), AT 6, p. 55s.

2. *Cf.* Hubertus Bulsche, *Leibniz' Weg ins perspektivische Universum. Eine Harmonie im Zeitalter der Berechnung*, Hamburg, 1997, p. 58 ; Gerrit Hass, « Automat », in *Enzyklopädie Philosophie und Wissenschaftstheorie*, 4 vol., édité par Jürgen Mittelstraß, Mannheim, 1980, Vol. I, p. 231.

3. Christian Wolff, *Vernünftige Gedancken Von Gott, Der Welt und der Seele des Menschen, Auch allen Dingen überhaupt* (1 ᵉ éd. 1719, 2 ᵉ éd. 1751), *in* Christian Wolff, *Gesammelte Werke*, édité par Jean Ecole *et al.*, sec. I, vol. II, 1, Hildesheim *et al.* 1997, p. 317 (§ 519).

4. Julien Offray de la Mettrie, *L'homme machine/Die Maschine Mensch* (1748), traduction et édition par Claudia Becker, Hamburg, 1990, p. 34.

5. Thomas Hobbes, *Leviathan or the Matter, Form, And Power of a Common-Wealth Ecclesiasticall and Civill*, London, 1651, 1 s.

Dieu, dans le cas du Léviathan, l'homme est, à la fois, « la matière » (*the matter*) et « l'artisan » (*the artificer*). Cet homme artificiel, qui est le Léviathan, n'est pas seulement un corps – le corps étant la métaphore traditionnelle de l'État –, il a aussi une âme – à savoir la souveraineté – qui est cependant à son tour artificielle [1]. L'État hobbesien est, d'un bout à l'autre, une machine, qui n'est mue par aucune cause finale. Le but de son existence n'est aucunement d'atteindre le *summum bonum*, la vie bonne ou une vertu politique. Le devoir de l'État consiste uniquement à garantir la sécurité du peuple [2], en le gardant à l'abri de toute sédition et guerre civile. Comme le dit Carl Schmitt : « Der Leviathan wurde daher zu nichts anderem als zu einer großen Maschine, zu einem riesenhaften Mechanismus im Dienst der Sicherung des diesseitigen physischen Daseins der von ihm beherrschten und beschützten Menschen » [3]. Le philosophe allemand n'hésite pas à voir, dans la conception hobbesienne de l'État, l'origine de l'idée purement instrumentale ou technico-neutre (*technisch-neutral*) de l'État moderne, prêt désormais à être dirigé dans n'importe quelle direction et à être employé dans n'importe quel but [4].

Au parcours qui conduit de Hobbes à la conception technico-instrumentale de l'État contribue de manière fondamentale le caméralisme, une école d'économistes théoriciens de l'État dans l'espace germanophone, dont l'influence fut spécialement remarquable en Prusse sous le règne de Frédéric-Guillaume Ier. À la différence de Hobbes, les caméralistes prussiens soutenaient que l'État ne devait plus seulement se focaliser sur le maintien de l'ordre, mais aussi promouvoir la prospérité collective. L'État devait être organisé comme une machine parfaite, dont le régent était l'âme et les citoyens les rouages de l'engin. Ici il est moins question d'une construction contractuelle de l'État-machine, par laquelle les contractants sont, à la fois, la matière et l'artisan. Maintenant, les citoyens ne constituent que la matière, tandis que le régent est devenu non seulement le maître, mais aussi l'artisan absolu.

KANT ET LA MÉTAPHORE DE LA MACHINE

Il y a chez Kant une prise de distance et une critique systématique de la représentation du monde, de l'humanité et de l'État comme machines, considérée comme étant l'expression d'une volonté de maîtrise de la nature et de l'homme.

1. « [T]he souveranity is an artificial soul[.] ».
2. « [S]*alus populi* (the people's safety) [is] its business[.] ».
3. Carl Schmitt, *Der Leviathan in der Staatslehre des Thomas Hobbes. Sinn und Fehlschlag eines politischen Symbols* (1938), Köln, 1982, p. 54.
4. *Ibid.*, p. 61-78.

Kant et la métaphore de la machina mundi

Kant est très réticent à désigner le monde comme une machine. Il y a, il est vrai, deux occurrences du terme « *Weltmaschine* » dans les *Pensées sur la véritable estimation des forces vives* [1] et une occurrence de l'expression « *machina (mundi)* », dans *Nova Dilucidatio* [2], mais elles se réfèrent aux positions de Leibniz. Kant utilise de préférence les expressions synonymes « Weltbau » et « Weltgebäude » (l'édifice du monde), qui renvoient au sens prémoderne de la métaphore latine de la *machina mundi*. Marcus Popplow observe justement à ce propos : « [F]rom the first appearance of the term *machina mundi* in Antiquity, in Lucretius and Lucanus, up to the sixteenth century, this metaphor did not evoke the concept of a world machine with continuously moving parts, but the world created as a stable structure that would lose its coherence and collapse only at the end of time » [3]. Plus récemment Joseph Rohringer a souligné, de son côté, que *machina mundi*, dans la littérature chrétienne, désigne le monde en tant que création divine, objet de contemplation émerveillée de la part de l'homme. Le Dieu créateur de la *machina mundi* n'a rien de l'artisan technicien. Il crée, ordonne et régit par sa parole et par sa sagesse [4]. À l'époque prémoderne, *machina mundi* correspond à une métaphore architectonique cosmique aux fortes résonances religieuses. Ce n'est qu'à l'époque moderne que *machina mundi* est employée comme analogie des artefacts techniques et notamment de la montre, ce qui est le cas, par exemple, chez Descartes [5]. Cette évolution sémantique a fait que, en allemand, *machina mundi* a été traduite de deux manières différentes : comme « Weltmaschine » et comme « Weltbau/Weltgebäude », la première forme interprétant plutôt le sens proprement moderne, la deuxième davantage celui typiquement prémoderne.

Les occurrences de *Weltbau* et *Weltgebäude* chez Kant sont particulièrement fréquentes dans l'*Histoire générale de la nature* et dans *L'unique fondement possible d'une démonstration de l'existence de Dieu*. Elles désignent ici la relation systématique entre les corps célestes, c'est-à-dire le système du monde. À partir de la beauté et de la perfection de l'ordre de l'édifice cosmique Kant tente de donner une démonstration de l'existence d'un créateur infiniment sage. Dans sa préférence pour la métaphore architectonique du monde-machine, antagoniste de celle technico-mécaniste, on peut voir une prise de distance par rapport à la représentation du monde comme une montre. Kant se dit sceptique par rapport à la possibilité de succès d'un argument physico-théologique présupposant un commencement du monde dans le temps [6]. La position critiquée

1. FV, AK I, 59, 62.
2. NE, AK I, 404 ; OP I, 141.
3. Popplow, *op. cit.*, 2007, p. 61.
4. Josef Rohringer, « Beseelter Leib des Kosmos – Göttlicher Weltenbau – ‚Weltmaschine?'. Einblicke in die machina mundi-Metapher », in *Mythos – Mensch – Maschine*, éd. par J. Klopf, M. Frass et G. Manfred, Salzburg, 2012, p. 341-377.
5. René Descartes, *Lettre à un destinataire inconnu*, AT 5, 546.
6. *Unique Fondement*, AK II, 125 ; OP I, 390.

ici par Kant est le présupposé de chaque représentation du monde comme artefact produit par un horloger divin, car, dans cette représentation, ce n'est qu'avec l'assemblage des parties de la montre cosmique que le temps peut commencer à être. De son côté, Kant propose une version perfectionnée (*verbesserte Methode*) de la preuve physico-théologique, qui essaye de conjuguer d'une part l'attribution à la matière d'une conformité intrinsèque aux lois physiques inculquées par un Dieu sage, en vertu de quoi l'édifice du monde peut se développer sans intervention divine ultérieure, et d'autre part la possibilité de penser le même Dieu comme créateur de l'univers. Kant se rapproche par-là du sens prémoderne de la *machina mundi*, édifice cosmique objet de contemplation, dont le corrélat est le Dieu qui crée le monde par son verbe divin, sans façonner la matière avec ses mains.

Il est connu que, dans les écrits de la phase critique, Kant exclut la possibilité de démontrer l'existence de Dieu et rétrécit considérablement la portée de la preuve physico-théologique, comme le montre une note dans la *Religion dans les limites de la simple raison*, qui affirme l'impossibilité de l'analogie entre Dieu et un horloger humain [1]. Maintenant, l'existence d'un Dieu horloger – et du coup la représentation du monde comme une montre fabriquée par Dieu – ne sont admissibles que comme des idées régulatrices, sans valeur objective. Pour Kant « un usage du concept et de la présupposition d'un être suprême dans la considération rationnelle du monde (*des Weltbaus*) » [2] est tout-à-fait possible, à condition de ne pas oublier que l'idée régulatrice d'un tel être sert à « envisager, par analogie avec une détermination causale, les phénomènes comme systématiquement liés entre eux » [3]. Ce que Kant exclut est finalement la possibilité d'une métaphore du monde comme machine basée sur une analogie de proportion intrinsèque, qui cesserait d'être du coup une véritable métaphore.

Kant et l'idée de l'homme comme « plus qu'une machine »

D'après Kant, même si tous les corps physiques sont des machines, capables d'interagir selon les lois de la causalité mécanique, il y a des corps qui ne sont pas que des machines, à savoir les organismes. Kant aborde ce sujet notamment dans la *Critique de la faculté de juger*. Même si on reste au niveau d'un usage régulateur de la raison, c'est bien à partir de l'explication de la nature organique, qui fait recours au concept de fins naturelles, que le modèle mécanique s'avère insuffisant [4]. Au § 65 de la troisième *Critique*, Kant explique que les parties d'une montre, à la différence de celles d'un organisme, ne possèdent pas en elles la force motrice qu'elles transmettent aux autres parties du même mécanisme [5]. Kant dépasse ici évidemment la perspective de Descartes et *a fortiori* celle de La Mettrie. Le corps humain, étant un organisme, n'est pas comparable à une

1. Rel., AK VI, 65 ; OP II, 81 s.
2. CRP, A 698/B 726 ; OP I, 1287.
3. CRP, A 700/B 728 ; OP I, 1288.
4. *Cf.* CFJ, AK V, 377 ; OP II, 1169.
5. CFJ, AK V, 374 ; OP II, 1165 s.

montre. Il en découle que l'homme, déjà dans son corps, est plus qu'une machine.

Kant dénonce, en outre, la fausse notion leibnizienne et wolffienne de liberté comme autodétermination intellectuelle, en la considérant comme une forme de réduction mécaniste d'ordre psychologique. Un texte décisif se trouve dans l'« Examen critique de l'Analytique de la raison pure pratique » [1]. Kant objecte ici qu'attribuer la liberté à une cause déterminante naturelle résidant intérieurement à l'être agissant serait comme vouloir appeler « libre le mouvement d'une montre, parce qu'elle pousse elle-même ses aiguilles, et que celles-ci, par conséquent, ne doivent pas être mues par une force extérieure » [2]. En fait, pour Kant aussi bien l'autodétermination à travers des processus psychologiques qu'une montre mécanique sont soumises aux conditions nécessitantes du temps et aux principes déterminants de la causalité de la nature. Les deux appartiennent au monde des phénomènes. La liberté leibnizienne ne laisse subsister aucune liberté transcendantale. L'*automaton spirituale* n'est qu'une machine mue par des représentations spirituelles, par conséquent il est autant soumis au déterminisme des lois de la causalité naturelle que l'*automaton materiale*, c'est-à-dire le corps considéré comme une machine mue par la matière.

Kant et la critique de l'État comme machine

La critique kantienne de la représentation technico-mécanique de l'homme et de l'État comme des machines trouve son expression la plus connue dans l'essai *Réponse à la question : Qu'est-ce que les Lumières ?* Il n'y a pas de doute pour Kant que l'homme est, dans une certaine mesure, une machine et, de ce fait, il peut et doit être intégré à la machine étatique, ce qui est le cas notamment des employés publics. En tant qu'élément de cette machine, un employé doit être passif, il n'a pas le droit d'en entraver le fonctionnement et n'a droit à aucune liberté de pensée. Cependant, l'homme est pour Kant, selon la fameuse formule, « *plus qu'une machine* » [3]. Il est doué d'une liberté transcendantale. Par conséquent, le citoyen, en tant que savant, a droit d'accès à la communauté des savants, qui est l'espace de l'authentique liberté de pensée. Du coup, l'État-machine ne peut pas être une réalité englobante et totalisante. En Frédéric II, Kant reconnaît le modèle du prince éclairé tout simplement parce qu'il a conçu son programme de gouvernement sur la base de ce principe.

Par la suite, Kant se montre davantage critique vis-à-vis de l'absolutisme monarchique. Dans la *Critique de la faculté de juger* il oppose deux représentations symboliques de la monarchie, selon la double antithèse entre organisme et machine simple, d'une part, et monarchie constitutionnelle ou parlementaire et monarchie absolue de l'autre : « [U]n état monarchique est représenté par un corps animé, s'il est gouverné selon les lois internes du peuple,

1. CRPr, AK V, 95-97 ; OP II, 724-726.
2. CRPr, AK V, 96 ; OP II, 724.
3. QL, AK VIII, 42 ; OP II, 217.

mais par une simple machine (comme un moulin à bras) s'il est gouverné par une volonté singulière absolue » [1]. On retrouve la même association du despotisme à l'État-machine dans la *Doctrine du droit* de 1797. À propos des formes de l'État, Kant observe : « La forme autocratique de l'État est la *plus simple* ». Et il ajoute ensuite : « En ce qui concerne le fonctionnement de l'État, le plus simple est aussi le meilleur, ce qui n'empêche pas que dans l'optique du *droit* lui-même, ce soit pour le peuple le fonctionnement le plus dangereux, si l'on songe au despotisme auquel il invite si fort. Simplifier le mécanisme (*Maschinenwerk*) de l'unification du peuple par des lois de contrainte est certes la maxime raisonnable : tous étant alors passifs dans le peuple et obéissant à un seul, placé au-dessus d'eux ; mais cela ne donne pas de sujets qui soient des *citoyens* » [2]. On voit, dans ces deux derniers exemples, que Kant situe du même côté la représentation de l'État comme une simple machine et le despotisme du pouvoir absolu.

La critique de Kant frappe l'idée de machine devenue un concept englobant et systématique de la nature, de l'homme et du politique. La perversion de l'État en Absolutisme est liée non seulement à l'identification de l'homme avec une simple machine, mais aussi, comme le montre bien la métaphore au début du *Léviathan* de Hobbes, à l'assimilation du monde à un artefact de la technique, où l'*homo faber* ne retrouve finalement que le réflexe de sa propre rationalité instrumentale. Mais c'est précisément à cette rationalité que la philosophie critique met des limites, dont la connaissance est la condition pour penser authentiquement la liberté de l'homme.

Giovanni Pietro BASILE
Hochschule für Philosophie, München

1. CFJ, AK V, 352 ; OP II, 1143.
2. MM, AK VI, 339 ; OP III, 610.

QUI EST LE CITOYEN COSMOPOLITE D'APRÈS KANT ?

INTRODUCTION

Le droit cosmopolite (les droits et les devoirs des individus indépendamment de leur État) ne peut être légitimé que par l'exercice de la citoyenneté cosmopolite (l'association transfrontalière des individus). Cet exercice présuppose la constitution d'un citoyen, sujet ou personnalité cosmopolite. Kant est le fondateur du concept rationnel de droit cosmopolite, et pour lui, ce concept pourrait devenir réel en tant que résultat d'une sorte de lien entre les participants de la Révolution Française et leurs « spectateurs » enthousiastes à l'étranger. Ici, on trouverait la condition de possibilité d'associations transfrontalières ou transnationales d'individus : la citoyenneté cosmopolite en acte, même si une telle citoyenneté n'existe pas encore au sens formel terme. Notre but sera d'accompagner et de dépasser Kant dans la formulation du droit cosmopolite pour éclairer certains problèmes contemporains.

Les lois de l'État moderne concernent surtout les individus, qui sont les sujets de droit les plus importants alors que le droit international moderne, lui, concerne les États et non les individus, qu'il ne considère pas comme des sujets de droit. Cependant, dans certains domaines du droit international, qui se sont développés au cours du XXe siècle, l'individu est considéré comme un sujet de droit, ayant des droits internationaux et des devoirs internationaux indépendamment de l'État. Le terme de « Droit international » n'est plus pertinent par rapport aux questions qui se posent sur la scène mondiale et qui ont l'individu, au lieu de l'État, comme sujet principal de droits et devoirs. Ces questions ne peuvent pas être comprises dans la perspective d'un droit international régissant des relations entre États, mais plutôt dans celle kantienne d'un droit cosmopolite – c'est-à-dire un droit qui considère les individus comme des citoyens du monde, et non pas d'un État particulier, protégeant le pouvoir individuel contre un État ou soutenant, dans certains cas juridiques, le pouvoir contre les individus indépendamment de leur État. Les droits de l'homme et le droit pénal international sont aujourd'hui les deux principaux domaines du droit cosmopolite, dans lesquels les individus sont devenus des sujets de droit. À certains égards, dans le droit international, le statut de l'individu comme sujet de droit est compatible avec les théories du droit international et de la transnationalisation des droits qui sont centrées sur l'État. Mais en ce qui concerne les *droits et les devoirs cosmopolites*, il semble nécessaire de procéder à un examen approfondi de toutes les catégories juridiques fondées sur la souveraineté de l'État construites au cours des deux derniers siècles.

Cependant, l'expression *sujet de droit* (qu'il s'agisse du droit étatique, international ou cosmopolite) ainsi que le mot « citoyen », utilisé par Kant, ne signifient rien d'autre qu'être soumis à la loi, être l'objet de la loi, avoir des droits et des devoirs prévus par la loi.

Le second sens du terme *sujet de droit* et du terme *citoyenneté* signifie, selon le concept kantien d'autonomie, que les individus sont les auteurs, les créateurs et les producteurs des lois qu'ils doivent suivre. La citoyenneté, en ce sens, a été consacrée comme principe de l'État démocratique – mais non pas du droit international ou cosmopolite, censé être produit par les États.

La difficulté est que, si ce droit cosmopolite est interprété comme étant fondé sur sa valeur universelle incontestable, alors la citoyenneté (en tant qu'autonomie politique des citoyens co-législateurs) devient quelque chose dont on peut se dispenser, sans pertinence. Cependant, je souhaite montrer que le droit cosmopolite est produit et ne peut être légitimé que par la lutte politique des citoyens du monde, la citoyenneté cosmopolite. En outre, cela implique aussi que le droit cosmopolite et la citoyenneté cosmopolite peuvent avoir une dimension vraiment cosmopolite seulement si les questions d'identité sont prises en compte. Les préoccupations de Kant à propos des droits des populations autochtones, problème historique qu'il examinait lors de l'élaboration de son concept de droit cosmopolite, devraient s'appliquer à tous les groupes discriminés.

LE DROIT COSMOPOLITE

Le concept de droit cosmopolite

La doctrine juridique antérieure à Kant ne considérait que deux dimensions du droit public : le premier niveau était le droit constitutionnel (*Rechtsstaat*), c'est-à-dire le droit interne de chaque État, et le second était le droit international, c'est-à-dire le droit régissant les relations entre les États ainsi qu'entre des individus d'États différents. Dans la *Paix perpétuelle*, Kant ajoute une troisième dimension au droit public : le droit cosmopolite, à savoir la loi des citoyens du monde, considérés non pas uniquement comme membres de leur État, mais aussi comme membres d'un État universel de l'humanité [1]. Cette loi cosmopolite se rapporte aux deux lois antérieures, selon la table des catégories de la *Critique de la raison pure* (B 93) : la catégorie de l'unité correspond à un seul État (droit constitutionnel) ; la catégorie de la pluralité se réfère à plusieurs

1. PPP, AK VIII, 350 n ; OP III, 340-341 n.

États (droit international) ; et la catégorie de la totalité comprend tous les êtres humains et tous les États (droit cosmopolite). De même que la totalité recèle l'unité et la pluralité, le droit cosmopolite comprend le droit constitutionnel et le droit international.

Les trois niveaux de la loi reposent sur le même principe, à savoir l'influence physique réciproque des personnes. La surface ronde de la Terre n'est pas infinie, mais limitée [1]. Ainsi, il n'est pas possible d'empêcher la proximité spatiale avec d'autres personnes naturelles ou légitimes. Les habitants de la planète entière constituent donc un système dans lequel « une violation de droits commise en un lieu est ressentie partout » [2]. Le troisième article définitif de la *Paix perpétuelle* présente le droit cosmopolite comme la troisième condition positive pour la paix avec un caractère juridique : « Il s'agit dans cet article, comme dans les précédents, du droit, non de la philanthropie » [3]. De même, dans la *Doctrine du droit*, la troisième section du droit public, sur le droit cosmopolite, commence par déclarer que : « Cette Idée de la raison qu'est une communauté générale, *pacifique* sinon encore amicale, de tous les peuples de la Terre qui peuvent nouer entre eux des rapports actifs, n'est pas quelque chose de philanthropique (éthique), mais c'est un principe *juridique* » [4]. C'est le fondement sur lequel Kant formule le troisième article définitif : « Le droit cosmopolite doit se borner aux conditions d'une hospitalité universelle » [5]. Selon ce principe, toutes les personnes ont à l'origine le même droit d'habiter la Terre [6] et, par conséquent, « originairement l'un n'a pas plus de droit que l'autre à une contrée » [7].

Kant remarque que le droit à la terre n'est pas un « droit acquis » [8], comme c'est le cas des droits que nous pouvons avoir sur les choses (comme dans le « droit privé » de Kant). Ce droit à la terre, au contraire, provient du droit à la liberté et il est donc un « droit inné ». Ce droit est le fondement originel du droit à son propre corps et, comme un corps a besoin d'un lieu, il implique un droit à la terre [9]. Ce droit est également le fondement du droit de visite [10], c'est-à-dire le droit de tout citoyen sur Terre d'entrer en communauté avec toutes les autres personnes et, pour y parvenir, de visiter toutes les régions de la Terre [11] sans être traité comme un ennemi [12]. Dans ce cas, ce droit est bafoué quand celui qui arrive à un endroit n'est pas accepté par ceux qui y étaient déjà auparavant. Si les deux articles précédents ont un contenu positif, ce troisième, en revanche,

1. DD, AK VI, 311 ; OP III, 575.
2. PPP, AK VIII, 360 ; OP III, 353.
3. PPP, AK VIII, 357 ; OP III, 350.
4. DD, AK VI, 352 ; OP III, 625-626.
5. PPP, AK VIII, 357 ; OP III, 350.
6. DD, AK VI, 352 ; OP III, 626.
7. PPP, AK VIII, 358 ; OP III, 350.
8. DD, AK VI, 238 ; OP III, 488.
9. DD, AK VI, 352 ; OP III, 626.
10. PPP, AK VIII, 358 ; OP III, 350-351.
11. DD, AK VI, 353 ; OP III, 626-627.
12. DD, AK VI, 352 ; OP III, 626.

est formulé dans des termes restrictifs : le droit cosmopolite se limite au droit d'accueil et rien de plus. Le problème principal auquel se confronte Kant avec la notion d'inhospitalité injuste est le cas où ce droit serait bafoué parce que des étrangers arrivant sur un territoire donné étendraient leur propre empire. Le droit cosmopolite ne doit surtout pas être confondu avec le droit de s'installer sur un territoire étranger (*accolatus*) [1].

Ayant développé ces principes, Kant émet ensuite une critique sévère vis-à-vis des attitudes colonialistes à l'égard des peuples habitant sur d'autres continents. Il fait appel à une théorie rigoureuse du droit lui permettant de dénoncer des procédures d'occupation des terres qui ont recours à la force ou à l'achat fictif sous couvert de transmettre aux sauvages les biens de la civilisation. Un peuple peut s'installer sur des terres récemment découvertes tout en gardant une distance par rapport à la résidence de ceux qui s'y sont installés d'abord et en ne leur causant aucun dommage. Quand il s'agit d'un groupe de bergers ou de chasseurs (comme la plupart des nations américaines) dont la subsistance dépend de grandes extensions de terres non-dépeuplées, ce processus d'installation ne peut avoir lieu que par contrat, pour éviter d'exploiter le manque de connaissance des habitants – ce qui n'a toujours pas été le cas. Kant conteste donc toute affirmation qui prétendrait que cette violence conduirait à un monde meilleur ; il condamne dans le même geste la maxime selon laquelle les fins justifieraient les moyens : « [...] car toutes ces prétendues bonnes intentions n'arrivent pourtant pas à effacer l'injustice qui entache les moyens employés à les réaliser » [2]. Kant perçoit le comportement des colonialistes vis-à-vis des indigènes comme une réduction de l'autre à la nullité – ce qui rend les relations entre les gens impossibles : « L'Amérique, les pays habités par les nègres, les îles des épiceries, le Cap, etc. furent pour eux des pays sans propriétaires, parce qu'ils comptaient les habitants pour rien » [3]. C'est la vision dépréciatrice d'autrui qui justifie tous les types de discrimination. Kant pointe non seulement l'illégitimité de la conquête, mais aussi son effet dévastateur :

> Sous prétexte de n'établir dans l'Hindoustan que des comptoirs de commerce, ils y débarquèrent des troupes étrangères, et par leur moyen ils opprimèrent les naturels du pays, allumèrent des guerres entre les différents États de cette vaste contrée, y répandirent la famine, la rébellion, la perfidie et tout ce déluge de maux qui afflige l'humanité.
> La Chine et le Japon, ayant appris à connaître par expérience les Européens, leur refusèrent sagement, sinon l'accès, du moins l'entrée de leur pays [...] [4].

Enfin, Kant découvre le lien entre l'expansion commerciale et les guerres entre les puissances européennes : « Le pis, ou pour parler en moraliste, le mieux est que toutes ces violences sont en pure perte ; que toutes les compagnies de

1. DD, AK VI, 353 ; OP III, 627.
2. *Ibid.*
3. PPP, AK VIII, 358 ; OP III, 351.
4. *Ibid.*, 358-59 ; OP III, 351.

commerce qui s'en rendent coupables touchent au moment de leur ruine ; [...] [ce commerce ne servant qu'] à entretenir des guerres en Europe » [1].

Le droit cosmopolite au niveau local

Comment donner à la démocratie locale un horizon cosmopolite ? La première conséquence du concept de droit cosmopolite de Kant est qu'un État démocratique ne doit pas attendre le développement d'un droit cosmopolite extérieur. Au contraire, une démocratie locale doit d'abord réaliser le droit cosmopolite à l'intérieur de ses propres frontières. Pour Kant, même un ordre juridico-politique local, territorialement limité, devrait prendre en compte sa place au sein de l'humanité dans son ensemble, c'est-à-dire la totalité des êtres humains (y compris les générations futures) considérés globalement et non comme des simples membres d'un État particulier. Le premier objectif du cosmopolitisme kantien est donc la cosmopolitisation de la démocratie de l'État. Le gouvernement démocratique d'un groupe autonome, selon le principe de la souveraineté populaire, devrait inclure toute l'humanité pour être véritablement démocratique. Une conception cosmopolite des droits de l'homme ne dépend ni d'une démocratie mondiale ni d'une exportation de la démocratie, mais peut être réalisée sur un territoire très limité. Ce qui est crucial, c'est qu'une démocratie respecte les droits civils des membres d'une communauté politique (comme le droit de vote), qu'elle respecte les droits fondamentaux de tous ceux qui vivent sur leur territoire et les droits de l'homme de toutes les personnes dans le monde, quelle que soit leur nationalité. C'est le sens profond qu'il faut donner à l'interrelation entre le droit de l'État, le droit international et le droit cosmopolite chez Kant. Les trois niveaux du droit public d'après lui ne sont pas des instances indépendantes, car le droit cosmopolite subsume le droit de l'État et le droit international. Mais l'État démocratique doit être cosmopolite : il est impossible de concilier les valeurs de la liberté et de l'égalité avec le contrôle des frontières. Un auteur libéral tel que Rawls, au moment où il justifie le contrôle des frontières en proclamant la liberté et l'égalité d'un certain groupe, cesse d'être libéral pour devenir communautariste.

LA COSMOPOLITIQUE DE LA CITOYENNETÉ COSMOPOLITE

Comment le droit cosmopolite devient-il une réalité ? Il s'agit ici d'examiner comment, grâce au principe de la publicité, l'idéal d'un droit cosmopolite peut être pleinement atteint ; comment ce principe suppose une citoyenneté cosmopolite en acte ; comment la citoyenneté cosmopolite suppose une personnalité ou un soi cosmopolite. Tout d'abord, j'examinerai une condition logique : la pensée en communauté, la publicité. Ensuite, j'analyserai les agents qui pourront réaliser le droit cosmopolite : le philosophe, le politicien et le public. Enfin, je

1. *Ibid.*, 359 ; OP III, 351-352.

montrerai que ce public a non seulement une pratique littéraire, mais aussi révolutionnaire : seul un public révolutionnaire agissant selon le principe de la publicité, comme Kant l'a observé chez les révolutionnaires français, peut réaliser pleinement le « droit cosmopolite ». Ce public n'est pas local, mais cosmopolite. Kant trouve les conditions pour un public cosmopolite dans le lien transfrontalier entre les révolutionnaires français et leurs spectateurs enthousiastes hors de la France.

La publicité dans la raison théorique et pratique

La conception kantienne d'une « raison humaine universelle » (*allgemeinen Menschenvernunft*) implique non seulement que tous les êtres humains soient rationnels, mais aussi que la raison, en tant que raison humaine, soit finie et donc faillible. Sa vulnérabilité à l'erreur fait que chaque personne dépend de la raison des autres. La théorie kantienne de la faute, comme Hinske [1] et Blesemkemper [2] l'analysent, explique l'impossibilité de penser correctement si nos pensées ne peuvent pas être communiquées. Cela justifie l'autorisation sans restriction de « l'usage public de la raison ». Dans une « lutte entre amis », qui ont pour but commun de parvenir à la vérité, mais sont en désaccord sur les moyens (contrairement à une lutte entre ennemis, où les intérêts sont disparates), ce qui importe c'est le point sur lequel l'autre a raison et non pas celui où il a tort ; on cherche à corriger ses pensées ensemble et non pas seul. La participation à la « lutte » pour atteindre la vérité est donc morale et non pas seulement logique – mais c'est la logique qui prescrit les règles de ce conflit [3]. Ce n'est pas une logique formelle, mais pratique, dont les règles sont « normatives » [4] :

> 1° Penser *par soi-même*.
> 2° Se mettre (dans la communication avec les humains) en pensée à la place de tout *autre*.
> 3° En tout temps, penser *en accord avec soi-même* [5].

La première de ces règles combat l'état de minorité – notre tendance à utiliser notre entendement non pas pour juger, mais pour accepter des préjugés [6]. La seconde maxime s'oppose à l'égoïsme : l'égoïste est celui qui se considère pleinement compétent pour juger la vérité de ses propres thèses, en ignorant les jugements des autres. Kant distingue « l'esprit égoïste » qui pense par soi-même et « l'esprit pluraliste » qui communique [7]. La maxime qui prescrit « de chercher en soi-même le critère suprême de la vérité » semble admettre l'égoïsme, mais comme il n'offre aucune sécurité, il doit être corrigé par la maxime suivante :

1. Norbert Hinske, *Kant als Herausforderung und die Gegenwart*, Freiburg, Alber, 1980.
2. Klaus Blesenkemper, *Publice age. Studien zum Öffentlichkeitsbegriff bei Kant*, Frankfurt a.M., Haag u. Herchen, 1987, p. 224-259.
3. V-Log, Blomberg, AK XXIV 2, 828.
4. *Anthropologie*, AK VII, 200 ; OP III, 1018.
5. *Anthropologie*, AK VII, 228 ; OP III, 1046.
6. LOG, AK IX, 75-80 ; trad. L. Guillermit, *Logique*, Paris, Vrin, 1970, p. 84-90.
7. Réfl. 2147, AK XVI, 252.

« non seulement notre entendement, mais aussi l'entendement des autres est le critère de la vérité » [1]. L'inclinaison de la raison passive aux préjugés peut être maîtrisée par la comparaison avec les jugements des autres [2].

Passer à ce second point de vue signifie réfléchir sur ses propres jugements du point de vue des autres, en élargissant sa propre façon de penser et en ajustant les conditions particulières qui déterminent son jugement [3]. Il est peu probable que d'autres soient soumis à des conditions identiques à celles qui conduisent un individu à l'erreur [4]. Kant en donne l'illustration suivante : quand je crois avoir vu un cheval au loin là où il n'y a qu'un arbre, c'est parce que la pensée d'un cheval est profondément imprégnée en moi. J'ai ainsi besoin d'entendre un autre qui puisse corriger mes pensées. L'égoïsme consiste à croire que nous n'avons pas besoin d'un autre jugement [5].

L'expression « penser à la place de l'autre » pourrait suggérer qu'un véritable dialogue n'est pas nécessaire. En fait, c'est une idée, un principe régulateur (A 771/B 799) [6] qui oriente l'action de l'homme : « considérer dans la pensée (*a priori*) la façon de penser de tous les autres ». Cependant, Kant insiste sur la réalité de l'action et la nécessité des jugements réels. Pour Blesenkemper, il s'agit d'un principe constitutif de la « logique pratique » de la raison théorique. Kant dit que les occasions pour une conversation philosophique ne peuvent pas être ignorées : il n'est pas *sain* pour un philosophe de prendre ses repas seul (*solipsismus convictorii*) [7]. Mais « la société de la table » n'est qu'une société privée. Cette participation doit être écrite et dirigée vers la sphère publique, ce qui exige la « *liberté d'écrire* » [8]. Participer, par opposition à « penser par soi-même », implique un changement dans la pensée dont l'objectif est de parvenir à la concordance et à l'approbation [9]. Le critère de la vérité est à la fois interne et externe, il dépend de l'approbation de l'autre : « La pierre de touche servant à reconnaître si la créance est une conviction [*Überzeugung*] ou une simple persuasion [*Überredung*] est donc extérieure : elle consiste dans la possibilité de la communiquer et de la trouver valable pour la raison de chaque homme » (A 820/ B 848) [10].

Il ne peut y avoir aucun critère matériel et universel de vérité, étant donné l'universalité abstraite des objets particuliers [11]. Le critère universel de vérité ne

1. I. Kant, « Immanuel Kants Anweisung zur Menschen- und Weltkenntniss, 26. Nach dessen Vorlesungen im Winterhalbjahre 1790-1791 », *in* F. C. Starke (Hrsg.), *Immanuel Kants Menschenkunde*, Hildesheim, Georg Olms Verlag, 1986, p. 28.

2. Réfl. 2538, AK XVI, 409.

3. CFJ, AK V, 295 ; OP II, 1074-1075.

4. LOG, AK IX, 57 ; trad. L. Guillermit, *Logique*, Paris, Vrin, 1970, p. 63.

5. V-Log, Wiener, AK XXIV, 874.

6. CRP, AK III, 503 ; OP I, 1340.

7. *Anthropologie*, AK VII, 279 ; OP III, 1095.

8. TP, AK VII, 304 ; OP III, 288.

9. Réfl. 2176, AK XVI, 259.

10. CRP, AK III, 532 ; OP I, 1376.

11. LOG, AK IX, 50 ; trad. L. Guillermit, *Logique*, Paris, Vrin, 1970, p. 55 ; voir aussi Klaus Blesenkemper, *Publice age*, *op. cit.*, p. 261-264.

peut être que formel – nécessaire, mais pas suffisant. Habermas voit ce critère externe de vérité chez Kant comme un contrôle pragmatique qui aurait une valeur constitutive pour la pensée politique, mais pas pour la raison théorique [1]. Pour Blesemkemper, cependant, ce critère est également un composant dans le processus de recherche de la vérité, même s'il ne l'est pas pour sa preuve [2].

La logique de la prévention des erreurs dans la connaissance n'est pas, cependant, suffisante pour la rendre scientifique ou systématique. La « Doctrine de la méthode » de la *Critique de la Raison Pure* offre une « *logique pratique* » (A 708/B 736) [3] de sorte que la connaissance acquiert une forme scientifique, ce qui signifie qu'elle accorde à un simple agrégat une unité systématique. C'est le sujet de « l'Architectonique de la Raison Pure » (A 832/B 860) [4]. Ce qui unifie la multiplicité des connaissances, en les convertissant en un système, c'est une idée, un concept de la raison sous « la forme d'un tout » qui détermine *a priori* une totalité pour la multiplicité ainsi que la place de chaque partie au sein de la totalité (A 832/B 860) [5]. Avec l'affirmation de la primauté de la raison pratique, la philosophie unifiée est appelée « concept cosmique » (*Weltbegriff, conceptus Cosmicus*), distincte de la philosophie en tant que « concept scolaire » (*Schulbegriff*). Cette dernière est l'unité systématique, l'unité scientifique des connaissances, qui ne vise qu'à la « logique de la connaissance ». La philosophie en tant que « concept cosmique » rapporte toutes les connaissances aux fins de l'être humain rationnel (*teleologia rationis humanae*). Le philosophe n'est pas un artiste de la raison (*Vernunftkünstler*) dont la connaissance rationnelle, même si philosophique, ne constituerait qu'un instrument pour n'importe quelle fin. Le philosophe est beaucoup plus qu'un « artiste de la raison », il est le « législateur de la raison humaine » (A 839/B 867) [6]. En ce qui concerne les « fins essentielles de l'être humain rationnel », la philosophie en tant que connaissance du monde prescrit la fin suprême, qui est la « destination totale de l'être humain », l'objet de la philosophie morale (A 840/B 868) [7].

Le philosophe

Même si tout le monde peut devenir philosophe, ce rôle doit être institutionnalisé. La communauté des scientifiques et aussi celle des philosophes doivent sortir de l'état de nature, en s'associant dans une Université [8] qui doit prendre des précautions afin qu'une Faculté (en particulier la Faculté de théologie) n'intervienne pas dans une autre [9], au risque de retomber ainsi dans l'état

1. Jürgen Habermas, *Strukturwandel der Öffentlichkeit* (7. éd.), Neuwied, Luchterhand, 1975, p. 133.
2. V-Log, Philippi, AK XXIV, 396
3. CRP, AK III, 465 ; OP I, 1294.
4. CRP, AK III, 538 ; OP I, 1384.
5. Cf. *Ibid.* ; voir aussi Klaus Blesenkemper, *Publice age*, *op. cit.*, p. 236-240.
6. CRP, AK III, 542 ; OP I, 1389.
7. CRP, AK III, 543 ; OP I, 1390.
8. CF, AK VII, 28 ; OP III, 826 ; Klaus Blesenkemper, *Publice age*, *op. cit.*, p. 201-219.
9. « Vorredeentwürfe zur Religionsphilosophie », AK XX, 430.

de nature [1]. Il y a, cependant, un conflit légitime : la Faculté de philosophie a le droit et le devoir de juger ce que les Facultés de médecine, de droit et de théologie enseignent [2]. Les philosophes, agissant en principe sous la législation exclusive de la raison, doivent veiller à la « présentation publique de la vérité » [3]. Les trois autres Facultés sont soumises non seulement à la raison, mais aussi aux intérêts du gouvernement, qui les charge de former leurs professionnels respectifs. Soutenus par le pouvoir et la tradition [4], ils enseignent ce qui est arbitrairement établi respectivement par la Bible, le Droit Positif et l'Ordre des Médecins. Mais Kant souligne ironiquement (en se rapportant à Thémis, la déesse grecque de la Justice) que le juriste, qui n'est pas un philosophe et se limite à l'application des lois en vigueur sans se soucier de leur amélioration, est tenté de mettre l'épée de la justice sur le plateau qui est plus élevé.

La bataille légale à l'Université ne consiste pas seulement en une lutte entre la Faculté de philosophie d'un côté et la Faculté de médecine, de droit et de théologie de l'autre, mais aussi en une lutte entre les philosophes eux-mêmes. Gotthelf Kästner écrivait en 1795 : « Si à jamais la guerre est évitée, / Si du sage est écouté le propos, / Par tout homme la paix est possédée / Aux philosophes seuls point de repos » [5]. Kant ne considère pas ce poème comme la parole d'un « messager du malheur », mais plutôt comme « l'adresse de bons vœux » [6] : le conflit entre les philosophes, qui doit avoir lieu avec « une autorisation publique et sans restrictions » (A 747/B 775) [7], évite que les forces s'endorment. La guerre dans la philosophie doit se terminer par une constitution juridique qui permet le conflit d'idées – ce qui n'est pas la guerre, mais une garantie de paix [8].

D'où l'article secret de la paix perpétuelle : « Les maximes des philosophes sur les conditions qui rendent possible la paix perpétuelle, doivent être consultées par les États armés pour la guerre » [9]. Alors que, pour Aristote, un roi ne doit pas être philosophe, mais seulement suivre les orientations des philosophes, Platon considère que le philosophe doit devenir roi et le roi devenir philosophe. Kant n'accepte pas la thèse de Platon, parce que « la jouissance du pouvoir corrompt inévitablement le jugement de la raison et en altère la liberté » [10]. La paix ne dépend pas de la perfection morale du monarque, mais du droit. À l'idéal d'un roi-philosophe, Kant oppose l'idéal d'un peuple qui règne sur lui-même ; à la figure traditionnelle du conseiller du roi, Kant oppose la figure du philosophe. Si le conseiller du roi traite des conditions pour conduire la guerre, les maximes des philosophes traitent des conditions de la paix

1. *Ibid.*, 436.
2. CF, AK VII, 32 ; OP III, 832.
3. *Ibid.*, AK VII 33 ; OP III, 833-834.
4. PPP, AK VIII, 369 ; OP III, 363-364.
5. APP, AK VIII, 417 n ; OP III, 424 n.
6. APP, AK VIII, 417 ; OP III, 424.
7. CRP, AK III, 489 ; OP I, 1323.
8. APP, AK VIII, 417 ; OP III, 424; CF, AK VII, 19 ; OP III, 815-816.
9. PPP, AK VIII, 368 ; OP III, 363.
10. *Ibid.*, 369 ; OP III, 364.

publique. Le roi ne consulte pas le philosophe à propos de la guerre et de la paix ; les philosophes eux-mêmes discutent de cette question, s'ils jouissent de la liberté de l'usage public de la raison. Leur discours, d'ailleurs, ne s'adresse pas au roi en privé, tel que le discours du conseiller, mais le roi prend en compte les maximes que le philosophe exprime librement et publiquement. Le philosophe doit parler de la paix sans qu'on lui demande – ce qui indique que la paix est un problème philosophique fondamental, et que l'engagement du philosophe vis-à-vis des problèmes de son temps est essentiel pour sa pratique de la philosophie. La philosophie, cependant, exige plus encore pour devenir une véritable *praxis* : elle doit devenir politique.

Le politicien

Dans *Le Prince*, Machiavel, soucieux de libérer l'Italie de l'intervention de puissances étrangères, a l'intention d'établir une politique « réaliste » sans droit naturel ni prémisses théologiques ou morales [1]. Suivant une image pessimiste de l'être humain, il justifie, par exemple, que le prince puisse rompre un traité dans certaines circonstances. Si l'autre souverain ne tient pas sa parole, alors le prince ne doit pas non plus tenir la sienne [2]. Juste avant d'accéder au trône en 1740, le prince Frédéric II écrit anonymement son « Anti-Machiavel », dans lequel il proposera, non pas un concept de devoir moral, mais des règles politiques de compétence et de prudence – par exemple, le prince ne doit pas mentir parce que la découverte du mensonge entraînerait la perte de confiance dans le régent, et s'il rompt un traité, il doit en informer ses alliés à l'avance et avoir comme objectif la sécurité de son peuple [3]. En juin 1742, Frédéric II rompt un traité avec la France et l'Autriche, en appelant à la maxime « trompez les trompeurs ». Si Frédéric II estime que la rupture d'un traité est meilleure que les souffrances du peuple, pour Kant, c'est exactement ce manque de respect pour les principes juridiques qui cause la souffrance de tous. Comme Cavallar l'observe, si Frédéric II n'avait pas rompu le traité avec la France et l'Autriche en 1742, cela n'aurait pas engendré la souffrance de la Prusse, mais seulement la dévolution de la Silésie [4]. Les actions du gouvernement de Frédéric II sont défendues par Garve, contre qui Kant rédige la première section de *La paix perpétuelle* [5].

Le passage de la théorie (les règles universelles abstraites des conditions de leur exécution) à la *praxis* (la réalisation des principes universels du comportement) ne s'accomplit pas par le biais d'autres règles (qui se perpétueraient), mais grâce à un acte de la faculté de juger (*Urteilskraft*), par lequel celui qui agit

1. Niccolò Machiavelli, « Il principe » (1e éd. 1513), *in* Gian Mario Anselmi et Carlo Varotti (dir.), *Le grandi opere politiche*, Torino, Bollati Boringhieri, 1992, p. 345-350.

2. *Ibid.*, p. 101-105.

3. Friedrich II. von Preussen, *Anti-Machiavel, oder Versuch einer Kritik über Machiavels Regierungskunst eines Fürsten* (1740), Dortmund, Horenberg, 1982, p. 213.

4. Georg Cavallar, *Pax Kantiana. Systematisch-historische Untersuchung des Entwurfs « Zum ewigen Frieden » (1795) von Immanuel Kant*, Wien/Köln/Weimar, Böhlau, 1992, p. 350.

5. PPP, AK VIII, 344 ; OP III, 334-335.

dans la *praxis* décide si quelque chose est ou non le cas de la règle (*Subsumption*) [1]. Il s'agit du passage de la métaphysique du droit – dont les concepts ne tiennent pas compte de l'expérience – à la politique, qui applique ces concepts à l'expérience (doctrine pratique du droit) [2]. Les maximes sophistiques de la politique reposent sur un principe *matériel* qui a comme fin un objet du libre arbitre. Kant oppose le principe formel suivant : « Agis de manière que tu puisses vouloir que la maxime d'après laquelle tu te détermines devienne une loi générale (quel que soit le but que tu te proposes) » [3]. Le but qui est déduit de ce principe formel (et qui est en même temps un devoir) est la paix perpétuelle, qui devient ainsi une question philosophique. Tandis que le but matériel suppose des conditions empiriques, le but formel recèle une nécessité absolue [4].

La distinction entre le principe matériel et le principe formel fonde aussi la distinction entre deux figures politiques : le moraliste politique (*politischen Moralisten*), qui forge une morale à l'avantage de l'homme d'État ; et le politicien moral (*moralischen Politiker*), pour qui les principes de la prudence politique (*Staatsklugheit*) peuvent coexister avec des principes moraux. Bien que le principe formel du politicien moral soit un problème moral, le principe matériel du moraliste politique est une question technique. Comme le moraliste politique, le politicien moral est prudent, mais sa prudence vise à la réalisation du droit rationnel. Celui qui, en se précipitant dans l'action, viole la prudence [5] sans tenir compte des circonstances favorables est appelé par Kant un « moraliste despotique » [6].

Mais comment pouvons-nous identifier ces circonstances favorables ? Le philosophe ne peut *a priori* rien dire à leur sujet, même si les principes de la loi naturelle doivent toujours avoir la primauté. Le politicien moral ne saurait pas non plus faire usage d'une quelconque règle pour passer de la théorie du droit à la *praxis* politique, c'est-à-dire d'une règle pour l'application de la règle : pour cela, il serait nécessaire d'avoir une règle d'application de la règle *ad infinitum*). Il y a, cependant, un principe : le principe de la publicité, qui implique l'action du public.

Le public

« La liberté de l'écriture », grâce à laquelle Kant demande des conditions institutionnelles pour la publicité, remplit sa fonction critique seulement quand le droit a déjà été violé. Ce n'est que dans la *Paix perpétuelle* que Kant présente les deux formes « prophylactiques » de la publicité, qui se produisent après qu'une injustice ait été commise, mais qui sont des moments immanents à toute

1. TP, AK VIII, 275 ; OP III, 251.
2. DM, AK VIII, 429 ; OP III, 440 ; PPP, AK VIII, 370 ; OP III, 364-365.
3. PPP, AK VIII, 377 ; OP III, 372.
4. *Ibid.*, 376-377 ; OP III, 371-373.
5. *Ibid.*, 372-374 ; OP III, 367-370.
6. *Ibid.*, 378-379 ; OP III, 373-375.

action légale [1]. L'abstraction de la matière du droit public – les relations empiriques entre les êtres humains et l'État – montre que sa forme est celle de la publicité (*Publizität*) : « Sans elle il n'est point de justice, puisqu'on ne saurait la concevoir que comme pouvant être rendue publique ; sans elle il n'y aurait donc pas non plus de droit, puisqu'il ne se fonde que sur la justice » [2].

On obtient alors la formule transcendantale du droit public : « Toutes les actions relatives au droit d'autrui, dont la maxime n'est pas susceptible de publicité, sont injustes » [3]. Une maxime qui doit être déguisée pour être efficace et qui provoque la résistance de tous lorsqu'elle est déclarée publiquement ne peut être qu'injuste. Dans le passage de la morale au droit, Kant passe d'un critère théorique – la contradiction (*Widerspruch*) – à un critère pratique – l'opposition (*Widerstand*), qui au-delà de supposer la contradiction logique des concepts, représente une activité [4]. L'opposition est un critère pour reconnaître ce qui n'est pas juste, c'est-à-dire le désaccord de la politique avec la partie juridique de la morale. Cela confère un caractère négatif à la première formule du principe de la publicité. Si les maximes incompatibles avec la publicité sont injustes, cela ne signifie pas que les maximes compatibles avec la publicité sont justes : un despote qui jouit d'un pouvoir auquel personne ne s'oppose n'a pas à craindre la publication de ses principes qui ne sont pas en conformité avec les principes rationnels du droit. Ainsi, Kant fonde un principe transcendantal et affirmatif du droit public :

> « Toutes les maximes qui pour avoir leur effet ont besoin de publicité, s'accordent avec la morale et la politique combinées. » Car, si elles ne peuvent produire leur effet qu'autant qu'elles sont notoires, il faut qu'elles s'accordent avec le but général du public, avec le bonheur : par conséquent, elles conviennent à la politique qui s'occupe à imaginer un état de choses dont chacun puisse être content [5].

Dans la première formule, la publication de la maxime est une hypothèse, une expérience mentale : si la maxime est publiée, elle provoquerait l'opposition du public. Dans la deuxième formule, la publication de la maxime a effectivement lieu : la maxime ne peut atteindre ses objectifs que si elle est portée à la connaissance du public [6]. Il n'est donc pas possible d'être en accord avec la thèse selon laquelle le principe de la publicité dans la *Paix perpétuelle* n'est qu'une mesure *a priori* de ce que Kant avait déjà écrit dans *Théorie et pratique*, à savoir que la *praxis* n'est pas différente de la théorie, mais qu'elle est seulement un cas de son application – ce serait aussi le rapport entre droit et

1. Klaus Blesenkemper, *Publice age*, *op. cit.*, p. 342.
2. PPP, AK VIII, 381 ; OP 377.
3. *Ibid.*
4. Volker Gerhardt, *Immanuel Kants Entwurf « Zum ewigen Frieden ». Eine Theorie der Politik*, Darmstadt, Wissenschaftliche Buchgesellschaft, 1995, p. 200-201.
5. PPP, AK VIII, 386 ; OP III, 382-383.
6. Klaus Blesenkemper, *Publice age*, *op. cit.*, p. 351.

politique [1]. Au contraire, le principe positif de la publicité assure non seulement que la politique soit la pratique du droit, mais aussi que les intérêts particuliers des citoyens (le « bonheur ») soient poursuivis. Kant peut ainsi élucider les conditions de l'accord entre le droit et la politique. La formule négative du principe de publicité ne concerne que le droit public. Mais la formulation positive du principe de publicité peut compléter la théorie politique de Kant, envisageant aussi le bonheur du public comme but [2].

Le principe de publicité unifie ainsi la « liberté » et le « bonheur ». Hannah Arendt signale que les « hommes de lettres » dans la France prérévolutionnaire avaient une « passion » pour la liberté publique, tandis que les Américains parlaient de « bonheur public » (une « réalité », parce que, avant la guerre d'indépendance, ils participaient légalement à des sociétés politiques, délibérant sur les questions d'intérêt public dans les mairies) [3]. Mais en Allemagne, continue l'auteure, se référant au *Conflit des Facultés* [4], Kant était le seul qui trouvait « doux » d'imaginer des constitutions [5].

Le principe de publicité implique, par excellence, non pas l'action de l'individu, mais du public. Si au début de son essai *Qu'est-ce que les Lumières ?*, Kant considère l'individu lui-même comme responsable du fait de rester dans un confortable état de minorité, il en attribue ensuite la responsabilité à son maître, qui l'empêche de marcher seul. Cependant, la difficulté pour un individu de quitter cet état peut être surmontée par le public – bien que lentement, car il nécessite une « véritable réforme dans la façon de penser » [6]. Ainsi, les Lumières sont toujours comprises comme un processus ; non pas comme une ère éclairée, mais comme une ère de clarification, qui se déroule au fil du temps historique [7]. Il s'agit donc d'un processus d'apprentissage qui se produit au moyen d'erreurs : les chutes sont nécessaires pour apprendre à marcher, souligne Kant [8]. En ce sens, dans son essai sur la *Religion*, il explique qu'il ne se sent pas bien quand il entend qu'un certain peuple ou des êtres humains en général, ne sont pas « prêts » pour la liberté, puisque ce n'est que par l'affirmation de notre liberté à travers nos propres efforts – même si cela est beaucoup plus laborieux et plus dangereux que lorsque nous suivons un tuteur – que nous devenons « mûrs » pour la liberté [9].

L'exigence morale d'un public pour la réalisation du droit, la manière dont il respecte le droit – même en voulant s'y soustraire, parfois de manière

1. Michael Stolleis, *Staatsraison, Recht und Moral in philosophischen Texten des späten 18. Jahrhunderts*, Meisenheim am Glan, Anton Hain, 1972, p. 85-98.

2. Volker Gerhardt, *Immanuel Kants Entwurf « Zum ewigen Frieden », op. cit.*, p. 207-208.

3. Hannah Arendt, *On Revolution*, London, Faber and Faber, 1963, p. 114-115.

4. CF, AK VII, 92 n. ; OP III, 903 n.

5. Cette observation est faite par Hannah Arendt seulement dans la version allemande, pas dans la version anglaise de *Sur la Révolution* (Hannah Arendt, *Über die Revolution*, 4ᵉ éd., München, Piper, 1994, p. 158).

6. QL, AK VIII, 35-36 ; OP II, 209-211.

7. *Ibid.*, 40-42 ; OP II, 214-217.

8. *Ibid.*, 35-36 ; OP II, 209-211.

9. Rel., AK VI, 188 n ; OP III, 226 n.

simplement « rhétorique » – implique un critère de légitimité : les États doivent parler au nom du « droit » parce qu'il y a une disposition morale chez l'homme moral[1]. Gerhardt observe que cela ne signifie pas juger le monde tel qu'il est à partir de ce qu'il devrait être, ce qui constituerait seulement une subordination externe de la politique au droit. Cela signifie, plus profondément, un lien interne entre politique et droit, un critère selon lequel une action ne se produira dans la *praxis* que si elle est en accord avec la théorie : la politique a besoin de légitimité, évoquant le droit devant le grand public afin d'atteindre ses objectifs. Kant trouve un principe transcendantal de la politique avec la formule positive de la publicité qui lui permet de lier intérieurement le droit et la morale. Si la nécessité de légitimation publique a toujours été un élément fondamental de la pensée politique, c'est la première fois qu'il a été inséré dans un système philosophique pour lier morale, droit et politique [2].

Il n'est donc pas possible de concilier ceci avec la thèse selon laquelle le progrès chez Kant se réalise avant tout par « l'insociable sociabilité » ni avec la thèse selon laquelle le progrès chez Kant est promu « d'en haut », de manière « paternaliste » par le gouvernement [3] ; la thèse selon laquelle les politiciens moraux dicteraient aux citoyens encore immoraux (comme le « peuple de démons » dans la philosophie de l'histoire) la voie de la République. Dans la structure de la *Paix perpétuelle*, le rôle du « peuple de démons » est d'abord suivi par le rôle du politicien moral, mais ce rôle est finalement dépassé par le rôle du public agissant selon le principe de la publicité. Le public est alors le point de vue déterminant [4] : « seul point de réunion où puissent se rassembler les fins particulières de tous » [5]. Ce public suit un principe rationnel, tandis que le peuple de démons est soumis au mécanisme d'insociable sociabilité ; le principe de la publicité est un principe toujours valable qui ne peut que conduire à la paix, tandis que le mécanisme d'insociable sociabilité conduit autant à la paix qu'à la guerre. Le gouvernement du politicien moral ne peut pas être une solution, étant donné qu'il est sujet à la corruption inévitable de la raison par le pouvoir. Il est vrai que le public est aussi sujet à la perversion. L'histoire en donne de nombreux exemples. Mais c'est précisément la grandeur de Kant de ne pas corriger la perversion du public par le libéralisme économique ou par le pouvoir politique des régents, mais par un public encore plus large. Ce n'est que le public le plus cosmopolite, et donc le public le plus universel possible, qui peut corriger un public qui se particularise par l'exclusion des autres.

1. PPP, AK VIII, 375-376 ; OP III, 370-372.

2. V. Gerhardt, *Immanuel Kants Entwurf « Zum ewigen Frieden », op. cit.*, p. 45-49. *Cf.* DD, AK VI, 324 et 329 ; OP III, 591-592 et 598-599.

3. Bernd Ludwig, « Will die Natur unwiderstehlich die Republik ? Einige Reflexionen anlässlich einer rätselhaften Textpassage in Kants Friedensschrift », in *Kant-Studien*, 1997, 88, p. 226.

4. Ingeborg Maus, *Zur Aufklärung der Demokratietheorie : rechts- und demokratietheoretische Überlegungen am Anschluss an Kant*, Frankfurt am Main, Suhrkamp, 1994, p. 127-8.

5. PPP, AK VIII, 386 ; OP III, 383.

Les révolutionnaires et les spectateurs de la Révolution Française

Le caractère cosmopolite du public n'est pas seulement une possibilité d'universalisation des maximes d'un public local, mais implique concrètement la multiplicité des lieux géographiques d'appartenances. Kant voit dans les révolutionnaires français la possibilité de la lutte locale pour la réalisation des droits au niveau interne. Mais pour Kant, la *Teilnehmung* – la sympathie, la disposition et l'attitude de participer à ce qui se passe avec autrui – des spectateurs de la Révolution française est aussi important. Les révolutionnaires français avec les spectateurs du monde entier constituent une communauté cosmopolite transfrontalière.

L'enthousiasme des spectateurs de la Révolution française s'explique par l'esthétique du sublime qui « n'est pas un objet pour le goût, mais pour l'émotivité » [1]. Cette sublime affection est l'enthousiasme, un « ébranlement [*Erschütterung*] » [2]. L'âme humaine, dit Kant, « applaudit, avec une sympathie si universelle et si désintéressée, la réussite espérée et les tentatives qui sont menées en ce sens » [3]. Le concept pur de droit suscite « le zèle et la grandeur d'âme [dans les révolutionnaires] [...], et même le concept d'honneur de la vieille noblesse guerrière [...] disparaissait devant les armes de ceux qui avaient pris pour perspective le *droit* du peuple auquel ils appartenaient et qui s'en concevaient comme les défenseurs [...] » [4].

Dans l'enthousiasme des spectateurs de la Révolution française, ceux qui ne pouvaient en tirer aucun avantage, Kant voit que l'être humain ne cherche pas le droit simplement comme moyen de satisfaire ses intérêts particuliers. Ce sentiment, que l'on peut avoir seulement pour un idéal, indique un second lien entre la politique et le droit, contrairement à la philosophie de l'histoire. Dans la philosophie de l'histoire, l'être humain cherche le droit comme moyen d'assurer ses propres intérêts ; l'enthousiasme des spectateurs de la Révolution française, au contraire, montre que le droit peut être recherché comme fin : l'être humain s'enthousiasme par la réalisation des droits, même si aucun intérêt particulier ne peut être satisfait par cette réalisation. Selon la philosophie de l'histoire, l'être humain cherche à protéger sa vie et ses biens, mais lorsqu'il manifeste de l'enthousiasme pour la Révolution française, il met en danger sa vie et ses biens afin de rendre hommage à la réalisation des droits. C'est la preuve que l'être humain est capable, puisque libre et rationnel, d'être l'auteur de sa propre histoire, qui ne serait alors pas menée uniquement par son intérêt personnel.

L'expérience de la Révolution Française n'est pas simplement un phénomène empirique qui peut être réfuté par l'échec ou le progrès. Il ne peut pas être oublié, révélant une relation qui se situe en dehors de l'ordre temporel : un « signe historique (*signum rememorativum*, *demonstrativum*, *prognostikon*) » [5].

1. *Anthropologie*, AK VII, 243 ; OP III, 1060.
2. CFJ, AK V, 258 ; OP II, 1027.
3. CF, AK VII, 87 ; OP III, 898.
4. *Ibid.*, 86 ; OP III, 896-897.
5. *Ibid.*, 84 ; OP III, 894.

Même si, après, tout restait comme auparavant, dit Kant, cette prophétie philosophique ne perdrait encore rien de sa force. Car cet événement est trop important, trop entrelacé avec l'intérêt de l'humanité, et son influence s'est largement propagée dans toutes les régions du monde [1]. La faculté de jugement ignore les données immédiates et considère l'universalité ; de même la cause de l'enthousiasme des spectateurs de la Révolution française est le droit d'un peuple de se donner une constitution républicaine, la seule constitution pacifique [2].

Les révolutionnaires et les spectateurs enthousiastes de la Révolution française constituent un « réseau transfrontalier cosmopolite ». Les spectateurs dans d'autres pays, comme Kant en Prusse, se tenaient à côté des révolutionnaires même s'ils ne luttaient pas. Ils étaient liés par la sympathie et l'enthousiasme au-delà des frontières. Cela montre que ce qui se passait n'était pas seulement d'intérêt local, un problème domestique, mais d'intérêt cosmopolite – un problème qui concernait toute l'humanité. Et ce serait là la condition de sa réalisation, non seulement au niveau local, mais aussi au niveau cosmopolite. Cela montre aussi que la même chose pourrait se produire dans d'autres pays pour la démocratisation et la cosmopolitisation du droit national. Dans la communauté des révolutionnaires en France et des spectateurs à l'étranger, nous voyons une sorte de communauté transfrontalière pour le droit cosmopolite (en lutte réelle, de la part des français, en disposition ou en lutte virtuelle, de la part de ceux qui se trouvaient à l'extérieur).

Conclusion

Pauline Kleingeld, en reconstruisant le droit cosmopolite de Kant, considère qu'il est possible avec Kant de justifier l'obligation de donner un port sûr aux étrangers en danger. Kant a déclaré que ceux qui essayent de sauver leur vie dans un pays étranger (par exemple, un navire dans une tempête) ne peuvent pas être renvoyés ou capturés, mais pourraient rester jusqu'à ce qu'ils aient une occasion favorable de partir [3]. Même si Kant a peu écrit sur cette question, cette interprétation est la seule conforme à l'esprit du cosmopolitisme kantien. Le droit cosmopolite ne peut avoir de sens que s'il garantit absolument les droits de l'homme de chaque personne en tant que citoyen du monde et non d'un État particulier.

Il faut alors surmonter les interprétations du droit cosmopolite de Kant centrées sur sa valeur morale universelle indéniable pour le considérer comme une construction, qui est produite et légitimée par la citoyenneté cosmopolite en acte. Il est paradoxal de se sentir victime d'injustice tout en ayant des droits, tout comme il est paradoxal d'avoir des droits cosmopolites contre son propre

1. *Ibid.*, 88 ; OP III, 899.
2. *Ibid.*, 85 ; OP III, 895.
3. Kant, *Vorarbeiten zum Streit der Fakultäten*, AK XXIII, 173.

gouvernement ou contre tout autre pouvoir dominant. La difficulté ici est de concilier le discours universel au droit cosmopolite avec une analyse de sa production socio-historique par la citoyenneté cosmopolite. Le droit cosmopolite apparaît comme autonome, neutre, indépendant des relations de pouvoir, basé sur la rationalité de la morale et donc digne de reconnaissance universelle, élevé au rang de principe transcendantal au-dessus de ses formes historiques. Mais il n'est ni un produit de la raison universelle ni l'imposition d'une idéologie dominante. Il résulte d'une longue systématisation cumulative qui produit l'universalisation. Le pouvoir de la raison n'est donc pas suffisant pour réaliser le droit cosmopolite : ce n'est que par la lutte de la « citoyenneté cosmopolite » en acte, comme Kant l'a observé dans le lien de sympathie et d'enthousiasme entre les révolutionnaires français et leurs spectateurs, que la raison – et ainsi le droit cosmopolite – est réalisée dans l'histoire.

Le concept de droit cosmopolite de Kant, concevant l'individu en tant que citoyen du monde, est aujourd'hui le principe qui sous-tend les droits de l'homme et le droit pénal international. Avec Kant, nous pouvons penser que ce principe devrait aussi être le principe fondamental d'une démocratie locale dans un cadre juridico-politique territorial limité : un système politique ne peut être considéré comme démocratique qu'en tant que démocratie cosmopolite, c'est-à-dire une démocratie qui activement respecte les droits cosmopolites de tous les citoyens du monde. Au niveau international et mondial, la comparaison entre deux instruments juridico-politiques, la pétition individuelle pour les droits de l'homme et le droit du travail et la responsabilité individuelle des crimes internationaux montre une différence fondamentale entre ceux-ci qui doit être dépassée. Avec Kant, nous pouvons également penser que les violations des droits de l'homme devraient porter une responsabilité internationale individuelle (qui n'est prévue que pour des crimes internationaux) au lieu de la responsabilité collective internationale archaïque.

Le droit cosmopolite de Kant implique une citoyenneté cosmopolite. En effet, la *cosmopolitisation* de la démocratie doit être suivie par la démocratisation de la *cosmopolis* – ce qui suppose la citoyenneté cosmopolite, les associations transfrontalières d'individus. Kant présente le « principe de la publicité », qui a une dimension cosmopolite, comme critère pour la justice cosmopolite, et voit la condition de possibilité du développement du droit cosmopolite – et d'une démocratie cosmopolite – dans le lien entre les révolutionnaires français et leurs « spectateurs » enthousiastes à l'étranger. Avec Kant, on peut dire que le droit cosmopolite ne peut être créé et légitimé que par la citoyenneté cosmopolite, qui n'existe pas en tant que statut juridique et politique, mais comme une pratique des associations transfrontalières dans les luttes politiques.

En outre, le droit cosmopolite de Kant, produit par la citoyenneté cosmopolite, ne peut avoir une dimension authentiquement cosmopolite que s'il prend en compte les problèmes d'identité, que s'il comprend une analyse de la manière dont les rôles sociaux et les stéréotypes sont construits, afin de les surmonter.

Pour donner au droit local un horizon cosmopolite et transposer les principes démocratiques de l'État-nation au droit international et au droit cosmopolite au sens kantien, il faut amplifier la démocratie pour combattre les inégalités matérielles et sociales, telles que les inégalités entre femmes et hommes ainsi que celles entre citoyens et étrangers. Enfin, une compréhension approfondie du cosmopolitisme de Kant devrait englober non seulement toute l'humanité, mais aussi inclure le cosmos entier.

Soraya Nour Sckell
Faculdade de Direito, Universidade Nova de Lisboa

NATIONALISME ET RACISME : KANT, LA SOURCE DE TOUS LES MAUX ? UNE RELECTURE DU COSMOPOLITISME ET DE L'HUMANITÉ KANTIENS

INTRODUCTION

En 1972, Isaiah Berlin présente une conférence intitulée « Kant as an Unfamiliar Source of Nationalism » où il entend établir « un lien entre les vues de Kant et l'essor du nationalisme romantique » [1]. Une trentaine d'années plus tard, Robert Bernasconi, s'inscrivant dans le débat entourant les écrits kantiens sur la question des races [2], se revendique du même geste et rédige un chapitre intitulé « Kant as an Unfamiliar Source of Racism » où il entend quant à lui démontrer que :

> Kant peut légitimement être considéré comme l'inventeur du concept scientifique de race dans la mesure où il en a donné la première définition claire [3].

Dans les deux cas, le lecteur et l'auditeur sont volontairement défiés par l'association du nom de Kant à deux abominations éthiques – respectivement le nationalisme et le racisme. L'intérêt que revêtent respectivement les textes de Berlin et de Bernasconi réside dans la remise en question qu'ils amorcent de la philosophie pratique kantienne et, plus particulièrement, des concepts d'humanité et de cosmopolitisme qui s'y trouvent renfermés. S'il est possible d'attribuer à Kant la paternité du nationalisme et du racisme, alors l'œuvre philosophique kantienne se révèle être le lieu d'une contradiction flagrante et problématique. En effet, il s'agit ici de soutenir qu'il y aurait chez Kant *une fondation théorique du nationalisme et du racisme*. Or, cette fondation théorique, si elle était avérée,

1. I. Berlin, « La pensée de Kant comme source paradoxale du nationalisme », in *Le sens des réalités*, trad. fr. G. Delannoi et A. Butin, Paris, Éditions des Syrtes, 2003 [1996], p. 293-311, p. 295.

2. Voir sur ce point la préface au recueil de textes *Kant and the Concept of Race, Late Eighteenth-Century Writings*, éd. et trad. anglaise J. M. Mikkelsen, New York, Suny Press, 2013, p. 1-40 et en particulier, p. 3-18.

3. R. Bernasconi, « Kant as an Unfamiliar Source of Racism », *in* J.K. Ward et T.L. Lott (eds.), *Philosophers on Race, Critical Essays*, Oxford, Blackwell Publishing, p. 145-166, p. 146-147 (notre traduction, ainsi que toutes les citations suivantes).

remettrait en cause la cohérence du système pratique kantien, mais plus encore sa légitimité et sa crédibilité.

S'il convient de se montrer sceptique vis-à-vis d'un tel résultat, le scepticisme n'autorise cependant pas à écarter des conclusions, aussi embarrassantes soient-elles, sans un examen préalable et sans une analyse des arguments les soutenant. La contribution présente se propose d'effectuer ce travail critique.

1. « *Kant comme source insoupçonnée du nationalisme* » [1]

Le contenu de sa conférence de 1972 explique et réduit, par le même geste, l'aspect provocateur du titre choisi par Isaiah Berlin. Ainsi, Berlin ne soutient pas l'existence d'un lien *direct* de causalité entre les idées de Kant et le nationalisme. De son propre aveu, Kant s'oppose en tout point au nationalisme, en tant qu'il incarne la philosophie rationnelle, la défense de l'examen critique des idées ou encore l'opposition au dogmatisme obscurantiste. Le nationalisme quant à lui, tant dans sa version « douce » que « pathologique », est sentimental, intuitif et échappe essentiellement au « microscope de l'intellect » [2]. De plus, l'éthique kantienne transcende les particularités nationales et sociales sur lesquelles le nationalisme s'appuie [3].

Cette conviction n'empêche pas pour autant Berlin de soutenir un lien *indirect* entre la philosophie kantienne et le nationalisme. Les idées de Kant auraient inspiré certains concepts de Fichte qui eux-mêmes seraient à l'origine d'un nationalisme romantique. Qualifier Kant comme étant une source insoupçonnée du nationalisme signifie affirmer une vie propre des idées philosophiques pouvant échapper à leur auteur, et parfois même se retourner contre son intention initiale.

> [Les idées], comme des graines tombées sur un sol fertile, fleurissent, parfois de façon hideuse, sous un climat inconnu du semeur. [...] Par un sort étrange, l'une des plus nobles et des plus humaines notions kantiennes a connu, dans les turbulences du XIXe siècle, un destin qui eût horrifié Kant [4].

Le concept que Berlin a à l'esprit est celui d'autonomie. La liberté kantienne est, en outre, ce qui permet de distinguer véritablement l'homme de l'animal : l'homme est cette créature capable de se déterminer elle-même, contrairement aux plantes ou aux animaux qui vivent uniquement sous l'égide de lois physiques extérieures. Au plan politique, la liberté kantienne signifie de manière cohérente un rejet de toute forme de paternalisme : il n'est pas possible de contraindre (extérieurement) à être libre [5].

1. Il nous semblait plus fidèle à l'esprit de Berlin de rendre en français *unfamiliar* par « insoupçonnée » plutôt que par « paradoxale ».

2. I. Berlin, *op. cit*, p. 294.

3. *Ibid.*

4. *Ibid.*, p. 295-296.

5. Voir TP, AK VIII, 291 ; OP III, 271.

« [P]laidoyer passionné » [1] pour la liberté, la philosophie kantienne est de manière égale un plaidoyer passionné pour la rationalité. Sans la raison humaine, il s'avère difficile de penser une quelconque forme d'universalité : la raison est non seulement ce que les hommes ont en commun, mais également ce qui leur permet d'aboutir à des réponses similaires, que ce soit au niveau théorique ou au niveau pratique. La reconnaissance de l'humanité d'autrui, suivant une telle logique, est comprise comme la reconnaissance et le « respect mutuel » d'une « commune rationalité » [2].

Ces deux lignes de force de la philosophie kantienne ouvrent la voie au romantisme et, en particulier, à Fichte. Pour Berlin, ce « disciple infidèle » [3] de Kant va être à l'origine de deux trahisons majeures. Fichte marquerait tout d'abord la perte de référence à une raison universelle, en tant qu'il érige l'homme en *créateur de ses propres valeurs*. Les valeurs ne sont plus considérées comme étant à découvrir par le biais de la raison humaine, mais comme émanant du libre choix des hommes.

> « Je n'ai pas faim parce que je suis en présence d'un aliment, je suis en présence d'un aliment parce que j'ai faim. » Autrement dit, c'est ma faim qui définit l'utilité de l'aliment et, sans cette faim, l'aliment serait sans intérêt [4].

Il demeure difficile de voir comment relier à Kant cette idée proto-nietzschéenne d'une autocréation humaine des valeurs. Berlin soutient que c'est l'autonomie kantienne qui serait à l'origine d'une telle dérive, sans s'étendre sur cette position ou sans réellement apporter d'argument pour la soutenir. Il est possible de deviner son cheminement de pensée : sans la liberté kantienne et la rupture qu'elle opère avec les conceptions éthiques traditionnelles, en refusant d'assimiler la morale à une liste de préceptes extérieurs, l'idée d'une auto-création des valeurs par les hommes serait difficilement concevable.

Ce raisonnement, cependant, n'est pas sans soulever de sérieuses réserves. Tout d'abord, il implique d'accepter la définition de l'éthique fichtéenne comme celle d'une création axiologique humaine, interprétation au demeurant problématique [5]. Ensuite, si comme le reconnaît Berlin, l'axiologie fichtéenne contredit celle de Kant et aurait été probablement rejetée par Kant lui-même, comment soutenir dès lors que la première serait le produit de la seconde, que l'éthique de Fichte serait l'aboutissement d'une mutation – certes, dégénérescente – de celle de Kant ? Que reste-t-il de kantien dans l'éthique fichtéenne ? [6].

1. I. Berlin, *op. cit.*, p. 301.
2. *Ibid.*, p. 303.
3. *Ibid.*, p. 305.
4. *Ibid.*, p. 305-306.
5. *Cf.* la cinquième leçon de l'*Anweisung*. Fichte, *L'initiation à la vie bienheureuse*, trad. fr. P. Cerutti, J-C. Lemaître, A. Schnell et F. Seyler, Vrin, Paris, 2012, p. 117-119 et 123-125 ; GA I, 9, p. 109-110 et 112-114.
6. *Cf.* T. Rockmore, « Fichte, éthique et philosophie transcendantale », in *Revue de métaphysique et de morale*, 2011, 3(71), p. 343-353 et en particulier p. 347.

Dans une certaine mesure, ces questions se retrouvent dans le second temps de la réflexion, lorsque Berlin aborde ce qu'il estime être la seconde trahison de Fichte envers Kant, à savoir le concept de « moi ». Alors que le sujet de l'action chez Kant est l'individu, chez Fichte, c'est le moi qui agit. La différence séparant les deux concepts n'est pas uniquement terminologique : Berlin entrevoit une différence de statut entre l'individu kantien et le moi fichtéen. En effet, le moi fichtéen marque une dissolution du sujet dans une activité transcendante et créatrice. Une plus grande dissolution du sujet est opérée par Fichte lorsque ce dernier identifie le « moi » à l'État [1]. Le « moi » devient collectif et c'est lui qui désormais engendre les individus, leur sens et leur finalité. Or, si l'État incarne désormais le « moi » collectif et possède de tels pouvoirs, il devient alors une autorité absolue, infinie et éternelle. C'est pourquoi Berlin voit en Fichte l'un des pères fondateurs du nationalisme allemand et, plus largement, du nationalisme politique européen.

Une nouvelle fois, quand bien même cette interprétation de Fichte serait acceptée sans discussion – et il convient d'insister sur le fait que l'interprétation que Berlin effectue est polémique –, il est difficile de voir comment cette conception d'un État hégémonique émanerait de la philosophie kantienne. Si Berlin reconnaît que Kant aurait vraisemblablement rejeté une telle conception, il soutient néanmoins que les germes de cette dernière se situent au sein de l'éthique kantienne :

> [...] l'idolâtrie de la nation et de l'État dérivent, même illégitimement, de la doctrine de la volonté autonome, du rejet de la hiérarchie objective des valeurs, indépendante de toute conscience humaine, hiérarchie qui sous ses diverses formes avait dominé la pensée occidentale jusque-là [...] [2].

Ce serait la conception kantienne de l'autonomie qui serait à l'origine du « moi » collectif fichtéen. La moralité se définissant comme une poursuite des fins morales pour elles-mêmes, indépendante de la nature du monde, il devient imaginable que l'homme puisse se sacrifier pour être moral. Néanmoins, cette absoluité des fins est évidemment contrebalancée dans le système kantien par la rationalité et l'universalité des impératifs catégoriques. Ce cran de sécurité saute avec le romantisme post-kantien : si désormais l'État fixe le sens et les fins des individus, alors la volonté du sujet devient une volonté nationale à laquelle se soumettent, s'identifient et adhèrent tous les sujets. L'idée de liberté individuelle kantienne se pervertit ainsi en « narcissisme national moderne » [3].

Ici encore, il semble difficile de saisir et donc d'adhérer aux arguments de Berlin : les liens entre l'autonomie kantienne et le « moi » collectif de Fichte ne sont pas explicites. Plus encore, ces derniers sont plutôt affirmés qu'argumentés. En dernière analyse, la thèse de Berlin – celle d'un lien entre Kant et le nationalisme advenant à cause d'une déformation de ses idées par Fichte – demande

1. Sur ce point, Berlin suggère un parallèle avec Herder : voir I. Berlin, *op. cit.*, p. 306.
2. I. Berlin, *op. cit*, p. 307.
3. *Ibid.*, p. 311.

à accepter des interprétations qui manquent de justification et qui dans une certaine mesure sont datées. Compte tenu des études fichtéennes récentes, il ne semble plus possible d'acquiescer inconditionnellement à l'idée que Fichte serait à l'origine du nationalisme allemand [1].

En somme, c'est la thèse la plus intéressante et originale avancée par Berlin qui rend problématique sa réflexion, à savoir celle d'une vie propre des idées. Si, au premier abord, il paraît séduisant d'imaginer que la philosophie d'un auteur puisse mener à une réflexion ou à des conséquences inattendues, à mieux y regarder ce parcours hasardeux se révèle être flou, voire arbitraire. Il est une chose d'affirmer que la philosophie fichtéenne est redevable de celle de Kant, une tout autre d'affirmer, partant de ce constat, que Kant serait une source du nationalisme.

2. « *Kant comme source insoupçonnée du racisme* »

Ce n'est pas cette difficulté que relève Robert Bernasconi dans sa contribution au volume collectif *Philosophers on Races*, intitulée « Kant as an Unfamiliar Source of Racism ». L'auteur entend prolonger le geste de Berlin, comme son titre l'indique clairement, mais non sans marquer une prise de distance par rapport à ce dernier. Ce que Bernasconi considère comme problématique, c'est la définition de la philosophie kantienne comme rationnelle et cosmopolitique [2]. Elle l'est compte tenu de l'affirmation kantienne d'une *inégalité des races*. Dans ses notes préparatoires des cours sur l'Anthropologie, Kant écrit :

> Les Blancs : possèdent toutes les impulsions [*Triebfedern*] de la nature dans les affects et les passions, tous les talents, toutes les dispositions de la culture et de la civilisation et peuvent aussi bien régner qu'obéir. Ils sont les seuls qui progressent toujours vers la perfection [3].

Cette note non publiée par son auteur n'a pas d'équivalent au sein de l'œuvre écrite de Kant. Il est cependant possible de retrouver l'expression d'une idée similaire notamment dans son article consacré à la question *Des Différentes races humaines* (1775) [4], dans les notes produites par les étudiants ayant suivi ses cours sur l'Anthropologie (1781-1782) [5], dans sa *Géographie Physique* (publiée en 1802, mais rassemblant des cours dispensés de 1755 à 1796) ou encore dans son opuscule *Sur l'usage des principes téléologiques en philosophie* (1788) [6].

1. *Cf.* l'introduction de M. Maesschalck, *Droit et création sociale chez Fichte*, Louvain-Paris, Peeters Publishers, 1996, p. 1-36.
2. Voir USR, p. 145.
3. *Anthropologie (Entwürfe)*, AK XV, 878 (notre traduction).
4. DRH, AK II, 430 ; *Des différentes races humaines*, trad. fr. S. Piobetta, Paris, Flammarion, 1990, p. 47-67, p. 48-49.
5. *Vorlesungen*, AK XXV, 1187, cité par Bernasconi, *op. cit.*, p. 148.
6. UPT, AK VIII, 175-6 ; OP II, 582.

Pour Bernasconi, si Kant n'est vraisemblablement pas le premier à défendre une inégalité comprise comme une *hiérarchie* des races, il n'en demeure pas moins l'inventeur du concept de race. Pour corroborer son interprétation, il s'appuie sur trois arguments : le silence significatif de Kant à propos de l'esclavage, la prise de position de Kant contre la colonisation et, enfin, son opposition au métissage racial.

Ainsi, dans le *Projet de paix perpétuelle*, alors que Kant déplore le traitement des esclaves dans les plantations de sucre aux Caraïbes [1], il n'y soulève pas la question de la légitimité de ce traitement ou celle de savoir s'il devrait être aboli, alors que son éthique le lui permettrait et, même, le *pousserait* à le dénoncer ouvertement. Quant au passage souvent cité de la *Métaphysique des mœurs* qui différencie le serf (celui qui est devenu la propriété d'un autre) du sujet (celui qui aurait accepté de travailler par contrat), il se révèle plus ambigu qu'il ne paraît :

> [...] si le maître est habilité à user à son gré des forces de son sujet, il peut arriver (comme cela se passe pour les nègres dans les îles à sucre) qu'il les épuise jusqu'à la mort ou jusqu'au désespoir, et dans ce cas, le sujet s'est véritablement livré à son maître comme sa propriété, ce qui est impossible [2].

De savoir si ces mots indiquent un rejet de l'esclavage ou une défense tacite de celui-ci n'est pas évident. Toute la question consiste à savoir si l'esclave – qui est mentionné en passant et entre parenthèses – serait inclus dans la catégorie des serfs et des travailleurs liés par un contrat ou si sa mention est faite précisément pour marquer une distinction – et donc, si contrairement au serf et travailleur, l'esclave, lui, peut travailler jusque mort s'ensuive. L'esclave n'a passé aucun contrat, il n'a consenti à aucune rétribution et, plus encore, il n'a commis aucune infraction légalement sanctionnée. Son statut s'explique par sa naissance, Kant se référant par ailleurs aux Noirs comme étant des « esclaves nés » [3]. Cette ambiguïté laisse planer un sérieux doute que Bernasconi formule pleinement :

> L'échec de Kant à répudier l'esclavage des Africains, même si ses principes éthiques semblent de notre point de vue clairement l'exclure, vient-il d'un manque d'intérêt spécifique pour ce problème ou du fait qu'il ne considérait pas ces derniers comme entièrement humains en ce sens qu'ils ne possédaient pas tous les talents et toutes les dispositions ? [4].

Si l'opposition de Kant à la colonisation et son cosmopolitisme, en tant qu'ils sont clairement affirmés, ne revêtent pas la même ambiguïté, pour Bernasconi il convient tout de même de les nuancer. Tout d'abord, cette nuance serait nécessaire parce que le rejet du colonialisme par Kant se fait sur base de certains arguments spécifiques. Kant le rejette en tant qu'instrument de diffusion de la

1. PPP, AK VIII, 359 ; OP III, 351.
2. MM, AK VI, 330 ; OP III, 559-560.
3. *Anthropologie* (Entwürfe), AK XV, p. 878.
4. R. Bernasconi, *op. cit.*, p. 152.

civilisation, en tant qu'il outrepasse les droits des populations déjà présentes ou encore en tant que prétexte pour peupler des terres qui, autrement, demeureraient inhabitées [1]. Cela ne signifie donc pas que Kant n'aurait pas accepté le colonialisme sur base *d'autres* arguments. Ensuite, le cosmopolitisme kantien ne serait pas fondé sur une unité de la race humaine, mais sur la rotondité de la Terre [2]. Enfin, l'*Idée d'une histoire universelle d'un point de vue cosmopolitique* témoigne d'un certain eurocentrisme. Dans la conclusion de son opuscule, Kant laisse entendre en passant que la solution au conflit humain inéluctable émanera très probablement d'Europe [3].

À examiner ce second temps de la réflexion élaborée par Bernasconi, il convient de relativiser les trois arguments avancés. Tout d'abord, aucun passage de l'œuvre kantienne n'est cité qui pointerait vers une acceptation de la colonisation sur base *d'autres arguments* : si la possibilité avancée par Bernasconi ne peut pas être écartée, rien n'indique pour autant qu'elle soit avérée. Ensuite, si la rotondité de la Terre est un argument non négligeable dans la conception du droit international élaboré par Kant, il paraît exagéré de limiter son concept d'humanité à ce seul point et tout simplement problématique de déduire, à partir de lui, l'absence d'une unité de la race humaine chez Kant. Kant n'est-il pas précisément opposé au polygénisme ? [4].

Enfin, sur la question de l'eurocentrisme, Kant n'évoque qu'en passant la solution « européenne » face au chaos humain. Il ne s'agit pas ici de soutenir que la philosophie de Kant ne témoignerait pas d'un eurocentrisme [5], mais de reconnaître que cet eurocentrisme ne paraît pas *théoriquement fondé*. En somme, la relativisation du cosmopolitisme de Kant et de son opposition au colonialisme est elle-même à relativiser.

L'opposition de Kant au métissage racial, qui représente le dernier point de l'argumentation avancée par Bernasconi, semble également devoir être relativisée. La position de Kant la plus claire sur le sujet se situe dans les notes préparatoires au *Conflit des Facultés* :

> On peut penser qu'il y aura des hommes toujours meilleurs, ou que les hommes (dans leurs actions) feront toujours mieux. Au point de vue du premier progrès, [...] il n'y a guère à espérer parce que la nature depuis longtemps a terminé de créer leurs formes appropriées au sol et au climat et parce que les productions bâtardes par exemple de la race américaine avec la race européenne ou les Druses avec la race noire ont dégradé la bonne race sans élever proportionnellement la

1. MM, AK VI, 260 ; OP III, 521-522.

2. MM, AK VI, 311 ; OP III, 575-576. Sur ce point, voir l'article de C. Piché, « Guerre et Paix. Deux acceptions du droit des peuples en 1797 », *in* S. Grapotte, M. Ruffing et R. Terra (eds.), *Kant, La raison pratique. Concepts et héritages*, Paris, Vrin, 2015, p. 315-324.

3. *Idée*, AK VIII, 29-30 ; OP II, 203-204.

4. Sur ce point, voir R. Lagier, *Les races humaines selon Kant*, Paris, PUF, 2004, p. 29-65.

5. Sur ce point, voir T. Serequeberhan, « Eurocentrism in Philosophy : The Case of Immanuel Kant », in *The Philosophical Forum*, 27(4), 1996, p. 333-356.

> mauvaise race. C'est pourquoi le gouverneur de Mexico a sagement effacé l'ordre de la Cour d'Espagne de favoriser ce mélange des races [1].

Pour Bernasconi, Kant n'est pas seulement opposé au métissage racial, mais il considère plus encore que ce dernier serait *contre nature*. Dans la seconde édition *Des différentes races humaines*, Kant précise son rejet de l'eugénisme : la nature n'a pas besoin d'assistance pour aboutir à la perfection. C'est pourquoi il convient de la laisser suivre son cours sans l'interrompre. Les interruptions citées par Kant à cet endroit sont « les transplantations » et les « mélanges extérieurs (*fremde Vermischung*) » [2]. Une pensée similaire revient dans l'*Anthropologie du point de vue pragmatique* lorsque Kant affirme que la fusion des différentes races est un acte de la nature contrevenant à sa propre loi [3]. Pour Bernasconi, ce refus d'une fusion des races démontre une hiérarchie raciale sous-jacente dans la pensée kantienne au sommet de laquelle trôneraient les Blancs : « Ce qui pourrait ressembler à une fusion serait, du point de vue des Blancs, une dégradation » [4].

En réalité, ces passages sur le métissage des races posent plus de problèmes qu'ils n'affirment une position claire. Tout d'abord, comme le mentionne Philonenko [5], le passage cité du manuscrit kantien est barré : il s'agit donc d'une pensée avortée. Ensuite, encore une fois, la conception des races chez Kant est clairement élaborée en réaction contre le polygénisme : dans l'économie de la pensée kantienne, il est *aussi* possible de trouver l'idée que toutes les races émanent d'une seule race – la race humaine. S'il faut admettre que la défense du monogénisme n'empêche pas *en soi* le racisme, chez Kant cette défense semble plus être le signe d'une indécision, d'une ambiguïté, d'un paradoxe ou encore d'un malaise régnant autour de la question des races que d'un racisme *théoriquement* fondé. Il ne s'agit pas de dire qu'il n'y a pas des erreurs impardonnables et grossières qui ont été commises sous la plume de Kant : les passages racistes et honteux cités par Bernasconi sont, sur ce point, sans appel. L'argumentation déployée par Bernasconi ne parvient cependant pas à prouver la thèse selon laquelle Kant aurait été « l'inventeur du concept scientifique de race » [6] et celle d'un racisme *théoriquement* fondé chez lui.

1. Kant, *Vorarbeiten zum Streit der Fakultäten*, AK XXIII, 455-456. Pour la traduction française voir A. Philonenko, *Métaphysique et politique chez Kant et Fichte*, Paris, Vrin, 1997, p. 268.

2 DRH, AK II, 431 ; *Des différentes races humaines*, *op. cit.*, p. 50.

3. *Anthropologie*, AK VII, 320 ; OP III, 1132.

4. R. Bernasconi, *op. cit.*, p. 159.

5. A. Philonenko, *Métaphysique et politique chez Kant et Fichte*, *op. cit.*, p. 246.

6. R. Bernasconi, *op. cit.*, p. 146-147.

CONCLUSION

À la question de savoir si la philosophie kantienne peut être qualifiée légitimement comme étant une *source* du nationalisme ou du racisme, la réponse négative semble s'imposer. Les arguments avancés respectivement par Berlin et Bernasconi ne parviennent pas à porter l'ampleur de leurs ambitions. Pour autant, la lecture de ces deux textes n'est pas sans intérêt. En appliquant la méthode de lecture préconisée ailleurs par Berlin, à savoir celle de chercher dans les positions opposées ce qui peut être valide et légitime, ces deux textes se révèlent même d'une importance cruciale [1].

Dans le contexte d'une réflexion commune sur Kant et l'humain, ces textes nous permettent de rappeler les passages particulièrement ignobles de l'œuvre kantienne contre ceux qui ne seraient pas Blancs. Et, si sur base de ces passages, nous ne nous accordons pas avec Bernasconi à faire de Kant une figure de proue du racisme, nous admettons cependant avec lui que :

> Le fait que Kant privilégie la race blanche et sa conviction selon laquelle les différences raciales sont permanentes créent des tensions irrésolues pour son cosmopolitisme [2].

En d'autres termes, si Kant n'est pas le premier penseur – et malheureusement nullement le dernier – à soutenir des idées racistes, la présence de ces dernières dans ses écrits est un *fait* auquel il faut se confronter. S'il paraît évident qu'il faut se garder de tout jugement qui, en tant que rétrospectif, serait nécessairement condamné à être erroné, il est tout aussi évident qu'il y a une certaine hypocrisie à cacher – et donc, en partie, à excuser – la difficulté posée par les écrits de Kant sur les races, derrière une mauvaise anthropologie ou derrière des « schémas socio-intellectuels indéfendables encore courants à son époque » [3].

Parce que le rôle des idées ne doit pas être sous-estimé, nous avons jugé important de mettre l'accent sur cette question des races chez Kant – non pas pour la résoudre, mais pour donner voix à l'injonction qui en découle : celle de penser avec Kant, mais contre Kant ; celle de condamner, à partir des idéaux rationnels et cosmopolitiques qu'il nous a légués – à partir de sa conception de l'humain –, les passages racistes de son œuvre, c'est-à-dire les passages *contre* l'humain. Si Kant n'était pas la source de tous les maux, il est possible par contre qu'il soit la solution de nombre d'entre eux, y compris de ceux qui se retrouvent dans sa propre pensée.

Elisabeth LEFORT
Université du Luxembourg

1. I. Berlin, *Freedom and its Betrayal*, London, Chatto & Windus, 2002, p. 4 (notre traduction).
2. R. Berlasconi, *op. cit.*, p. 161.
3. S. Goyard-Fabre, *La philosophie du droit de Kant*, Paris, Vrin, 1996, p. 64.

KANT, LE PEUPLE ET LA NATION : POUR DISSIPER UN MALENTENDU

Dans la section « Le caractère du peuple » de l'*Anthropologie du point de vue pragmatique*, Kant donne la définition suivante : « Par le terme *peuple* (*populus*) on entend la *multitude* d'êtres humains réunie en une contrée, pour autant qu'elle constitue un *tout*. Cette multitude, ou bien la partie de cette multitude qui, par une ascendance commune, se reconnaît comme unie en un tout civil, s'appelle *nation* (*gens*) ; la partie qui s'excepte de ces lois (la multitude sauvage dans ce peuple) s'appelle *populace* (*vulgus*), et sa réunion contraire à la loi est l'*émeute* (*agere per turbas*), conduite qui l'exclut de la qualité de citoyen » [1]. Ayant donné ailleurs une première analyse de ce passage [2], je me contenterai d'en résumer les principales articulations, afin d'entrer au plus vite dans la lecture d'un autre commentaire des mêmes lignes qui me paraît digne d'examen.

Kant considère, au départ, que le peuple est une *multitude* qui fait *tout*, jugement qui nous installe sur le terrain de l'*unité*. Toutefois, cette situation est éphémère, puisqu'il ajoute aussitôt que l'ensemble se divise en deux parties – la nation et la populace. Que des parties existent à l'intérieur d'un tout, ce n'est certes pas nécessairement problématique et aucunement contradictoire. Mais que ces parties n'existent l'une par rapport à l'autre que dans l'élément du conflit, voilà qui semble plus complexe et brise l'idée d'unité identique à soi. De ce point de vue, déclarer qu'« un peuple est un peuple » ne rend pas suffisamment compte de la complexité de l'objet [3]. L'unité du *concept* de peuple, et avec elle celle du peuple *réellement* existant, ne sont pensées par Kant en termes de multitude qui fait tout sans que la division et le conflit intérieurs y soient

1. *Anthropologie*, AK VII, 311 ; OP III, 1123 (trad. modifiée).

2. Diogo Sardinha, « L'art de faire un peuple », *in* Soraya Nour Sckell et Damien Ehrhardt (org.), *La Fascination de la planète*, Berlin, Duncker & Humblot, 2011, p. 21-42.

3. D'où la difficulté de la tâche que se donne Rousseau dans *Le Contrat social*, « examiner l'acte par lequel un peuple est un peuple. » Sur cette formule, ses conséquences et apories, *cf.* Étienne Balibar, « *Ce qui fait qu'un peuple est un peuple*. Rousseau et Kant », *in* Id. *La Crainte des masses : Politique et philosophie avant et après Marx*, Paris, Galilée, 1997, p. 101-129 : p. 108 sv. Je remercie Dimitri Lang pour ses remarques éclairantes au sujet des liens entre ce texte et le problème dont je traite ici.

immédiatement ajoutés, ouvrant une faille et interrompant l'unité. C'est pourquoi on ne saurait se contenter de dire qu'un peuple est une unité distincte d'autres unités, et toute ambivalence sous la forme d'un « oui, le peuple est un, bien qu'il soit divisé » se dissout *in fine* au profit d'une conflictualité plus que potentielle – effective – entre ceux qui se reconnaissent et ceux qui ne se reconnaissent pas comme appartenant à un tout civil.

Nous considérons maintenant les opérations d'assemblage et de découpage des éléments invoquées par Kant, dans le but d'éclaircir l'art de raisonner par lequel il pense le peuple et ses parties. Premièrement, une limite extérieure est établie : « Par le terme *peuple* (*populus*) on entend la *multitude* d'êtres humains réunie en une contrée, pour autant qu'elle constitue un *tout*. » Importante dans cette formule est la façon dont elle unifie la multitude, ou si l'on veut la *totalise*, pour autant qu'elle est présentée comme parvenant à constituer un *tout*, condition sans laquelle il n'y aura simplement pas de peuple. Dès lors, il semble judicieux de se demander : comment une multitude parvient-elle à constituer un tout ? La réponse de Kant sur le plan *juridique* est connue : c'est « l'acte de volonté et de reconnaissance législatif qui forme le moment promoteur de l'unité » du peuple [1]. Maintenant, qu'en est-il du plan *anthropologique* ? La citation, hélas, ne dit rien à ce sujet. Une chose en tout cas est certaine : la fixation d'une limite à la fois géographique et populationnelle, par laquelle un ensemble parvient à être totalisé ou à « faire peuple », est le premier mouvement impliqué dans sa définition. Par lui, une unité est posée.

Le deuxième mouvement est tout autre. Il consiste à *partager le terrain* auparavant délimité et unifié. Par la séparation de « la partie de cette multitude qui, par une provenance commune, se reconnaît comme unie en un tout civil », la nation, et de « la partie qui s'excepte de ces lois (la multitude sauvage dans ce peuple) », appelée la populace, on voit comment une frontière est dressée. Il y a lieu de se demander : la dichotomie entre la nation et la populace est-elle *logiquement* nécessaire ? Puisque Kant affirme que la multitude peut elle-même se reconnaître unie en un tout civil par une provenance commune, la réponse ne peut être que négative. Toutefois, elle paraît *anthropologiquement* inéluctable, si on admet que l'auto-reconnaissance immédiate de la multitude comme unie en un tout est un idéal que la pratique dément. Et l'introduction sans plus tarder de la différence conflictuelle au sein de l'unité est le signe de la reconnaissance tacite du décalage entre le peuple idéal et le peuple réel [2]. Bref, en intégrant ce qui se passe dans la réalité (« il y a de la division conflictuelle »), la scission opérée par Kant dans le corps du peuple nuance l'idée qu'« un peuple fait tout », qu'on voit sous le prisme du principe.

1. Ingeborg Maus, « "*Volk*" und "*Nation*" im Denken der Aufklärung », in *Blätter für deutsche und internationale Politik*, vol. 5, 1994, p. 602-612. Toutes les citations sont extraites de cet article. Nous traduisons.

2. Sur la différence entre « peuple idéal » et « peuple réel », *cf.* Louis Althusser, « Sur le Contrat social (les Décalages) », in *Cahiers pour l'analyse*, 8, automne 1967, et sa reprise par Étienne Balibar, *op. cit.*

L'opération intellectuelle qui scinde le corps du peuple en deux groupes en conflit nous apprend deux choses à leur égard : d'un côté, la nation *se reconnaît* comme unie en un tout civil (*bürgerlich*), c'est-à-dire aussi légal ; de l'autre côté, la populace *s'excepte* des lois que régissent ce tout. Pour l'exprimer inversement, la populace ne se reconnaît pas comme appartenant au tout régi par les lois civiles, ce en quoi elle est sauvage. Il faut alors considérer les conséquences de cette opération. *Primo*, il existe une multitude sauvage (*wilde Menge*) dans le peuple, en son intérieur, ce qui revient à dire que chaque peuple a ou contient en soi un élément sauvage. Celui-ci appartient aussi bien *à la notion* qu'*au corps* du peuple, corps qu'à la fois il intègre, constitue en partie et, paradoxalement, divise. Il commence à apparaître que ce que Kant appelle la partie sauvage du peuple est à la fois un élément de désordre ou de conflit au sein du peuple et, néanmoins, un élément sans lequel il n'y a pas de peuple, c'est-à-dire elle est un élément de désordre qui toujours accompagne l'ordre à partir du dedans. *Secundo*, vu que la sauvagerie de la populace découle, sinon entièrement en tout cas dans une large mesure, du fait qu'elle se dérobe aux lois censées être communes et partagées par tous, et vu que, sur la nature de ces lois, le passage cité ne donne plus de spécifications, on se demande s'il s'agit exclusivement de normes juridiques ou bien aussi de normes morales, tant il est vrai que le scandale et la subversion ne sont pas nécessairement liés à la sphère du droit et peuvent ne relever que de celle des mœurs. S'écarter des règles de la bienséance peut-il être un motif suffisant pour être classé parmi la populace, et du même coup pour être *dé*-classé ? *Tertio,* il semble assuré que ce déclassement et, de manière plus abstraite, le partage du peuple en deux groupes, ne peuvent qu'être des gestes accomplis par le penseur qui énonce son discours du côté de la loi, de la reconnaissance d'une ascendance commune, de la nation, en un mot : du côté de ce qui fait tout ou de ce qui totalise. Reste ainsi à dire que ce qui s'excepte du tout civil par sa non-reconnaissance et son illégalité, bref sa sauvagerie, est un groupe qui *ne fait pas tout*, un ensemble hétéroclite, responsable de la blessure de la division intérieure au sein du peuple.

Un troisième et dernier développement complète l'exposition : Kant transforme la frontière intérieure en une nouvelle limite, celle de la citoyenneté, qu'il fait accompagner d'un mouvement, celui de l'exclusion de la populace en révolte. Relisons attentivement notre texte : la réunion de la populace « contraire aux lois est l'*émeute* (*agere per turbas*), conduite qui l'exclut de la qualité de citoyen. » De déclassée, la populace devient exclue. Si ces deux opérations sont à distinguer avec soin, c'est qu'elles n'ont pas trait au même espace : la populace est déclassée à l'intérieur d'un peuple qu'elle ne quitte pas pour autant et auquel elle appartient toujours, mais elle est mise en dehors d'une citoyenneté qu'elle n'intégrait déjà qu'à moitié seulement. Bien plus, la populace, qui perturbe l'unification du corps du peuple auquel malgré cela elle appartient, n'est pas rigoureusement *exclue* de la citoyenneté. Très exactement, elle *s'exclut* elle-même par son action. Car cette partie, dont il semble bien qu'aucun peuple d'humains ne puisse se débarrasser, peut toutefois être privée de la qualité de citoyen.

Auparavant, en s'exceptant des lois, elle se dissociait de la nation. Dorénavant, en se retournant collectivement contre la loi, elle se retire de l'espace des droits que la loi accorde aux citoyens.

Cette analyse diverge de l'interprétation, connue en Allemagne comme prenant appui sur la signification dite juridique et non-nationaliste des mots *peuple* et *nation*, qui prétend que dans l'*Anthropologie du point de vue pragmatique* ces deux mots signifient la même chose. Un exemple éloquent de cette lecture est donné par Ingeborg Maus, dont le commentaire est orienté par la thèse suivante : « les concepts de "peuple" et de "nation" [...] sont employés au XVIIIe siècle presque sans exception comme des synonymes ». Pas plus qu'il n'est notre intention de suggérer que la signification de *Nation* ou de *Volk* dans l'anthropologie kantienne est « nationaliste », dans le sens que ce mot acquiert au XIXe siècle, nous ne souhaitons contester la thèse générale de Maus, qu'elle applique à tout un siècle, au sujet de la synonymie entre les deux mots : c'est une tâche qui déborderait largement le cadre de notre travail. Pourtant, nous ne la suivons pas dans cette voie et insistons sur la différence entre les deux termes, sans laquelle le passage de l'*Anthropologie du point de vue pragmatique* resterait incompréhensible. Voyons, à cette fin, comment elle avance des arguments pour garder, jusque à l'intérieur du cadre anthropologique, la synonymie qu'elle présente comme juridique. On comprendra mieux alors les raisons de notre choix herméneutique et pourquoi il contredit le sien. On peut déceler quatre mouvements dans son argumentation. Lisant les mêmes lignes de Kant sur le peuple et la nation, son premier geste consiste à y discerner « une perspective normative », selon laquelle « ce qui fait qu'un peuple est un "tout", et la nation "unie en un tout civil", ne peut se réduire à la spontanéité naturelle, parce que l'union en un tout civil, qui repose sur une ascendance commune, est aussi dépendante de ce que la multitude unie se "reconnaît" elle-même comme telle. » On voit, dans ce premier moment, que deux éléments différents, le peuple et la nation, sont envisagés à partir d'un trait commun, le fait que l'un et l'autre ont un rapport à l'unité, puisque le peuple « constitue un tout » et la nation « se reconnaît comme unie ». Seulement, ils sont présentés par Maus comme étant unis *pour les mêmes raisons*, en partie naturelles (l'occupation d'un territoire et une ascendance commune) et en partie cognitives (l'acte de se reconnaître d'une certaine façon). L'objection qui, sans tarder, peut être faite à cette lecture est que le texte de Kant ne corrobore pas l'idée que l'unité du peuple s'explique par les mêmes mécanismes que l'unité de la nation.

Le deuxième geste argumentatif d'Ingeborg Maus est le suivant : d'après elle, cette composante normative est plus puissante que celle du partage du territoire associée à celle de l'ascendance, et détermine le sens global de la définition anthropologique de peuple et de nation. C'est l'« acte de reconnaissance conscient » qui est déterminant. Et à Maus d'ajouter : « indépendamment de l'ascendance, seule appartient à la nation la partie de la multitude originale qui est prête à reconnaître les "lois" communes et, avec cela, à prendre la qualité de citoyen. » Cela est certes vrai, mais uniquement *de la nation*, non *du peuple*, et c'est donc avec cohérence que Maus ne se réfère plus à celui-ci, mais seulement à celle-là. Elle poursuit : « Dans ce passage décisif, Kant identifie tout simplement les concepts de “nation” et de “lois” communes. En dépit du sol et de l'ascendance, qui – du point de vue empirique ! – fournissent la condition pré-politique et quasi naturelle de l'union politique, c'est bien l'aspect normatif de l'acte de volonté et de reconnaissance législatif qui forme le moment promoteur de l'unité ». Dans ces lignes, où il n'est plus question de peuple et où rien n'est dit de comment le peuple est une multitude qui constitue un tout, la condition légale apparaît comme plus importante que la condition généalogique, ce qui n'est pas le cas dans le texte kantien, où les deux éléments (les lois et l'ascendance) se trouvent au même niveau.

C'est alors que, dans un troisième moment, Maus rabat, sur le peuple, la prétendue prééminence du juridique sur le généalogique qu'elle croit être valable pour la nation : « le peuple et la nation ne sont pas de la nature, mais n'existent que comme produit artificiel du contrat social. » Nous sommes entièrement d'accord que ni le peuple ni la nation ne constituent des unités naturelles. Toujours est-il que dans cette partie de phrase, Maus réintroduit le peuple *comme si la façon dont il fait un* était la même que celle par laquelle la nation se reconnaît comme unie. Or, cette interprétation ne trouve pas d'appui dans le texte cité de l'*Anthropologie du point de vue pragmatique*, où aucune mention n'est faite au contrat social et où la constitution du peuple comme un tout n'est pas expliquée par une prétendue prééminence du juridique sur le généalogique ou le territorial. En toute rigueur, le texte de Kant ne dit rien d'explicite au sujet de ce qui fait qu'un peuple constitue un tout ; et un tout complexe qui plus est, formé de deux parties en conflit.

C'est vraisemblablement pourquoi, dans un quatrième et dernier moment, Maus convoque d'autres écrits kantiens censés conforter sa thèse. Elle mobilise alors des *Réflexions* qui vont dans le sens d'une compréhension juridique du mot *Volk*, mais cela ne saurait nous surprendre, puisque toutes ces *Réflexions* (n° 7769, 7415, 8043 et 7847, dans l'ordre dans lequel elles sont évoquées [1]) sont des annotations portées par Kant sur son exemplaire personnel d'un livre de droit, *Juris naturalis*, *Pars posterior*, de Gottfried Achenwall, paru en 1763. Autrement dit, Maus cherche à étayer sa lecture juridique du texte anthropologique, en ayant recours à des usages du mot *Volk* faits par Kant dans des contextes eux-mêmes juridiques. Aussi n'y a-t-il rien d'étonnant à ce que son interprétation du discours anthropologique sous l'angle normatif semble confirmée. On est même en droit de se demander si l'interprétation qu'elle donne de ces lignes du « Caractère du peuple » n'a pas été commandée d'avance par un choix normatif ; et si le recours à des textes de nature juridique extérieurs à l'*Anthropologie du point de vue pragmatique* n'est finalement pas le geste qui trahit son parti pris originel.

Quoi qu'il en soit, au-delà des difficultés internes qui viennent d'être

1. Extraites de AK XIX.

signalées, la lecture proposée par Maus encourt deux critiques majeures. Tout d'abord, posant dès le principe la synonymie *Volk-Nation*, elle rabat d'abord le texte de l'*Anthropologie du point de vue pragmatique* sur une idée qu'elle connaît d'avance, pour ensuite tenter de faire coïncider ce texte avec cette idée et montrer en quoi et comment il la corrobore. Certes, le fait que cette façon de procéder biaise la lecture est dommageable en soi, mais surtout, en procédant ainsi et en reconduisant le nouveau discours de Kant à une hypothèse générale, Maus n'est plus en mesure de saisir le propre du registre anthropologique et devient incapable de relever la différence qui existe, dans ce registre, entre les termes de peuple et de nation. Pour le dire en sens inverse, prendre au sérieux le discours anthropologique pragmatique aurait impliqué de renoncer à l'examiner à partir de l'idée que, au XVIIIe siècle, les deux mots sont à peu près synonymes, et se demander si, et en quoi, ce discours serait singulier par rapport à ce qu'on sait déjà du XVIIIe siècle en général et de l'œuvre de Kant en particulier. Un examen plus circonstancié de l'article de Maus porte à croire que son entreprise pâtit d'une double intention, en elle-même louable, et qui toutefois lui porte préjudice : d'une part, expliquer que le discours kantien ne saurait être ni accusé de (proto)nationalisme par les critiques de Kant, ni mobilisé par des penseurs nationalistes qui envisageraient de trouver en lui un héraut de leurs propres positions. Et, d'autre part (mieux : afin d'argumenter en ce sens), montrer que la cohérence du discours kantien est garantie par sa teneur juridique, ce qu'il dit dans le champ anthropologique n'ajoutant rien susceptible de modifier ce qu'il avait affirmé dans d'autres domaines. On saisit vite que cette seconde composante, souligner une consistance exclusivement juridique de la pensée de kantienne, est la stratégie adoptée par Maus afin d'écarter toute tentative de lecture qui placerait Kant dans le champ de ce qu'elle appelle les « identités substantielles » et du nationalisme. Ramener l'inconnu au connu, en l'occurrence l'écart des significations à leur synonymie ; et le champ à explorer au champ déjà familier, dans le cas présent l'anthropologique au juridique, comme si ce qui s'énonce dans le premier ne pouvait être rien d'autre que ce qui est dit dans le second, est le prix à payer pour concrétiser cette double intention.

En second lieu, se concentrant sur la synonymie des mots, Maus passe sous silence le troisième terme de l'équation, la populace comme multitude sauvage. Il est vrai que, sur le plan de la stratégie consistant à écarter les conditions territoriales évoquées en lien avec l'unité du peuple autant que les conditions généalogiques mentionnées en lien avec celle de la nation (deux genres de conditions qui risqueraient de rapprocher Kant de thématiques substantialistes et nationalistes), le choix de se concentrer sur les termes *Volk* et *Nation* est compréhensible. En effet, l'existence de la populace au sein du peuple n'a de lien ni avec la territorialité ni avec la généalogie, mais avec la loi et le fait qu'elle s'en excepte. Dans ce contexte, la populace peut certes être touchée par des mécanismes d'exclusion, seulement ils n'ont pas pour base le fait qu'elle empêche la promotion de l'unité du peuple ou de la nation pour des raisons ethniques, culturelles ou sociologiques, mais uniquement par des raisons juridiques. C'est le fait que la populace établit un certain rapport aux lois (rapport de non-respect) qui l'exclut. Ou si l'on préfère : l'exclusion n'est pas produite par des critères en lien avec l'occupation d'un territoire ou l'appartenance ethnique, deux points qui inquiètent Maus ; elle n'est liée qu'à des motifs juridiques. Il n'y a donc pas de raison interne à sa stratégie pour qu'elle mentionne la populace. Il n'en reste pas moins que la prise en considération, dans son intégralité, de l'agencement peuple-nation-populace aurait mis en évidence la non synonymie des deux premiers termes, car l'introduction du troisième dans le cadre de l'analyse anthropologique révèle une division au sein du peuple qui n'a pas d'équivalent au sein de la nation, et dissipe ainsi toute confusion entre ces supposés synonymes. Autrement dit, la prise en compte de la populace aide à isoler la « nation » du « peuple », montrant que celle-là, dans les peuples réellement existants, au lieu d'être un synonyme de celui-ci, en est plutôt une partie. En d'autres termes encore, la nation apparaît comme simplement unie ; et le peuple comme uni, puis divisé. Dans ces circonstances, impossible de se contenter de les prendre comme ayant la même signification, l'hypothèse générale de la synonymie apparaissant à la fin comme intenable.

Ayant compris cela, on se demanderait peut-être : Kant aurait-il pu faire autrement que de définir le peuple par le fait qu'il constitue un tout ?[1] . Si, en effet, il n'existait pas d'autre formulation possible, ce point ne mériterait guère qu'on s'y attarde. Or, la philosophie de l'âge classique nous a légué au moins une définition sensiblement différente, celle de Hobbes dans *The Elements of Law, Natural and Politic*, de 1640 : il y détermine le peuple, au sens de multitude, par le simple fait que celle-ci occupe un espace, sans faire aucune référence à son unité. Comme il l'écrit, le terme peuple « signifie seulement un nombre d'hommes, distingués par le lieu de leur habitation ; comme le peuple d'Angleterre, ou le peuple de France, qui n'est plus que la multitude de ces personnes particulières qui habitent ces régions, sans considération de quelques contrats et conventions que ce soit entre elles, par lesquels chacune est obligée aux autres » [2]. De même que dans l'*Anthropologie du point de vue pragmatique*, il y a bien dans ces lignes une référence à la pluralité d'individus, le territoire qu'ils occupent, le peuple, mais pas l'unité ou la totalisation de ce dernier. C'est donc une définition plus simple, qui ne surdétermine pas le mot par l'introduction d'une unification spéciale. Ou, si on souhaite appuyer le développement chronologique qui mène de Hobbes à Kant, ce dernier ajoute un élément complémentaire dont, un siècle et demi plus tôt, le premier se passait. Ainsi, quelque chose change dans la pensée philosophique du peuple, entre le milieu du XVIIe siècle et la fin du XVIIIe, ce que manifeste le discours pragmatique kantien.

De surcroît, cela ne cessera pas de changer. Pour en prendre la mesure, nous nous tournons brièvement vers Rawls et la formule qu'il retient dans *Une*

1. Cette question m'a effectivement été posée par Michel Malherbe lors du XIIIe congrès de la SEKLF et je l'en remercie pour les raisons qu'on va voir.

2. Thomas Hobbes, *The Elements of Law, Natural and Politic* [1640, éd. par Ferdinand Tönnies en 1889], XXI, Londres, 1969, p. 11.

Théorie de la justice, de 1971, où il introduit de la façon suivante les conditions qui poussent des êtres humains à établir un accord pour l'aménagement de la société : « il y a les circonstances objectives de la justice qui rendent la coopération humaine à la fois possible et nécessaire. Ainsi, de nombreux individus coexistent en même temps sur un territoire géographique défini » [1]. Dans la dernière phrase, Rawls reprend le fil qui était déjà celui de Hobbes, toutefois évite le mot « peuple » qui alourdirait inutilement son traitement du problème. À l'instar de Hobbes et de Kant, Rawls prend en compte le territoire délimité et la multitude d'êtres humains qui s'y trouvent, mais il ne se préoccupe pas de savoir s'ils forment ou non une unité ou s'ils s'y trouvent de façon provisoire ou définitive, et il lui suffit de penser que ce sont des individus rationnels, pris dans leurs singularités et sans autre lien entre eux que celui découlant du fait de vivre ensemble à l'intérieur d'un même espace. Toute autre caractéristique qui surchargerait ce lien est soigneusement évitée, si bien que la multitude ne constitue pas un ensemble qui serait « le peuple », l'idée même de peuple étant de toute évidence trop chargée de sens pour que Rawls, méthodologiquement soucieux de la simplicité de sa construction théorique, l'emploie.

Au vu de ces trois définitions, on distingue autant de moments historiques dans la compréhension même du peuple : le moment classique, avant l'histoire moderne de la considération de l'unité des peuples ; le moment post-national, quand l'évitement du mot peuple signifie plus qu'un effet d'économie conceptuelle, la véritable prise en compte, au niveau de la théorie, de la leçon historique de la mise en valeur de l'unité des peuples nationaux ; et le moment des Lumières tardives où l'âge classique est sur le point de basculer dans ce qui deviendra, peu de temps après, le souci de l'unité des peuples, moins par leurs caractères que par leur appartenance à un territoire et la reconnaissance d'une origine commune, deux aspects déjà présents dans la position kantienne du terme *nation*. Voilà comment on lit, dans l'*Anthropologie du point de vue pragmatique*, le signe avant-coureur de l'entrée, dans l'histoire européenne, de la préoccupation pour la totalisation du peuple.

Diogo SARDINHA
Centro de Filosofia da Universidade de Lisboa

1. John Rawls, *A Theory of Justice*, Oxford, Oxford University Press, 1971, p. 126, trad. C. Audard, *Théorie de la justice*, Paris, Seuil, « Points », 1997, p. 160 (modifiée).

LES LUMIÈRES ET L'HISTOIRE : L'EFFICACE ANTHROPOLOGIQUE DU MYTHE RÉVOLUTIONNAIRE CHEZ KANT

Parmi la richesse des thèmes kantiens relevant de sa réflexion sur l'anthropologie et sur l'homme en général, nous voudrions apporter un éclairage particulier sur la question de l'*Übergang*, entendu comme passage entre nature et liberté, en tant qu'il trouve une illustration dans l'histoire. Si l'histoire constitue une transition entre la nature et la liberté, une modalité de passage entre les deux, c'est que son enjeu propre est l'instauration du droit et que les conditions de cette instauration passent par l'institution politique.

Cependant un problème apparaît d'emblée lorsqu'on adopte cette perspective sur l'histoire comme *Übergang* : c'est la double séparation, le double abîme dont on ne voit pas comment il peut être véritablement comblé ; d'une part, la séparation entre la réalité historique de l'institué et l'idée du droit : l'idée du droit n'est pas réalisée dans l'histoire. Le droit n'a pas encore trouvé une incarnation empirique. D'autre part, la séparation qui demeure irréductible entre l'horizon juridique et l'idée éthique. Le premier, à savoir l'horizon juridique, implique en effet la légalité comme conformité extérieure des actions à la loi ; la seconde, c'est-à-dire l'idée éthique, implique la légitimité d'une action, c'est-à-dire le fait d'agir par devoir. Ces deux idées, l'idée de droit et l'idée éthique, renvoient aux deux fins que Kant met en évidence dans la *Critique de la faculté de juger* : d'une part, la fin immanente à la nature qu'est la culture (l'homme a à se former lui-même par la culture) : la fin dernière est en ce sens l'établissement d'une constitution républicaine. D'autre part, l'autre fin, que Kant distingue soigneusement de la première, est une fin transcendante à la nature, c'est-à-dire la moralité.

Comment donc combler cette double séparation entre la réalité empirique et l'idée de droit d'une part, entre l'idée de droit et l'horizon proprement moral d'autre part ? Comment faut-il penser l'histoire, dans une perspective anthropologique, pour que le double *Übergang* soit effectif ? Cette question du passage, trouvant son site dans l'histoire, est capitale dans la mesure où elle pose la question de l'homme lui-même, en tant qu'il est pris entre facticité et transcendantal. D'ailleurs, ce lien à l'humanité, prise entre l'animalité et la personnalité,

Kant le fait lui-même. On peut en effet indexer ce double passage sur les dispositions de l'homme telles qu'elles sont thématisées dans la *Religion*. « Par rapport à sa fin nous pouvons, de manière commode, la ramener à trois classes, comme éléments de la destination de l'homme. 1° La disposition à l'animalité de l'homme en tant qu'être vivant. 2° La disposition à l'humanité de cet être en tant que vivant et en même temps raisonnable. 3° La disposition à sa personnalité en tant qu'être raisonnable et aussi apte à la responsabilité. [...] Elles sont *originaires*, car elles appartiennent à la possibilité de la nature humaine » [1]. Il s'agit donc de penser d'un côté le passage de l'animalité à l'humanité, qui définit la culture comme libération vis-à-vis de la nature, d'un autre côté la réalisation de la personnalité, c'est-à-dire le devenir moral de l'humanité. On le voit, ce qui est au centre, c'est l'homme, et c'est aussi de son essence dont il est question : il n'est pas un animal puisqu'il a à se former lui-même, mais il n'est pas non plus un saint puisqu'il doit réaliser la morale. La question de savoir quel sens doit assumer l'histoire pour être un passage entre la nature et la liberté recoupe donc la question de la nature de l'homme en tant qu'il peut instaurer un lien entre son animalité et sa personnalité, c'est-à-dire en tant qu'il est un animal métaphysique.

Finalité naturelle et idéalité pratique

Nous allons d'abord envisager la voie qui va de l'empirique à la culture, puis celle qui va de la liberté à sa réalisation.

Si l'on reprend la distinction que fait Kant dans la *Critique de la Raison Pure* entre « commencer avec » et « dériver de », il faudrait dire que le commencement est empirique et la dérivation est idéale. Dans l'histoire, tout commence avec le non-droit, la violence, mais tout n'en dérive pas. La facticité historique de l'institution provient d'une contrainte naturelle. « Le moyen dont se sert la nature pour mener à bien le développement de toutes ses dispositions est leur antagonisme dans la société, pour autant que celui-ci se révèle être cependant en fin de compte la cause d'un ordre légal de celle-ci » [2]. C'est la figure de l'insociable sociabilité qui est ainsi introduite, et, avec elle, l'idée que ce sont les motifs pathologiques qui font progresser : c'est parce qu'ils se font obstacle les uns les autres que les arbres croissent droits. Pour les hommes aussi, c'est la contrainte empirique qui mène au droit. Kant reprend la même idée dans le Premier supplément au *Projet de paix perpétuel* en faisant du droit l'effet final de la guerre : « Lors-même que les discordes intestines ne forceraient pas un peuple à s'assujettir à la contrainte des lois, il s'y trouverait réduit par le ressort extérieur de la guerre : la Nature ayant placé, comme nous l'avons vu, à côté de chaque peuple, un autre peuple voisin, qui le presse et l'oblige à se constituer en

1. *Rel.*, AK VI, 26 ; OP III, 37.
2. *Idée*, « Quatrième proposition », AK VIII, 20 ; OP II, 192.

État, pour former une puissance capable de s'opposer à ses entreprises » [1]. Ce texte semble prolonger celui de l'*Idée d'une histoire universelle* sur l'insociable sociabilité puisqu'il est dit que dans la supposition où les antagonismes ne suffiraient pas à faire advenir le droit, la guerre, elle, y mènerait irrémédiablement. Comme le dit Kant, la nature « les a contraints par la même voie [celle de la guerre] à contracter des relations plus ou moins légales » [2]. C'est donc la contrainte (des antagonismes, de la guerre) qui fait passer de l'animalité à l'humanité, c'est-à-dire à la culture et à l'institution. Il y a donc un renversement dans le rôle de la nature puisqu'elle fournit d'elle-même la discorde qui fait passer au stade supérieur. De même qu'il y a une ruse de la raison chez Hegel, de même y a-t-il une ruse de la nature chez Kant : c'est la positivité du négatif, qui fait que l'antagonisme naturel contraigne à constituer un état juridique. Il y a donc une contrainte naturelle au droit. La nature d'elle-même fait passer de l'animalité naturelle à sa négation dans l'humanité.

Si l'on emprunte la voie inverse, qui va de la liberté à sa réalisation, on aboutit à la déduction idéale du droit à partir de la liberté, ce que fait Kant dans l'Introduction à la *Doctrine du Droit*. Alors que dans la perspective du « commencer avec », c'est la nature qui impliquait le passage au droit, dans la perspective du « dériver de », on part de la liberté pour déduire idéalement la nécessité du droit. D'où la loi universelle du droit, que dégage Kant : « Agis extérieurement de telle sorte que le libre usage de ton arbitre puisse coexister avec la liberté de chacun suivant une loi universelle » [3]. La coexistence de sujets libres implique de poser le droit ; car pour que les sujets puissent coexister, il ne suffit pas que chacun veuille bien reconnaitre la liberté de l'autre, il faut une loi qui y oblige. Cela signifie que le droit implique analytiquement la faculté de contraindre [4]. Cela pourrait sembler contradictoire avec la présupposition d'un sujet libre, mais ce ne l'est aucunement, dès lors que la contrainte est définie comme la négation d'une négation : on a en effet une liberté, l'obstacle à cette liberté, qui en est la négation, et la loi, qui apparaît comme la négation de l'obstacle niant la liberté. Ce qui contrarie l'obstacle à la liberté s'accorde avec la liberté du sujet : toute contradiction est levée. Par conséquent, dans la genèse idéale du droit, on a un renversement inverse de celui que nous avons observé dans la genèse empirique : alors qu'avant on passait de la contrainte empirique à l'état juridique, ici on passe de l'autonomie à l'hétéronomie de la sphère juridique, qui veut que j'obéisse à une loi extérieure.

Par conséquent, nous observons deux genèses de l'état juridique correspondant à la disposition à l'humanité : une genèse empirique, par laquelle la contrainte naturelle engendre l'état civil, et une genèse idéale, par laquelle on déduit la nécessité du droit à partir du concept de liberté. Or, ce qui apparaît à

1 PPP, AK VIII, 366 ; OP III, 359.

2. *Ibid*, AK VIII, 363 ; OP III, 356.

3. DD, « Introduction », § C, AK VI, 231 ; OP III, 479.

4 *Cf.* DD, « Introduction », § D « Le droit est lié à l'habileté à contraindre », AK VI, 231 ; OP III, 480.

ce stade, c'est l'abîme entre l'effectivité historique et l'idéalité telle qu'elle a été déduite. Autrement dit, ce qui découle du commencement peut ne pas coïncider avec ce qui doit être par la déduction idéale. Cet abîme ne pouvait pas apparaître dans la *Critique de la Raison Pure* parce que le transcendantal désignait la condition de possibilité de l'empirique ; ici ce qui est transcendantal c'est le devoir-être. Or, précisément au niveau de l'histoire, l'être n'est pas déterminé par le devoir-être.

On peut d'ailleurs penser que les critiques contradictoires faites à Kant (celle d'un positivisme juridique excessif aussi bien que celle, hégélienne pour la plus connue, d'un formalisme abstrait [1]) proviennent de cette difficulté interne au kantisme, à savoir la scission non surmontée entre ce qui provient de l'empiricité et ce qui doit être, ou, comme le disait Kant dans la *Religion*, entre la disposition à l'animalité de l'homme et sa disposition à la personnalité. Un des textes qui résume bien cette scission est l'*Idée d'une histoire universelle* : alors que dans les cinq premières propositions, Kant développe l'idée de l'insociable sociabilité, qui veut que de la négativité naturelle surgisse l'état juridique, dans la sixième proposition, portant sur le fait que l'homme a besoin d'un maître, une rupture se produit : pour arriver à un véritable état juridique, il faut un principe moral, mais en même temps, celui-ci doit être incarné en un homme. « Mais le chef suprême doit être juste *par lui-même*, et cependant être un homme » [2]. Le maître appartient à l'espèce humaine, et, comme tel, il connaît « l'inclination animale et égoïste », et en même temps, il est juste *par lui-même*, comme insiste Kant en soulignant l'expression dans le texte. Ainsi non seulement on a une rupture dans la structure même du texte entre la perspective de l'empiricité et celle de l'idéal, comme l'ont remarqué L. Ferry ou A. Renaut [3], mais en plus, pourrait-on ajouter, la figure du maître résume à elle seule ces deux dispositions que sont l'animalité et la personnalité, ainsi que leur contradiction ; d'où le caractère aporétique de ce maître, qui, en tant qu'animal, a lui-même besoin d'un maître, et, en tant que juste par lui-même, incarne la personnalité morale. C'est pourquoi « cette tâche est donc la plus difficile de toutes » [4] ; c'est pourquoi aussi le maître kantien n'est pas tout à fait l'*analogon* de la figure rousseauiste du bon législateur, qui est à peine un homme.

Ainsi nous voyons que, dans l'humanité et dans son site qu'est l'histoire, il y a structurellement une scission non encore surmontée entre ce qui provient de

1. Elles sont contradictoires car l'une insiste davantage, dans sa lecture de la pensée kantienne, sur le pôle de la facticité historique de l'institution, l'autre sur celui du fondement idéal du droit.

2. *Idée*, AK VIII, 23 ; OP II, 195.

3. A. Renaut, *Kant aujourd'hui*, Paris, Flammarion, 1997, p. 354 et *sq*. L. Ferry remarque par ailleurs, dans la note de l'édition de la Pléiade (OP II, 1438-1439), la double métaphore contradictoire de l'arbre : d'abord les arbres sont contraints à se redresser, à s'élever sous l'effet de leur nombre et de la gêne qu'ils s'infligent, ensuite dans la Sixième proposition, Kant dit que le bois de l'homme est courbe par nature de telle sorte qu'on ne peut rien y tailler de droit. Encore une fois, ce qui apparait à travers ces deux métaphores divergentes, c'est l'antinomie de la facticité et de l'idéalité : le même bois qui est droit au niveau empirique est courbe au niveau idéal.

4. *Idée*, AK VIII, 23 ; OP II, 195.

l'empiricité et ce qui relève du devoir-être. Pour l'homme, la facticité historique ne rejoint pas l'idéalité transcendantale, alors que pour la constitution de l'objectivité scientifique le transcendantal était bien la condition de possibilité de l'empirique. Peut-on penser un moyen de combler cet abîme ? Peut-on penser un passage entre l'empiricité d'où provient le droit et le devenir moral qu'il est censé idéalement favoriser ? Nous voudrions développer, dans un second temps de réflexion, l'idée d'une temporalité pratique qui puisse opérer un rapprochement entre l'empiricité historique et l'idée morale.

La temporalité pratique et sa traduction anthropologique

La piste que nous voudrions explorer ici est celle d'une temporalité pratique [1] qui permettrait que se rejoignent l'idéal moral et l'empiricité pathologique dont dérive le droit.

On peut distinguer, à partir des trois dispositions que Kant avait relevées dans la *Religion*, une temporalité pratique qui corresponde à chacune.

La temporalité propre de l'animalité est celle de la conservation et de la reproduction. L'animalité est en effet gouvernée par la temporalité de la vie comme spontanéité orientée vers une fin de conservation, de soi ou de l'espèce.

La temporalité propre à l'humanité est celle de la tradition et de la réforme. En effet, Kant prône la réforme et non la révolution lorsqu'il s'agit de l'histoire politique. Le stade civil et social, qui est le propre de l'humanité, est donc caractérisé, du point de vue temporel, par une combinaison de tradition (c'est-à-dire la pérennisation de l'institué) et de renouvellement modéré (la réforme).

Enfin, la temporalité de la liberté, bien que l'expression s'avère d'abord très paradoxale puisque la liberté est inconditionnée du point de vue du temps, est celle de la révolution. En effet, d'un point de vue non politique, mais intérieur, il n'y a aucune continuité entre le fait d'être *bene moratus* et le fait d'être *moraliter bonus* [2] : on peut bien cumuler toutes les bonnes mœurs, cela ne fait pas de nous une personne morale. La morale en effet n'est pas une question cumulative ou graduelle : on n'est pas de plus en plus moral. La morale ne relève pas d'un progrès à proprement parler, mais d'une révolution. C'est ce que dit Kant dans la *Religion* : « Mais devenir non seulement un homme bon au point de vue de la *légalité*, mais aussi moralement (être agréable à Dieu), c'est-à-dire vertueux selon le caractère intelligible (*virtus noumenon*), en d'autres termes un homme qui, lorsqu'il a reconnu une chose comme son devoir, n'a pas besoin d'un autre motif que cette représentation de la loi, c'est là ce qui ne saurait se faire par une *réforme* progressive, aussi longtemps que la fondation des maximes demeure impure, mais ici il faut une *révolution* dans l'intention de l'homme (un passage de celle-ci à la maxime de la sainteté), et il ne peut devenir un homme

1. Nous entendons ici pratique au sens large, c'est-à-dire pas seulement la temporalité éthique, mais la temporalité en rapport à une fin.

2. Cf. Rel., AK VI, 30 ; OP III, 43.

nouveau que par une sorte de régénération, pour ainsi dire par une nouvelle création [...] et un changement de cœur » [1]. Devenir bon ne relève pas d'une amélioration progressive, mais d'une révolution du vouloir. Il s'agit de changer radicalement de mobile : la morale est une question de tout ou rien. Elle ne présente pas une temporalité du progrès, mais une révolution c'est-à-dire une temporalité discontinue.

Alors, si l'on veut mener à son terme le passage qu'est l'histoire entre la nature et la liberté, il faudrait réfléchir à *la manière dont la temporalité de la liberté advient au sein de la temporalité de l'humanité*. Il faudrait donc que dans l'histoire on trouve quelque chose qui manifeste la volonté du droit (au sens du génitif objectif, c'est-à-dire quelque chose qui manifeste que les hommes veulent le droit, et même l'advenue d'une politique morale, comme dit Kant dans la *Paix perpétuelle*). Il faudrait donc trouver un signe de la volonté du droit chez l'homme. Ce signe, pourrait-on penser, est, dans le corpus kantien, celui de la Révolution française, telle qu'elle est thématisée dans le *Conflit des Facultés*. Ce texte a suscité de nombreux commentaires et reste d'une richesse inépuisable, mais nous nous bornerons ici à relever deux points, rarement notés, et qui sont les plus propres à assumer une portée anthropologique. D'abord, il faut souligner le caractère « négatif » de la Révolution : celle-ci ne représente pas (encore) une construction positive, mais une désinstitution de l'institué. Autrement dit, et si l'on reprend les termes que nous avons employés plus haut, la temporalité discontinue qu'est la Révolution abolit la temporalité continue de la tradition. La Révolution prend la figure d'un acte originaire de destruction de l'institué, qui est ici un non droit. Le premier acte de la temporalité révolutionnaire est donc de mettre fin à la positivité de l'empiricité et de la facticité historique. Par où un commencement radical est inauguré : la Révolution est non seulement la négation de la tradition et de l'institué, mais de ce fait elle devient en plus l'*analogon anthropologique*, concret, de ce qu'était la liberté transcendantale dans la *Critique de la Raison Pure*, à savoir le pouvoir de commencer par soi une série causale.

Le deuxième point réside en ce que, comme il est bien connu, Kant insiste sur le fait que le véritable signe de la morale n'est pas tant la Révolution française elle-même que l'enthousiasme désintéressé de ses spectateurs. Cela signifie que le véritable signe moral n'est pas l'événement lui-même, mais la *représentation de l'événement* ; car, qui dit spectateur dit spectacle. Or, si la Révolution constitue un spectacle, c'est qu'il y a comme l'idée d'une *esthétique de l'événement*, c'est-à-dire que ce qui importe est moins le fait que sa représentation dans la réflexion de ceux qui le contemplent à distance. La pathétique de l'événement (être reçu par des spectateurs) prend la forme d'une esthétique de l'événement : à distance, comme dans la contemplation esthétique, ils se représentent l'événement, mais ne le vivent pas. Les acteurs de la Révolution sont en effet exclus de cet enthousiasme moral, puisqu'en tant que participants,

1. Rel., AK VI, 47 ; OP III, 63-64. Kant souligne.

on peut toujours les soupçonner d'y trouver un intérêt : celui de leur promotion sociale. Leur enthousiasme ne saurait donc constituer la pierre de touche d'un sentiment moral puisqu'ils tireraient un bénéfice de l'accomplissement de la Révolution. Il n'y a que l'enthousiasme des spectateurs non concernés par l'événement, lequel revêt dès lors le statut de représentation, qui est véritablement pur, c'est-à-dire purement moral. Or, le fait même que le signe de l'advenue morale se donne dans la représentation de l'événement, plus que dans l'événement lui-même, implique aussi qu'il demeure dans la représentation des générations qui suivent. Le fait même qu'il s'agisse d'une représentation implique en effet qu'on puisse en être touché sans en être contemporain, sans avoir besoin d'y assister empiriquement, mais simplement par la mémoire ou par le récit de cet événement sublime. Autrement dit, le propre de la Révolution française comme représentation est de ne pouvoir être oubliée, de rester dans la mémoire de l'humanité. « Car un tel phénomène dans l'histoire des hommes *ne s'oublie plus*, parce qu'il a mis au jour dans la nature humaine une disposition et une faculté de progresser telles que nul politique n'avait eu l'intelligence de l'extraire du cours des choses jusqu'à aujourd'hui » [1], ou, plus loin : « Car cet événement est beaucoup trop grand, trop intimement uni à l'intérêt de l'humanité, et d'une influence qui s'étend trop au monde dans toutes ses parties, pour ne pas devoir être rappelé au souvenir des peuples à l'occasion de quelconques circonstances favorables et être réveillé pour la répétition de nouvelles tentatives de ce genre » [2]. Une fois la Révolution advenue, le ver est dans le fruit : qu'elle réussisse ou échoue, sa possibilité innervera désormais la trame du réel et son souvenir perdurera dans la mémoire des peuples. Par conséquent, avec la Révolution française, en tant qu'elle occupe la représentation des hommes pour toujours, on passe de la représentation d'un agir à l'agir de la représentation c'est-à-dire à son efficace pratique : l'institué est dé-nécéssitarisé et son abolition toujours possible.

L'advenue de la temporalité morale, fondée sur la conversion c'est-à-dire la discontinuité, semble donc trouver un lieu historique avec la Révolution française. Or, si l'on revient au paradigme moral et notamment au texte de la *Religion*, « l'archétype de l'intention éthique dans sa pureté totale » [3] trouve son incarnation dans la figure du Christ. Celui-ci constitue la personnification de la moralité, son incarnation au sens littéral : c'est la morale faite homme. Cela signifie que pour opérer cette conversion propre à la temporalité morale, l'homme, qui lui n'est pas moral mais seulement humain, a besoin d'une médiation qui soit une révélation. Comment en effet surmonter le penchant au mal qui est en l'homme ? Par la représentation de l'idée du Christ, puisque cette idée d'un Dieu qui se fait homme est bien une idée de la raison. C'est donc une *représentation*, mais qui est *efficace*, puisqu'elle montre à l'homme qu'il est possible de devenir moral. Cette idée a une fonction révélatrice : elle est en nous

1. CF, AK VII, 88 ; OP III, 898. Kant souligne.
2. *Ibid.*
3. *Rel.*, AK VI, 61 ; OP III, 76.

sans être de nous. La médiation de la représentation christique fait qu'on peut vaincre son penchant au mal et opérer cette conversion, qui caractérise la temporalité proprement éthique. Or, si l'on continue à tisser ce lien entre l'idée morale et le droit dans l'histoire, on peut dire que la représentation de la Révolution a la *même fonction* : c'est une représentation qui atteste la possibilité d'un droit, comme l'idée du Christ est une représentation attestant la possibilité de la morale. Si l'on peut donc d'un côté parler de foi religieuse, on peut de l'autre parler de *mythe révolutionnaire*. La Révolution est cette médiation qui a une fonction révélatrice et en laquelle il faut avoir foi pour susciter un agir qui permette de désinstituer pour instituer du nouveau. Il y a donc la nécessité d'un imaginaire de la raison qui mobilise l'agir ; il y a une nécessité du mythe, dont la fonction pratique en tant que représentation, est de mobiliser un agir qui vise la politique morale. On comprend aussi que, plus généralement, ce qui rend possible un agir transcendant (qui vise la réalisation de la morale et du droit) c'est un imaginaire de la raison : le Christ, l'incarnation pour la sphère morale ; la Révolution dans sa dimension mythique pour la sphère juridique.

La Révolution est donc à la fois ce qui abolit la tradition pour introduire une rupture, c'est-à-dire qu'elle permet de penser l'advenue d'une temporalité éthique dans la temporalité humaine, et elle assume aussi (et cela se fonde sur son statut représentatif) un statut mythique, montrant la nécessité d'un imaginaire de la raison qui soit la médiation de cette conversion, ou de ce passage, problème d'où nous étions partis, entre l'empiricité du droit et le devenir moral qu'il favorise. Le passage implique donc aussi, au niveau anthropologique, l'idée d'une révélation rationnelle. Le sens que doit assumer l'histoire pour devenir cet *Übergang* est celui de la discontinuité, mais aussi celui du mythe, ces deux critères se trouvant réunis dans l'événement sublime de la Révolution française.

Elena PARTENE
Université Paris 1 Panthéon-Sorbonne

DEUXIÈME PARTIE

PSYCHOLOGIE :
L'HUMAIN INTERIEUR

PSYCHOLOGIE EMPIRIQUE ET MÉTAPHYSIQUE : LA RAISON PURE COMME *DICHTUNGSVERMÖGEN*

Kant refuse d'emblée la classification de la philosophie scolaire qui intègre la psychologie empirique dans l'édifice de la métaphysique. Parce que la théorie empirique de l'âme n'établit par définition aucune connaissance *a priori*, elle n'a pas sa place en métaphysique, où elle apparaît en vérité comme un corps étranger (*Fremdling*), tel que le précise l'Architectonique de la *Critique de la raison pure* [1]. Et si la métaphysique traditionnelle persiste à intégrer cette discipline en son sein, c'est qu'elle se fait une idée inadéquate de la nature de son propre discours. Ainsi, lorsque l'on se contente, comme le fait Baumgarten, de définir de manière vague la métaphysique comme la « science des premiers principes de la connaissance humaine » [2], on omet de dire, et Kant y insiste, que ces principes doivent être *a priori*. Car autrement les généralisations de la psychologie empirique apparaissent aptes à figurer au sein d'une métaphysique à titre de principes. Or, dans la mesure où la psychologie n'est en l'occurrence qu'une théorie de l'âme humaine fondée sur l'expérience, elle devrait plutôt être jointe, comme le suggère l'Architectonique, à l'anthropologie.

Il va donc de soi que la philosophie critique, qui se veut une propédeutique à la métaphysique, se situe sur un tout autre plan que celui de la théorie empirique de l'âme. La critique kantienne prend place, on le sait, au plan de la raison pure. Mais est-ce à dire que la philosophie critique doit ou même peut se priver de tout emprunt à la psychologie descriptive ? Cette dernière ne lui prépare-t-elle pas le terrain en mettant à sa disposition l'ensemble des facultés de connaître, tant les facultés de la connaissance sensible que ces facultés supérieures de connaître que sont l'entendement et la raison ? Sans doute, ces dernières font-elles l'objet d'une vigoureuse réappropriation chez Kant, si bien que la première Critique peut les faire accéder au niveau transcendantal et leur conférer de nouvelles prérogatives, ceci étant d'ailleurs aussi valable pour les

1. CRP, A 849/B 877 ; OP I, 1397, traduction modifiée. *Cf.* V-Met/Mrongovius (=*Leçons de métaphysique / Mrongovius)*, AK XXIX-1.2, 876.

2. CRP, A 843/B 871 ; OP I, 1392. A. G. Baumgarten, *Metaphysica* (1757), § 1, trad. Fr. L. Langlois, Paris, Vrin, 2019, reproduit dans AK XVII, 23. Cf. V-Met-L1/Pölitz, AK XXVIII-1, 223 ; trad. M. Castillo, *Leçons de métaphysique*, Paris, Le Livre de Poche, 1993, p. 242.

facultés sensibles. Mais il n'empêche que la description des diverses facultés de connaître par la psychologie empirique constitue la toile de fond.

Dans ce qui suit, j'aimerais me pencher sur un important emprunt fait par la philosophie critique à la psychologie empirique. J'entends par là le concept d'imagination. Plus précisément, j'aimerais analyser le sens des déplacements qui ont lieu pour l'imagination entre le niveau empirique et le niveau transcendantal. Lorsque l'on évoque l'imagination transcendantale, on pense immédiatement au rôle qui est assigné à cette faculté dans la Déduction transcendantale des concepts purs de l'entendement. L'imagination est mise à contribution en particulier dans ce que Kant appelle la déduction « subjective », c'est-à-dire là où il retrace le « comment » de l'intervention de l'entendement pur dans la connaissance objective. Pour la genèse de l'objet, l'imagination entre en jeu, comme on le sait, dans la synthèse de l'appréhension et de la reproduction. Or à cette occasion Kant adresse un reproche aux « psychologues » empiriques, qui n'ont pas su voir que l'imagination entre en action d'emblée au moment de la prise de contact avec le divers de l'intuition. L'imagination de manière générale n'est donc pas que cette faculté qui « reproduit » tout bonnement une représentation en son absence, comme le veut la définition classique [1]. Il s'agit plutôt d'une faculté qui produit par la synthèse une nouvelle représentation : elle « assemble » les impressions et forme de la sorte des « images des objets » [2]. Les psychologues n'ont donc pas noté que l'imagination est un « ingrédient de la perception » et que d'emblée à cette étape elle doit être considérée dans sa fonction productrice. Évidemment cette fonction synthétique qui s'applique aux impressions est elle-même rendue possible par la synthèse du divers pur opérée par l'imagination transcendantale, sous l'égide de l'unité originairement synthétique de l'aperception. La synthèse du divers *a priori* effectuée par l'imagination transcendantale est donc elle aussi le fait d'une faculté éminemment productrice. Telle est la grande nouveauté concernant cette faculté dans la première *Critique* : l'imagination est au sein de la connaissance une faculté qui opère dans le sensible une synthèse, tant empirique que transcendantale. Or mon propos touche bel et bien ici l'imagination productrice dans la *Critique*, mais envisagée cette fois dans un tout autre contexte : celui de la Dialectique transcendantale.

Au premier abord, il faut en convenir, cette approche semble très peu prometteuse, ne serait-ce qu'en raison de la nature des objets qui sont traités dans la Dialectique. En effet, les trois idées de la raison pure qui y sont abordées transcendent par définition l'expérience et par là-même échappent à la connaissance sensible : l'âme en sa nature spirituelle, la totalité des conditions du monde phénoménal et l'existence de Dieu. On pourrait donc légitimement conclure que l'imagination n'a ici aucun rôle à jouer et qu'il est inutile d'en rechercher la

1. CRP, A 100 ; OP I, 1407. *Cf.* M. Caimi, « Comments on the Conception of Imagination in the *Critique of raison pure* », dans *Recht und Frieden in der Philosophie Kants*, tome 1, V. Rohden et coll. (dir.), Berlin et Boston, De Gruyter, 2008, p. 41-45.

2. CRP, A 120 ; OP I, 1421 n. Voir à ce sujet A. Makowiak, *Kant, l'imagination et la question de l'homme*, Grenoble, Millon, 2009, p. 42.

présence dans la seconde partie de la Logique transcendantale. Ce constat est sans doute juste, mais il part de la prémisse que la faculté productrice d'imaginer est confinée exclusivement au sensible. Il convient pourtant de se demander si une faculté de produire, d'inventer en l'occurrence, est aussi possible au plan strictement intellectuel. Certes, on peut retracer un certain nombre d'indices terminologiques dans la Dialectique qui gravitent autour du thème de l'invention, tels les verbes *einbilden* et *dichten* [1]. Mais ce ne sont là que des indices qui jalonnent le texte, et dont il faut encore fournir une justification. En d'autres termes, il importe de montrer dans quelle mesure la raison, comme faculté discursive, peut aussi être interprétée comme une faculté de produire et d'inventer, donc comme une forme d'imagination, au sens le plus large du terme.

Or, c'est en se tournant vers les plus anciennes leçons de psychologie empirique de Kant qui nous ont été conservées que la thèse avancée ici est susceptible de trouver son assise. Je pense aux leçons de la première moitié des années 1760 transmises par Herder. On note que Kant ici, comme du reste dans ses autres cours de psychologie, s'est intéressé de près à la fonction productrice de l'imagination, qui du point de vue terminologique prend une multitude de formes. C'est du reste le contexte qui dans chaque cas nous aide à comprendre l'acception précise dans laquelle il prend les termes relatifs à l'imagination productrice, dont voici, à titre indicatif, quelques échantillons : *Einbildungskraft*, *Einbildungsvermögen*, *Bildungsvermögen*, *bildende Kraft*, *Dichtungsvermögen*, *Dichtungskraft*, *Dichtkraft*, *Dichtungsfähigkeit*, *Schöpfungsvermögen*, *Imagination*, *Phantasie* [2]... Cette énumération n'a rien d'exhaustif, mais elle

1. Voici quelques exemples d'expressions construites avec la racine *Einbilden* dans la première *Critique*. A 395 : la psychologie rationnelle apparaît comme une *eingebildete Wissenschaft* ; A 416 / B 444 : l'idée transcendantale de monde est l'objet d'une *Einbildung* intellectuelle, qui connaît son échec lorsque l'on tient compte du fait qu'il est composé de phénomènes ; A 490/B 518 : cette dernière idée est ainsi un *leerer und bloss eingebildeter Begriff* ; A 616/B 644 : Dieu est conçu comme un *eingebildeter oberster Grund* ; A 702/B 730 : la théologie rationnelle aboutit à un *eingebildetes Wissen* ; A 670/B 698 : l'idée transcendantale en général désigne un *eingebildeter Gegenstand* ; A 710/B 738 : si bien que la Dialectique transcendantale est aux prises avec des *Einbildungen*. Voici par ailleurs quelques occurrences construites avec la racine *Dichten*. A 545/ B 573 : *bloss erdichtet* appliqué à l'idée de liberté ; A 580/B 608 : *blosse Erdichtung* pour expliquer le concept de Dieu et à nouveau A 583/B 611 : *das bloss Gedichtete* ; dans certains cas, Kant semble refuser de dire que les idées de la raison sont *erdichtet*, mais alors le mot est généralement précédé de l'adjectif « arbitraire » (*willkürlich*), ce qui est précisément l'argument de Kant : les idées sont certes des fictions, mais non pas construites de plein gré. Les idées dialectiques au contraire sont des constructions involontaires, *cf.* A 327/B 384, A 339/B 397.

2. Voici quelques-unes de ces occurrences. *Einbildungskraft* : V-Met/Mrongovius, AK XXIX-1.2, 881 ; *Bildungsvermögen* et *Einbildungsvermögen* : V-Met/L1/Pölitz, AK XXVIII-1, 235-6 ; trad., p. 262-264 ; *bildende Kraft* : V-Met/L1/Pölitz, AK XXVIII-1, 230 ; trad., p. 254 ; *Dichtungsvermögen* : V-Met/Mrongovius, AK XXIX-1.2, 881 ; *Dichtungskraft* : V-Met/L1/Pölitz, AK XXVIII-1, 237 ; trad., p. 266 ; *Dichtkraft* : V-Met/Herder, AK XXVIII-2.1, 903 ; *Dichtungsfähigkeit*, VKK, AK II, 264 ; *Schöpfungsvermögen* : V-Met/Herder, AK XXVIII-2.1, 906 ; *Imagination* et *Phantasie* : V-Met/Herder, AK XXVIII-1, 236-237. Afin de situer l'imagination dans le contexte philosophique du XVIIIe siècle, on pourra consulter l'ouvrage de R. Brandt, *Kommentar zu*

laisse entrevoir à tout le moins l'ampleur que prend cette problématique dans les leçons sur la psychologie empirique.

Si cette discipline, comme nous l'avons vu, ne peut par définition accéder au niveau transcendantal de l'imagination productrice telle que mise au jour dans la Déduction, elle n'en recèle pas moins un concept d'imagination productrice susceptible de nous conduire, après quelque détour il est vrai, à la thèse défendue ici à propos du caractère inventif de la raison pure dans la Dialectique. Ce concept, qui a en outre pour nom *Dichtungsvermögen,* désigne dans un premier temps la faculté sensible de produire des images et d'inventer. Son champ d'application de prédilection est aussi celui des beaux-arts. Pensons par exemple au cas de l'artiste qui produit la figure poétique de Pégase, ce cheval auquel on adjoint des ailes. Les matériaux sont certes sensibles, mais l'objet ainsi constitué est inédit, imaginaire. Or, ce qui est digne de mention dans les leçons retransmises par Herder et dont on ne retrouve pas la trace dans la *Métaphysique* de Baumgarten qui leur sert de canevas, c'est que Kant confère de surcroît un volet conceptuel à cette faculté d'inventer. Il parle alors d'une faculté intellectuelle d'inventer (*intellectuelle*[s] *Dichtungsvermögen* [1]). Ce qui signifie que le matériau entrant dans la construction de l'objet est désormais discursif ! L'extrait suivant, tiré des leçons en question, retrace les différentes étapes qui mènent cette faculté d'inventer de la fiction poétique à la fiction métaphysique.

> La faculté d'inventer est plus générale que ce que l'on pourrait entendre par le mot poète. En mathématique et en philosophie toutes les définitions arbitraires – Les hypothèses procèdent de la faculté intellectuelle d'inventer : pour l'entendement commun les concepts fictifs, comme par exemple l'esprit [*Geist*], qui n'est ni un concept d'expérience ni un concept abstrait [2].

L'introduction de la dimension conceptuelle se fait ici graduellement, comme on peut le voir. Si les beaux-arts se cantonnent dans le domaine sensible, la géométrie pour sa part procède par concepts, bien que ceux-ci soient construits à même l'intuition de l'espace. De même la philosophie naturelle fait-elle intervenir l'entendement, mais l'hypothèse en physique [3] ne maintient pas moins un rapport essentiel à l'expérience, donc au monde empirique. Il reste cependant que Kant parle dans ces deux cas de la « faculté intellectuelle d'inventer », et ceci est valable à plus forte raison pour le concept d'« esprit »,

Kants Anthropologie in pragmatischer Hinsicht (1798), Hambourg, Meiner, 1999, p. 245-246 qui commente AK VII, 167-168.

1. V-Met/Herder, AK XXVIII-2.1, 860. Ces leçons évoquent également une *Verstandes-Dichtungskraft* comme cette capacité de l'entendement à inventer, AK XXVIII-1, 237. Il convient en outre de souligner que les trois sous-chapitres de l'*Anthropologie* de 1798 qui composent la section intitulée « De la faculté d'invention sensible dans ses diverses formes » précisent à chaque fois qu'il s'agit du volet « sensible » de cette faculté. En effet, le manuscrit H évoque en contrepartie un « *intellektuelle*[s] *Dichtungsvermögen* » pour dépeindre le pouvoir d'inventer des affinités. Mais cette mention sera toutefois biffée et ne figurera pas dans la version publiée (APP, AK VII, 174-176 ; OP III, 992-994). Voir pour cette rature R. Brandt, *op. cit.*, p. 252.

2. V-Met/Herder, AK XXVIII-2.1, 860, ma traduction.

3. Voir aussi V-Met/Herder, AK XXVIII-1, 144 ; CRP, A 769/B 797.

qui ne relève aucunement de l'expérience. On ne peut pas même dire de lui, et nous y reviendrons, qu'il en est « abstrait ». Tout porte dès lors à croire que cette faculté intellectuelle est également à l'œuvre, pour le jeune Kant, dans la métaphysique.

Il est en effet intéressant de noter, si l'on se fie à la feuille volante xxv trouvée dans les papiers de Herder et relative au cours de psychologie empirique, que Kant franchit résolument le pas du côté de la métaphysique en soulignant que les concepts d'« esprit » et de « Dieu » – objets de prédilection de la métaphysique, s'il en est ! – s'avèrent être des « fictions » dans la mesure où ils sont inventés (*erdichtet* [1]) de toutes pièces. La possibilité pour la raison de produire ses objets transcendants est donc très tôt admise chez Kant. Il nous reste alors à voir la forme que prendra cette faculté dans la Dialectique transcendantale, si tant est que la première *Critique* lui ait réservé une postérité.

Force nous est d'avouer cependant qu'au départ la possibilité de découvrir un tel pouvoir dans la raison semble bien mince. Si l'on s'en tient en effet à la définition nominale de la raison comme faculté des raisonnements, on voit difficilement comment elle pourrait produire du nouveau. Opérant au sein des différents syllogismes, la raison n'est conçue par la logique formelle que comme cette faculté qui subsume le particulier sous l'universel. Pour reprendre l'exemple célèbre : Socrate est mortel parce qu'il est un homme et que la majeure du syllogisme nous dit : tous les hommes sont mortels. Le raisonnement apporte clarté et systématicité à notre savoir, mais il ne produit pas à proprement parler de nouvelle connaissance, et encore moins de nouveaux objets.

C'est à nouveau la consultation des écrits des années 1760 qui nous fournit les indications les plus précieuses sur la façon dont la raison procède pour inventer ses concepts. Je songe ici aux *Rêves d'un visionnaire expliqués par des rêves métaphysiques*. Kant s'y interroge, comme on le sait, sur le bien-fondé du discours des métaphysiciens concernant la nature spirituelle de l'âme humaine. Et en ceci il n'hésite pas à comparer ces derniers à des « voyeurs d'esprits », dans la mesure où leur concept d'esprit semble obtenu de façon aussi suspecte et illégitime que celui du *Geisterseher* Swedenborg. Selon Kant, la raison s'en remet ici, comme il se doit, à des raisonnements, mais ceux-ci apparaissent « secrets et obscurs » :

> Ainsi le concept de nature spirituelle ne peut être traité comme un concept tiré par abstraction de l'expérience. Si vous me demandez comment alors on est en somme parvenu à ce concept, si ce n'est pas par abstraction, je réponds que beaucoup de concepts naissent de raisonnements secrets et obscurs à l'occasion d'expériences… [2].

1. V-Met/Herder, AK XXVIII-1, 143. Au début de la décennie suivante, les leçons de logique compilées par Blomberg font à nouveau mention de l'« esprit » comme d'un « concept rationnel inventé » (*erdichtete*[r] *Vernunft-Begrif*[f]). V-Log/Blomberg, AK XXIV-1, 263.

2. *Rêves*, AK II, 320 ; OP I, 530 n., traduction modifiée.

Or, si ces raisonnements sont secrets et obscurs, c'est qu'ils dissimulent quelque chose. En d'autres mots, c'est qu'ils sont souvent fautifs, si bien que le non-respect des règles de la logique entraîne dans la conclusion des résultats qui ont toutes les apparences d'un gain. Mais ces résultats sont en vérité inventés, ils procèdent d'une illusion de l'imagination (*Wahn der Einbildung*), parce qu'ils sont obtenus de manière illégitime. Plus loin dans son texte, Kant affirme que de telles esquisses idéales (*idealische Entwürfe*) sont le produit d'une raison mi-imaginante, mi-raisonnante (*halb dichtende halb schliessende Vernunft* [1]), soulignant par-là que le raisonnement fautif débouche sur une fabulation. Or la *Critique de la raison pure* comporte une allusion similaire en regard du travail des philosophes dogmatiques : ils ne parviennent à leurs concepts transcendants qu'à l'aide d'une raison qui tout à la fois *pense* et *invente* (*dichten* [2]). Le constat ici vaut sans doute pour les trois idées de la raison pure dans la *Critique*, mais il vaut en particulier pour ces deux objets transcendants que sont l'âme immortelle, thème du chapitre sur les Paralogismes, et Dieu, objet du chapitre sur l'Idéal transcendantal. Dans les deux cas, la raison dialectique prétend nous faire accéder à ces objets suprasensibles, à ces objets « idéaux », mais elle se leurre elle-même, étant dans l'impossibilité de déceler le caractère boiteux des raisonnements grâce auxquels elle croit les connaître.

Attardons-nous ici en particulier aux Paralogismes de la raison pure. Dans leur titre même, ils font état du procédé détourné par lequel la métaphysique dogmatique parvient à ses fins : un raisonnement trompeur. Et de surcroît, ce chapitre demeure par son thème en lien avec l'intérêt soutenu porté par Kant dans les années 1760 aux esprits et à la nature spirituelle de l'âme humaine. Or nous allons voir que les leçons sur la psychologie nous fournissent à nouveau quelques clés de lecture pour la compréhension du chapitre sur les Paralogismes. Examinons d'abord en quoi le raisonnement en question est spécieux, pour ensuite voir comment son résultat produit en fait une fiction.

Contrairement au sophisme, par lequel le logicien habile parvient sciemment à duper son interlocuteur, le paralogisme se définit comme un raisonnement boiteux, certes, mais à l'insu de son auteur. Il y a donc ici un vice de subreption qui échappe à la vigilance de l'auteur. Or, le chapitre sur les « Paralogismes de la raison pure » est suffisamment explicite sur la nature de l'erreur qui s'y produit. Elle a pour nom *sophisma figurae dictionis* [3], ce qui signifie que le terme médian du syllogisme est pris en deux sens différents. Ainsi, par exemple, la catégorie de substance est-elle comprise dans la majeure du premier Paralogisme dans son sens purement transcendantal, sans égard au fait qu'une intuition doive lui être adjointe pour qu'elle détermine un objet, alors que dans

1. *Rêves*, AK II, 348 ; OP I, 563, traduction modifiée.
2. CRP, A 469/B 497 ; OP I, 1122, souligné par Kant.
3. CRP, A 402, B 411, et pour l'Antinomie : A 499/B 528. Voir pour la définition de cette expression : LOG, AK IX, 134-135 ; trad. L. Guillermit, *Logique*, Paris, Vrin, 1970, p. 146. Cf. M. Kossler, « Der transzendantale Schein in den Paralogismen der reinen Vernunft nach der ersten Auflage der *Kritik der reinen Vernunft* », *Kant-Studien*, 90, 1999, p. 13.

la mineure cette même catégorie s'applique à un objet du sens interne, le *je pense*, mais à un objet dont l'intuition demeure indéterminée. La condition sensible de la permanence dans le temps est en effet absente ici, si bien qu'aucune connaissance n'en découle et que le raisonnement conclut mal [1]. En somme, la catégorie dans la majeure est prise dans son sens simplement logique, qui ne conduit à aucune connaissance, alors que dans la mineure on en fait un usage prétendument empirique, sauf que le *je pense* ne se présente que sous la forme d'une intuition foncièrement indéterminée et ne peut par conséquent conduire à une connaissance objective. Le même glissement se produit aussi pour les autres catégories, en sorte que le métaphysicien dogmatique croit à tort parvenir à établir que l'âme humaine est une substance, une et simple, par conséquent douée d'une personnalité et, surtout, pouvant prétendre à l'immortalité, c'est-à-dire à la poursuite de son existence lorsqu'elle est soustraite aux contraintes de l'espace et de la matérialité du corps.

Mais c'est le second aspect de la question qui nous intéresse ici tout particulièrement : en quoi peut-on dire de cet ensemble de raisonnements trompeurs qu'ils produisent une pure fiction ? Pour répondre à cette question, il nous faut revenir aux leçons de Kant et au manuel de Baumgarten. Dans la *Metaphysica* de ce dernier, et plus précisément dans la partie consacrée à la psychologie empirique, c'est la *facultas fingendi* qui est à l'origine des fictions de la sensibilité [2]. Or lorsque Kant commente en classe, comme le rapporte Herder, ce passage de Baumgarten et qu'il reprend à son compte les deux manières d'inventer qui y sont exposées : *combinando* (par la combinaison d'éléments qui ne sont pas liés au départ) et *praescindendo* (par la séparation d'éléments qui normalement vont ensemble), il introduit ses propres exemples. Nous avons vu en effet que Kant applique cette faculté à la genèse des idées transcendantes (Dieu et les natures spirituelles), mais voilà qu'à cette occasion il précise la manière dont est produit le concept de *Geist*. Celui-ci est entre autres issu d'une césure, d'une élimination des attributs empiriques de l'âme. On ne conserve dès lors pour ainsi dire que le noyau dur de la substance, ce que la tradition appelle « *le substantiel* » [3], en l'occurrence la substance séparée de tous ses attributs ou accidents qui relèvent du monde sensible et qui permettent de la connaître. Or, cette opération est très différente d'une simple abstraction, laquelle est à tout moment légitime puisqu'elle demeure une opération logique qui ne cherche nullement à substantiver le concept ainsi obtenu. Il en va tout autrement toutefois de la fiction par séparation : ici la fiction retranche de l'objet des attributs qui le définissent essentiellement [4]. Elle ne fait pas que les reléguer dans

1 CRP, A 403 ; OP I, 1468.

2. A. G. Baumgarten, *Metaphysica*, § 589-594, dans AK XV, 26-27 ; trad. fr. J.-Y. Pranchère, dans A. G. Baumgarten, *Esthétique*, Paris, L'Herne, 1988, p. 105-107.

3. V-Met/Herder, AK XXVIII-1, 145. *Cf.* CRP B 427 et PMF, AK IV, 333 ; OP II, 113.

4. V-Met/Herder, AK XXVIII-1, 143. Voir également ce passage des *Rêves* qui montre comment le concept d'esprit est issu de négations : « [Q]uant au principe de cette vie, c'est-à-dire la nature spirituelle, que l'on ne connaît pas, mais que l'on suppose, il ne pourra jamais être positivement conçu, parce que dans toutes nos sensations il ne se trouve aucune donnée qui le permette,

l'ombre momentanément, comme c'est le cas dans l'abstraction. On obtient donc de la sorte un objet amputé, mutilé pour ainsi dire, dont la possibilité réelle demeure entièrement problématique. Aucune connaissance objective de la nature spirituelle de l'âme ne peut être produite de cette manière.

Or un passage du chapitre sur les Paralogismes nous indique que Kant est parfaitement au fait des résultats auxquels parvient ici le métaphysicien dogmatique : l'âme ainsi décrite comme substance simple et immortelle n'est au fond qu'une invention, qu'une fiction. On prétend isoler une pure nature spirituelle, c'est-à-dire une âme privée de tous les prédicats empiriques qui la définissent. Le résultat des différents syllogismes conduit ainsi à cet objet tronqué, séparé de ses attributs (sensibles) constitutifs par une raison qui n'est rien d'autre ici qu'une faculté d'inventer. La raison dialectique troque dès lors l'abstraction, comme banale opération logique, pour une véritable fiction négative.

> Je confonds donc l'*abstraction* possible de mon existence empiriquement déterminée avec la prétendue conscience d'une existence possible du moi pensant à l'état *isolé*, et j'imagine *connaître* ce qu'il y a en moi de substantiel [*das Substantiale*] comme le sujet transcendantal... [1].

Le processus décrit ici fait clairement écho à l'opération menée par la *facultas fingendi* telle que décrite dans les leçons de psychologie empirique des années 1760, c'est-à-dire selon le mode *praescindendo*. On ne s'étonnera donc pas de voir Kant qualifier les idées transcendantales de la première *Critique* de « fictions heuristiques » [2], expression qui consacre le caractère imaginé de ces concepts, tout en les réinterprétant de manière critique comme des principes régulateurs. Mais au départ ces produits de la raison font illusion, ils présentent une apparence qui devient le plus souvent trompeuse, dans l'exacte mesure où la raison les engendre à son insu et est soumise à leur aspect fallacieux de manière nécessaire et inévitable. Ce sont des fictions « involontaires » [3] qui pour cette raison s'apparentent au rêve – Kant l'a montré dans son ouvrage de 1766 – et on peut dire qu'elles ont quelque chose de presque pathologique, comme s'est appliqué à le démontrer Monique David-Ménard dans son ouvrage *La folie dans la raison pure* [4].

À la suite de ce que nous venons de voir, une conclusion s'impose : le recours dans la Dialectique à un vocabulaire qui joue sur toutes les variantes du

et l'on doit se tirer d'affaire avec des négations pour concevoir une chose à ce point différente de tout ce qui est sensible ; encore la possibilité de telles négations ne repose-t-elle ni sur l'expérience ni sur le raisonnement, mais sur une fiction [*Erdichtung*] où vient chercher une raison à bout de ressources. » (*Rêves*, AK II, 351-352 ; OP I, 567.) Voir aussi *Réfl.* 2907, 2908, AK XVI, 570-571.

1. CRP, B 427 ; OP I, 1066 ; souligné par Kant (!), traduction corrigée.

2. CRP, A 771/B 799 ; OP I, 1340. Voir ma contribution « Die Entstehung der Illusion in den Paralogismen », *in* B. Dörflinger & G. Kruck (dir.), *Über den Nutzen von Illusionen*, Hildesheim, Olms, 2011, p. 47-58.

3. V-Log/Blomberg, AK XXIV-1, 262-263 ; V-Anthrop/Dohna-Wundlacken (1791-93), éd. orig. Kowalevski, p. 122.

4. M. David-Ménard, *La folie dans la raison pure : Kant lecteur de Swedenborg*, Paris, Vrin, 1990.

thème de l'imagination et de l'invention n'a rien de métaphorique. Au contraire, il doit être pris au pied de la lettre et compris dans son sens propre. Kant, par sa *Critique*, a en somme voulu montrer, aussi choquant que cela ait pu paraître aux yeux de ses contemporains, que la raison pure, en l'absence de balises, fabule de manière essentielle et systématique. Et elle s'adonne à cette activité de production au moment même où elle exerce sa fonction élémentaire, celle qui traditionnellement lui revient en propre : le syllogisme. Par cette opération, elle ébauche des objets qui prennent place au-delà de l'expérience. Ce sont des objets de pensée (*Gedankendinge*), ou plus précisément des êtres de raison (*entia rationis* [1]). Or le raisonnement qui parvient à produire de tels objets n'est pas nécessairement fautif. Tout dépend, nous l'avons vu, du sens dans lequel on prend la catégorie qui sert à les construire. Si, tant dans la majeure que dans la mineure, le terme médian, à savoir la catégorie, est employé dans le même sens, nommément dans sa signification transcendantale, alors la conclusion conduit de manière légitime à un objet simplement problématique, qui n'élève aucune prétention à la validité objective. Mais il en va tout autrement si dans la mineure on fait un usage réel de la catégorie, par exemple de la catégorie de substance, pour ainsi obtenir de manière subreptice et illicite un objet, en l'occurrence l'âme comme nature purement spirituelle, coupée de ses attributs empiriques. Dans le premier cas, Kant dira que nous avons affaire à un *ens rationis ratiocinatae*, donc à un être de raison correctement déduit, alors que dans le second la raison produit un *ens rationis ratiocinantis* [2], c'est-à-dire un objet illusoire issu d'une raison ratiocinante ou raisonnante. Dans le premier cas, nous obtenons une idée régulatrice, dans le second, un objet dont on prétend à tort avoir une connaissance objective.

Et il ne faut pas oublier que ce mécanisme de la raison imaginante est valable pour l'ensemble de la Dialectique transcendantale. J'aimerais à ce propos attirer l'attention sur un passage étonnant de la déduction des catégories dans la première édition. Kant y mentionne de manière furtive et simplement allusive, donc par anticipation, les trois idées produites par la raison pure à l'aide des catégories. D'emblée le monde, à savoir ce « tout imaginaire » [3] qui deviendra l'objet de l'Antinomie, est déclaré être un objet impossible, puisque son concept prétend saisir l'inconditionné du monde phénoménal. Quant à la nature spirituelle de l'âme, objet du Paralogisme, elle est certes un concept d'objet possible, mais qui n'est obtenu qu'à la faveur de l'élimination illicite de tout attribut empirique. Enfin le concept de Dieu résulte de l'assemblage et de l'hypostase de toutes les réalités compossibles en un objet unique, comme l'exposera le chapitre sur l'Idéal transcendantal. Voici le passage en question :

1. CRP, A 290-292/B 347-348, A 771/B 799 ; OP I, 1010-1011, 1340.
2. CRP A 681/B 709, A 669/B 697 ; OP I, 1275, 1267.
3. CRP A 793/B 821 ; OP I, 1356.

> Une fois que je suis en possession de concepts purs de l'entendement, je puis bien inventer [*erdenken* [1]] aussi par la pensée des objets qui sont peut-être impossibles [ici le monde [2]], peut-être aussi possibles en soi, mais qui ne peuvent être donnés dans aucune expérience, parce que dans la liaison de ces concepts quelque chose peut être omis [*weggelassen* !], qui appartient pourtant nécessairement à la condition d'une expérience possible (comme dans le concept d'un esprit [*Geist*]), ou que des concepts purs de l'entendement sont étendus au-delà de ce que l'expérience peut saisir (comme dans le concept de Dieu) [3].

Ce passage, il faut en convenir, nous offre un avant-goût de la triple problématique de la Dialectique transcendantale. Il va sans dire qu'au départ cette activité productrice de la raison dans la Dialectique transcendantale tombe aussi peu sous le sens, donc échappe par principe tout autant aux observations de la psychologie empirique, que les opérations de l'imagination productrice *a priori* au moment de la genèse de l'objet de l'expérience dans la Déduction transcendantale. Pour cerner ces deux types d'opération productrice qui se situent toutes deux au plan transcendantal, il fallait donc initier un examen critique, c'est-à-dire un examen de soi (*Selbstprüfung* [4]) de la raison afin qu'elle apprenne à mieux se connaître elle-même. Or, je poserai pour finir la question suivante, quitte à la laisser ouverte : est-il permis de croire que ce soit le constat, dans les années 1760, du caractère produit des idées de la raison pure qui ait conduit Kant à découvrir la fonction productrice *a priori* de l'imagination à l'égard des objets de l'expérience ? Quelle que soit la réponse que l'on donne à cette question, on ne peut que se féliciter de voir que Kant, très tôt dans sa carrière, notamment à l'occasion de ses leçons sur la psychologie empirique, ait choisi de déborder son sujet et de s'aventurer du côté de la faculté intellectuelle d'imaginer en tant que celle-ci produit les objets de prédilection de la métaphysique. En effet, les détails que nous y avons découverts ont permis de mettre au jour l'une des nombreuses strates qui composent la trame complexe de la Dialectique transcendantale comme logique de l'illusion.

Claude PICHÉ
Université de Montréal

1. Voir pour la définition du verbe *erdenken* : V-Anthrop/Dohna-Wundlacken (1791-93), éd. orig. Kowalevski, p. 118 (version électronique in *Kant im Kontext III*) : « von etwas Urheber sein, was nur in seinen Gedanken ist, Z. E. eine romanhafte Begebenheit ».

2. Nous ajoutons.

3. CRP, A 96 ; OP I, 1404, traduction modifiée. Voir en particulier pour le concept de Dieu comme fiction, mon ouvrage C. Piché, *Das Ideal. Ein Problem der Kantischen Ideenlehre*, Bonn, Bouvier, 1984.

4. CRP, A XI, A 711/B 739 ; OP I, 727, passage omis dans la traduction, 1296.

APERÇUS PSYCHOLOGIQUES SUR L'*HOMO SYMPATHICUS* DANS LA PENSÉE ÉTHIQUE DE KANT

Comme en témoignent non seulement l'écrit de jeunesse *Observations sur les sentiments du beau et du sublime*, mais aussi les nombreuses références à la pitié et à la sympathie qui parcourent toute l'œuvre critique, Kant a toujours été préoccupé par la figure d'une subjectivité sympathisante, essentiellement pathologique. Cependant, avouons-le, l'évocation par Kant de cet *homo sympathicus* s'est le plus souvent faite de manière polémique, que ce soit pour mettre en garde contre la tentation d'élever la pitié au-dessus des règles générales du devoir moral [1], ou pour y fustiger « la sensiblerie sympathisante d'une humanité affectée (*compassibilitas*) » [2] dans le champ juridique – celle, par exemple, de Beccaria qui dénonçait la peine de mort. S'il n'est certes plus possible de soutenir aujourd'hui, grâce au renouveau des études kantiennes dans le domaine éthique, sous l'impulsion principalement de chercheurs de langue anglaise, que Kant n'a accordé aucune place aux émotions et aux sentiments dans son système moral, il n'en demeure pas moins que sa critique radicale des prétentions de la sensibilité à fonder la moralité, fait de lui l'un des adversaires les plus décidés de toute philosophie de la sympathie ; il n'est pas exagéré d'affirmer que le criticisme est la doctrine qui, au siècle des Lumières, a le plus efficacement résisté à la vague sentimentaliste et à son humanitarisme compassionnel. Or, il faut le rappeler, le sentimentalisme s'est voulu autant une tentative d'expliquer notre capacité à énoncer des jugements normatifs qu'une nouvelle manière de se représenter l'homme.

Alors que la pensée morale du XVIIe siècle s'est largement construite sur la base d'une anthropologie ténébreuse, assimilant l'homme tantôt à une créature déchue (augustinisme), tantôt à un *homo lupus*, celle du XVIIIe siècle a voulu se placer sous le signe d'un certain optimisme anthropologique. C'est principalement, mais pas exclusivement – songeons à Rousseau – dans la mouvance de la philosophie sentimentale qu'émerge la figure antithétique et plus

1. *Cf.* OBS, AK II, 215-216 ; OP I, 461-462.
2. DD, AK VI, 335 ; OP III, 605.

lumineuse d'un *homo sympathicus*. On connaît l'idée principale véhiculée par cette figure théorique : l'homme a une tendance naturelle à la bienveillance et à la compassion. Défendue avec des nuances diverses par les moralistes anglo-écossais, la thèse d'un homme spontanément porté à participer au sort d'autrui deviendra, à l'époque de Kant, un *topos*, que résume bien la célèbre phrase qui ouvre l'ouvrage d'Adam Smith, la *Théorie des sentiments moraux* : « Aussi égoïste que l'homme puisse être supposé, il y a évidemment certains principes dans sa nature qui le conduisent à s'intéresser à la fortune des autres et qui lui rendent nécessaire leur bonheur, quoiqu'il n'en retire rien d'autre que le plaisir de les voir heureux » [1].

S'opposant aussi bien à la tradition du sens moral qu'au cadre naturaliste du projet sentimentaliste de fondation de la morale, Kant avait-il toutefois élaboré sa propre théorie de la sympathie ou s'était-il contenté de reprendre, sur ce point, ce que sa longue familiarité avec la doctrine de Francis Hutcheson lui avait appris ? C'est à éclairer la manière dont Kant a compris la sympathie, et plus précisément à dégager les présupposés psychologiques et anthropologiques qui sous-tendent ses prises de position sur la valeur morale de la sympathie, que vise cette étude.

La structure psychologique du phenomène sympathique et ses modalités affectives

C'est dans le paragraphe 34 de la *Doctrine de la vertu,* où Kant évoque un devoir de « prendre part » aux émotions de nos semblables, que l'on trouve la tentative la plus aboutie de cerner la sympathie dans sa nature psychologique essentielle. Voici la définition qu'il en donne :

> La *sympathie* pour la *joie* ou la *peine* d'autrui (*sympathia moralis*) est certes le sentiment sensible d'un plaisir ou d'une peine (qu'on doit pour cette raison appeler esthétique) pris à l'état de contentement aussi bien que de souffrance d'autrui (sympathie, émotion partagée), ce pour quoi la nature a déjà placé en l'homme une réceptivité [2].

On peut d'ores et déjà faire deux remarques sur la conception de la sympathie qui s'exprime dans cette citation.

1° Je commencerai par une remarque très générale sur le fait que si Kant parle de la sympathie comme d'un sentiment qu'il faut immédiatement rattacher à l'une des facultés de l'âme, le sentiment de plaisir et de déplaisir (par opposition à la faculté de connaître et à la faculté de désirer), le mot désigne un phénomène plus spécifique : fondamentalement, le fait de partager les sentiments et les émotions d'autrui. On retrouve la double idée généralement comprise dans

1. *Cf.* A. Smith, *Théorie des sentiments moraux*, trad. M. Biziou, C. Gautier et J.-F. Pradeau, Paris, PUF, 2003, p. 23.
2. DV, AK VI, 456 ; OP III, 751.

la notion de sympathie au siècle des Lumières, celle d'une résonance en moi des sentiments d'autrui (je suis affecté) et d'une consonance ou d'un accord des sentiments (je partage les sentiments d'autrui) – double idée que Kant rend par le terme de « participation » (*Teilnehmung*). Ce n'est pas ici le lieu de rappeler l'impulsion décisive que Hume a donnée à cette notion de sympathie dans la philosophie morale, en un temps où l'on confondait les processus sympathiques avec la bienveillance et la pitié. On se contentera de noter que les analyses du *Traité de la nature humaine* ont bouleversé la compréhension de la sympathie en la décrivant non plus comme un simple sentiment (la compassion), mais comme un principe de communication des émotions et des sentiments ; non pas comme une affection parmi d'autres, mais comme le concept clef de la vie mentale. Sans que l'on puisse ici mesurer avec précision l'influence exercée par le philosophe écossais, il est clair que Kant s'accorde avec au moins l'une des intuitions centrales du *Traité*, en décrivant le processus sympathique comme un sentir-avec ou un co-sentir [1]. Sympathiser, c'est prendre part aux affects d'autrui, quels qu'ils soient. De ce point de vue, la pitié n'est que l'une des multiples modalités possibles de la sympathie, l'une des plus célèbres et des plus intéressantes, mais pas la seule, ni nécessairement la plus positive, si l'on songe au fait que Kant évoque aussi la possibilité de se réjouir du bonheur des autres, dans l'exemple du philanthrope, développé dans les *Fondements de la métaphysique des mœurs* [2], ou encore de s'enthousiasmer ensemble, comme à l'occasion des événements de la Révolution française [3]. Il n'est pas certain que Kant ait toujours eu une compréhension aussi exacte de ce point, et qu'il ait d'emblée cerné la structure fondamentale de la sympathie. Quand on s'arrête sur les passages les plus connus du corpus kantien relatifs à la sympathie, force est de constater que cette dernière est rituellement associée à la pitié et à la bonté de cœur, qu'elle est toujours accompagnée de bienveillance. Or, une telle conjonction n'est pas nécessaire. Le partage émotionnel peut être « négatif », comme dans la haine ou l'envie. Il faut certainement attribuer le lien fort établi par Kant entre la sympathie, d'une part, et la bienveillance et la compassion, d'autre part, et ce jusque dans ses ouvrages les plus tardifs, à l'influence du paradigme anthropologique sentimentaliste conçu par ses partisans (Shaftesbury, Hutcheson, Butler) comme une machine de guerre contre les *selfish systems of morals* (Lucrèce, Hobbes, La Rochefoucauld, Mandeville) qui ramenaient toute action, même désintéressée, à une forme d'égoïsme inconscient ou inavoué.

1. Cette dimension de participation, évidente dans les termes « *Mitfreude* » et de « *Mitleid* » choisis par Kant dans la définition plus haut rappelée, n'apparaît pas forcément dans la traduction française du texte.

2. FMM, AK IV, 398 ; OP II, 256-257.

3. *Cf.* AK VII, 85 ; OP III, 895. Nous nous écarterons ici de la traduction proposée par A. Renaut de « *Teilnehmung* » par « prise de position » plutôt que par « sympathie », car elle efface complètement le moment esthétique de l'attitude des spectateurs, comme si le positionnement des sujets par rapport à une idée morale (l'idéal républicain) devait exclure toute participation affective et toute humanité esthétique. Or l'idée du bien n'exclut pas l'affect, comme le rappelle la définition kantienne de l'enthousiasme, *cf.* CFJ, AK V, 271-272 ; OP II, 1044.

Guidé par cette intuition de participation aux affects d'autrui, Kant a aussi placé sous le même terme de sympathie un autre phénomène, d'ordre psycho-physiologique, que Max Scheler dissociera plus tard avec insistance du premier : celui de l'imitation « involontaire » des mouvements d'autrui (mimiques, gestes, postures). Évoquant « les effets dus à la sympathie de l'imagination », Kant écrit : « La vue d'un homme pris de convulsions ou même d'épilepsie incite à des mouvements spasmodiques analogues ; de même, le bâillement des autres fait bâiller avec eux » [1]. C'était élargir la sympathie, de la communauté de vécus affectifs à laquelle elle est habituellement reliée, à toute communauté d'actes et de comportements résultant du pouvoir de contamination psychologique des émotions. Nul doute que Kant ne faisait ici que suivre les auteurs de son époque [2], qui rangeaient volontiers sous le vocable « sympathie » une variété de phénomènes aussi différents que l'identification imaginaire aux héros des tragédies, la répétition mécanique de gestes d'autrui (bâillement, rire, réflexe) par contagion affective ou le simple fait de se mettre à la place de quelqu'un en pensée. Quoi qu'il en soit de ce point d'analyse psychologique, ce qui est certain, c'est que Kant a rattaché la sympathie à une faculté qui opère une fonction d'ouverture aux états affectifs des autres : une réceptivité (*Empfänglichkeit*) qui permet à toute subjectivité d'appréhender l'autre en tant qu'être sensitif. L'importance du concept de réceptivité aux sentiments d'autrui réside alors tout particulièrement en ce qu'il fait ressortir un aspect fondamental de notre humanité : nous ne pouvons pas être sans être toujours et d'emblée exposés aux émotions d'autrui, sans être atteints par ce que l'autre éprouve.

2° Ce qui me conduit à ma deuxième remarque, qui porte sur la dimension passive et non délibérée de l'expérience sympathique – ce qui, précisons-le, n'exclut pas une opération de synthèse de l'imagination [3]. La structure matricielle de l'expérience sympathique est l'épreuve du sentir, le fait immédiat et irréductible d'éprouver. Il suit de là que la catégorie fondamentale de la sympathie est le pâtir, comme le rappelle la référence à une réceptivité aux sentiments d'autrui. De la *Critique de la raison pure*, nous avons appris que le sujet kantien possède une sensibilité esthétique conçue comme la faculté de réceptivité des intuitions [4]. Nous apprenons maintenant qu'à la réceptivité spatio-temporelle se superpose une autre forme de réceptivité, celle de la sensibilité affective. La première est cognitive, car, en accueillant un donné – les sensations, elle donne lieu à des représentations objectives. La seconde enregistre des sensations qui sont de l'ordre du sentiment (*Gefühl*), et parce qu'elle se rattache à notre faculté de plaisir et de déplaisir (et non pas à l'une des

1. M. Scheler, *Nature et formes de la sympathie. Contribution à l'étude des lois affectives*, trad. M. Lefèbvre, Paris, Payot, 2003.

2. A. Smith, par exemple, rangeait ce type de phénomène dans la catégorie très large de sympathie, cf. *op. cit.*, p. 25-26.

3. Sur la référence à l'imagination comme principe constitutif de la sympathie, *cf.* CFJ, AK V, 273 ; OP II, 1046 ; DV, AK VI, 457 ; OP III, 752 ; *Anthropologie*, AK VII, 238-239 ; OP III, 1055.

4. CRP, A 19/B33, AK III, 49 ; OP I, 781.

facultés supérieures de connaître), elle ne donne lieu à aucune connaissance. Seulement, le point important ici, c'est que l'ouverture aux états affectifs d'autrui prend la forme concrète d'une participation involontaire à ses sentiments. S'il est vrai que s'associer aux vécus d'autrui par des sentiments correspondants, c'est faire preuve d'humanité, cette forme d'humanité est toutefois « *non libre* » [1]. L'expression « prendre part » (*Teilnehmen*) utilisée par Kant peut, à cet égard, induire le lecteur en erreur en lui laissant croire qu'elle décrit une démarche de l'homme sympathisant en direction de l'autre. Or, c'est le contraire qui est vrai : le processus sympathique désigne moins un élan du sujet sympathisant vers autrui, que le mouvement inverse de contagion affective du sujet-spectateur par le sujet observé. Dans une image forte, qui évoque bien le risque d'envahissement du sujet par les sentiments d'autrui, Kant compare la manière dont la participation aux états affectifs se produit à la manière dont « la chaleur ou les maladies contagieuses » se propagent et se communiquent à nous [2]. Ainsi le problème qui va être au centre de la réflexion éthique de Kant sur la sympathie, dès lors qu'il abordera l'anthropologie pratique, sera celui de la liberté de l'homme face à ses émotions sympathiques [3]. Si la sympathie est fondamentalement l'effet d'un processus non intentionnel dont les mécanismes intimes se trouvent cachés dans les profondeurs de l'imagination, ne constitue-t-elle pas aussi un danger mortel pour le sujet moral kantien, étant admis que toute émotion est susceptible de se transformer en affect (*Affekt*), c'est-à-dire en émotion qui entrave l'exercice de la raison [4] ? Le point est d'autant plus crucial que la sympathie possède une dimension conative : elle crée une propension à agir dans tel ou tel sens, sans qu'évidemment la maxime d'action du sujet s'accorde avec la forme universelle de la loi morale. Certes la distinction principielle entre l'homme nouménal et l'homme phénoménal, entre le monde intelligible et le monde sensible, au fondement de l'idéalisme transcendantal, fournit une solution générale au problème de la liberté, et pourtant, sur le plan concret de l'observation psychologique, la « participation pathologique » n'en demeure pas moins un vecteur de « servitude ». On peut soutenir que, sur cette question où le métaphysique croise le psychologique, l'effort de Kant consistera à montrer que l'ouverture du sujet aux sentiments d'autrui n'implique pas nécessairement la soumission de la subjectivité à l'ordre pathologique, quelle que soit par ailleurs la puissance communicative et expansive de la sympathie. C'est ainsi qu'il faut comprendre la distinction faite par Kant, dans son *Anthropologie*, entre la sensibilité (*Empifindsamkeit*) et la sensiblerie (*Empfindelei*) :

> Le *don de la sensibilité* n'est pas opposé à l'égalité d'âme évoquée plus haut ; il est une *faculté* et une *force* pour accueillir l'état de plaisir aussi bien que de déplaisir, ou pour l'écarter de l'âme, il dispose donc d'un choix. La *sensiblerie*, en revanche, est une faiblesse : elle conduit, de par la sympathie pour l'état des

1. DV, AK VI, 457 ; OP III, 751.
2. DV, AK VI, 457 ; OP III, 751.
3. V-Anthrop/Mrongovius, AK XXV-25, 1348.
4. *Cf.* CFJ, AK V, 272 ; OP II, 1045-1046 ; *Anthropologie*, AK VII, 252 ; OP III, 1068.

> autres qui, en quelque sorte, peuvent jouer à loisir de l'organe sensitif, à se laisser affecter même contre son gré [1].

Il est toujours possible, pour le sujet moral, de rejeter les émotions sympathiques dans un acte de souveraineté sur lui-même, quand bien même notre volonté serait affectée par elles.

LA FIGURE DE L'*HOMO SYMPATHICUS* DANS LA PENSÉE MORALE DE KANT ET SON ANTITHÈSE PSYCHOLOGIQUE : L'HOMME FROID

À propos du statut moral de la sympathie, la pensée de Kant a connu une évolution avec, en gros, deux ruptures successives d'importance inégale, qu'il nous faut rapidement indiquer. La première est celle qui marque le passage de la période précritique à la « révolution critique », et que W. Frazer résume comme : l'« abandon du sentimentalisme » anglo-écossais [2]. La seconde rupture apparaît avec le passage des écrits des *Fondements de la métaphysique des mœurs* et de la *Critique de la raison pratique*, d'une part, à la *Métaphysique des mœurs*, d'autre part, c'est-à-dire avec la transition d'une pensée éthique centrée sur le problème fondationnel (ou métaéthique) à une réflexion axée sur la question des modalités de réalisation de nos devoirs. C'est à la faveur de ce déplacement d'intérêt vers la question de l'éthique appliquée que Kant va reconsidérer la valeur morale de la sympathie en lui assignant un rôle dans l'accomplissement de notre devoir de bienfaisance. Or, si l'on a souvent noté l'hostilité de Kant à l'égard de la compassion, la plupart des fois pour la critiquer d'ailleurs, l'on a moins relevé en revanche la valorisation, dans sa pensée éthique, d'un type humain dont la caractéristique première est, à des degrés divers, l'imperméabilité au pouvoir de la sympathie. Comment expliquer cette fascination de Kant pour l'homme impassible, sa préférence avouée pour les tempéraments froids, sinon comme une posture visant à dénoncer les préjugés éthiques favorables à l'*homo sympathicus* au XVIIIe siècle ? C'est évidemment à la lumière de ses options éthiques qu'il faut déchiffrer les changements de position de Kant par rapport à la sympathie et ses antithèses affectives.

Dans les *Observations sur le sentiment du beau et du sublime*, Kant, cherchant à donner un fondement à la morale, admet, à la suite de Shaftesbury et de Hutcheson, que la véritable source des normes morales est le « sentiment qui vit dans tout cœur humain », celui *« de la beauté et de la dignité de la nature humaine »* [3]. Dans cette morale du sentiment, l'*homo sympathicus* apparaît alors sous la figure de l'homme au « bon cœur », capable de compassion et d'actions désintéressées. S'inscrivant dans le sillage des moralistes anglo-écossais, Kant valorise la sympathie, à la fois comme l'expression d'une subjectivité douée

1. *Anthropologie*, AK VII, 236 ; OP III, 1052.
2. W. Frazer, *The Enlightenment of Sympathy : Justice and The Moral Sentiments in the Eighteenth Century and Today*, Oxford / New York, Oxford University Press, 2010, chap. V, p. 112.
3. OBS, AK II, 217 ; OP I, 463.

d'un naturel bienveillant, qui s'émeut du mauvais sort des autres, et comme la manifestation téléologique d'une Nature providentielle. La pitié et la complaisance sont décrites comme des vertus, mais seulement « *d'adoption* » [1], parce que si elles conduisent parfois à de belles actions, elles ne présentent pas toutefois le caractère d'universalité caractéristique de « la *vraie vertu* », seule digne de respect [2].

L'adhésion de Kant aux idées des moralistes anglais-écossais fut de courte durée. Les réserves liées au manque de généralité des actions accomplies par « bonté de cœur » seront reprises et systématisées dans les écrits éthiques ultérieurs. Après la conquête du principe d'autonomie, qui concrétise le tournant critique dans le domaine éthique, nous voyons Kant réagir avec vigueur contre la tendance – sa propre tendance – à chercher dans les données du sentiment la source de la moralité. La prééminence de la raison réaffirmée, la sympathie n'est plus acceptable que sous la stricte tutelle de la raison pratique. Avec un goût du paradoxe qui heurte (encore) nos intuitions morales les plus solides, à en juger par les débats qu'il suscite dans la littérature philosophique secondaire contemporaine, Kant fera de l'homme privé de toute forme de sympathie pour ses semblables, mais de bonne volonté, un homme d'« une valeur bien supérieure à celle que peut avoir un tempérament naturellement bienveillant » [3]. La figure d'un l'*homo insensibilis*, double négatif de l'*homo sympathicus*, soulève toutefois plusieurs questions. D'abord, une question d'ordre psychologique, celle de savoir si un tel homme peut exister. Ensuite, la question de savoir quelles sont les conséquences de l'existence d'une telle créature sur le plan moral. Enfin, quel intérêt Kant avait-il à convoquer une telle figure, étant admis que la morale comme discipline rationnelle ne dépend pas de l'anthropologie ?

Nous allons voir tout de suite que cette figure toute théorique au statut anthropologique problématique joue, dans l'argumentation kantienne, un rôle stratégique qui mérite d'être souligné. Sa fonction : réfuter, sur le terrain même de l'analyse anthropologique où les moralistes anglo-écossais ont voulu se placer, tout projet visant à fonder la morale sur une base naturelle. Dans la perspective rationaliste que défend Kant, l'existence d'un tel homme ne constitue pas une menace pour la validité du système, précisément parce que les principes et les lois éthiques valent pour tous les êtres raisonnables, indépendamment de leur structure affective empirique. L'enjeu n'est évidemment pas le même pour les défenseurs de l'école sentimentaliste, dont le système éthique repose sur le postulat anthropologique selon lequel l'homme est un animal sympathique. Si l'homme pouvait, par extraordinaire, être insensible *stricto sensu,* ou le devenir, tout leur système s'effondrerait : il faudrait en effet convenir que la morale ne peut pas reposer sur notre « humanité » entendue comme « affection naturelle ». Les « moralistes anglais » jugeaient une telle

1. OBS, AK II, 218 ; OP I, 464.
2. OBS, AK II, 217 ; OP I, 463.
3. FMM, AK IV, 338 ; OP II, 257.

créature impossible, mais Kant était loin d'être aussi dogmatique : il n'excluait pas *a priori* l'idée d'un homme insensible.

Dans la *Doctrine de la vertu*, la sympathie est décrite comme l'effet d'une disposition naturelle inscrite en nous : la réceptivité affective [1]. La capacité à sympathiser apparaît alors comme partagée par *tous les* hommes. Toutefois, d'autres textes, plus anciens comme contemporains, suggèrent une conception légèrement différente, selon laquelle la *manifestation* de la sympathie est affaire de tempérament individuel [2]. Elle dépendrait même de l'histoire de la subjectivité empirique prise dans les vicissitudes de la vie, si bien que la sympathie ne serait pas aussi constante et uniformément partagée qu'on pourrait le croire. Ainsi apprend-on, dans les *Fondements de la métaphysique des mœurs*, que des « chagrins personnels » peuvent parfois étouffer « toute sympathie pour le sort d'autrui » [3]. Le même ouvrage explique un peu plus loin, à travers le fameux exemple du bienfaiteur sans cœur, que l'homme peut être « froid par tempérament et indifférent aux souffrances d'autrui »[4]. À supposer que cela soit vrai, il serait alors vain d'attendre d'un tel individu un acte de bienfaisance accompli par sympathie. Un tel cas de figure, que d'aucuns pourraient qualifier de limite [5], mais dont Kant admet la possibilité théorique, au moins à titre de fiction spéculative, ruinerait la philosophie sentimentaliste, comme nous l'avons vu. C'est là d'ailleurs l'une des objections les plus fortes que le kantisme opposera à tous les penseurs qui font reposer la moralité sur le sentiment : on ne peut faire dépendre l'accomplissement des devoirs éthiques de l'homme de ses dispositions affectives, en soi contingentes et toujours variables [6]. Il faut, pourtant, que même celui qui n'est pas bienveillant par nature et philanthrope par tempérament

1. DV, AK VI, 456 ; OP III, 751.

2. Kant écrit, par exemple : « Du tempérament relève la sympathie », PPed, AK IX, 487 ; OP III, 1192.

3. FMM, AK IV, 398 ; OP II, 257.

4. FMM, AK IV, 398 ; OP II, 257. *Cf.* OBS, AK II, 227 ; OP I, 475. On lira aussi avec intérêt ce que Kant dit du « flegme » défini par l'« *absence d'émotion* » (*Anthropologie*, AK VII, 289 ; OP III, 1102), ou encore de la « froideur d'esprit », préférable, à ses yeux, à la chaleur du sentiment (cf. *Eine Vorlesung Kants über Ethik. Im Auftrag der Kantgesellschaft herausgegeben* von Paul Menzer, Berlin-Charlottenburg, Pan Verlag Rolf Heise, 1924, 1925 (2ᵉ éd.), p. 251, désormais Me ; trad. Luc Langlois, *Leçon d'éthique*, Librairie Générale Française, Paris, 1997, p. 338). La fiction d'un homme qui agit par devoir, mais sans bonté, capable de « fermer son cœur à chacun et demeurer indifférent à la misère et au triste sort d'autrui », est déjà envisagée par Kant dans ses cours (*cf.* Me, p. 245 ; *op. cit.*, p. 331).

5. D. Hume a envisagé cette hypothèse d'une créature humaine insensible et asympathique, mais c'est pour l'exclure aussitôt. Une telle créature n'aurait, en effet, aucune raison d'agir, elle ne peut être qu'un « monstre imaginaire » (*fancied monster*) : « On peut aller jusqu'à affirmer qu'il n'est pas de créature humaine à laquelle la vue du bonheur (quand l'envie ou la rancune n'interviennent pas) ne donne du plaisir, et celle du malheur, du déplaisir. Cela semble inséparable de notre conformation et de notre constitution. » (*Enquête sur les principes de la morale*, trad. fr. Philippe Baranger et Philippe Saltel, Paris, Flammarion, 1991, p. 144-145, note).

6. Remarquons au passage que cette contingence est d'autant plus grande que les dispositions affectives ne varient pas seulement d'individu à individu, mais aussi selon la polarité sexuelle instituée par la nature, et même selon les peuples, à en croire la psychologie des sexes et des nations, esquissée par l'anthropologie kantienne.

puisse être moral. À l'époque des *Fondements de la métaphysique des mœurs*, Kant insiste avant tout sur la possibilité et même la nécessité d'agir « par devoir », et non « par inclination », et l'accent est mis sur le principe suprême de la morale : l'autonomie du sujet. Ce qui, bien compris, signifie que, dans la doctrine kantienne, la clôture affective à l'égard des émotions d'autrui, si on admet une telle possibilité, n'entraîne ni l'invalidité des principes moraux, ni même l'impossibilité d'agir moralement. En somme, fictive ou réelle, peu importe, l'hypothèse de l'être insensible démontre par l'absurde que la moralité n'a rien à voir avec nos dispositions émotionnelles et notre humanité. On le voit bien, son évocation a surtout, chez Kant, la valeur d'une expérience de pensée.

On pourrait s'en tenir là, et méditer ce contraste anthropologique saisissant entre l'homme froid, affectivement coupé de ses semblables, et l'homme sensible qui vibre à l'unisson d'autrui. Ce serait oublier ce que la *Doctrine de la vertu* dira, plus tard, sur le « devoir indirect de cultiver en nous les sentiments naturels (esthétiques) et de nous en servir comme d'autant de moyens de prendre part à ce destin [de l'homme] [1]. Comment cultiver le sentiment de compassion, demandera-t-on ? À cette fin, Kant recommande aux hommes d'aller vers les endroits où le malheur abonde : les hôpitaux, les bagnes et les quartiers où vivent les pauvres[2]. Dans cette singulière obligation, l'on peut déceler la tentative d'ouvrir une nouvelle perspective morale sur notre affectivité : les sentiments sont certes parfois des obstacles à l'accomplissement de nos devoirs, mais il est aussi possible d'en faire un bon usage. On reconnaît d'autre part ici une autre thèse chère à Kant, qui servira de fil conducteur à l'élaboration de l'anthropologie pragmatique : en tant qu'« être libre de ses actes », l'homme peut toujours agir sur ce que la nature a fait de lui, et cela vaut autant pour ses dispositions intellectuelles qu'émotionnelles [3]. On ne saurait rêver d'un dépassement plus inattendu de l'idée qui fonde l'anthropologie physiologique : l'homme obéit aux lois de la nature. Le degré de sympathie que nous montrons à l'égard de nos semblables n'est pas prédéterminé par notre idiosyncrasie ; il est aussi affaire de décisions et d'habitudes, et dépend du rapport du sujet à son « humanité esthétique ». Apparaît ici une modalité inédite du façonnement de soi : celle consistant à sculpter, pour ainsi dire, notre sensibilité affective. Et avec elle, surgit l'idée d'une « éducation sentimentale » visant à rendre l'homme, indirectement et par des stratégies appropriées, plus réceptif aux souffrances des autres.

Dans ses derniers écrits, le regard que porte Kant sur les sentiments va passablement changer, la vision de la sympathie s'en trouve modifiée. C'est la deuxième rupture plus haut signalée, ou, plus justement, la deuxième inflexion majeure, qui invite à penser que Kant abandonne la posture hostile qui avait été la sienne à l'égard de la sensibilité pour adopter des positions plus conciliantes

1. DV, AK VI, 457 ; OP III, 752.
2. *Ibid.*
3. *Anthropologie*, AK VII, 119 ; OP III, 939.

vis-à-vis des émotions en général [1]. Un des points les plus intéressants et la preuve la plus forte de cette évolution, c'est l'admission d'un devoir de sympathie dans la *Doctrine de la vertu*. En vertu de son devoir d'humanité, l'homme est tenu de prendre part au sort d'autrui, et de solliciter ses dispositions à compatir à sa souffrance [2]. Assurément, des affirmations de ce genre sous la plume de Kant contrastent fortement avec celles bien connues contre les inclinations et la sensibilité développées dans les œuvres antérieures : elles permettent de mettre en relief l'importance, longtemps sous-estimée, des émotions dans la philosophie critique. Ce point souligné, encore faut-il s'empresser de préciser que l'infléchissement que reçoit la pensée éthique de Kant, bien que réel, doit être relativisé en raison du primat de la raison pratique et de la conception de la vertu, entendue comme contrôle de soi [3], qui l'accompagne. On ne saurait, en effet, avoir une vue exacte des positions ultimes de Kant sur la sympathie, si l'on oubliait de rappeler la fermeté avec laquelle la *Doctrine* fait la promotion de l'idéal moral d'*apathia* [4]. Or l'apathie est décrite comme absence d'affect [5]. Dans un fameux passage du § 34 de la *Doctrine*, Kant déclare que nous ne sommes pas tenus de compatir inconditionnellement au sort du malheureux. Il approuve le comportement du sage stoïcien qui, constatant qu'il ne peut rien faire pour aider son ami en état de détresse, s'écrie : « Que m'importe ? » [6]. On voit poindre ici une autre figure morale opposée à l'*homo sympathicus*, non plus celle du philanthrope sans cœur, mais celle de l'homme vertueux, qui soumet ses émotions à la raison pratique. Un tel rejet de la pitié peut paraître, à bien des égards, d'une froideur excessive, voire d'une dureté choquante. Kant a essayé de le justifier en invoquant une forme d'humanité supérieure à la simple « *humanitas aesthetica* » commune aux hommes : l'« *humanitas pratica* » [7]. Cet idéal pratique d'humanité met brutalement en lumière le fait que la « participation pathologique » aux sentiments d'autrui n'a pas, aux yeux de Kant, de valeur morale intrinsèque.

Conclusion

Ce trop bref survol aura permis, on l'espère, de mettre en évidence un aspect de la psychologie kantienne peu étudié en France : notre disposition à participer au destin de nos semblables. Notons toutefois que s'il existe bien un *homo sympathicus* dans la pensée kantienne, sa présence n'est pas et ne pouvait être

1. Sur le rôle des « prénotions esthétiques » et les conditions subjectives de réceptivité au concept de devoir, *cf.* DV, AK VI, 399 ; OP III, 681 et *sq*. Sur l'idée que nos inclinations sensibles sont bonnes en elles-mêmes, *cf.* Rel, AK VI, 58 ; OP III, 73.
2. DV, AK VI, 456-457 ; OP III, 751-752.
3. DV, AK VI, 409 ; OP III, 693.
4. *Anthropologie*, AK VII, 253 ; OP III, 1069-1070.
5. CFJ, AK V, 272 ; OP II, 1045.
6. DV, AK VI 457 ; OP III, 752.
7. DV, AK VI, 456-457 ; OP III, 751.

aussi riche d'implications que dans la philosophie sentimentaliste, tant au niveau moral qu'au niveau anthropologique. Le lecteur ne s'étonnera sans doute guère de constater l'exclusion des phénomènes affectifs hors de la sphère de l'éthique pure, étant donné les prémisses intellectualistes et foncièrement anti-naturalistes de la pensée critique. Au demeurant, Kant n'a jamais élevé la sympathie au rang de « principe » de l'âme humaine ou de ressort fondamental de l'activité humaine ; c'était juste, pour lui, un fait psychologique, dont il fallait enregistrer les effets sur la volonté sans pourtant en exagérer le pouvoir moral et explicatif. Mais ce qui interdit fondamentalement de faire une place de choix à la thématique de la sympathie dans la philosophie critique, c'est l'ambition qui la commande : penser l'homme comme liberté éthique. À cette position ne pouvait correspondre que ce que Max Marcuzzi appelle justement une « anthropologie de l'homme possible » [1] ; or l'une des conséquences ultimes de cette nouvelle représentation de l'homme était de renvoyer dos à dos tout autant les partisans de l'*homo lupus* que les partisans de l'*homo sympathicus*.

Dimitri LANG
Lycée Franco-Hellénique Eugène Delacroix (Athènes)

1. M. Marcuzzi, « Commentaire », *in* Kant, *Vers la paix perpétuelle, un projet philosophique*, Paris, Vrin, 2007, p. 88.

KANT ET LES LIMITES DE L'OBSERVATION DE SOI : DE LA PSYCHOLOGIE EMPIRIQUE AU CONCEPT PRAGMATIQUE DE L'ANTHROPOLOGIE

Dans la lettre qu'il adresse à Marcus Herz à la fin de 1773, Kant écrit qu'il reprendra bientôt – ce sera la deuxième fois – son séminaire d'anthropologie. Son intention, précise-t-il, est de « révéler les sources de toutes les disciplines pratiques, la science des mœurs, celle du savoir-faire, du commerce humain, la méthode qui permet de former des hommes et de les gouverner ». Cette anthropologie serait en même temps une « propédeutique philosophique pour les jeunes étudiants » et pourrait être appelée « connaissance du monde en général » [1].

Ce passage illustre on ne peut plus clairement que Kant conçoit désormais l'anthropologie en un sens essentiellement pragmatique, c'est-à-dire embrassant toute la sphère – technique, pragmatique au sens strict (prudentielle) et morale – des pratiques et des conduites humaines, donc pour ainsi dire le monde des mœurs. Il s'éloigne en cela de l'orientation strictement théorique de la *Psychologia empirica* de Baumgarten, en laquelle il avait pourtant puisé les premiers linéaments de sa réflexion anthropologique et une grande partie du plan d'ensemble de ses leçons. En outre, puisque la *Welterkenntnis* à laquelle il est fait allusion dans la lettre doit reposer sur la simple observation, elle aura elle-même un caractère empirique qui la rend étrangère au type de savoir purement rationnel auquel aspirent la métaphysique et la philosophie en général.

Le concept pragmatique de l'anthropologie résultera donc d'un *double découplage*, d'abord d'un découplage de la métaphysique et de l'anthropologie, ensuite d'un découplage de la psychologie empirique et de l'anthropologie [2]. Dans ce qui suit, c'est surtout à ce dernier aspect que je m'intéresserai, non sans avoir cependant rappelé au préalable les motifs qui ont conduit Kant à insister sur la nature observationnelle et expérimentale de la connaissance de l'homme.

1. Kant, « *À Marcus Herz*, fin 1773 », AK X, 143-146, trad. fr. M.-C. Challiol et al., *Correspondance*, NRF Gallimard, Paris, 1991, p. 106-109.

2. Voir R. Brandt et W. Stark, « Einleitung », *in* Kant, *Gesammelte Schriften. Vorlesungen über Anthropologie*, Bd. 25 (IV/2), Berlin / Boston, DeGruyter, 2013, p. VII-XII.

L'ANTHROPOLOGIE HORS DE LA MÉTAPHYSIQUE

Dans l'*Annonce sur le programme de ses leçons pour le semestre d'hiver 1765-66*, Kant précise entre autres qu'il enseignera la métaphysique à partir du manuel de Baumgarten portant le même titre [1], bien qu'il laisse entendre qu'il n'en suivra pas l'ordre d'exposition puisque ses leçons, dit-il, commenceront par la psychologie empirique, en laquelle il voit encore une « science de l'expérience métaphysique de l'homme » [2]. On peut dire qu'il suit en cela l'approche de Wolff qui, dans sa *Deutsche Metaphysik*, avait lui aussi choisi de devancer l'exposé de la psychologie empirique, essentiellement pour des motifs didactiques, puisqu'il estimait que cette matière était d'accès plus facile. Il s'en explique ainsi dans un autre texte : « J'ai traité d'une partie de la *Psychologie* avant la *Cosmologie*. La raison en est la suivante. Je divise la *Psychologie* en deux parties. L'une traite de ce que, par l'expérience, on connaît de l'âme humaine ; l'autre cependant explique tout à partir de la nature et de l'essence de l'âme et montre la raison qui se trouve dans ce qu'on a observé. J'appelle la première partie *Psychologie empirique* et l'autre *Psychologie rationnelle*. La *Psychologie empirique* est en vérité une histoire de l'âme (*historia animae*) et peut être connue sans toutes les autres disciplines, alors que la *Psychologie rationnelle* suppose connue la cosmologie. [...] J'ai donc placé une partie de la *Psychologie*, c'est-à-dire l'empirique, avant la *Cosmologie*, parce qu'elle est plus facile que celle-ci et est plus agréable pour les débutants » [3].

Kant est du même avis lorsqu'il déclare dans l'*Annonce* que « l'auditeur dont l'ardeur aurait déjà même disparu vers la fin de la psychologie empirique [...] aurait cependant entendu quelque chose qui lui serait compréhensible par sa facilité, agréable par l'intérêt, et utile par les cas fréquents d'application dans la vie » [4]. Ainsi lorsque dans la Lettre à Herz, il insiste sur le caractère propédeutique de l'anthropologie, c'est pour marquer la même idée que ce savoir empirique peut être acquis par lui-même, sans dépendre d'autres connaissances philosophiques. En sorte que c'est sans heurt qu'il peut être retranché, tout comme la psychologie empirique, du corpus des disciplines métaphysiques.

Mais c'est un autre motif, beaucoup plus décisif, qui va convaincre Kant de dissocier l'anthropologie – et ce qu'il avait d'abord considéré comme sa matrice première, la psychologie empirique – du registre métaphysique des connais-

1. A.G. Baumgarten, *Metaphysica*, quatrième édition, Halle im Magdeburgischen, 1757. Éd. historico-critique et traduction allemande par Günter Gawlick et Lothar Kreimendahl, Stuttgart-Bad Cannstatt, Frommann-Holzboog Verlag, 2011. La *Métaphysique* de Baumgarten se divise en quatre parties : l'ontologie, la cosmologie, la psychologie (comprenant la psychologie empirique et la psychologie rationnelle) et la théologie naturelle. La *Psychologia empirica* à laquelle Kant fera référence et qui inspirera ses premiers enseignements d'anthropologie se trouve aux § 504-739. On en a reproduit le texte dans le volume 4 du *Kants handschriftlicher Nachlass*, AK XXVII, 5-226.

2. APL, AK II, 308-309 ; OP III, 517.

3. Ch. Wolff, *Ausfürhliche Nachricht von seinen eigenen Schriften*, Frankfurt a.M, 1733, 1962, I, 9, p. 231-232 (notre traduction).

4. APL, AK II, 309-310 ; OP I, 518-519.

sances pures. C'est que Baumgarten n'a pu inclure la psychologie empirique dans le corpus de la métaphysique que parce qu'il partage la thèse leibnizo-wolffienne de la continuité du sensible et de l'intelligible, de la connaissance sensible et de la connaissance rationnelle, en l'occurrence ici de la psychologie empirique et de la psychologie rationnelle. Étant sur ce point peut-être plus proche de Wolff que de Leibniz, Baumgarten fait de l'expérience, de l'*a posteriori*, la donnée primitive et irréfragable à partir de laquelle s'élance la connaissance sensible dans sa remontée vers la connaissance intellectuelle, la connaissance *a priori* n'étant dès lors que la connaissance des raisons au fondement de l'*a posteriori* et de sa connaissance sensible. Ainsi en va-t-il pour lui de la *connaissance de soi*, qui part de l'expérience intérieure de la conscience et qui culmine dans la connaissance rationnelle de l'âme, soit du substrat de tous nos états et pensées. Entre la psychologie empirique et la psychologie rationnelle, nulle rupture de continuité donc, parce que la description de notre activité pensante à travers les différentes facultés – de connaître, de plaisir et de peine, de désirer – trouve pour Baumgarten sa pleine raison suffisante dans la science de l'âme comme substance simple, indivisible, spirituelle et incorruptible, donc comme monade. Connaître l'homme, c'est donc pour Baumgarten connaître et décrire les multiples facettes des facultés de l'âme.

Or on sait qu'à partir de la *Dissertation* de 1770, Kant remet en cause cette thèse d'une continuité ascendante du sensible et du suprasensible, du moins dans sa constitution gnoséologique. C'est qu'entre la connaissance sensible des phénomènes et la soi-disant connaissance rationnelle des intelligibles (qu'il admet encore à l'époque), il n'y a pas de différence de degré, mais de nature, en sorte que rien de ce qui appartient à la première ne peut se rattacher à la seconde. S'agissant de la psychologie empirique, la conclusion s'impose d'emblée : étant une connaissance sensible, elle n'aura aucune signification pour la métaphysique. Par ailleurs, puisqu'elle ne concerne que les phénomènes du sens interne et la diversité de nos états sous la condition sensible du temps, elle n'aura rien d'une connaissance de l'âme instituée sur une expérience première et inaugurale. La *Critique de la raison pure* ira encore plus loin en exhibant la structure *dialectique* de ce prétendu rattachement de la multiplicité de l'expérience interne à la substance simple de l'âme, en apercevant dans ce *substratum* intelligible non pas un objet réel, mais une simple idée directrice de la raison.

Il en résulte que non seulement la psychologie empirique ne pourra plus être associée à une « science de l'expérience métaphysique de l'homme », *mais qu'elle ne sera plus d'aucune utilité pour la conception pragmatique de l'anthropologie qui s'affine chez Kant vers le milieu des années 1770* [1]. Certes, dans ses leçons et dans l'*Anthropologie du point de vue pragmatique*, celui-ci sera resté plutôt fidèle (du moins dans la *Didactique*) aux différentes divisions

1. Dans l'enseignement de Kant, ce « tournant » pragmatique se manifestera surtout à partir du semestre d'hiver 1775/76, soit à partir du manuscrit Friedländer. Voir à ce sujet les indications des éditeurs des *Leçons d'anthropologie* de Kant, Reinhard Brandt et Werner Stark, dans AK XXV.1, p. VII-LIV (p. LII).

du texte de Baumgarten, par exemple dans la présentation des facultés de connaître, de plaisir et de déplaisir, et de désirer. Il devient évident cependant que Kant ne peut plus concevoir la connaissance sensible de l'homme à la manière de Baumgarten, comme reposant sur l'instance d'un savoir introspectif-descriptif qui fait de l'observation de soi son point de départ et sa ligne de conduite. Cette méthode est non seulement mauvaise, mais elle risque aussi d'être nocive dans ses conséquences, en enfermant l'homme dans le monde de ses représentations sans jamais lui faire voir sa vocation essentielle : celle de devenir un citoyen du monde (*Weltbürger*). C'est ce qu'on va voir maintenant.

L'ANTHROPOLOGIE AU-DELÀ DE LA PSYCHOLOGIE

Dès le début de la *Psychologia empirica*, l'expérience intérieure sera désignée par Baumgarten comme le moyen de preuve irréfutable de l'existence de l'âme. Le § 504 affirme ainsi que « S'il y a quelque chose dans un être qui peut être conscient de quelque chose, c'est une *âme*. Existe en moi (§ 55) quelque chose qui peut être conscient de quelque chose (§ 57). Il s'ensuit donc qu'une âme existe en moi (moi, une âme, j'existe) » [1].

Cette expérience de la conscience que j'ai de moi-même est originaire et immédiate ; elle se confond en fait avec le principe même de mon identité : l'âme, comme substance simple, spirituelle, monade qui ne naît ni ne meurt naturellement, mais qui naît par création et périt par anéantissement. Si l'homme veut se connaître lui-même, il devra donc se livrer à l'étude de son âme, puisqu'elle est le principe individuant de son être pensant. Or en quoi va consister cette étude ? Elle portera essentiellement sur les performances de l'âme à travers ses *facultés* et sur l'examen, par observation de soi, de cette force, de cette *vis* qu'est d'abord et avant tout l'âme pour Baumgarten (et Wolff), qui la définit dans la *Psychologie empirique* comme *vis repraesentativa universi pro positu corporis*, comme « force de se représenter l'univers selon la position du corps », de mon corps en fait.

Très « leibniziennement », Baumgarten tient cet ordre des représentions comme autant d'expressions de l'univers qui, en l'homme, ressortissent dynamiquement à la force de l'âme, à cette *vis* qui pousse à continuellement changer de perceptions et qui organise, dans la continuité du passé, du présent et du futur, toute la temporalité de notre expérience représentationnelle (d'où les analyses fines consacrées à la sensation, à l'imagination reproductrice et productrice, à la mémoire, à l'anticipation, à la prévision, etc.). C'est ainsi que Baumgarten, en s'appuyant principalement sur l'expérience privilégiée que constitue la conscience de ce qui se passe en nous, sera amené à dresser l'inventaire des facultés de l'âme, en commençant par la faculté de connaître inférieure et

1. A.G. Baumgarten, *Metaphysica*, § 504 (dans la *Psychologie empirique*) ; nous traduisons.

supérieure, toujours avec le souci de montrer la continuité de la connaissance sensible et de la connaissance rationnelle.

Ce point de départ n'est pas aléatoire et l'ordre de présentation des facultés reposera sur une logique interne absolument rigoureuse. C'est la connaissance qui viendra en premier, non seulement parce que c'est à travers elle que l'âme se révèle à elle-même dans son expérience primitive, mais parce que c'est elle qui lui révèle la mesure de perfection de tout ce qui existe et la perfection ontologique du *nexus rerum*, de la liaison universelle des choses. Plus cette connaissance est claire et distincte et moins ses représentations sont confuses et obscures, plus elle aperçoit les raisons suffisantes de cet ordre ontologique de perfection. Or celui-ci est la source véritable du plaisir, tout comme l'imperfection est la source d'un déplaisir. D'où la position intermédiaire de la faculté de plaisir et de déplaisir, qui dépend entièrement de la connaissance, progressive et par degrés ascendants, du parfait et de l'imparfait. De même, la faculté de désirer, en tant qu'elle est une appétence pour le bien et une aversion pour le mal, dépend à la fois de la faculté de connaître et de la faculté de plaisir et de déplaisir. Car plus ses actions tendent vers des objets de perfection plus grands, que ses représentations les plus rationnelles lui font connaître clairement, plus le plaisir qu'elle recherche est grand et conforme au bonheur véritable, qui est la fin de l'âme dans son union avec le corps.

On voit donc bien que tout est ici fondé sur la *primauté de la connaissance théorique*, à commencer par la connaissance immédiate que l'âme a d'elle-même comme *vis repraesentativa universi*. Or ce socle théorique de la connaissance de soi est ébranlé par la *Critique*, dans la mesure où la psychologie empirique ne pourra finalement pas prétendre au rang de science. C'est ce que montre Kant dans les *Premiers principes métaphysiques de la science de la nature*. Pour pouvoir constituer une science, il faudrait en effet que le flux et l'écoulement continu des phénomènes du sens interne puissent être synthétisés comme objet, donc comme une unité objective répondant aux catégories de substance, de causalité, etc. Mais cela n'est pas possible, parce que ce flux des états internes n'est pas mathématisable, qu'il échappe à toute fixation spatio-temporelle, et qu'il relève strictement d'une appréhension subjective [1]. En fait, « la théorie de l'âme ne pourra jamais devenir plus qu'une théorie historique de la nature portant sur le sens interne [...], donc une description naturelle de l'âme, mais non une science de l'âme, ni même une théorie psychologique expérimentale » [2].

1. PPM AK IV, 471 ; OP II, 368 : « Et plus encore que la chimie elle-même, la théorie empirique de l'âme doit rester éloignée du rang de science de la nature à proprement parler, premièrement parce que les mathématiques ne sont pas applicables aux phénomènes du sens interne et à leurs lois, à moins de vouloir appliquer uniquement la *loi de continuité* à l'écoulement des changements internes de ce sens ; mais ce serait là une extension de connaissance qui, en comparaison avec l'extension qu'apportent les mathématiques à la théorie des corps, correspondrait à peu près à la théorie des propriétés de la ligne droite comparée à la géométrie tout entière ».

2. PPM, AK IV, 471 ; OP II, 369.

Est-ce que cette modeste « description naturelle de l'âme » ne pourrait pas tout de même constituer le point de départ de la connaissance empirique, observationnelle, de l'homme ? Kant ne le croit pas, car sa réflexion anthropologique le convaincra assez tôt que la nature humaine ne se révèle pas dans l'exploration des contenus du sens interne et dans la description des états de conscience, mais dans l'analyse des *conduites humaines*. L'anthropologie ne peut en ce sens qu'être *pragmatique* : elle met alors en jeu non pas les états internes, mais les comportements, les passions, les caractéristiques des sexes, des peuples, comme autant de manifestations de la *nature humaine dans un monde historico-social de sens*, qui est celui des *mœurs* [1].

Dans ses leçons comme dans l'*Anthropologie du point de vue pragmatique*, Kant partira certes lui aussi du Je et de la prééminence de la conscience de soi humaine, mais en considérant le Je comme simple « unité à travers tous les changements qui peuvent lui advenir » [2], indépendamment de la métaphysique devenue problématique de l'union de l'âme et du corps (laquelle relève chez Baumgarten de la métaphysique de l'harmonie préétablie). La conscience de soi est alors conçue non plus comme une âme recelant en elle une force de représentation lui permettant de parcourir, du moins partiellement, le continuum du sensible et de l'intelligible, mais comme simple unité dans la série temporelle de ses représentations. Dans cette ligne d'idées, le corps ne peut plus être pensé comme le principe de localisation des diverses représentations de l'âme (« ...*pro positu corporis* ») puisque l'espace étant lui-même tout comme le temps une forme subjective de notre pouvoir de représentation, et non une réalité en soi, la suggestion même d'une *localisation des pensées de l'âme apparaît comme un contresens*, comme un *paralogisme*, dira plutôt Kant.

Jusque vers le milieu des années 1775, qui est la période à laquelle on fait généralement remonter le tournant pragmatique de sa réflexion anthropologique, Kant semble associer parfois la conscience de soi à une connaissance intuitive et théorique de soi. S'il y renonce par la suite, en adoptant par exemple dans la *Menschenkunde* la terminologie critique de l'aperception, il s'en faut de beaucoup pourtant qu'il ait jamais réduit le soi à une réalité psychologique empirique. « Que l'homme puisse disposer du Je dans sa représentation, écrit Kant dans l'*Anthropologie du point de vue pragmatique* : voilà qui l'élève à l'infini au-dessus de tous les autres vivants sur la terre. Il est par là une *personne* » [3]. Il est frappant de voir à quel point la conscience de soi, loin d'être interprétée comme le principe d'une connaissance *théorique* et intuitive de soi, est vue d'emblée comme le révélateur *pratique de l'homme comme pouvoir des fins*, comme ce qui dépasse toute chose du monde et en fait la fin même de la création. Dans le manuscrit Collins de l'hiver 1772-73, on lit déjà par exemple ce passage : « Tout homme, toute créature, qui fait de soi-même l'objet de ses

1. Voir à ce sujet les analyses de Jacques Rivelaygue, dans *Leçons de métaphysique allemande*, tome 2, Grasset, Paris, 1992, p. 315-319.
2. *Anthropologie*, AK VII, 127 ; OP III, 945.
3. *Ibid.*

pensées, ne peut pas se regarder comme une partie du monde pour remplir le vide de la création, mais comme un membre de la création, et encore comme le point central de celle-ci et comme sa fin. » [...] « Dans le petit mot Je se trouve pour ainsi dire le concept de la liberté, la conscience de son auto-activité (*Selbstthätigkeit*), car le Je n'est pas une chose extérieure »[1]. Et encore ceci, tiré de la *Menschenkunde* : « Si un cheval pouvait concevoir la pensée du Je, je descendrais de lui et devrais le considérer comme membre de ma société. Le Je fait de l'homme une personne, et cette pensée lui donne le pouvoir sur tout »[2].

C'est dire que l'homme se connaît lui-même dans ses faits et gestes quotidiens, dans la conscience qu'il a d'être une libre activité, d'être *ad extra*, vers le dehors, vers le monde. Sa réalité ne se montre pas dans le flux de ses états intérieurs, mais dans une *libre gestuelle* s'étendant à toutes les sphères pragmatiques de son activité. Bien qu'elle soit le signe d'une *dignité*, cette libre activité n'est pas d'abord interprétée en un sens moral par l'anthropologie, mais est *décrite* en son sens pratique large. Autrement dit, il s'agira pour Kant d'examiner l'homme tel qu'il se présente dans la vie quotidienne, en recourant au besoin à des sources auxiliaires : l'histoire, les biographies, les romans, les pièces de théâtre, afin d'observer « le manège réel des hommes »[3]. Et ce qui rend nécessaire cette étude élargie, qui déborde du cadre trop étroit de la psychologie, c'est le fait que l'expérience de la libre activité du Je revêt d'entrée de jeu un caractère *foncièrement paradoxal*. En se pensant comme libre ou comme personne, l'homme peut en effet avoir le sentiment d'une *valeur intrinsèque* qui dépasse son individualité, mais il peut aussi se faire accroire *qu'il est par là le centre de tout et que tout doit se ramener à lui*. C'est pourquoi cette expérience première du Je est aussi pour Kant *à l'origine de l'égoïsme*, car « Du jour où l'homme commence à s'exprimer par le moyen du Je, il fait montre, partout où il le peut, de son moi bien-aimé ; l'égoïsme entame sa marche irrésistible »[4]. Ce paradoxe sera celui d'une liberté dévoyée de sa dimension morale et qui dans l'égoïsme va s'inscrire dans la civilisation, dans le monde de la culture, des mœurs, des passions sociales, des prouesses techniques de tous ordres, des arts, etc. La psychologie empirique n'atteint pas cette donnée première de l'anthropologie, parce qu'elle procède d'une définition restreinte de l'homme comme « union de l'âme et du corps » et ne rattrape que sur le tard, et encore indirectement, sa réalité sociale *ad extra*.

En un sens, on peut dire que l'anthropologie kantienne procède d'un autre modèle de la connaissance de soi que celui de Socrate ou d'Augustin, si l'on entend par ce modèle la nécessité d'un recueillement de l'âme en elle-même,

1. *Manuscrit Collins*, AK, XXV.1, 10 (notre traduction). On notera par ailleurs que dans ce cours du semestre d'hiver 1772/73, Kant conçoit encore la conscience de soi comme une connaissance intuitive de soi, puisqu'en plus de témoigner de sa dignité, de sa liberté et de son activité, cette conscience est *aussi* l'intuition de la substantialité, de la simplicité et de la singularité parfaite du Je.

2. V-Anthrop, AK XXV.2, 859 (notre traduction).

3. *Anthropologie*, AK VII, 121 ; OP III, 941.

4. *Anthropologie*, AK VII, 128 ; OP III, 946.

donc d'un examen de soi. Alors que Kant n'hésitera pas à associer l'entreprise de la *Critique de la raison pure* à l'injonction socratique du *Gnoti seauton* [1], la connaissance anthropologique supposera quant à elle non pas une rentrée en soi-même, mais une sortie hors de soi, renversant ainsi, comme le remarquent fort pertinemment les éditeurs des *Leçons*, la formule d'Augustin : « *Noli foras ire, in teipsum redi* », qui devient : « *Noli in teipsum ire, foras redi* » [2].

L'homme se connaîtra donc moins par l'observation de soi que par l'observation de ses semblables, moins par introspection que par « extraspection ». Bien plus encore, Kant est d'avis que l'observation obsessionnelle de soi écarte l'homme de son soi véritable et risque de le plonger dans le trouble psychique et dans l'incommunicabilité, donc dans un enfermement qui est le contraire de sa destination sociale. On lit par exemple dans le manuscrit Friedländer : « La conscience des objets est quelque chose d'autre que la conscience du soi. Plus nous sommes conscients des objets, plus nous sommes hors de nous-mêmes, et plus nous sommes conscients de notre soi, plus nous sommes en nous-mêmes. [...] L'habitude de s'observer soi-même est nuisible, elle donne lieu à la *Schwärmerei* et fait en sorte que l'homme méconnaît le monde. L'observation de soi est pénible et est non naturelle [...]. Le principal doit se trouver dans l'activité » [3]. Et encore ceci, tiré du manuscrit Busolt : « Une âme saine est toujours occupée à l'extérieur. Une âme malade est toujours occupée à elle-même » [4].

Ce n'est pas que Kant réprouve en général la réflexion sur soi. Au contraire, la *Doctrine de la vertu* fait de la connaissance de soi le premier commandement de tous les devoirs envers soi-même : « Ce commandement est le suivant : *connais-toi toi-même* (examine-toi, sonde-toi) [...] quant à la perfection morale en rapport avec ton devoir ; sonde ton cœur pour savoir s'il est bon ou mauvais, si la source de tes actions est pure ou impure [...] » [5]. Sauf que cette connaissance de soi est dirigée entièrement sur les motifs de mon agir, et non sur l'examen sans fin de mes états internes. Sans doute influencé négativement par la littérature piétiste des récits de conversion, en lesquels le croyant devait narrer le chemin intime de sa propre transformation, Kant en a surtout contre l'enfermement dans le sentimentalisme et l'ésotérisme de l'expérience intérieure [6].

Il n'y a évidemment pas de commune mesure entre cette observation obsessionnelle de soi que Kant dénonce et l'observation de soi et des opérations de l'âme qui constitue le point de départ de la Psychologie empirique de

1. CRP, A, XI-XII ; trad. fr. Tremesaygues et Pacaud, Paris, PUF, Quadrige, p. 7 : la Critique répondra à « l'invitation (*Aufforderung*) faite à la raison d'entreprendre à nouveau la plus difficile de toutes ses tâches, celle de la connaissance de soi-même, et d'instituer un tribunal qui la garantisse dans ses prétentions légitimes et puisse en retour condamner toutes ses usurpations sans fondements... ».

2. Voir R. Brandt et W. Stark, *op. cit.*, p. XXI-XXII.

3. Manuscrit Friedländer (Ms. 400), AK XXV.1, 477-478 (notre traduction).

4. Manuscrit Busolt, AK XXV.2, 1439 (notre traduction).

5. DV, AK VI, 441 ; OP III, 730.

6. Voir là-dessus le commentaire de R. Brandt et W. Stark, *op. cit.*, p. XXII.

Baumgarten. Sauf que les deux procèdent de la même méthode, d'après laquelle la connaissance de l'homme reposerait sur une description de la vie et des représentations de l'âme. Baumgarten est convaincu que par elle, une anthropologie philosophique est possible, comme il le déclare au § 747 de sa *Métaphysique*, appartenant à la *Psychologia empirica* : « [...] L'homme consiste en une âme et en un corps finis (§ 741, 743) ; il est par conséquent intérieurement variable (§ 740) ; il est un être fini et contingent (§ 202, 257). Il s'ensuit que la connaissance philosophique et mathématique de l'homme est possible (§ 249) – c'est-à-dire l'ANTHROPOLOGIE philosophique et l'anthropologie mathématique, autrement dit l'ANTHROPOMETRIE –, tout comme sa connaissance empirique par l'expérience. L'ensemble des règles devant être observées dans la connaissance de l'homme est l'ANTHROPOGNOSIE » [1].

Le concept pragmatique que Kant oppose à cette méthode a pour prémisse que la connaissance de soi est indissociable de la connaissance du monde. L'homme n'est pas destiné à la prostration contemplative, il est destiné à se révéler et à s'accomplir dans le monde. Pour se connaître lui-même, il doit s'éprouver dans son activité, dans le jeu apparemment tragique de sa liberté et de son égoïsme. Il doit mettre au jour les ficelles cachées du jeu des passions personnelles et sociales, pour intégrer sa fin véritable, qui est d'être un citoyen du monde. C'est pourquoi l'expérience qui inaugure l'anthropologie kantienne, celle de la conscience de soi comme conscience de la liberté du Je, est d'emblée pragmatique et, on oserait dire, anti-psychologique, et préfigure la conclusion même de l'anthropologie pragmatique, qu'il vaut la peine de rappeler en terminant : « Le résultat de l'anthropologie pragmatique quant à la destination de l'homme et à la caractéristique de son épanouissement est le suivant. L'homme est destiné par sa raison à être en une forme de société avec d'autres hommes et à se *cultiver*, à se *civiliser* et à se *moraliser* dans cette société par l'art et par les sciences ; si grand que soit son penchant animal à se livrer *passivement* aux incitations du confort et du bien-vivre qu'il appelle félicité, sa raison le destine à l'inverse à se rendre digne de l'humanité de manière *agissante*, en combattant les entraves dont le charge la grossièreté de sa nature » [2]. L'homme est *ad extra*, pour le monde : c'est dire qu'il ne peut se connaître lui-même que d'un point de vue pragmatique.

Luc LANGLOIS
Faculté de philosophie, Université Laval, Québec

1. A. G. Baumgarten, *Métaphysique*, § 747 (édition Gawlick et Kreimendahl, p. 402) : notre traduction.
2. *Anthropologie*, AK VII, 324-325 ; OP III, 1136.

LA PLACE DE LA DÉRAISON CHEZ KANT

> *Praeterea, cum voluntas tendat in bonum intellectum naturaliter, sicut in proprium obiectum et finem, impossibile est quod aliqua intellectualis substantia malam secundum naturam habeat voluntatem, nisi intellectus eius naturaliter erret circa iudicium boni. nullus autem intellectus talis potest esse: falsa enim iudicia in operationibus intellectus sunt sicut monstra in rebus naturalibus, quae non sunt secundum naturam, sed praeter naturam; nam bonum intellectus, et eius finis naturalis est cognitio veritatis. impossibile est igitur quod aliquis intellectus sit qui naturaliter in iudicio veri decipiatur. Non igitur possibile est quod sit aliqua substantia intellectualis habens naturaliter malam voluntatem* [1].

S'il apparaît utile de s'interroger sur l'apparition du tournant de la pensée de Kant sensible vers 1780, sur la gestation puis sur les éléments constitutifs de cette μετάνοια, il semble également fructueux de considérer la constance de l'interrogation kantienne concernant la vie psychique. Proche en cela d'autres auteurs des Lumières allemandes (Herder, Hamann, Lessing, Goethe), Kant a ambitionné de guérir l'être humain de ses vésanies (*Wahnsinn*), de ses élucubrations (*Wahnwitz*) et de ses dérangements cognitifs et noétiques (*Verrückung*). L'anthropologie qui se met en place dès 1759 avec l'*Essai de quelques considérations sur l'optimisme* (*Versuch einiger Betrachtungen über den Optimismus*) contient chez Kant les traits identifiés d'une pathologie clinique de l'esprit, le tout d'ailleurs dans une certaine proximité avec ce que l'on sait de la tradition des deux écoles stoïciennes – que l'on pense par exemple au livre II des *Premiers Académiques* de Cicéron où deux courts développements se font face, *Le problème des songes, de l'ivresse, de la folie* et

1. T. Aquinas, *Summa contra gentiles* (III, 107, 9). « En outre, puisque la volonté tend naturellement vers le bien saisi par l'intellect, comme vers son objet propre et sa fin, il est impossible qu'une substance intellectuelle ait une volonté naturellement mauvaise, à moins que son intellect ne se trompe naturellement dans son jugement sur le bien. Or aucun intellect ne peut être tel : les jugements faux, en effet, sont dans les opérations de l'intellect comme les monstres dans les réalités naturelles, lesquels ne sont pas selon la nature, mais étrangers à la nature ; car le bien de l'intellect et sa fin naturelle, c'est la connaissance de la vérité. Il est donc impossible qu'il y ait un intellect qui se trompe naturellement dans son jugement sur le vrai. Il n'est donc pas plus possible qu'il y ait une substance intellectuelle dont la volonté soit naturellement mauvaise. » T. d'Aquin, *Somme contre les gentils* III, 107, 9, traduction par Vincent Aubin, Paris, 1999, Flammarion, t. 3, p. 379.

Critique de la dialectique : limites de celle-ci [1]. « Ea sunt eius modi, quae a te diligentissime tractata sunt. Dormientium et uinulentorum et furiosorum uisa imbecilliora esse dicebas quam uigilantium siccorum sanorum... » [2]. *Ces faits sont ceux dont tu as parlé avec le plus de soin : les dormeurs, ceux qui s'adonnent à la boisson, les fous ont, selon toi, des représentations des choses plus faibles que ceux qui sont éveillés, sobres et doués de bon sens.* « Quid loquar de insanis ? » *Et que dire à présent des insensés ?* [3].

Deux ouvrages contiennent par excellence les vues de Kant sur les désordres, les extravagances et autres marques de la déraison agissant immanquablement au cœur de notre esprit : l'*Essai sur les maladies de la tête* (*Versuch über die Krankheiten des Kopfes*, 1764) et *Rêves d'un illuminé rendus compréhensibles à l'aide de rêves issus de la métaphysique* (*Träume eines Geistersehers, erläutert durch Träume der Metaphysik*, 1766 ; la traduction de « Geisterseher » par « visionnaire » ne convient pas, surtout concernant un terme issu du vocabulaire du XVIIIe siècle, certes Emanuel Swedenborg nous dit bien voir des fantômes, mais ces visions sont strictement de l'ordre de l'assujettissement pathologique et ne nourrissent en rien ce que le mot français contient de visée anticipatrice neutre ou positive).

L'intérêt de Kant pour une étude complète du fonctionnement de notre esprit dans les domaines de la vie des affects, de la construction des savoirs et des décisions morales est manifeste dès la publication en 1763 de la *Tentative d'introduire la notion de grandeurs négatives dans la philosophie universelle* (*Versuch, den Begriff der negativen Größen in die Weltweisheit einzuführen*). En s'opposant, à la manière des Scolastiques, à l'idée de néant, Kant observe la réalité de certains fourvoiements et certaines divagations affectant notre psychisme, et constate que ceux-ci peuvent constituer l'avers et non l'envers de l'exercice rationnel de nos facultés.

> Les notions d'opposition réelle trouvent également leur utilité en philosophie pratique. La *faute* (*demeritum*) n'est pas uniquement une négation, mais bien plutôt un *mérite négatif* ou en creux (*meritum negativum*). En effet ce comportement vicieux ne peut avoir lieu que dans la mesure où il y a dans un être donné une loi intérieure qui se trouve violée, ou bien comme conscience morale ou bien comme conscience intellectuelle d'une loi positive. Cette loi intérieure est le fondement positif d'une action bonne et la conséquence peut en être simplement égale à zéro puisque celle qui découlerait de la conscience de la loi en question s'en trouverait annulée. On a donc bien affaire ici à une privation, à une véritable opposition et non à un simple manque. Mais n'allons pas croire que cela ne s'applique qu'aux fautes par association (*demerita commissionis*) [4].

1. Cicéron, *Premiers académiques*, XXVII, p. 88.
2. XXVIII, p. 89, 91.
3. Trad. par Émile Bréhier in *Les stoïciens*, Paris, 1962, Gallimard, p. 227.
4. EGN, AK II, 182-183, nous traduisons. (« Die Begriffe der realen Entgegensetzung haben auch ihre nützliche Anwendung in der praktischen Weltweisheit. Untugend (demeritum) ist nicht lediglich eine Verneinung; sondern eine negative Tugend (meritum negativum). Denn Untugend kann nur Statt finden, in so ferne als in einem Wesen ein inneres Gesetz ist (entweder bloß das

Nous nous poserons la question de savoir comment situer cet intérêt précoce et stable de Kant pour les distorsions et les obscurités de notre pensée en rapport avec les conquêtes obtenues par les trois Critiques. Avant de détailler certains aspects présents dans les études de 1764 (VKK, AK II, 257-271) et de 1766 (*Rêves*, AK II, 315-373), remarquons que, pour Kant, les désordres psychiques abordés sont tous porteurs de la marque de la fêlure, de la fracture entre, d'une part, les données de la réalité mondaine et, d'autre part, les percepts et les concepts élaborés par le sujet : tout ceci désigne pour Kant un sommet de l'aberration et de la paralysie de la pensée, du fait que cet ensemble, sous ses formes cliniques, semble irréductible dans sa structure de crise mentale. Plus qu'un dysfonctionnement amendable, Kant voit dans les tableaux de la vésanie un trait permanent et constitutif qu'il nommera amphibologie, antinomie ou paralogisme ; cette constante conservera une empreinte active de χωρισμός dans les systèmes des œuvres critiques, cette fois d'une manière pendulaire et discursive et non plus enkystée et frontale comme dans les nosographies de 1764 et de 1766. L'opposition entre phénomène et noumène, ou bien entre, d'une part, les conditions *a priori* de la connaissance, l'univers de la pensée pure, et, d'autre part, le royaume général des buts et l'application des règles morales, cette discordance disposera de moyens de résolution tels que le schème et son action emblématique d'effectuation d'un concept pur, ou bien encore la puissance d'unité synthétique du multiple mobilisée par le sujet connaissant : elle ne demeure pas moins aux yeux de l'interprète comme un *vestigium expressum* des ouvrages d'anthropologie psychologique de la première période.

Avant de dire si la nosologie précritique de Kant annonce ou non l'orthonoèse de 1781, avant de voir dans quelle mesure elle participe efficacement à l'ossature de la philosophie critique, trois hypothèses se présentent.

L'édifice de la raison et l'exercice adéquat des facultés, et en particulier leur capacité de synthèse, seraient 1) un réarrangement des productions décentrées de la *psyché* (inadéquations entre objet et sujet manifestes dans les figures du paralogisme, de l'amphibologie et de l'antinomie) et apparaîtraient alors génétiquement postérieurs à des modes de fonctionnement archaïques de la pensée toujours actifs en tant que soubassement ; 2) seraient antérieurs aux aberrations observées dès les écrits précritiques et constitueraient un état primitif harmonieux du déroulé des processus psychiques, gage du *nexus* mental sain de l'individu – le titre de 1764, *Les maladies de la tête*, semble aller dans cette voie, sauf à oublier qu'une maladie peut être dite primaire, à savoir inédite, mais aussi secondaire, à savoir issue d'une réactivation d'anciennes structures (ἀρχηγενετα πάθη) compensées par la suite ; 3) seraient coextensifs en puissance (*dynamis*)

Gewissen oder auch das Bewußtsein eines positiven Gesetzes), welchem entgegengehandelt wird. Dieses innere Gesetz ist ein positiver Grund einer guten Handlung, und die Folge kann bloß darum Zero sein, weil diejenige, welche aus dem Bewußtsein des Gesetzes allein fließen würde, aufgehoben wird. Es ist also hier eine Beraubung, eine reale Entgegensetzung und nicht bloß ein Mangel. Man bilde sich nicht ein, daß dieses lediglich auf die Beziehungsfehler (demerita commissionis) und nicht zugleich auf die Unterlassungsfehler (demerita omissionis) gehe. »)

aux fausses routes de la pensée et n'existeraient qu'en tant que correctif, contemporain en acte (*energeia*) aux déviances constatées : cette option désignerait alors une racine commune au fonctionnement global de l'esprit (ou de la *psyché*) régi par un phénomène de balancement intermittent entre dissociation et association de nos capacités projectives du sujet sur l'objet ainsi qu'entre activité de synthèse du multiple (*synthetische Einheit des Mannigfaltigen*) et causalités inversées (ὕστερον πρότερον).

L'*Essai sur les maladies de la tête* contient un classement quasi exhaustif des troubles psychiques qui s'apparente à un arbre généalogique ; le point de départ du projet nosologique est une dénonciation des troubles engendrés par les raffinements et les déformations produits par un état exagéré de culture et de civilisation dénaturée – une sorte de 'malaise dans la civilisation' avant l'heure et une nette allégeance faite à Rousseau.

> La simplicité et la modération de la nature n'exigent et ne forment dans l'homme que des notions communes et une honnêteté vulgaire ; la contrainte artificielle et le luxe de l'état social produisent des parleurs élégants et des raisonneurs, mais aussi, par occasion, des fous et des fripons. Ils donnent naissance à la sage et modeste apparence avec laquelle on peut également se passer d'entendement et de probité, pourvu que le voile jeté par la décence sur les vices secrets de la tête ou du cœur soit d'un tissu assez épais. Suivant le degré d'élévation de l'art, raison et vertu sont enfin le mot d'ordre général, mais de telle sorte que l'affectation de parler de l'une et de l'autre peut dispenser des personnes bien élevées et polies de se charger de ce bagage [1].

Dans l'effondrement de l'usage de la raison, Kant différencie deux grandes classes, la première correspond aux maladies de gravité moyenne, et que l'on appellera à partir de 1895 les névroses ; la seconde englobe les « maladies relevant d'un séjour en hôpital » (*Krankheiten fürs Hospital*) et ressortit au tableau des dissociations majeures que l'observateur moderne connaît sous le terme de psychoses à orientation paranoïaque ou schizophrénique.

L'ouvrage de 1764 désigne ainsi la stupidité ou le caractère obtus (*stumpfer Kopf, Witzlosigkeit*), le manque d'intelligence, l'imbécillité foncière (*Dummkopf*), le crétinisme ou l'idiotie (*Einfaltpinsel*) et les place du côté des déficiences de l'énergie mentale et nerveuse en séparant le fou (*Tor*) du demeuré ou de l'excentrique (*Narr*). Dans la catégorie des atteintes majeures figurent ensuite ceux qui ont la tête à l'envers (*Verrückung*), les maniaques et les obsessionnels (*Wahnwitz*), les hallucinés (*Wahnsinn*) ; il est bien évident que cette répartition n'a rien à envier en porosité taxinomique aux DSM (*Diagnostic and Statistical Manual of Mental Disorders*) actuels. Retenons qu'à cette précédente tripartition correspond, dans l'ordre, le dysfonctionnement de la faculté de l'entendement (*Phantasterei = gestörter Verstand*), de la raison (*insania = Kopfzerbrecherei = gestörte Vernunft*) et du jugement ou de l'évaluation des rapports entre le dehors (l'objet) et le dedans (le sujet) : (*dementia = gestörte Urteils-*

1. VKK, AK II, 259, traduction par Joseph Tissot, Paris 1863, Lagrange, p. 354.

kraft). Une donnée diagnostique préside à tous ces assemblements, celle de la disjonction entre pensée imaginative et univers des objets et de leurs relations réciproques : cette donnée est toujours accompagnée par une surpondération de l'activité projective (la perdition de l'imagination dans les sphères désincarnées de l'au-delà, à savoir la métaphysique personnelle au sujet pensant). Il peut être tentant, et partiellement utile, de sous-titrer ces affections et lésions de la *psyché* – toujours dans cet ordre – à l'aide de termes anciens comme la catatonie (déficit énergétique majeur), l'hébéphrénie (déficit cognitif majeur) et la paranoïa (déficit majeur de cohésion mentale). À chaque fois le groupe des vésanies repérées et classées renvoie, telle une contre-épreuve ou une marque en creux, à une des trois facultés retenues par Kant dans l'architecture de sa philosophie critique.

Les formes de folie répertoriées peuvent être associées à une localisation somatique...

> Je n'ai prêté attention qu'aux manifestations de ces maladies dans l'esprit sans vouloir déceler ni leurs racines, qui, à vrai dire, se trouvent dans le corps, ni leur siège principal, qui pourrait bien être les parties digestives plutôt que le cerveau. (*Ich habe auch nur auf die Erscheinungen derselbenim Gemüthe acht gehabt, ohne die Wurzel derselben ausspähen zu wollen, die eigentlich wohl im Körper liegt und zwar ihren Hauptsitz mehr in den Verdauungstheilen, als im Gehirne haben mag*) [1].

...les véritables pistes étiologiques n'en demeurent pas moins pour Kant situées du côté de l'accumulation de contenus imaginatifs et réflexifs, alimentés par la sphère des sentiments et des raisonnements inachevés : ce qui fait défaut au malade de l'esprit c'est la capacité d'établir l'insertion durable de ses flux de pensée dans des déterminations *a priori*. C'est comme si les ventricules du cerveau étaient encombrés par une lithiase de faux-sens, déchets d'une connaissance opérant hors des catégories de l'intellect (*Verstand*), de la raison (*Vernunft*) et du jugement (*Urteilskraft*). La philosophie agirait alors telle une purgation mobilisant des moyens cathartiques (*katharktische Mittel, in verstärkter Dose*) [2].

> Mais, pour l'honneur, je ne voudrais pas exclure le philosophe qui pourrait ordonner la diète de l'esprit. (*Doch möchte ich ehrenhalber den Philosophen nicht gerne ausschließen, welcher die Diät des Gemüths verordnen könnte*) [3].

Dans les *Rêves d'un illuminé rendus compréhensibles à l'aide de rêves issus de la métaphysique* (*Träume eines Geistersehers, erläutert durch Träume der Metaphysik*) de 1766, Kant nous dit s'intéresser à un cas remarquable de dérèglement psychique, Emanuel von Swedenborg (1688-1772). La description de ses chimères sert avant tout à repérer cette faille qui traverse notre *psyché*, sur le modèle d'une scissure cérébrale anatomique, et qui justifie l'intérêt de Kant

1. VKK, AK II, 270 ; traduction par Monique David-Ménard, Paris, Flammarion, 1990, p. 73.
2. VKK, AK II, 271.
3. VKK, AK II, 271 ; trad. *idem*, p. 75.

pour les maux de l'esprit. Dans les nombreuses notes placées par Kant en bas de page, la vastitude du débat philosophique se dessine ; l'anthropologie permet d'aborder sous un angle expérimental les questions de l'immatérialité de l'âme ou bien encore des relations entre le corps, son destin d'encombrement au sein de la matière, et les représentations de la conscience au sein des opérations de l'esprit.

> J'avoue que je suis très porté à affirmer l'existence de natures immatérielles dans le monde et à ranger mon âme elle-même dans la classe de ces êtres. (*Ich gestehe, daß ich sehr geneigt sei, das Dasein immaterieller Naturen in der Welt zu behaupten, und meine Seele selbst in die Klasse dieser Wesen zu versetzen*) [1].

> Cette hétérogénéité des représentations spirituelles et de celles qui appartiennent à la vie corporelle de l'homme ne saurait cependant être considérée comme un obstacle suffisant pour supprimer toute possibilité de prendre parfois conscience, dès cette vie, des influences venant du monde des esprits. (*Diese Ungleichartigkeit der geistigen Vorstellungen und derer, die zum leiblichen Leben des Menschen gehören, darf indessen nicht als eine so große Hindernis angesehen werden, daß sie alle Möglichkeit aufhebe, sich bisweilen der Einflüsse von Seiten der Geisterwelt so gar in diesem Leben bewußt zu werden*) [2].

Ce deuxième opus consacré à la psychologie nous parle, sans chercher à les condamner, des extravagances en termes d'investissement énergétique dans un domaine de la production imaginative, sensorielle ou intellectuelle : il n'y aurait ainsi rien qui se manifestât dans la folie qui ne pût se retrouver dans les classements, les régimes d'assignation de sens propres aux édifices de la régence de l'esprit par la raison. L'altération des organes de la pensée, l'emballement d'une faculté au détriment d'une autre, le fourvoiement d'une déduction, constituent pour Kant des accès privilégiés – sur le modèle de prolégomènes heuristiques – aux labyrinthes de la vie psychique. Un interprète récent de la pensée kantienne abordée dans son intégralité, Otfried Höffe, résume de manière convaincante un trait commun à ce que l'anthropologie du philosophe détaille dans sa traque aux paralogismes, antinomies et autres amphibologies ; une équation est relevée comme première dans l'examen des diverses vésanies : la partition (*Spaltung*) outrée ou équilibrée entre le moi connaissant (*das denkende Ich*) et ce même moi pris en tant qu'objet du sens intérieur (*Gegenstand des inneren Sinnes*) ; de cela peut être conclu que toute confusion mentale serait la forme d'une réification de la pensée, d'une spatialisation du temps dira Bergson, créatrice d'illusions (*Illusionäre Verdinglichung*) [3].

Cette critique de la folie exemplifiée par le cas Swedenborg regroupe trois investigations : la théorie de la projection imaginative avec le recours au concept de *focus imaginarius* orienté vers l'extérieur (l'équivalent figuré du *punctum remotum* de la vision oculaire), la théorie de la scission mentale (dissociation de

1. *Rêves*, 1 [e] partie, chapitre 1 ; AK II 327 ; OP I, 538.
2. FV, AK I, 2 ; OP I, 552.
3. O. Höffe, *Kants Kritik der reinen Vernunft. Die Grundlegung der modernen Philosophie*, Munich, C.H. Beck, 2004, p. 224.

la personnalité et représentations chimériques du monde), la théorie de l'hallucination (exagération de la position du sujet en *homo maximus* à la fois surpuissant et manipulé). Ce tableau présenté par Kant reprend et approfondit les descriptions et les classifications notifiées dans l'*Essai sur les maladies de la tête* ; il précise, en observateur scientifique, que les travers affichés par la personne de Swedenborg ne sont pas différents en nature, mais en proportion de l'activité consensuelle des facultés de l'esprit. L'investigation anthropologique kantienne, ici dans le cadre de la nosographie psychique, ne relève pas d'un appétit d'exotisme : l'être humain valide ou souffrant ne saurait faire exception à lui-même en tant que sujet connaissant et en tant qu'objet d'une investigation autocentrée.

Avant de clore l'étude par l'évaluation de certaines rémanences du volet psychologique de l'anthropologie au sein de la *Critique de la Raison Pure*, il convient de se souvenir de l'importance accordée à la quête de la norme (contribuant à la santé de l'esprit) sensible dans les grands ouvrages de l'*Aufklärung* : une recherche du normal, de la mesure et de l'équilibre entre des moyennes que Georges Canguilhem, philosophe et médecin, kantien et germaniste, tempérait de la façon suivante (il n'est pas interdit ni *insensé* de relire ce passage en substituant, pour la question qui nous occupe, philosophie à physiologie) :

> Nous pensons qu'il faut tenir les concepts de norme et de moyenne pour deux concepts différents dont il nous paraît vain de tenter la réduction à l'unité par annulation de l'originalité du premier. Il nous semble que la physiologie a mieux à faire que de chercher à définir objectivement le normal, c'est de reconnaître l'originale normativité de la vie. Le rôle véritable de la physiologie, suffisamment important et difficile, consisterait alors à déterminer exactement le contenu des normes dans lesquelles la vie a réussi à se stabiliser, sans préjuger de la possibilité ou de l'impossibilité d'une correction éventuelle de ces normes [1].

Aux deux séries de trois catégories chacune précédemment analysées lors de l'examen des ouvrages de 1764 et de 1766 (projection / séparation / paranoïa ; *Projektion / Spaltung / Paranoia* ; dérangement / élucubration / vésanie ; *Verrückung / Wahnwitz / Wahnsinn*) correspondent dans l'ordre les trois régimes d'erreur traqués dans la première Critique : l'amphibologie, le paralogisme et l'antinomie. Les troubles fonctionnels de la pensée, de nos facultés d'orientation dans les univers extérieur et intérieur, transmettent en héritage à leurs correctifs (*l'orthonoèse* évoquée au début) des restes, des traces de mécanismes binaires d'affrontement, de séparation et de contradiction qui signent le mal suprême pour Kant : l'hétéronomie du sujet. On a déjà évoqué le partage, de tradition plotinienne, entre phénomène et noumène, le travail d'unification à faire par la conscience, mais posé comme préexistant à toute synthétisation du multiple effectuée par le moi, les cadres purs posés comme conditions, comme structures en attente, pour notre appréhension des mondes, la fonction régulative, quasi prépositionnelle, des idées et les catégories constitutives de l'expérience objec-

1. G. Canguilhem, *Le normal et le pathologique*, Paris, 1975, PUF, p. 116.

tive. Tous ces systèmes détiennent une partie de leur énergie de redressement des recensements opérés au cours des travaux anthropologiques, études appelées peut-être trop commodément précritiques ; ils en conservent de même des orientations propres à la géométrie profonde de la vie une de l'esprit.

Dans notre exergue qui reprenait un texte de Thomas d'Aquin, le mal est connu comme une distorsion de l'esprit, il y est même question de monstres : il est reconnu comme consubstantiel à la nature même de notre aptitude à connaître. Que dit, plus près de nous, un autre observateur des 'maladies de la tête' au sujet de l'articulation entre χάος et λόγος qu'abordait Kant dans les chapitres de son anthropologie ?

> Dire que le mal est sans pourquoi ne dispense pas de poser la question : 'Pourquoi ?' Je vois deux réponses possibles. La première est le fruit d'un déni : 'Tout le mal est dans l'autre, donc si j'élimine l'autre, responsable du mal, j'élimine le mal.' Cette position paranoïaque et persécutive repose sur une idéalisation de soi et conjure l'angoisse dépressive de se reconnaître mauvais. [...] Le mal est un facteur de maintien de cohésion narcissique. [...] La deuxième réponse est plus radicale. Elle tente de répondre plus directement à la question 'Pourquoi le mal est-il sans pourquoi ?'. Le mal est sans pourquoi parce que sa raison d'être est de proclamer que tout ce qui est n'a aucun sens, n'obéit à aucun ordre, ne suit aucun but. [...] On ne saurait lui opposer la vision de l'idéalisme, d'autant que l'idéalisation (de soi) peut fort bien justifier la persécution d'autrui [1].

Didier HURSON
Université Lyon III

1. A. Green, *La folie privée*, Paris, 1990, Gallimard, p. 399-400.

DE L'INTUITION EMPIRIQUE INDÉTERMINÉE À LA PRÉSENCE À SOI : FIGURES DE LA SUBJECTIVITÉ TRANSCENDANTALE

Si, selon la Préface des *Premiers principes métaphysiques de la science de la nature* de 1786, la psychologie empirique ne peut devenir science, c'est parce que les phénomènes du sens interne ne nous sont accessibles que dans leur succession. Or, cette continuité temporelle n'est en elle-même pas susceptible d'une saisie objective. Il est alors possible d'orienter la recherche sur l'homme vers ce qui du psychisme se manifeste au contraire dans l'extériorité, et c'est ce que fera en partie l'*Anthropologie du point vue pragmatique* en se centrant sur l'action humaine. Il n'en reste pas moins que, pour Kant, ce qui fonde l'homme est d'abord son être-sujet. Sujet pratique, bien entendu, mais aussi sujet transcendantal. C'est sur ce dernier aspect que l'on aimerait revenir en particulier, notamment au regard de l'expression célèbre (dans la *Critique de la raison pure*) du sentiment de l'existence comme « intuition empirique indéterminée ». Pour une partie de la phénoménologie française contemporaine également, chez Michel Henry en particulier, la subjectivité (et donc aussi l'humanité) ne peut être comprise qu'à partir de son fondement transcendantal, et il est remarquable que cette élaboration phénoménologique se traduise notamment par une relecture de Descartes ainsi que par une extension du concept d'auto-affection déjà présent dans la première *Critique* sous la forme de l'affection par le sens interne [1].

Pour éclairer cette articulation dont l'enjeu est aussi la question de l'accès au transcendantal, l'on suivra à grands traits le cheminement qui mène Kant de la critique du *cogito* dans la *Critique de la raison pure* au concept « d'intuition empirique indéterminée » de la seconde édition pour aboutir à l'idée de l'auto-affection par le sens interne. Une section conclusive ouvrira alors sur le sens que prend l'auto-affection dans la phénoménologie de Michel Henry, notamment à travers sa réception de ce concept chez Kant.

1. Pour les développements importants que Kant consacre à l'auto-affection dans l'*Opus postumum*, et que nous n'abordons pas ici, nous renvoyons à l'ouvrage récent de G. Basile, *Kants Opus postumum und seine Rezeption*, Berlin/NY, DeGruyter, 2013, ainsi qu'à la longue note que Michel Henry consacre aux travaux de J. Nabert et de P. Lachièze-Rey, in *Généalogie de la psychanalyse. Le commencement perdu*, Paris, PUF, 1985, p. 145-146, cité ci-après par GP.

LA CRITIQUE DU *COGITO* DANS LA PREMIERE ÉDITION DE LA *CRITIQUE DE LA RAISON PURE*

Pour la métaphysique précritique, le discours sur l'homme en tant que sujet dépend de manière essentielle du sens qui sera donné à l'idée d'âme dans le cadre de la psychologie rationnelle. En effet, dans cette perspective, l'homme, c'est d'abord et surtout un être possédant une âme, c'est-à-dire et pour employer la terminologie cartésienne, une *res cogitans*. Comme on le sait, c'est l'examen des paralogismes de la psychologie rationnelle, et notamment celui de la substantialité, qui va donner à Kant l'occasion d'opérer une critique du cogito cartésien.

Dans ce contexte, c'est surtout le passage cartésien du *je pense* au *je suis* qui doit retenir notre attention, dès lors que ce passage, dans lequel la pensée se manifeste avec certitude, n'est autre que celui où l'existence du sujet apparaît de manière indubitable au sujet pensant lui-même.

Or, dès la première édition de la *Critique de la raison pure*, c'est bien pareille affirmation d'une connaissance indubitable de l'existence du sujet par la seule pensée qui est contestée. En effet, s'il y a bien passage possible, et même nécessaire, du *je pense* au *je suis*, c'est bien plutôt parce que le lien entre ces propositions est tautologique, parce que la seconde, qui affirme l'existence, est contenue analytiquement dans la première qui affirme un je pensant. La validité du passage du *je pense* au *je suis* est dès lors purement logique et doit rester de l'ordre de la pensée précisément, sans pouvoir prétendre établir une réalité effective. Comme l'écrit Kant dans une note insérée dans la troisième section de la Déduction transcendantale, et qui précise en quel sens il faut entendre le terme d'aperception pure, c'est-à-dire l'identité *a priori* et continue de la conscience empirique à travers l'ensemble de ses représentations : ce n'est « pas la réalité de ce *Je* [qui importe] ; mais la possibilité même de la forme logique de toute connaissance repose nécessairement sur le rapport à cette aperception comme à une faculté ». [1] La critique des paralogismes de la psychologie rationnelle laissera subsister le sujet transcendantal comme *je pense* au sens d'une proposition qui « contient la forme de tout jugement de l'entendement en général et [qui] accompagne toutes les catégories comme leur véhicule » [2].

Mais le caractère à la fois formel et général du *je pense* l'exclut du même coup du vécu, dans le sens où son identité ne saurait devenir l'objet d'une expérience. La critique kantienne de la psychologie rationnelle semble alors retenir seulement la notion de sujet transcendantal comme forme de la subjectivité en général, dont l'usage des catégories doit toujours pouvoir être accompagné d'un *je pense* unifiant la diversité des représentations.

1. CRP A, AK IV, 117 ; OP I, 1419.
2. CRP A, AK IV, 348 ; OP I, 1051.

LES REMANIEMENTS OPÉRÉS PAR LA SECONDE ÉDITION DE LA *CRITIQUE DE LA RAISON PURE* : LE SENS DE L'INTUITION EMPIRIQUE INDÉTERMINÉE

Ces remaniements – qui semblent effectivement bien dépasser l'indication du sujet transcendantal comme structure formelle, générale et *a priori*, vers l'accès à son existence – concernent par définition la *CRP*, mais on en trouvera semble-t-il aussi la trace au § 46 des *Prolégomènes*, où Kant note que la représentation de l'aperception comme Moi n'est rien de plus que le *sentiment* d'une existence sans le moindre concept, une représentation seulement de ce à quoi se rapporte toute pensée. Pour unique que soit cette formule du sentiment de l'existence chez Kant lorsqu'elle se rapporte au sujet transcendantal en tant qu'il est représenté, elle n'en semble pas moins pouvoir être rapprochée des modifications qu'il effectue dans le passage de la première à la seconde édition de la *CRP*.

Pour ce qui est de la seconde édition, quels sont ces éléments ? Il s'agit notamment des § 16 et 17 de la Déduction transcendantale, mais aussi et surtout de la note en B 422 dans la section consacrée aux paralogismes, note qui introduit le terme d'« intuition empirique indéterminée » (*unbestimmte empirische Anschauung*).

Dans le § 17, tout d'abord, Kant rattache la représentation du *je suis* à l'aperception pure. Plus explicite encore, la note au § 25 précise que « le : *je pense* exprime l'acte de déterminer mon existence. L'existence est donc déjà donnée par là »[1]. Si donc, dans l'unité originairement synthétique, je n'ai pas conscience de *ce* que je suis, j'ai pourtant bien conscience *que* je suis (« *nicht* wie *ich an mir selbst bin, sondern nur* dass *ich bin* »).

Enfin, la seconde version du chapitre sur les paralogismes comporte l'importante note en B 422. Elle affirme que « le *je pense* est une proposition empirique et renferme en elle-même la proposition *j'existe* »[2] tout en affirmant *l'identité* du *je suis* et du *je pense* en ce qu'il exprime une « intuition empirique indéterminée, c'est-à-dire une perception ». Or, quel est le sens qu'il convient de donner au terme d'intuition ici et en quoi cette intuition peut-elle être dite « empirique » et « indéterminée » ?

Si Kant évoque le *je pense* comme une proposition empirique tout en l'identifiant avec la proposition *j'existe* – « La proposition *je pense* ou *j'existe pensant* est une proposition empirique » rappelle Kant également en B 428[3] –, le § 16, quant à lui, présente encore le *je pense* comme aperception originaire à laquelle tout autre représentation doit être rapportée, la distinguant donc d'une conscience de soi empirique. *Je pense* ou *j'existe pensant* sont-elles alors des propositions empiriques ou pas ? La note en B 422 viendra lever l'apparente contradiction.

1. CRP B, AK III, 157 ; OP I, 871.
2. CRP B, AK III, 422 ; OP I, 1063.
3. CRP B, AK III, 428 ; OP I, 1067.

> Car il est à remarquer que si j'ai appelé la proposition *je pense* une proposition empirique, je n'ai pas voulu dire par là que le *Je*, dans cette proposition, soit une représentation empirique, c'est bien plutôt une représentation purement intellectuelle, puisqu'elle appartient à la pensée en général. Cependant, sans quelque représentation qui fournit à la pensée sa matière, l'acte *je pense* n'aurait pas lieu – et l'élément empirique n'est ainsi que la condition de l'application ou de l'usage du pouvoir intellectuel pur [1].

Ainsi, la signification du mot « empirique » dans « proposition empirique » est celle d'une « représentation purement intellectuelle », c'est-à-dire précisément non-empirique dans le sens où elle est représentation d'une structure transcendantale pure, qui n'a en effet rien d'empirique. Si Kant emploie néanmoins le terme « proposition empirique » pour la qualifier, ce ne peut être que pour souligner que, toute intellectuelle qu'elle soit, cette représentation n'en est pas moins seulement possible qu'à la faveur de l'activité de synthèse du Moi, c'est-à-dire justement à la faveur d'intuitions empiriques qui mobilisent cette activité, donnant ainsi lieu – comme sa cause occasionnelle en quelque sorte – à la représentation *je pense/j'existe.* L'intuition empirique indéterminée de ce *je pense/j'existe*, et donc du Moi, suppose donc l'empirique – et en ce sens, elle n'est pas d'ordre nouménal –, mais le *je pense* n'est pas davantage l'objet d'une *certaine* intuition empirique (qui serait alors non pas indéterminée mais bien déterminée), et dès lors l'intuition en question n'est pas non plus d'ordre phénoménal. Ce qu'elle requiert, cependant, c'est une intuition quelconque afin que l'acte de pensée qu'exprime le *je pense* puisse avoir lieu.

Mais s'il s'agit bien d'un acte de pensée et donc d'une « donation » de celle-ci, en quel sens *l'existence* du sujet transcendantal peut-elle être considérée comme saisie et légitimement affirmée ? Et peut-on alors encore parler, comme le fait le § 46 des *Prolégomènes*, d'un sentiment d'existence, c'est-à-dire d'une donation du transcendantal qui ne serait pas la résultante d'un processus d'abstraction, mais bien d'une saisie directe, d'une intuition au sens d'une conscience immédiate de l'existence de ce *je pense* comme sujet transcendantal ?

De fait, et comme on va le voir, l'intuition empirique indéterminée occupe une position intermédiaire entre, d'une part, une existence simplement pensée et qui n'est soutenue par aucune intuition et, d'autre part, une réalité intuitionnée en vertu d'une intuition empirique déterminée.

Que, pour Kant, le *je pense*, et donc aussi le *je suis* transcendantal, ne soit pas simplement pensé sans se supporter d'aucune donation intuitive, c'est ce dont témoigne également le terme « perception » (*Wahrnehmung*) dont Kant se sert pour qualifier l'intuition empirique indéterminée. En précisant, toutefois, que « l'existence, ici, n'est donc pas encore ici une catégorie, l'existence en tant que catégorie se rapportant toujours non pas à un objet donné d'une manière indéterminée, mais à un objet dont on a un concept et dont on veut aussi savoir

1. CRP B, AK III, 422 ; OP I, 1063.

s'il est posé aussi en dehors de ce concept ou non » [1]. En ce sens, la perception que constitue l'intuition empirique indéterminée semble bien être *pré-catégoriale*. Elle fait du sujet transcendantal un événement pour la conscience et dont l'existence semble donnée, sans que ne soit toutefois mobilisée la *catégorie* d'existence. Comment ?

L'application de la catégorie d'existence requiert l'intuition d'un donné quelconque, sa donation pour la réceptivité, et sa détermination par l'usage des catégories justement. Pareille détermination catégoriale constitue l'objet comme objet de l'expérience. Or, dans le cas présent, celui du *je suis/je pense* tel que l'analyse Kant, si perception il y a, il s'agit de la perception d'une identité, de sorte que, contrairement à ce qui se passe dans la détermination catégoriale, il n'y a pas de divers à synthétiser. C'est en ce sens que la perception en question est indéterminée. Et elle doit l'être puisqu'elle concerne ce qui précède toute détermination catégoriale, à savoir la condition de possibilité de toute expérience, c'est-à-dire la subjectivité transcendantale. La perception, et donc, comme disent les *Prolégomènes*, le sentiment exprimé par le *je pense* est celui d'une existence pré-catégoriale, et non simplement existence pour la pensée, c'est-à-dire existence simplement pensée [2]. En revanche, pour qu'il y ait bien perception, il faut l'intervention de la sensibilité et du temps comme sens interne.

D'où une nouvelle formulation de la question qui devient la suivante : comment le sujet transcendantal – identité sise au sein de la structure formelle qui préside à l'activité de synthèse – devient-il « quelque chose » dans le temps et, par là, matière de l'intuition empirique indéterminée ? Pour cela, et comme l'indique encore le passage en B 422, il faut une sensation (*Empfindung*) qui soit au fondement de cette intuition sans pour autant s'identifier à elle, puisque, selon Kant, c'est bien d'une perception (*Wahrnehmung*) et non d'une simple sensation qu'il s'agit. Plus exactement, il faut le choc occasionné par un donné, qui peut être quelconque, et qui donne lieu à une sensation. Celle-ci, par la mise en mouvement de l'activité de synthèse, se transforme en objet phénoménal. Or, la mise en mouvement de l'activité de synthèse n'est autre qu'une mobilisation du sujet transcendantal, et c'est précisément de cette mobilisation et de cette activité que le sens interne conserve la trace. Autrement dit, la trace produite dans le sens interne est celle de l'acte du sujet transcendantal, sujet qui, en tant que structure, est lui-même pourtant hors du temps. Cette trace de l'activité transcendantale dans le temps constitue alors une sorte de second phénomène, se déroulant comme en parallèle au premier qui concerne directement la constitution de l'objet phénoménal. C'est donc à la faveur de cette constitution qu'est occasionnée la perception en question, intuition en quelque sorte indirecte

1. *Ibid.*

2. C'est ce qu'a bien vu Michel Henry lorsqu'il écrit qu'il s'agit là d'une illustration de la « nécessité de chercher "l'existence" en dehors des représentations pures de la pensée et de l'intuition, dans la sensation justement, bref, de poser l'existence indépendamment de la catégorie d'existence » (GP, p. 143).

du sujet transcendantal par la trace de son activité dans le sens interne, c'est-à-dire par son inscription dans la temporalité [1]. Il est vrai que l'accès au transcendantal comme à ce qui est pourtant hors du temps et hors du monde, acosmique, ne se fait que *latéralement*, c'est-à-dire qu'à la faveur d'une conscience d'objet retenant par le sens interne la trace de l'activité synthétisante du Moi. De ce fait, « l'accès au transcendantal » est toujours conditionné par un accès au monde ou, pour le dire en référence au terme du sentiment de l'existence, le sentiment de soi est toujours sentiment de soi dans le monde, et donc toujours aussi sentiment de soi dans le temps.

L'AUTO-AFFECTION COMME ESSENCE DE LA VIE TRANSCENDANTALE : DE KANT À MICHEL HENRY

Cette temporalisation permettant au sens interne de retenir la trace de l'activité du sujet transcendantal n'est autre que l'*auto-affection*. En elle, en effet, le sujet s'affecte – ou est affecté – de sa propre activité, c'est-à-dire s'auto-affecte de sa propre vie subjective. L'introduction du concept d'auto-affection resterait cependant un simple jeu terminologique sans conséquences si, compte tenu de ce qui précède, elle ne devait justement être comprise comme le mode sous lequel la subjectivité *se révèle* à elle-même.

Or, c'est bien à partir de cette dimension d'autorévélation et d'automanifestation de la subjectivité que va se déployer la lecture phénoménologique de Kant par Michel Henry. Comme on le sait, l'originalité de la phénoménologie henryenne – pour laquelle l'auteur retiendra finalement la désignation significative de « phénoménologie de la vie » – tient tout entière dans la distinction entre deux formes d'apparaître, deux modes de phénoménalisation : l'affectivité d'une part, qui n'est autre que l'auto-affection radicalement subjective, *présence à soi* qui est, d'autre part, la condition de possibilité pour l'apparaître de l'objet de l'expérience, à savoir l'intentionnalité. Au-delà de son inscription dans la conceptualité propre à la phénoménologie, ce geste doit en fait beaucoup à la réception henryenne de la *Critique de la raison pure*. Car, comme le souligne cette réception, comprendre l'auto-affection à partir du sens interne, c'est encore la situer dans une condition phénoménale qui est celle de la mise à distance. À ce titre, c'est le temps comme structure du sens interne qui constitue un horizon primordial d'objectivité qui, à son tour, renvoie à la condition *a priori* de toute expérience possible. Ne peut devenir phénomène que ce qui satisfait au réquisit

1. Comme le souligne A. Renaut (in *Kant aujourd'hui*, Paris, Champs-Flammarion, 1991), Fichte, après Kant et en se référant d'ailleurs explicitement au § 16 de la *Critique de la raison pure* dans son *Introduction à la doctrine de la science* de 1797, conceptualisera pareil accès sous l'intitulé – à prendre dans un sens non-kantien cette fois – d'intuition intellectuelle. Cette dernière est conscience immédiate de l'identité du Moi à l'occasion d'une intuition empirique, et non une représentation obtenue par voie d'abstraction philosophique.

de l'objet d'expérience et à la distance – ou encore « l'ek-stasis » [1] – qu'il implique pour pouvoir être représenté. Or, ce que montre Kant, en quelque sorte malgré lui [2], c'est que l'ipséité échappe au contraire au champ de la représentation, alors que pourtant elle se *phénoménalise*. Si donc il y a bien une « expérience » du Moi, cette dernière doit reposer sur une phénoménalité tout autre que celle qui régit l'objet de la représentation.

Comment, en effet, dans l'extériorité impliquée par la représentation, « le pouvoir qui intuitionne (le pouvoir transcendantal de la connaissance) en viendrait-il à cette idée que ce qu'il intuitionne dans l'extériorité est un moi et, davantage, son propre moi, comment pourrait-il vouloir le chercher dans cette extériorité où tout est extérieur, comment s'y prendrait-il enfin pour l'y reconnaître, s'il ne le possédait d'abord en soi [...], *avant l'ekstasis donc, avant l'intuition et indépendamment d'elle ?* » [3]. Il faut donc, pour rendre compte de l'épreuve [4] que l'ipséité fait d'elle-même, admettre une phénoménalité non-ekstatique et non-représentationnelle. Mais, cet « autre de la représentation » [5] est, chez Kant, la sensation. Du point de vue de Michel Henry, l'erreur kantienne réside donc dans le fait de ne considérer la sensation comme phénomène que dès lors qu'elle remplit les conditions de la représentation, c'est-à-dire qu'à condition d'être intuitionnée et reçue dans le sens interne, et non de la penser comme pure auto-impressionnalité originelle. Cette dernière est alors conçue comme « l'essence radicalement immanente de la vie en tant qu'exclusive de toute ek-stasis » [6], c'est-à-dire précisément ce mode originel de phénoménalisation que Michel Henry définira comme « auto-affection », affection dans laquelle le moi s'apparaît immédiatement [7].

> Une telle affection n'est rien d'autre que l'essence de la subjectivité dans la mesure où elle s'affecte elle-même et se trouve ainsi originellement constituée en soi-même comme auto-affection. Or cette affection n'est pas simplement phénoménologique, elle est le naturant et l'effectuation première de toute phénoménalité [...]. Elle n'est pas non plus liée à un moi qui lui serait extérieur et dont elle porterait sur elle la trace mystérieuse ou le reflet, étant l'ipséité même et sa genèse intérieure. Il y a encore ceci dans cette auto-affection constitutive de la subjectivité qu'elle n'est pas seulement ce qui affecte (le moi transcendantal) mais aussi ce qui est affecté (le sens interne) et cela en tant qu'elle fonde la possibilité d'être affecté en général. Et elle fonde cette possibilité parce qu'elle est d'abord affectée par sa propre réalité, parce que, comme auto-affection et comme subjectivité, comme auto-impression et comme essence de toute impression possible, elle est susceptible d'être impressionnée et affectée par quoi que ce soit

1. C'est par ce terme, notamment inspiré par sa lecture critique de Heidegger, que Michel Henry désigne le pouvoir de mise à distance, à l'œuvre dans la phénoménalisation.

2. GP, p. 151.

3. GP p. 140-141.

4. C'est là le terme que retient Michel Henry à travers toute son œuvre pour caractériser l'expérience au sens pré-intentionnel et non-représentationnel.

5. GP, p. 130.

6. GP, p. 150.

7. Voir notamment GP p. 17-52, où s'affirme la lecture henryenne de Descartes.

> d'autre et par le monde […]. Le sens interne ne reçoit pas des impressions venues d'ailleurs, il est le lieu où elles se forment et ainsi 'se donnent à lui' [1].

La solution kantienne contenue en B 422 a beau satisfaire de manière ingénieuse aux réquisits de l'expérience, elle n'en demeure pas moins incomplète aux yeux de la phénoménologie henryenne, et cela sur un plan fondamental, dès lors qu'elle n'envisage pas le sens interne comme le lieu même où se forment et s'auto-affectent les impressions avant d'être données dans la distance exigée par l'intuition.

Ainsi, l'expérience « de ce moi réel, singulier et individuel que nous sommes chacun, celle de l'âme et de la vie [n'est possible] qu'à la condition de n'en être pas la représentation – à la condition de puiser sa possibilité phénoménologique originelle ailleurs que dans l'ek-stasis » [2]. Cette conclusion, toutefois, semblait déjà à portée de main, quoique négativement, dans la critique kantienne des paralogismes de la psychologie rationnelle, dans la mesure où celle-ci montre « l'impossibilité principielle pour [le] Je pense […] de se montrer dans le milieu phénoménologique de l'extériorité » [3]. À ce tableau, il ne manquait que la détermination d'un milieu phénoménologique propre à la manifestation du *je pense*, et c'est bien ce pas que franchit Michel Henry avec le concept d'auto-affection immanente.

Si, donc, Michel Henry a bien été critique à l'égard de Kant, et cela dès son ouvrage fondateur de 1963, *L'Essence de la manifestation*, où le débat avec Kant et notamment avec le Kant dans sa lecture heideggérienne occupent une large place, il n'en reste pas moins que l'on peut voir dans son approche du concept d'auto-affection le développement phénoménologique de ce pour quoi Kant permettait d'ouvrir la voie : l'idée de l'homme comme vie transcendantale.

Frédéric SEYLER
DePaul University

1. GP, p. 144-145.
2. GP, p. 157.
3. GP, p. 152.

RECHERCHE ET LIBERTÉ : RAISON PHILOSOPHIQUE ET RAISON THÉOLOGIQUE DANS *LE CONFLIT DES FACULTÉS* DE KANT

Dans les *Anmerkungen* à l'édition de l'Académie du *Conflit des Facultés*, de 1798, Karl Vorländer indique que Kant avait déjà écrit la première partie de l'ouvrage en 1793, mais qu'il ne l'avait pas publiée en raison de l'Édit de religion de 1788 du ministre du culte Johann-Christoph Wöllner, et de la censure qui lui avait été infligée suite à la publication de *La Religion dans les limites de la simple raison* en 1793 [1]. Dans la préface au *Conflit*, Kant fait état d'un rescrit de Frédéric-Guillaume II de Prusse (daté du 1er octobre 1794 et qui lui imposait de retirer les thèses soutenues dans la *Religion*) et de la réponse qu'il lui fait et dans laquelle il s'engage à s'abstenir de tout propos concernant la religion. Mais Kant indique aussi en toutes lettres avoir utilisé volontairement une expression (« Votre majesté ») qui réduit cette obligation à la durée du règne de son censeur. La préface présente principalement deux lignes thématiques. D'un côté, on y trouve une exposition du fait que les conditions de la liberté d'expression en matière religieuse ont changé entre le règne « des Lumières » de Frédéric II le Grand et celui de son successeur. De l'autre côté, la préface présente une analyse préliminaire du conflit entre la Faculté de théologie et la Faculté de philosophie, qui sera l'objet de la première partie de l'œuvre : il s'agit d'une réflexion sur les dispositions et le positionnement de la conscience face à la vérité et à ses sources. Le motif qui pousse Kant à réfléchir sur ces questions semble être précisément la « survie » de la philosophie, étant donné que le conflit illégal entre les Facultés de théologie et de philosophie met en sérieuse difficulté la seconde et non la première, comme nous le verrons. Dans cet écrit, le problème fondamental est donc l'origine de la connaissance en matière de foi : est-elle historique ou rationnelle ? En donnant sa réponse à cette question, Kant considère les relations typiques de la philosophie transcendantale. À savoir : 1. le rapport de la Révélation aux catégories de la raison pratique ; 2. la relation entre l'expérience en général et les catégories ; 3. la relation réciproque des catégories de la raison pratique dans la constitution de l'expérience.

1. *Cf.* K. Vorländer, *Einleitung*, AK VII, 337-343.

Dans cette brève étude, centrée sur la première partie du *Conflit*, nous reconstruirons l'idée kantienne d'université et les conséquences que cette idée aura sur la définition de l'exercice de la rationalité en philosophie et en théologie. Notre analyse sera orientée, à partir de Kant, vers la recherche d'un point d'équilibre qui manifeste la vocation originaire de la philosophie et sa capacité à rendre rigoureuse et stable la pensée en général, surtout lorsque cette dernière s'intéresse aux fins et aux objets les plus hauts de l'agir et de l'intellect humains.

L'IDÉE D'UNIVERSITÉ CHEZ KANT

Si le criticisme peut se comprendre comme une méditation sur la conformité à la loi dans l'usage (ou dans les différents usages) de la raison selon les principes de chaque faculté humaine et de leur objet, alors on peut dire que, dans l'écrit sur le conflit entre les Facultés universitaires, Kant propose une réflexion sur l'usage civil de la raison, dans laquelle le statut des différentes demandes proposées par la recherche des Facultés est considéré soit dans une forme publique et savante, soit dans une forme privée et civile. À première vue, il y a ici une inversion des termes. Paradoxalement, Kant, à plusieurs endroits et aussi dans *La réponse à la question : qu'est-ce que les Lumières ?*, propose une déclinaison de la liberté qui semble être intervertie, quant à son rôle, dans l'usage civil de la raison et dans l'usage privé :

> Dans tous ces cas, il y a limitation de la liberté. Or quelle limitation fait obstacle aux lumières ? Quelle autre ne le fait pas, mais les favorise peut-être même ? – Je réponds : l'usage *public* de notre raison doit toujours être libre, et lui seul peut répandre les lumières parmi les hommes ; mais son *usage privé* peut souvent être étroitement limité, sans pour autant empêcher sensiblement le progrès des lumières. Or, j'entends par usage public de notre propre raison celui que l'on en fait comme *savant* devant l'ensemble du public *qui lit*. J'appelle usage privé celui que l'on a le droit de faire de sa raison dans tel ou tel *poste civil*, ou fonction qui nous a été confié [1].

En ce sens, la distinction entre conflit légal et illégal des Facultés de théologie et de philosophie est significative. Elle est expliquée dans les sections trois et quatre de la première partie du *Conflit des Facultés* [2]. Le conflit public – légal s'il n'est pas un conflit *populaire* – est un conflit de savants des différentes Facultés, mais cette classe ne coïncide pas avec celle des fonctionnaires publics, dont le *munus civile* ne requiert pas en soi un usage privé, ou personnel dirons-nous, de la raison.

Au début de l'œuvre étudiée, Kant introduit les termes de la question à l'aide de brèves définitions et propose ainsi sa vision de l'Université et de la fonction de la faculté de philosophie qui en fait partie. L'Université est l'organisation de

1. QL, AK VIII, 37 ; OP II, 211.

2. Pour une introduction générale au texte, voir l'*Einleitung* de P. Giordanetti, *in* Kant, *Der Streit der Fakultäten*, hrsg. v. H. Brandt et P. Giordanetti, Hamburg, Meiner, 2005, VII-XLV.

toutes les activités de recherche et de tous les esprits qui s'y dédient. Elle est constituée de « professeurs » dépositaires de la science. L'Université, divisée en Facultés selon les différentes branches du savoir, s'occupe d'accueillir les étudiants qui proviennent des écoles inférieures et de les accompagner tout au long de leur formation, laquelle se conclut par un examen d'État de « maîtres libres », c'est-à-dire de docteurs externes à l'Université. Déliés de cette structure, ils opèrent, de manière indépendante ou réunis en académies libres, comme d'autres savants indépendants. Leur travail est libre de toute prescription de la part du gouvernement et il n'est pas vu de façon pour ainsi dire « industrielle » [1], comme celui des Universités. L'auteur distingue la catégorie des docteurs de ceux qui, tout en ayant étudié près d'une Faculté de l'Université, ne sont pas insérés activement dans la dynamique de la recherche, mais sont préposés par le gouvernement à mettre en œuvre les doctrines élaborées dans les Facultés. Ces hommes, que Kant appelle « lettrés », sont des techniciens de la science et n'ont pas besoin d'en posséder la partie « théorique ». Ils tendent à rendre conforme la *praxis* du peuple aux doctrines exprimées par le gouvernement dans son rapport institutionnel avec certaines Facultés. Ces dernières sont au nombre de quatre, divisées en deux classes : celle des trois Facultés supérieures et celle de la Faculté dite inférieure. L'activité des Facultés supérieures (théologie, droit et médecine) est autonome, tandis que l'exposition publique de la doctrine est sanctionnée par l'autorité. Le gouvernement ne prétend pas enseigner la vérité sur les doctrines de ces Facultés, il poursuit simplement sa propre finalité en se servant de l'influence que les disciplines de cette Faculté ont sur le peuple. La Faculté de philosophie, définie comme étant « inférieure », n'admet pas un contrôle de ce type et c'est de là que naît son conflit avec les autres Facultés. En effet, elle a besoin d'une autonomie propre puisqu'elle se prononce sur la vérité des doctrines pratiques des autres Facultés, en étant soumise uniquement aux directives de la raison. Elle doit donc être libre dans son expression publique [2].

Kant fait remonter la division de l'Université ci-dessus décrite à un principe qui est *a priori* par rapport à ses réalisations historiques, principe présent dans l'idée même d'Université, considérée en rapport avec la finalité du gouvernement, institution fondée elle-même sur une Idée de la raison « qui doit montrer sa portée pratique auprès d'un objet de l'expérience » [3]. La division, opérée dans

1. *Cf.* CF, AK VII, 17 ; OP III, 813.

2. *Cf.* CF AK VII, 19-20 ; OP III, 816 : « Il faut absolument, pour la République savante, qu'il y ait à l'Université encore une Faculté qui, indépendante des ordres du gouvernement pour ce qui est de ses enseignements, ait la liberté non de donner des ordres, mais pourtant de les juger tous, une Faculté qui ait affaire à l'intérêt scientifique, c'est-à-dire à la vérité, où la raison doit avoir le droit de parler publiquement ... ».

3. CF AK VII, 21 ; OP III, 817. Pour une vision générale de la réflexion de Kant sur l'Université, voir D. Venturelli, « 'Il conflitto delle facoltà' di I. Kant e l'idea di Università », *in* Kant, *Il conflitto delle facoltà*, Brescia, Morcelliana, 1994, p. 9-47 ; G. Cunico, « Pace, guerra e conflitto in Kant », *in* Kant, *Guerra e pace : politica, religiosa, filosofica. Scritti editi e inediti (1775-1798)*, Reggio Emilia, Diabasis, 2004, p. 9-32 ; V. Gerhardt (hrsg.), *Kant im Streit der*

le but de gouverner, c'est-à-dire d'influencer les citoyens, s'appuie sur la diversité spécifique du bien recherché par le sujet et garanti par l'action du gouvernement. Le bien « éternel » vient en premier lieu, suivi du bien « social », puis du bien « corporel ». La Faculté de théologie répond aux exigences relatives au premier type de biens. C'est le domaine dans lequel une plus grande influence du gouvernement sur les « intentions » de ses sujets est possible. L'enseignement de la Faculté de droit permet au gouvernement de diriger le comportement extérieur des citoyens tandis que, en ce qui concerne son action, la Faculté de médecine vise à créer un État d'hommes physiquement disponibles aux objectifs du gouvernement. Telle sera donc la hiérarchie des Facultés utiles au gouvernement. L'instinct naturel porte en revanche à considérer en premier lieu le bien corporel et donc le travail du médecin, en deuxième lieu l'administration correcte de la propriété par la figure du juriste ; et enfin, en raison de l'éloignement de l'objet, le bien éternel car, instinctivement et dans les considérations populaires, celui-ci est le moins valorisé.

Les trois Facultés supérieures se fondent sur un écrit – les *statuts* – qui constitue la manifestation directe des préceptes d'une norme éternelle de la raison. Le texte fondamental est donc un code ou un canon, souvent accompagné d'un *organon* de livres d'exemples ou d'applications. L'*organon* est un instrument pour étendre l'usage d'une faculté de l'âme mais, tant que la faculté (académique) fonctionne selon sa légalité, elle aussi agit selon un canon. Quant à la question de savoir s'il y a un canon de la raison pure relatif aux connaissances synthétiques dans l'usage spéculatif, on doit répondre négativement car la raison, dans son usage spéculatif ne peut pas aller au-delà de l'analytique des concepts et des principes de l'entendement. La raison pure n'est pas un *organon*, mais une discipline de la limite. *Stricto sensu*, la théologie biblique ne puise pas ses enseignements dans la raison naturelle, mais dans la Sainte Écriture, tout comme la jurisprudence découle du droit civil et non du droit naturel, et la médecine déduit sa méthode thérapeutique des règlements médicaux et non de la « physique du corps humain ».

Dans la Faculté de théologie, le théologien biblique démontre l'existence de Dieu à partir du fait que Dieu lui-même s'est exprimé et a parlé de sa nature, mais il ne peut pas démontrer que Dieu a vraiment parlé. Il peut seulement l'admettre en raison d'un certain sentiment de la divinité dans l'Écriture. Le théologien ne peut pas prétendre interpréter littéralement l'Écriture, ni encore moins le faire de manière exhaustive, mais il doit s'en remettre à un esprit surnaturel qui conduit vers la vérité, plutôt qu'à la raison. Il doit attribuer à l'Écriture une valeur morale. Pour l'accomplissement des commandements divins, le théologien comptera, plutôt que sur les vertus humaines, sur l'intervention de la grâce, qui provient néanmoins d'une rénovation du cœur rendue possible par la grâce elle-même, c'est à dire par la foi exprimée comme acte de la volonté, et

Fakultäten, Berlin, De Gruyter, 2005 ; C. Bertani et M. A. Pranteda, *Kant e il conflitto delle facoltà : ermeneutica, progresso storico, medicina*, Bologna, Il Mulino, 2003.

non de l'entendement, ou sur les vertus humaines. Kant met en évidence l'attitude droite du pur (*purus*) théologien biblique dans la capacité de ne pas outrepasser les limites et les caractéristiques de sa propre science. Cette pureté l'empêcherait, selon Kant, de mener une recherche rationnelle qui, bien que conduite avec « la plus grande sincérité et le plus grand sérieux », entraînerait un trouble dans la foi d'Église.

Celui qui recherche la vérité ne peut pas donner son assentiment à une affirmation imposée par l'autorité : « Il peut certes arriver qu'on suive un enseignement pratique par obéissance ; mais l'accepter pour vrai parce que cela a été ordonné (*de par le roi*), c'est non seulement *objectivement* (comme un jugement qui ne *devrait* pas être), mais aussi *subjectivement* (comme un jugement qu'aucun homme ne *peut* porter) absolument impossible » [1]. L'autonomie du jugement est constitutive de la raison et essentielle à la recherche de la vérité. Pour parvenir à une affirmation, la raison utilise sa propre voie qui ne dépend d'aucune autre considération et qui garantit le succès de la recherche. La définition du contenu de la vérité est première, tandis que son caractère utile en vue du gouvernement en est la conséquence : il découle de la conformité à cette vérité des doctrines des Facultés supérieures. En effet, seule cette vérité garantit l'universalité et donc la bonté des prescriptions pratiques. La Faculté de philosophie comprend deux départements, celui de la *connaissance historique* (géographie, histoire, philologie, sciences humaines) et celui des *connaissances rationnelles* (mathématique pure et philosophie pure, métaphysique de la nature et des mœurs). Ainsi, du point de vue historique et méthodologique, elle recouvre et inclut les autres Facultés.

DU CONFLIT ILLÉGAL (*GESETZWIDRIG*) ET DU CONFLIT LÉGAL (*GESETZMÄßIG*) ENTRE LA FACULTÉ DE THÉOLOGIE ET LA FACULTÉ DE PHILOSOPHIE

La division des Facultés et leur état de conflit [2] ne sont pas une condition pathologique ou transitoire, car pareille condition serait typique seulement d'un conflit illégal. Au contraire, le conflit légal est idéalement nécessaire. La condition des Facultés est telle en raison de l'opposition logique entre les concepts qui définissent les Facultés elles-mêmes.

> Illégal est un conflit public des opinions, par conséquent un conflit de savants, ou bien au niveau des *contenus* s'il n'est aucunement permis de discuter un énoncé public parce qu'il n'est aucunement permis de porter publiquement un jugement sur lui et sur son contraire ; ou bien simplement au niveau de la *forme*, si la façon dont l'énoncé est produit ne procède pas de fondements objectifs qui

1. CF, AK VII, 27 ; OP III, 825.

2. Le terme choisi par Kant, *Streit*, indique plutôt un antagonisme mais ne donne pas l'idée d'une opposition complète et définitive entre les Facultés. Il ne s'agit pas d'une antinomie, qui est définie comme un conflit entre les lois, ni d'un paralogisme, c'est-à-dire, une réification d'une fonction intellectuelle, ni de l'idéal de la raison pure, à savoir une affirmation d'une entité absolue, conçue comme *maximum* de la raison.

> font appel à la raison de l'interlocuteur, mais de mobiles subjectifs, déterminant son jugement par l'intermédiaire du *penchant* pour le conduire par la ruse (dont relève aussi la séduction) ou par la violence (menace) à donner son adhésion [1].

Le conflit des Facultés concerne l'influence que chacune a sur le peuple. En ce sens, le conflit illégal est à éviter car il se terminerait par la *fin* de la Faculté de philosophie. La Faculté de philosophie ne peut qu'indiquer des principes généraux pour conduire le peuple vers ses fins naturelles. Elle tend donc à passer au second plan par rapport aux autres. Celles-ci, si elles ne sont pas limitées par la Faculté inférieure, tendent à faire coïncider les devoirs avec les inclinations naturelles. De cette manière, elles répondent au désir du peuple qui cherche une voie intermédiaire entre le désengagement moral et le salut personnel. Le conflit ne peut donc pas être résolu car cela supposerait la suppression de la Faculté de philosophie et l'octroi du « principe de législation » rationnelle aux Facultés supérieures. Toutefois, le gouvernement ne peut pas se passer de l'évaluation de la véracité des principes posés. En se fondant sur ce principe, on peut aussi définir un conflit légal entre les Facultés. Le conflit est légal lorsqu'il ne lèse pas l'ordre public, mais se limite à diffuser le débat à l'intérieur d'une communauté instruite et non dans la communauté civile. Cet antagonisme a comme effet une *concordia discors*, c'est-à-dire l'union dialectique de deux parties différentes qui tendent vers une même fin.

Kant explique le contraste entre les Facultés de théologie et de philosophie à travers l'exposition d'un cas particulier de désaccord. Il distingue la foi d'Église et la foi religieuse. La première est fondée sur des statuts et elle est typique de la théologie biblique. En revanche, la foi religieuse prend son fondement dans la raison et elle est définie comme une « législation de la raison pure pour donner à la morale, grâce à l'idée de Dieu produite à partir de celui-ci même, une influence sur la volonté humaine afin qu'elle remplisse tous ses devoirs » [2]. Le canon, c'est-à-dire la partie des statuts qui fonde la foi religieuse, est unique pour toutes les religions, étant, quant à l'objet, identique en tout point à la morale, même si le *credo* exprimé dans les différentes religions statutaires est différent. Le sens salvifique de l'Écriture et les principes qui lui sont nécessaires, n'ayant d'autre but que le perfectionnement moral de l'homme, ne se retrouvent pas directement dans celui-ci. Aucun homme ne peut le trouver dans aucun écrit, s'il ne l'y introduit pas lui-même pendant l'acte d'exercice de sa propre raison interprétante [3]. En réalité, le contenu du texte est surabondant par rapport à ce qui est nécessaire à la foi historique. Il est en effet un véhicule sensible pour la foi religieuse. En ce qui concerne les contenus, la méthode didactique est κατ'ἄνθρωπον, c'est-à-dire qu'elle considère le sens littéral des écritures valable pour la communauté des Apôtres auxquels elles ont été confiées et non comme faisant partie d'un dogme valide pour toujours (κατ'ἀλήθειαν).

1. CF, AK VII, 29 ; OP III, 828.
2. CF, AK VII, 36 ; OP III, 838.
3. *Cf.* CF, AK VII, 37 ; OP III, 838.

Le conflit se concrétise lorsque le théologien biblique accuse le philosophe de ne pas accepter les dogmes. Quant au philosophe, visant la religion pratique, il reproche au théologien d'ignorer le fait que la religion doit être morale et reposer sur la raison, c'est-à-dire être *intérieure*. Le conflit a comme fruit immédiat celui de provoquer la recherche des principes exégétiques philosophiques de la Sainte Écriture, nécessaires pour développer une interprétation qui ne soit pas exclusivement philosophique. L'auteur énumère les différents principes exégétiques, avec les exemples correspondants. Le premier principe exégétique définit la manière de rendre un contenu compréhensible et capable de mouvoir à l'action, de ces expressions de la Sainte Écriture qui enseignent des doctrines théoriques afin de dépasser tout concept humain ou qui semble en mesure de contredire l'idée que nous avons de Dieu et de sa nature. Par exemple, les passages qui parlent du mystère de l'Incarnation rentrent dans ce premier cas. Il est licite d'interpréter ces passages d'une manière favorable à la raison pratique, c'est-à-dire comme un encouragement à se conformer au comportement de Dieu fait homme, en vue du progrès moral. En revanche, tout ce qui est exprimé d'une manière humaine sera interprété d'une manière digne de Dieu. Lorsque des passages présentent ces caractéristiques – pris à la lettre, ils sont en contradiction avec le fait que l'Auteur en est l'interprète –, on doit reprendre ce qui a été dit dans une forme à laquelle la raison pratique puisse adhérer. L'exemple cité est celui de la doctrine de la prédestination, qui sera interprétée dans un sens plus respectueux de la morale et de la liberté, sens qui n'apparaît pas de manière évidente dans le texte de la Sainte Écriture. Étant donné que le dogme, deuxième principe exégétique, n'est pas ce qui doit être cru – et il ne peut pas l'être parce que la croyance n'admet aucun impératif, mais seulement « ce qu'il est possible et adéquat d'admettre dans l'intention pratique (morale), bien que ce ne soit pas exactement *démontrable* et que par conséquent l'on puisse seulement le *croire* » [1] –, le doute sur ces contenus n'est pas moralement mauvais. Si l'on admet la foi dans le dogme entendu comme principe théorique, c'est-à-dire considéré comme une solution aux difficultés de la raison, ou si on y adhère d'une manière contraire à la sincérité, alors on est en dehors de la vraie religion. Le dogme est nécessaire seulement pour la foi d'Église, considérée comme véhicule de la foi religieuse, dans laquelle est contenu tout ce qui porte à un vrai progrès moral.

À ce stade, Kant, introduisant un troisième principe, envisage deux possibilités de comprendre le rapport entre la nature et la grâce dans l'homme. L'action, dit-il, est le fruit d'une force interne à l'homme et non d'une force agissant de l'extérieur. Si la nature est comprise comme un principe dominant dans l'homme, visant la réalisation de son propre bonheur, et la grâce comme « le principe de la pure moralité », incompréhensible dans son fondement, alors ces deux principes sont distincts. Mais si l'on comprend la nature, dans sa signification pratique, comme la capacité d'atteindre une fin avec ses propres

1. CF, AK VII, 42 ; OP III, 844.

forces, alors celle-ci coïncide avec la grâce. En effet, le principe intérieur qui détermine l'agir, la représentation du devoir, est suprasensible et il est représenté correctement comme l'inclination au bien causé par Dieu. La passivité de la grâce, fondée sur ce principe, serait entendue comme l'activité dirigée vers la croissance (humaine) de la disposition morale (d'origine divine). C'est ce qui sert de critère pour lire les passages de la Bible qui parlent d'une telle passivité. La grâce est, dans cette perspective, l'espérance de l'accroissement du bien, fondée sur l'exemple de l'humanité du Christ, sainte et agréable à Dieu, et sur l'inclination humaine au bien. Le dernier principe exégétique énoncé concerne l'attitude de l'homme face à son incapacité à réaliser sa fin propre. Lorsque l'homme ne se suffit plus à lui-même pour devenir conforme à la loi divine, il met son espérance dans une aide divine, même s'il est incapable de déterminer en quoi elle consiste. L'attente de cette aide engendre bonheur et donne du courage pour se comporter d'une manière agréable à Dieu. En considérant que toute chose que dirait Dieu de lui-même resterait incompréhensible pour l'homme, les passages de la Bible qui en parlent doivent être interprétés comme liés à une communauté historique particulière, mais ils ne sont pas essentiels à la foi rationnelle. Kant conclut son exposé en affirmant que le Christianisme est une idée de la religion qui doit être nécessairement fondée sur la raison naturelle, mais qui n'est pas *naturaliste*, car elle admet l'origine surnaturelle de l'Écriture. L'altérité radicale de la Révélation, dans son sens le plus profond, exige une interprétation : la Révélation atteint sa fin grâce à celle-ci. L'interprétation authentique, qui se substitue à la foi dans l'origine divine de l'Écriture, est celle développée à travers les concepts purement moraux de notre raison.

Kant indique que ce travail d'interprétation et d'analyse ne peut pas être réalisé à partir de simples données empiriques, car cela rendrait impossible de comprendre sur quel fondement se régit une division ecclésiale et si sa force n'est pas seulement le fruit d'une certaine tendance populaire. Il convient d'opérer des distinctions en matière de foi et de vérifier si elles peuvent être suffisantes pour une distinction entre les communautés religieuses. Kant distingue, dans une remarque générale (*Des sectes religieuses*) de la première partie du *Conflit*, en premier lieu entre la religion, définie comme une « croyance qui situe l'*essentiel* du culte de Dieu dans la moralité de l'homme » [1], et le paganisme, comme opposé à la religion. Le paganisme peut être *ethnicismus brutus*, s'il ne possède pas le concept d'un être surnaturel et moral, ou *ethnicismus speciosus*, car « il fait d'autre chose que la disposition à une existence moralement bien conduite » [2], c'est-à-dire ce qui n'est pas essentiel. Les propositions de foi peuvent être statutaires, c'est-à-dire révélées et constitutives d'une foi d'Église, ou morales, donc nécessaires et connaissables *a priori*. Comme le souligne Kant, on ne peut pas demander l'universalité à une foi d'Église car une telle universalité est liée à un assentiment de foi rationnelle (*catholicismus*

1. CF, AK VII, 49 ; OP III, 854.
2. *Ibidem*.

rationalis). La foi d'Église, sans le contrôle de la foi rationnelle, contraint la liberté du sujet, qui se révolte en insérant une opinion propre en matière de foi. Il en dérive quatre sortes de divisions à l'intérieur de la foi : le *séparatisme*, c'est-à-dire la vie désunie de la communauté ecclésiastique ; le *schisme*, qui suppose une contradiction quant aux formes de la religion ; le *sectarisme*, division sur des articles de foi qui donne lieu à des associations qui, si elles ne sont pas toujours secrètes, professent souvent des doctrines secrètes et non disponibles au public, ainsi que le *syncrétisme*, tendance qui manifeste une certaine indifférence à résoudre les différences dans ce qui est conventionnel et historique. Les effets du sectarisme, selon certains, devraient être considérés comme positifs puisque la diversité de confessions religieuses dans un État est un signe de liberté. Mais le sectarisme, avertit Kant, est substantiellement ecclésiastique, de l'Église visible, et ne peut jamais atteindre l'unité et l'universalité des vérités de la foi religieuse rationnelle (Église invisible) [1].

CONCLUSIONS ET REMARQUES FINALES

La résolution du conflit, comme nous l'avons vu, conduit à considérer que la Révélation et son interprétation morale, l'unique compatible avec la volonté salvifique de son Auteur, doit être tenue pour vraie et divine, justement en raison de son influence morale décisive sur les esprits et sur les âmes des croyants. Cependant, le même effet, ou au moins la même disposition morale, est obtenue à travers une raison qui professe sa religion morale, déduite de manière autonome. Le concept de conflit entre les Facultés et sa solution semblent indiquer que, pour Kant, une sorte d'*universitas phaenomenon* est utile à l'État et à son gouvernement et qu'elle est modifiable historiquement en fonction du « conflit » fructueux entre les instances d'une *universitas noumenon* [2], libre et « invisible », dans laquelle les savants ont la liberté de discuter la vérité des propositions enseignées dans les trois Facultés supérieures, selon la méthode et la discipline de la Faculté inférieure. Ceci est le meilleur fruit de l'antagonisme conforme à la loi entre les Facultés de théologie et de philosophie, comme nous l'avons suggéré dans le second paragraphe de cette étude.

Tout en proposant une scission dans la vie de l'organisme universitaire, qui devrait être compris comme une unité en mouvement vers la vérité, et immédiatement reconnaissable par cette fonction au sein de l'État, Kant affirme – et en ceci consisterait la rigueur formelle de la pensée théologique elle-même – que

1. *Cf.* CF, AK VII, 53 ; OP III, 858.

2. Nous utilisons ici les expressions *universitas phaenomenon* et *noumenon*, utilisées aussi par Domenico Venturelli dans son *Introduction* au *Conflit*, *op. cit.*, p. 11. Nous ajoutons les qualificatifs *phaenomenon* et *noumenon* au substantif *universitas* pour indiquer que le conflit véritable et légitime a lieu à l'intérieur de la communauté savante et ne nuit pas à l'ordre de la communauté civile ordinaire, et aussi qu'il tend à une adaptation progressive de la fonction « de gouvernement » et « civile » de l'Université vers l'idéal d'une communauté qui poursuit librement la vérité.

la Faculté de philosophie se voit assigner un rôle éducatif supérieur et qu'elle enseigne au théologien biblique une discipline rationnelle qui l'empêche d'affirmer l'existence de sa *propre* idée de Dieu. Elle le défend donc d'un anthropomorphisme ancien contre lequel, d'ailleurs, la philosophie met déjà en garde avec les présocratiques. Kant est leur digne héritier puisque, comme c'est connu, il affirme que la philosophie « au lieu de découvrir la vérité, [...] a le modeste mérite de prévenir l'erreur » [1].

Deux apories significatives pèsent, à notre avis, sur la doctrine kantienne de la foi rationnelle, que nous voulons au moins énoncer et discuter brièvement. La première réside dans la difficulté de confiner la raison philosophique à un rôle de service libre à la vérité, sans impliquer, en matière de vérité révélée, une sorte de *déduction* de l'expérience religieuse, alors que cette dernière est pensée comme cohérente seulement à l'intérieur des conditions pures d'une foi rationnelle qui constitue une *critique* des différentes hypotyposes historiques de celle-ci. Pour affronter cette difficulté, notre réflexion pourrait se développer dans les termes suivants. Les conditions de possibilité de l'expérience religieuse ne sont pas neutres quant à la détermination de leur objet, tout comme les concepts purs de l'intellect, car elles sont analogues à la législation que l'entendement énonce par rapport à la nature [2] et, par conséquent, elles sont les conditions de déduction de l'objet possible de l'expérience religieuse [3]. Puisque la relation avec la grâce est la réalité ordinaire de la lecture de la Bible κατὰ πνεῦμα, une telle déduction équivaut à dicter les conditions de la manifestation de Dieu à partir des limites de la raison, qui sont les limites auxquelles se conforme la Révélation *pour nous* et non *en soi*. Par conséquent, celles-ci ne sont pas neutres quant à la définition du contenu, car elles affirment ce que la nature de Dieu n'est pas, c'est-à-dire qu'elles affirment *via negationis*. De telles conditions de possibilité doivent être vues non seulement comme les conditions de la possibilité de comprendre le fait que Dieu ne se donne pas comme objet de connaissance, mais aussi comme des conditions de la manifestation *a parte Dei*, à savoir de Dieu qui se manifeste dans la nature, dans la Sainte Écriture et dans l'âme humaine, sommet de la création. Dans la célèbre image kantienne, contenue dans la préface de la deuxième édition de la *Religion*, des deux cercles concentriques qui symbolisent le rapport entre la sphère extérieure historique et la sphère intérieure rationnelle de la Révélation, la reconduction de la religion historique à la sphère rationnelle ou morale est évidente. Mais en réalité, il est possible de penser le rapport entre les deux cercles de manière inverse, au moins du point de vue de la valeur primordiale de la Révélation rationnelle pour une correcte interprétation κατ'ἄνθρωπον de la Révélation historique.

La seconde aporie consisterait dans l'impossibilité de penser Dieu comme « Un », alors qu'il se « diviserait » lui-même en se communiquant comme une *doctrine* rationnelle et *donnée* à la raison, mais non en tant que personne divine,

1. CRP, A 795 / B 823, AK III, 517 ; OP I, 1358.
2. *Cf.* PMF, AK IV, 320 ; OP II, 97.
3. *Cf. Rel.*, AK VI, 116 ; OP III, 141-142.

vivante. Face à cette grave difficulté, il convient de rappeler que Kant lui-même a certes considéré la nécessité d'éviter l'anthropomorphisme à travers une *via negativa* qui doit nécessairement précéder la prédication des attributs divins *per viam eminentiae* [1]. La difficulté n'est pas seulement gnoséologique, ni seulement morale, comme le serait la considération rationalisée du fait que Dieu a assumé les effets du péché originel comme cause de sa propre Révélation historique complète. La difficulté serait surtout métaphysique, car il s'agirait d'éviter d'attribuer à Dieu la nécessité de se communiquer, étant lui-même le vrai nécessaire-en-soi. Cette erreur transposerait et traduirait les limites de l'entendement humain dans des modes finis de la nature divine, dont la puissance libre se réduirait à une simple et nécessaire division de son essence-même, ou à une division interne de l'essence de Dieu qui empêcherait toute communication. En effet, réduite à une relation nécessaire à soi d'un absolu contradictoirement divisé en lui-même, la liberté et la transcendance propre de Dieu feraient défaut.

Gennaro LUISE
Pontificia Università della Santa Croce, Rome

1. *Cf.* Kant, *Philosophische Religionslehre nach Pölitz*, AK XXVIII, 1021-1024 et 1117-1121. Voir aussi CFJ, § 75 -76.

TROISIÈME PARTIE

ANTHROPOLOGIE : L'HUMAIN EN TANT QU'ETRE ET DEVENIR

Y A-T-IL UN INTERDIT ANTHROPOLOGIQUE DANS LA PHILOSOPHIE TRANSCENDANTALE DE KANT ?

Au § 57 de la *Crise des sciences européennes*, Husserl reproche à Kant d'avoir institué une « fatale séparation » entre la philosophie transcendantale et la psychologie, séparation à laquelle le phénoménologue oppose le projet d'une « transformation de la psychologie en une philosophie transcendantale universelle » [1]. Une telle transformation, envisagée et accomplie par Husserl, revient manifestement à transgresser un interdit kantien ; notre objectif ici sera d'expliciter les motifs profonds qui légitiment cet interdit. Mais l'enquête préliminaire sur les rapports entre psychologie et philosophie transcendantale exigera l'examen du statut particulier (et également problématique du point de vue du partage entre l'empirique et le transcendantal) de l'anthropologie. Notre question, en dernière instance, sera ainsi celle de savoir si la philosophie transcendantale de Kant se laisse placer sous le signe d'un « interdit anthropologique » [2] (pour reprendre une expression que Blumenberg emploie en se référant à Husserl), ou bien sous le signe d'une « anthropologisation » du transcendantal, comme Husserl a pu le reprocher à Kant.

De la psychologie empirique à l'anthropologie

Nous partirons à cette fin de la critique bien connue que Husserl a adressée à l'entreprise kantienne dans un nombre conséquent de textes : Kant ne serait pas allé jusqu'au bout de la démarche critique et serait resté, malgré tout son combat contre le dogmatisme, lui-même prisonnier de certaines présuppositions dogmatiques, en limitant la validité de notre appareil catégorial et en faisant ainsi peser sur notre connaissance une double restriction, phénoménale et anthropologique. Husserl trouve par ailleurs « étonnant au premier abord que la philosophie transcendantale depuis Kant n'ait tiré aucun profit réel de la psychologie », et se demande même, à propos de l'entreprise critique : « pourquoi ne s'est-elle pas forgé une meilleure psychologie ? » [3]. En effet, comme en

1. E. Husserl, *La crise des sciences européennes et la phénoménologie transcendantale*, trad. par G. Granel, Paris, Gallimard, 1976, p. 224 et 230.

2. H. Blumenberg, *Description de l'homme*, trad. par D. Trierweiler, Paris, Cerf, 2011, p. 74, 75, 101...

3. E. Husserl, *La crise des sciences européennes*, *op. cit.*, p. 228.

témoigne éminemment la dernière séquence de la *Crise des sciences européennes*, qui vise à élaborer et à fonder « la relation de la psychologie transcendantale à la phénoménologie transcendantale en tant qu'accès authentique à la connaissance pure de soi-même », pour le phénoménologue, non seulement une connaissance pure de soi, et avec elle, une psychologie pure, apriorique ou eidétique, demeure possible, mais il y aurait même une psychologie transcendantale qui serait comme la sœur de la philosophie transcendantale, liée à cette dernière par « l'inceste de l'identité et de la différence [...] du je psychologique [...] et du je transcendantal » [1].

En renouant de cette manière les liens entre philosophie transcendantale et psychologie, Husserl est bien conscient de transgresser un interdit kantien. Mais il considère que son projet d'une psychologie eidétique qui soit ultimement transcendantale échappe à cet interdit qui ne viserait que la psychologie rationnelle dogmatique ou la psychologie empirique de l'introspection. Les objections que Husserl formule à propos du sort que Kant a réservé à la psychologie (qui ne saurait être qu'empirique, donc non scientifique et, à vouloir s'élaborer comme psychologie pure, serait vouée à devenir dialectique) suggèrent néanmoins que Husserl n'a pas pleinement saisi le sens et les implications ultimes de la critique kantienne de la psychologie rationnelle. À ce propos, nous rejoignons Blumenberg quand il écrit dans la *Description de l'homme* :

> Dans le pathos du nouveau commencement de la philosophie contre sa décadence en psychologisme, Husserl avait dédaigné les résultats historiques, comme ce qui avait tout de même rendu cette décadence possible. Cela vaut avant tout pour son rapport à Kant. Sans cela, il n'aurait pas pu confier à l'expérience de soi les gains sur lesquels la phénoménologie doit s'appuyer. Tout le monde doit admettre que le prix à payer par la phénoménologie pour se laisser faire la leçon par Kant aurait été élevé [2].

Ce passage laisse déjà deviner quel est, pour Blumenberg, l'enseignement kantien dont Husserl n'a pas su tirer profit : il s'agit de la contestation des droits pléniers de l'expérience interne pour la connaissance de soi. Cette contestation atteint un apogée, comme on le sait, dans la Réfutation de l'idéalisme, insérée par Kant dans l'Analytique des principes en 1787. La Réfutation de l'idéalisme, rappelons-le, vise à montrer non seulement qu'il ne faut pas mettre l'expérience interne et l'expérience externe sur un pied d'égalité, mais qu'il faut aller jusqu'à renverser la supposée antériorité et supériorité de l'expérience interne. Or c'est précisément ce renversement qui est, chez Kant, en grande mesure responsable de la destitution sans droit d'appel de la psychologie, rationnelle comme empirique, et de la proposition alternative d'une anthropologie pragmatique qui rééquilibre de manière inédite les rapports entre l'homme intérieur et l'homme extérieur.

1. *Ibid.*, p. 289 et 232.
2. H. Blumenberg, *Description de l'homme*, *op. cit.*, p. 165.

Tout aussi responsable de la destitution de la psychologie est, bien sûr, le fait que, dans la *Critique*, l'identification subreptice de l'unité de la pensée et de l'objet de l'intuition interne est désactivée : ce faisant, « toute la psychologie rationnelle s'écroule [...] comme une science qui dépasse toutes les forces de la raison humaine » [1]. Comme l'écrit encore Kant dans la Dialectique, puisque « je ne me connais [...] pas moi-même par cela seul que j'ai conscience de moi comme pensant », « l'analyse de la conscience de moi-même dans la pensée en général ne me fait donc faire le moindre pas dans la connaissance de moi-même comme objet » ; alors que dans la psychologie rationnelle que déconstruisent les Paralogismes de l'âme, « l'éclaircissement logique de la pensée en général » est pris à tort « pour une détermination métaphysique de l'objet » [2]. La Préface des *Premiers principes métaphysiques de la science de la nature*, publiés entre les deux éditions de la *Critique*, prononcera elle aussi une telle fin de non-recevoir au sujet de la psychologie empirique, en affirmant qu'elle « ne pourra jamais devenir plus qu'une théorie historique de la nature portant sur le sens interne [...], donc une description naturelle de l'âme, mais non une science de l'âme », pour autant que « les mathématiques ne sont pas applicables aux phénomènes du sens interne et à leurs lois » [3]. À l'aune de toutes ces considérations, il nous paraît possible de retourner contre Husserl le reproche qu'il adresse à la destitution kantienne de la psychologie, en insistant notamment sur le fait que c'est le rééquilibrage des rapports entre la pensée, l'expérience interne et l'expérience externe qui conduit Kant à élaborer une anthropologie pragmatique comme « véritable relais de la psychologie rationnelle » [4].

L'ÉGOLOGIE EMPIRIQUE ET L'ANTHROPOLOGIE TRANSCENDANTALE

Mais le grief de Husserl contre Kant ne s'arrête pas là : car il ne lui reproche pas seulement de ne pas avoir su réformer la psychologie à l'aune de sa philosophie transcendantale, mais aussi d'avoir gardé un résidu non négligeable de psychologie précritique au cœur même de sa philosophie transcendantale, par la restriction anthropologique qu'il y maintient par la clause « pour nous hommes ». Dans un manuscrit de 1908 intitulé « Contre la théorie anthropologique de Kant », où ce qui est visé, ce n'est pas l'anthropologie kantienne proprement dite, mais la restriction anthropologique qui pèse sur le transcendantal, Husserl dénonce ainsi le fait que la philosophie critique « confond la nécessité et la généralité du fait humain avec la nécessité et la généralité qui relève du contenu de l'évidence et qui est le contraire de tout fait [5] » et, ce

1. CRP, AK IV, 239 ; OP I, 1453.
2. CRP, AK III, 267 et 268 ; OP I, 1052 et 1054.
3. PPM, AK IV, 471 ; OP II, 369 et 368.
4. Selon l'expression d'Alain Renaut dans la Présentation de sa nouvelle traduction de l'*Anthropologie* (I. Kant, *Anthropologie du point de vue pragmatique*, Paris, GF, 1993, p. 29 et 32).
5. E. Husserl, *Gesammelte Werke : Husserliana*, tome VII : *Erste Philosophie (1923-1924)*,

faisant, produit un affaiblissement de l'*a priori* sous la forme de son anthropologisation.

Le reproche d'« anthropologisme transcendantal » formulé par le phénoménologue contre l'auteur des *Critiques* a incontestablement une part de vérité. Nous pouvons en effet lire dans les *Réflexions sur l'anthropologie*, plus précisément dans la Réflexion 875, datée par Adickes de 1776-1778, à savoir d'une époque où l'entreprise critique est en pleine élaboration : « Tout ce dont les règles ne sauraient être tirées de fondements objectifs, mais subjectifs [...] appartient à l'anthropologie » [1]. En ce sens, il y a bien une facticité anthropologique qui pèse sur le transcendantal kantien. En désignant cette facticité en termes de constitution subjective de l'*être raisonnable fini* que nous sommes, Kant a pourtant manifestement hésité à admettre que la philosophie transcendantale aurait un *fondement* proprement anthropologique. L'homme et la raison dans l'homme ne reviennent pas exactement au même, ne se superposent pas sans reste : comme Blumenberg a pu le dire d'une formule incisive et ironique, pour Kant, « l'homme est l'édition populaire à bon marché de la raison » [2]. Mais a-t-on pour autant le droit de paraphraser cette formule en affirmant que l'anthropologie est l'édition populaire à bon marché de la philosophie transcendantale ?

La question des rapports entre philosophie transcendantale et anthropologie chez Kant a attiré depuis longtemps l'attention des commentateurs. Pour nous en tenir à des prises de position récentes, nous mentionnerons d'abord la contribution de Foucault dans les années 60, dans l'Introduction qui accompagne sa traduction de l'*Anthropologie*, et qui avance la thèse, bien connue désormais, d'une « *répétition anthropologico-critique* », pour soutenir que l'*Anthropologie* « ne dit rien d'autre que ce que dit la *Critique* » et que, de fait, elle n'est possible « que du point de vue d'une *Critique* achevée et conduite déjà à l'accomplissement d'une philosophie transcendantale » [3]. Nous rappellerons aussi les mises au point hautement éclairantes d'Alain Renaut, dans la Présentation de sa nouvelle traduction de l'*Anthropologie* ainsi que dans l'article intitulé « La place de l'anthropologie dans la théorie kantienne du sujet » [4]. Alain Renaut insiste à la fois sur le caractère « insituable » de l'anthropologie dans la philosophie critique et sur le fait que la question de l'homme apparaît peu à peu comme « le centre du système » [5].

première partie : *Kritische Ideengeschichte*, éd. par Rudolf Boehm, 1956, p. 358-359 (nous traduisons).

1. *Handschriftlicher Nachlaß Anthropologie*, AK XV, 384 ; I. Kant, « Réflexions en vue de l'anthropologie », trad. par G. Blanc-Brude, *Philosophie*, n° 2/2013 (vol. 117), p. 11-37, p. 24.

2. H. Blumenberg, *Description de l'homme*, *op. cit.*, p. 470.

3. M. Foucault, « Introduction à l'*Anthropologie* », dans I. Kant, *Anthropologie du point de vue pragmatique*, Paris, Vrin, 2008, p. 11-79, p. 52 et 54.

4. Publié dans la collection « Les années Kant » : *L'année 1798. Kant sur l'anthropologie*, Paris, Vrin, 1997, p. 49-63.

5. A. Renaut, « La place de l'anthropologie dans la théorie kantienne du sujet », p. 57 ; « Présentation », p. 5.

Last but not least, il s'impose d'évoquer le travail incontournable de Reinhard Brandt, qui s'est toujours montré beaucoup plus prudent devant la tentation de réduire l'écart entre l'anthropologie pragmatique et la philosophie transcendantale, en allant jusqu'à dire qu'en tant que morceau de philosophie populaire, l'anthropologie « empirique ou pragmatique ne relève pas de la philosophie au sens strict du terme » [1]. Devant de telles réticences, il nous semble cependant possible de proposer une autre interprétation de la célèbre Réflexion 903, datée par Adickes de 1776-78, où figure, comme un *hapax* fascinant et presque comme un piège ouvert, l'expression « *Anthropologia transcendantalis* ». Cette Réflexion aborde le cas de l'« égoïste de la science », du savant qui, captif d'une logique de spécialisation, ressemble au cyclope auquel manque un « second œil », à savoir, le regard que donne « la connaissance réflexive de la raison humaine ». Or c'est cette « connaissance de soi de l'entendement et de la raison » que Kant désigne par l'expression d'*Anthropologia transcendantalis* [2]. Il ne faut certes pas tomber trop vite dans le piège de cette expression : de ce point de vue, l'on ne saurait mettre en doute la légitimité des réserves que formule Reinhard Brandt en rappelant que l'anthropologie, dans sa réalisation pragmatique, « ne constitue pas une partie de la philosophie critique, ou de la philosophie transcendantale ». Il est incontestablement vrai que « Kant n'a nulle part, ni dans un cours, ni dans un écrit, élaboré l'anthropologie transcendantale en tant que discipline, ou même évoqué une telle discipline » [3]. Mais il est tout de même significatif, comme Reinhard Brandt le souligne lui-même, que Kant parle d'anthropologie transcendantale dans un contexte où il est question du plan d'une critique de la raison pure, autrement dit, que cette expression désigne précisément le projet d'une connaissance de soi de la raison – d'une raison qui se connaît elle-même comme raison humaine –, et qu'il soit tellement tentant de lire cette expression en substituant « Philosophie » à « Anthropologie ».

Une affinité non négligeable entre l'anthropologie (fût-elle, par défaut, pragmatique) et la philosophie transcendantale réside par ailleurs dans leur commune prise de distance par rapport à ce que l'on pourrait appeler, dans des termes plus proches des débats philosophiques contemporains, la « naturalisation de la conscience ». En effet, la Lettre à Marcus Herz de 1773 où Kant dépeint l'intention de son cours d'anthropologie en prenant ses distances par rapport à la pratique courante de cette discipline, affirme de manière programmatique : « je n'aborde absolument pas la question subtile, mais à tout jamais vaine, selon moi, de la manière dont les organes du corps sont en relation avec la pensée » [4] ; et la Préface de l'*Anthropologie* soutient elle aussi, à propos de

1. R. Brandt, « Aux origines de la philosophie kantienne de l'histoire : l'anthropologie pragmatique », *Revue germanique internationale*, vol. 6, 1996, p. 19-34, p. 26.

2. *Handschriftlicher Nachlaß Anthropologie*, AK XV, 394-395 ; « Réflexions en vue de l'anthropologie », trad. par G. Blanc-Brude, *op. cit.*, p. 24-25.

3. R. Brandt, « Aux origines de la philosophie kantienne de l'histoire : l'anthropologie pragmatique », p. 26.

4. I. Kant, *Correspondance*, Paris, Gallimard, 1991, p. 108.

l'explication causale de type naturaliste ou physiologique du comportement humain, que « toute spéculation théorique sur ce sujet est en pure perte » [1].

De l'homme intérieur à l'homme extérieur

Nous avons évoqué plus haut le rapport que Kant établit entre l'expérience interne et l'expérience externe au sein de sa philosophie transcendantale. Nous voudrions à présent montrer (et c'est là à nos yeux un point qui illustre remarquablement la thèse foucaldienne de la « répétition anthropologico-critique ») que ce rapport se retrouve au niveau de la relation que l'*Anthropologie* établit entre « l'homme intérieur » et « l'homme extérieur », et qu'il permet même de dissiper quelques difficultés et paradoxes relevés avec justesse dans l'exégèse. Nous pensons, tout d'abord, au décalage qui existe entre le programme de l'*Anthropologie* et sa réalisation : en effet, si l'on prend au sérieux l'identification inaugurale de l'anthropologie à une connaissance du monde (*Weltkenntnis*), que Kant opère dans la Préface, on sera quelque peu surpris en constatant que « la plupart des analyses, et à peu près toutes celles de la première partie, se développent non dans la dimension cosmopolitique de la *Welt*, mais dans celle, intérieure, du *Gemüt* ». Le *Gemüt* n'est certes pas la *Seele* et ne se laisse pas réduire à une intériorité psychologique ; mais l'on peut tout de même avoir l'impression que l'ouvrage « renonce à tenir » la « promesse [...] d'étudier l'homme comme "citoyen du monde" » [2]. Nous dirions au contraire, et cela fait s'évanouir dans une certaine mesure cette contradiction apparente, que le problème propre de l'*Anthropologie* est justement celui du conditionnement de l'homme intérieur par l'homme extérieur et que, de façon significative, son élaboration s'appuie sur une expérience interne constamment conditionnée par l'expérience externe, ou par une expérience de soi constamment conditionnée par l'expérience du monde. En effet, loin de proposer une description de l'intériorité, la Didactique met sur le même plan l'homme intérieur et l'homme extérieur, et refuse d'accorder un privilège décisif à l'expérience de soi. Bien au contraire, on y trouve réitéré assez souvent le soupçon contre la supposée richesse de l'introspection et la prétendue supériorité de l'expérience interne : ainsi, par exemple, au § 4 portant sur l'observation de soi-même (la *Selbstbeobachtung*), Kant avoue que « l'intention véritable de ce paragraphe » consiste dans « l'*avertissement* donné plus haut de ne se mêler en rien d'épier et de rédiger [...] une histoire intérieure du cours *involontaire* de ses pensées », et s'explique aussitôt :

> Car il ne s'agit pas pour les expériences intérieures, comme pour les expériences *extérieures*, d'objets dans l'espace, ceux-ci apparaissant en ce dernier cas dans leur voisinage réciproque et fixés dans leur permanence. Le sens interne ne voit

1. *Anthropologie*, AK VII, 119 ; OP III, 941.
2. M. Foucault, « Introduction à l'*Anthropologie* », p. 34 (même référence pour la citation qui précède).

l'état de ses déterminations que dans le temps, c'est-à-dire dans l'écoulement, où l'observation ne dispose pas de la persistance bien nécessaire à l'expérience [1].

Mais comment comprendre alors que, par ailleurs, l'anthropologie puisse se présenter comme une *égologie empirique*, en faisant se recouper à tel point la description de l'homme et la description du Moi, comme l'indique déjà le fameux incipit du § 1 selon lequel la dignité de l'homme vient du fait de posséder « le Je dans sa représentation » [2] ? Il faut rappeler que ce point de départ égologique est aussitôt mis à l'épreuve des déviations qui sont en germe dans cette capacité à dire Je, par la présentation, au § 2, des différentes formes d'égoïsme : logique, esthétique et moral. En tant que telle, au contraire (selon l'aveu de la fameuse remarque du § 7), la problématique égologique « ne relève pas à proprement parler de l'anthropologie » [3], même s'il importe par ailleurs de délimiter le domaine de celle-ci à la fois par rapport à la psychologie et par rapport à ce qui, dans la philosophie transcendantale, relève de la logique. Comme l'affirme déjà la note du § 4 qui divise la conscience de soi en conscience de l'appréhension et en conscience de la réflexion [4], ou l'aperception en aperception empirique et aperception pure : « Dans la psychologie, nous nous scrutons nous-mêmes d'après nos représentations émanant du sens interne ; dans la logique, selon ce que nous procure la conscience intellectuelle » [5]. Le tort et l'insuffisance foncière de la psychologie proviennent en effet, nous l'avons déjà noté, du nivellement qu'elle opère entre l'aperception et le sens interne. L'anthropologie pragmatique, quant à elle, ne déconsidère pas les données de l'expérience interne, mais est vouée à porter un *autre regard* sur elles : là où, pour la psychologie, « l'esprit, représenté comme pure faculté de sentir et de penser, est considéré comme une substance particulière résidant en l'homme », l'anthropologie, nous dit Kant, « se désintéresse de savoir si l'homme a une âme (substance incorporelle particulière) » [6]. Le *Gemüt* dont il est question dans l'*Anthropologie*, comme d'ailleurs le *Gemüt* auquel fait référence la philosophie transcendantale, n'est incontestablement pas du ressort de la psychologie. De la psychologie à l'anthropologie, il est en effet requis, comme le souligne Alain Renaut, de « redéfinir l'objet » ou de « déplacer le regard vers cette dimension pour ainsi dire *extérieure* (donc relevant du sens externe) du psychisme que nous fournissent les "conduites signifiantes" », pour « saisir la nature de l'homme à travers, non pas ce qu'il *éprouve* lui-même (sens interne), mais ce qu'il *fait* sous

1. *Anthropologie*, AK VII, 133 ; OP III, 951 et 952.
2. *Anthropologie*, AK VII, 127 ; OP III, 945.
3. *Anthropologie*, AK VII, 142 ; OP III, 961.
4. *Anthropologie*, AK VII, 134 ; OP III, 952. Pour cette distinction, voir aussi la Réflexion 1531, datée de 1797 environ, donc contemporaine de la dernière phase de préparation de l'*Anthropologie* (*Handschriftlicher Nachlaß Anthropologie*, AK XV, 958).
5. *Anthropologie*, AK VII, 134 ; OP III, 952.
6. *Anthropologie*, AK VII, 161 ; OP III, 979.

le regard d'autrui (sens externe) » [1]. L'*ego* de l'anthropologie est un être-au-monde, il a toujours déjà quitté l'*en soi* pour le *dehors*.

Par conséquent, si l'égologie est d'un certain point de vue le cœur de l'anthropologie, c'est aussi dans la mesure où il lui importe de faire valoir le fait qu'« à titre d'être pensant » je suis « un sujet confondu avec moi, à titre d'être sensible », ou que « le Je de l'homme est double quant à la forme », mais il ne l'est pas « quant à la substance (contenu) » [2]. Avec ces affirmations, nous sommes en plein « doublet empirico-transcendantal », mais dans une tension qui est féconde et qui, aux yeux de Foucault lui-même, ne devrait pas être neutralisée par un nivellement de l'empirique ou du transcendantal qui empêcherait « d'exercer contre cette illusion anthropologique [à savoir, l'illusion d'une connaissance immédiate de l'homme comme réalité donnée de manière non problématique] une vraie *critique* » [3]. En même temps, si le souci de Kant reste celui de la démarcation entre aperception empirique et aperception pure, c'est dans le but de bien délimiter la philosophie (et surtout la logique) transcendantale par rapport à la psychologie : l'erreur des psychologues consistant, encore une fois, dans l'amalgame qu'ils font entre le sens interne comme « conscience psychologique (appliquée) » et la « conscience logique (pure) » [4]. Mais même cette démarcation salutaire ne suffira pas pour dissiper les difficultés de la connaissance de soi. Même remis à sa place et soigneusement distingué de l'aperception pure, le sens interne n'est pas en mesure de remplir les promesses de la connaissance de soi. D'où la nécessité, déjà évoquée, de joindre à l'« homme intérieur » l'« homme extérieur », pour réprimer ce « penchant à prendre le jeu des représentations du sens interne pour connaissance d'expérience, alors qu'il n'y a là que fiction », penchant qui porte par ailleurs le nom de *Schwärmerei*. Or, comme l'énonce de manière catégorique la fin du § 24 de l'*Anthropologie* consacré précisément au sens interne, « Au penchant au repliement en soi-même et à toutes les illusions du sens interne qui en résultent, il ne peut être mis ordre qu'en ramenant l'homme au monde du dehors et, ainsi, à l'ordre des choses qui s'offrent aux sens externes » [5]. Il ne faut donc pas croire que l'analyse du *Gemüt* que déploie la Didactique perd de vue l'homme comme

1. A. Renaut, « Présentation », p. 32 et 33. Voir aussi M. Cohen-Halimi, « L'*Anthropologie* dans la géographie physique » : « L'expérience de l'homme par lui-même et de l'extérieur : telle est la tentative qui définit la recherche engagée par Kant dans l'*Anthropologie* » (in *L'année 1798. Kant sur l'anthropologie*, p. 115-128, p. 122).

2. *Anthropologie*, AK VII, 142 et 135 ; OP III, 960 et 953.

3. M. Foucault, « Introduction à l'*Anthropologie* », p. 78

4. *Anthropologie*, AK VII, 142 ; OP III, 960. La Réflexion 224, datée par Adickes de 1776-78, donne au contraire à voir un stade de la pensée de Kant où cette distinction commence à se mettre en place tout en restant encore vacillante (Réfl., AK XV, 85).

5. *Anthropologie*, AK VII, 161 et 162 ; OP III, 980. Voir aussi la *Réflexion* 284, datant probablement de 1770-1771 : « S'épier soi-même et diriger incessamment l'attention sur l'état de ses sensations retire à l'esprit son activité à l'égard des autres choses et nuit à la tête. Les analystes tombent aisément malades. La sensibilité interne, où l'on est touché par ses propres réflexions, est nocive (*schädlich*) » (*Handschriftlicher Nachlaß Anthropologie*, AK XV, 106 ; « Réflexions en vue de l'anthropologie », *op. cit.*, p. 14, trad. mod.).

citoyen du monde ou la visée de l'anthropologie à être une connaissance du monde : au contraire, elle amorce déjà et justifie profondément la nécessité du passage de l'homme intérieur à l'homme extérieur.

Ainsi, si l'on est en droit de parler, avec Alain Renaut, d'une « promotion de l'anthropologie au sein du système critique de la philosophie » et de remarquer que « Kant a progressivement majoré l'importance qu'il accordait aux préoccupations anthropologiques » [1], c'est pour reconnaître que l'anthropologie représente, par rapport à la philosophie transcendantale, un prolongement qui non seulement n'a rien d'inessentiel ou de superflu, mais lui est au contraire vital et nécessaire. Grâce à elle, la théorie kantienne du sujet surmonte la pauvreté à laquelle la vouait la première *Critique*, et peut déployer ses conséquences positives pour la description et la compréhension de l'être humain. L'*Anthropologie* répond ainsi à une nécessité que l'on a pu appeler « post-critique » [2], au sens où sa possibilité est à la fois suscitée et conditionnée par l'accomplissement du projet critique. Loin de formuler un interdit d'anthropologie, un *Anthropologieverbot*, ce projet lance donc bien plutôt un *appel* anthropologique.

Claudia SERBAN
Université Toulouse II Jean Jaurès

1. A. Renaut, « La place de l'anthropologie dans la théorie kantienne du sujet », p. 51 et 50.

2. D. Sardinha, « Différence entre l'anthropologie pragmatique et l'anthropologie métaphysique », *Rue Descartes*, n° 3/2012, vol. 75, p. 46-59, p. 50.

L'ANTHROPOLOGIE KANTIENNE COMME CRITIQUE DE LA RAISON

1. La figure de l'hôte étranger n'est pas seulement, chez Kant, une question pour la doctrine du droit cosmopolitique : elle apparaît aussi à l'intérieur de l'*Architectonique de la raison pure*, là où le philosophe fixe de façon systématique les limites de la métaphysique. Dans ce contexte, en mettant l'accent sur le caractère impropre de la présence de la psychologie empirique parmi les disciplines métaphysiques, Kant écrit :

> Elle n'est donc qu'une étrangère admise depuis bien longtemps, à laquelle on accorde un séjour temporaire, jusqu'à ce qu'elle puisse établir son domicile propre dans une anthropologie précise et détaillée [1].

Ainsi, il semble que même ici soit requis un « droit cosmopolitique » qui puisse suppléer aux manques d'un système qui n'est pas encore articulé dans toutes ses parties, en réglant les rapports d'hospitalité parmi les disciplines qui appartiennent aux différents ordres du savoir humain : la métaphysique d'une part, avec son lot de connaissances pures, et l'anthropologie de l'autre, conçue comme étape finale de la transformation de la psychologie empirique dans une connaissance de l'homme plus ample et plus élaborée.

Cet article examinera la relation entre la philosophie pure et l'anthropologie en essayant de répondre à la question suivante : en quel sens l'anthropologie en tant que connaissance empirique de l'homme peut-elle être comprise comme faisant partie du projet transcendantal d'une critique de la raison pure ? Devrions-nous nous en tenir, plutôt, à une séparation irrémédiable entre la connaissance anthropologique et la philosophie pure ? À notre avis, il est essentiel de répondre à ces questions pour éclairer à fond le thème kantien de la raison humaine et donc la relation qui existe entre l'homme en tant que thème de l'anthropologie et la raison en tant que sujet de recherche critique. Cela implique la prise en charge des difficultés qui se représentent au niveau des relations qui existent entre les différentes parties du système kantien.

Sans doute, le lecteur le plus confiant dans les ressources architectoniques de la philosophie kantienne admettra-t-il la difficulté qu'il y a à ménager une

1. CRP, A 849 / B 867 ; OP I, 1397.

place pour une anthropologie à l'intérieur du projet critique, considérant notamment que celui-ci s'enracine dans la question relative à la possibilité d'une connaissance pure. Les textes kantiens ne paraissent d'ailleurs pas y insister, offrant des conseils soit à ceux qui veulent confirmer l'anthropologie dans son statut de connaissance empirique distante par rapport à la connaissance pure, soit à ceux qui, en parcourant une direction radicalement opposée, cherchent dans le projet d'une anthropologie fondamentale le sens même de l'entreprise critique. Les premiers peuvent se targuer de l'attention faite par Kant à la distinction, on l'a mentionné, du champ des connaissances métaphysiques par rapport au domaine épistémique de la psychologie empirique et de l'anthropologie. Ils peuvent, en outre, avancer pour preuve la structure générale des leçons anthropologiques de l'auteur, dont le profil reste indiscutablement lié à des considérations de nature empirique.

Loin s'en faut toutefois qu'on se doive de suivre pour cela le jugement sommaire de Schleiermacher qui réduit l'anthropologie pragmatique à une collection de trivialités éloignées de la perspective comme de l'esprit des trois *Critiques* [1]. On pourra ainsi, avec Brandt, reconnaître chez Kant la présence d'une enquête sur l'homme qui assume la forme systématique d'une science et, cependant, considérer qu'une telle science n'appartient pas à la philosophie au sens strict, parce qu'elle ne constitue pas un système articulé sur la base d'une idée de raison [2].

Quoi qu'il en soit, reste vrai que tout diagnostic qui essaie de marquer de façon radicale la distance entre l'entreprise critique et l'anthropologie ne peut impunément gommer les nombreuses incursions de la philosophie pure sur le terrain empirique de l'enquête anthropologique. Il suffit de penser, pour avoir en tête quelques exemples, aux arguments présentés au § 7 de l'*Anthropologie d'un point de vue pragmatique* quant à la distinction entre la spontanéité de l'aperception et le sens interne, un sujet qui, on le sait, s'avère au cœur de la réflexion kantienne sur les limites de l'usage pur de la raison. Car il ne faudrait pas oublier la complicité entre les thèmes discutés par Kant dans l'*Architectonique de la raison pure* – en rapport avec la nécessité pour le savoir scolastique de s'ouvrir à une vision qui concerne le sens de l'existence humaine dans sa plénitude – et une anthropologie qui doit s'expliquer en tant que savoir capable d'orienter l'homme dans le monde.

Ceci étant, si le jugement qui circonscrit dans une forme trop nette l'anthropologie kantienne dans le niveau des connaissances empiriques rencontre les obstacles cités, des difficultés tout aussi majeures se présentent pour ces positions qui, contre chaque forme de réductionnisme empirique, lient la tenue

1. *Cf.* F. D. E. Schleiermacher, *Rezension von : Immanuel Kants Anthropologie*, *in* « Athenaeum », II/2, 1799 ; *Kritische Gesamtausgabe*, I.2, hrsg. von G. Meckenstock, Berlin, de Gruyter, 1984, p. 365-369.

2. *Cf.* R. Brandt, « Die Leitidee der Kantischen Anthropologie und die Bestimmung des Menschen », *in* R. Enskat (hrsg.), *Erfahrung und Urteilskraft*, Würzburg, Königshausen und Neumann, 2000, p. 27-40.

même du système critique à l'élaboration d'une « anthropologie fondamentale », c'est-à-dire supposent, derrière les questions discutées à l'intérieur des trois *Critiques*, une référence à une idée précise de nature humaine. À cette attitude interprétative, on peut rapporter les lectures qui, à l'instar de Heidegger, se plaignent chez Kant du manque d'un éclaircissement de la constitution ontologique de la subjectivité finie de l'homme [1]. Dans ce contexte, le penseur serait le peureux qui fait un pas en arrière par rapport à la tâche d'une enquête radicale sur l'homme dans laquelle auraient dû converger les questions fondamentales de la philosophie pure.

Reste que la référence à l'anthropologie en tant que *Grundwissenschaft* par rapport à laquelle se jouent les destinées de la philosophie pure ne constitue pas seulement le terme polémique de ces positions qui, dans l'absence d'une science ainsi faite, dénoncent le déficit de fondation dans l'entreprise critique. De façon plus ou moins explicite, l'idée d'une anthropologie fondamentale guide même les interprétations qui trouvent dans les trois *Critiques* l'exécution du projet d'une enquête « transcendantale » de l'homme, entendue comme analyse des facultés cognitives humaines qui fait abstraction des contextes concrets et des limites contingentes dans lesquels elles sont exercées. Comme si, aux recherches empiriques qui examinent la nature humaine à partir des phénomènes visibles, était liée pour Kant une *anthropologie pure* en rapport avec les questions fondamentales de la philosophie critique, une enquête systématique des conditions et des limites constitutives de l'homme en tant que sujet pensant, connaissant, désirant, etc. Frierson a parlé de trois ordres de la connaissance de l'homme. Un ordre normatif propre à une « anthropologie transcendantale », qui définit ce que l'homme devrait penser, sentir ou choisir, un ordre descriptif d'une anthropologie empirique qui classe et catégorise les manières dans lesquelles l'homme pense, sent et agit, et l'ordre d'une connaissance pragmatique dans lequel, enfin, les deux ordres se mêlent [2]. L'expression « anthropologie transcendantale » ne convient pas forcément ; Kant ne semble pas non plus encourager l'utilisation de cette expression dans ses textes et ses leçons. Il est vrai que dans la célèbre *Réflexion* 903 apparaît l'expression latine « *anthropologia trascendentalis* », mais, comme nous le verrons, elle est utilisée dans un contexte bien circonscrit et dans un sens très différent de celui d'une recherche sur la nature humaine qui dépasse le cadre d'une science empirique. Il est facile de tomber dans la tentation d'adopter l'expression « *anthropologia trascendentalis* » pour qualifier un type d'enquête sur l'homme qui travaillerait à un niveau préliminaire par rapport au niveau dans lequel la recherche empirique fonctionne, jusqu'à innerver la structure même du bâtiment critique. Ce faisant, cependant, nous risquons de

1. Ainsi, É. Weil soutient que « le fondement dernier de la philosophie kantienne doit être cherché dans sa théorie de l'homme, dans l'anthropologie philosophique [...]. Mais Kant ne fait pas de ce fondement de sa pensée le sujet de sa réflexion, il ne le *thématise* pas » (*Problèmes kantiens*, Paris, Vrin, 1963, p. 33). *Cf.* M. Buber, *Das Problem des Menschen*, Heidelberg, Lambert Schneider, 1948, p. 11 et 14.

2. *Cf.* P. R. Frierson, *What is the Human Being ?* London, Routledge, 2013, p. 6.

prendre un chemin qui nous éloigne des vraies intentions philosophiques de Kant.

Le cas de Frierson constitue un exemple significatif de la façon dans laquelle une partie de la *Kantforschung* a dilaté l'espace de l'enquête sur l'homme, jusqu'à la faire devenir l'horizon dans lequel il s'agit de revenir penser le sens des questions posées par la philosophie pure. Sur cette ligne interprétative, on trouve aussi ceux qui, même en distinguant chez Kant l'ordre des connaissances pures du champ des recherches anthropologiques, lisent le *corpus* des œuvres critiques en tant qu'étude des facultés cognitives fondamentales qui constitue la précondition d'une anthropologie conçue en tant que projet pour l'orientation de l'être humain dans le monde. En ce sens, on a parlé des trois *Critiques* comme d'un traité de la nature humaine en général [1], dans lequel l'examen des facultés cognitives monte au niveau plus profond d'une analyse pure de l'acte de penser, de vouloir, de sentir, d'espérer. Dans ce cas, il s'agit d'identifier dans les facultés cognitives humaines l'objet d'une enquête articulée sur plusieurs niveaux : le logico-transcendantal et le niveau anthropologico-empirique, de manière à pouvoir constituer, selon différentes perspectives, l'espace où aborder une recherche sur l'homme philosophiquement fondée.

N'en demeure pas moins que la référence à une idée déterminée de nature humaine reste alors l'horizon dans lequel situer la philosophie kantienne tout entière, de sorte que le spectre d'une anthropologie omnicompréhensive, engloutissant aussi l'espace de la philosophie pure, revienne à la forme d'une enquête sur les facultés cognitives humaines qui bouge à plusieurs niveaux en comprenant, d'un côté, le champ des trois *Critiques* et, de l'autre, les sciences qui veulent reconstruire la nature de l'homme à partir de l'expérience.

2. Or, c'est là manifestement le risque contenu dans les positions interprétatives qui, de façon plus ou moins explicite, lient le dessein critique de Kant au projet d'une connaissance « philosophique » de l'homme allant au-delà de ce que l'on peut tirer de sa nature sur la base de l'observation empirique.

Le risque est plus précisément celui d'anthropomorphiser la philosophie pure. En envisageant ce risque, je ne veux certainement pas remettre en question le rôle central que l'intérêt envers les différentes formes d'expérience humaine joue dans la philosophie kantienne. L'entreprise critique est évidemment liée à la dimension de la connaissance, de l'action, du sentir humains. Cependant, c'est le point, un tel lien ne peut pas être compris dans le sens d'une philosophie orientée vers la détermination de la nature humaine. La philosophie pure est essentiellement métaphysique pour Kant : il s'agit d'une connaissance sans doute décisive aussi pour l'homme, mais pas en tant que recherche sur la nature humaine. Et c'est parce que, comme nous le verrons, elle parle d'idées, de buts

1. Cf. A. Falduto, *The Faculties of the Human Mind and the Case of Moral Feeling in Kant's Philosophy*, Berlin/Boston, De Gruyter, 2014, p. 85-86.

dont le sens ne se laisse pas ancrer dans une nature, au sens d'une constitution ontologique donnée, qu'il s'agisse de l'homme ou de toute autre étant.

Relire l'entreprise critique comme s'il s'agissait d'un traité sur la nature humaine – même entendue dans les termes « purs » d'une analyse des facultés fondamentales de l'homme – risquerait de faire perdre de vue le sens global de la recherche que Kant présente sous le nom de « critique de la raison ». Le scepticisme par rapport à une science de la nature humaine conçue comme terrain d'ancrage pour l'entreprise critique apparaît d'ailleurs immédiatement dans l'approche systématique des questions par lesquelles l'entreprise critique commence et qui concernent la possibilité d'un usage pur de la raison :

> Je n'ai pas évité ses questions, en m'excusant sur l'impuissance de la raison humaine ; je les ai au contraire pleinement spécifiées d'après des principes [...] [1].

« Critique de la raison » signifie alors, en premier lieu, se confronter avec une revendication cognitive et normative qui passe la mesure de l'humain et qui, de celui-ci, n'indique pas la nature en tant qu'ensemble de dispositions données, mais indique surtout la destination, c'est-à-dire un but dont la réalisation, même si nécessaire, n'est pas concevable à partir des pouvoirs dont l'homme dispose par nature.

La nature finie de l'homme, au sens d'un ensemble de dispositions données, n'a pas le dernier mot sur la légitimité de ces revendications. Comme nous le verrons mieux, il faut reporter ces affirmations de la raison pure à la destination de l'homme plus qu'à la détermination de la nature humaine. Il faut entendre par « destination » la référence à des buts qui sont donnés aux hommes par la raison. En tant qu'idées de la raison, ces objectifs, bien qu'ils soient inévitablement admis, ne sont pas réalisables à partir des forces et des ressources que l'homme possède naturellement. Cela conduit évidemment à un paradoxe qui pourrait s'expliquer ainsi : ce que l'homme possède – la raison – ne constitue point une possession sur laquelle on puisse exercer n'importe quel pouvoir. Cette situation paradoxale est bien décrite au début de la *Critique de la raison pure* :

> La raison humaine a cette destinée particulière, dans un genre de ses connaissances, d'être accablée de questions qu'elle ne peut écarter ; car elles lui sont proposées par la nature de la raison elle-même, mais elle ne peut non plus y répondre, car elles dépassent tout pouvoir de la raison humaine [2].

Considérée selon la possibilité d'un usage qui dépasse l'usage empirique, la raison met l'homme en face de questions qui dépassent sa condition. Dans cette perspective, parler de « raison humaine » ne signifie pas renvoyer à une faculté qui appartient à ce dont l'homme est doté par nature, mais implique l'interrogation sur la disproportion qui subsiste entre l'instance de l'inconditionné, liée à l'usage pur de notre faculté cognitive, et le caractère nécessairement conditionné de notre capacité de répondre à cette instance. C'est là le motif de

1. CRP, A XII ; OP I, 728.
2. CRP, A VII ; OP I, 725.

l'embarras dans lequel, comme Kant le dit, la raison humaine tombe sans faute [1]. Nous dirons que « ce n'est la faute de personne » mais que « c'est le destin ». Kant pourrait tout à fait souscrire à cette phrase, attendu que les questions métaphysiques ne peuvent être considérées comme des « erreurs humaines ». Elles ne répondent pas à des pensées arbitraires. Comme l'écrit le philosophe : « ce sont des sophismes, non de l'homme, mais de la raison pure elle-même, et le plus sage de tous les hommes ne saurait s'en affranchir. » [2] Cela ne signifie pas que les prétendues interrogations soulevées par l'usage pur de la raison soient fausses. Elles sont, plutôt, porteurs sains d'un potentiel illusoire qui, s'il n'est pas contrôlé par une discipline logique, finit par conduire à la construction d'un savoir fallacieux. D'où la nécessité d'une critique de la raison afin de prévenir les fautes qui nous dérangeraient par rapport à la vraie destination d'un usage pur de la raison, une destination qui ne coïncide aucunement avec un accroissement simple et générique de notre désir de connaître :

> Aussi bien n'était-ce pas là la visée de la destination naturelle de notre raison ; et le devoir de la philosophie était de dissiper le mirage qui résultait d'un malentendu, dût-elle anéantir une chimère tant prisée et tant choyée [3].

Le sens par lequel le projet d'une critique de la raison, et donc d'une philosophie pure, se lie à l'enquête sur l'homme ne doit pas être compris relativement au but d'offrir une caractérisation de la constitution cognitive humaine, mais relativement à la possibilité d'entrevoir le signifié qu'ont, pour toute l'existence de l'homme, certaines questions dont la portée va au-delà des pouvoirs cognitifs qui sont les siens. Lorsque Kant présente la critique de la raison pure en tant que critique « du pouvoir de la raison *en général* » [4], il n'entend pas fournir une description de la nature humaine [5] entendue au niveau plus profond de sa structure cognitive-rationnelle, mais il désire souligner une disproportion, en l'homme, entre nature et raison, entre ce qui est donné à cet être et ce à quoi il est destiné. Cela est d'autant plus important que la raison ne peut, par principe, constituer une caractéristique qui identifie la nature humaine, et cela parce qu'elle ne répond qu'à une pure activité spontanée dont la fonction conduit au principe d'une législation autonome.

À la manière dont elle est pensée par Kant, la raison témoigne de ce que l'homme n'est pas lié à une condition physiologique, à une nature donnée qui le précède ou qui le prédétermine. Aussi l'intérêt envers la nature humaine, dans la mesure où il veut se transformer en science, ne peut-il que conserver un caractère empirique.

1. *Cf.* CRP, A VII ; OP I, 725.
2. CRP, A 339 / B 397 ; OP I, 1045.
3. CRP, A XIII ; OP I, 728.
4. CRP, A XII ; OP I, 728. Je souligne.
5. B. Jacobs a raison dès qu'il affirme que le point de vue de la première *Critique* ne peut se reconnaître dans le modèle, constitué par Hume, d'une recherche de la nature humaine – *cf.* B. Jacobs, « Kantian Character and the Science of Humanity », *in* B. Jacobs et P. Kain (eds.), *Essays on Kant's Anthropology*, Cambridge, Cambridge University Press, 2003, p. 105-134.

Dans cette perspective, une anthropologie peut concerner l'homme soit d'un point de vue physiologique (en tant que produit naturel), soit d'un point de vue pragmatique, autrement dit en référence à ce que l'homme peut et doit devenir par rapport à sa capacité d'agir sur soi-même et sur sa propre formation. Dans les deux cas, ce qui est étudié, c'est le *phénomène* d'une action de la nature sur l'homme (anthropologie physiologique) ou de l'homme sur soi-même (anthropologie pragmatique), et non pas le principe de l'agir en tant que tel – seul ce dernier peut constituer l'arrière-fond problématique pour une critique de la raison conçue comme pure activité spontanée et auto-législative. Il ne faut pas chercher dans le projet d'une connaissance anthropologique (non empirique) l'horizon pour comprendre les questions fondamentales de la philosophie critique ; l'anthropologie reste une connaissance empirique chez Kant. Toutefois, cela ne signifie pas que, sur la base de la recherche critico-transcendantale du savoir et de l'agir rationnels, il ne soit pas possible d'identifier le critère capable de définir et d'orienter toutes les recherches empiriques sur l'homme, en les encadrant dans une conception normative-téléologique plus large.

3. En d'autres termes, la distinction entre le modèle d'une connaissance pragmatique de l'homme et le profil simplement descriptif d'une connaissance physiologique se donne toujours pour Kant dans l'espace d'une anthropologie de type empirique. Ce qui change de façon significative est la possibilité de considérer les données empiriques de l'anthropologie en partant d'un *point de vue* différent, c'est-à-dire en partant de la possibilité de penser un étant capable de structurer le rapport avec ses propres dotations naturelles et avec ses propres talents, un étant capable de se former, d'agir sur soi-même, de se cultiver en vue de la réalisation de fins qui vont au-delà de sa condition d'étant naturel, parce qu'elles ne prennent une valeur contraignante que dans le contexte d'un usage pur de la raison :

> L'homme est destiné par sa raison à être en une forme de société avec d'autres hommes et à se *cultiver*, à se *civiliser* et à se *moraliser* dans cette société par l'art et par les sciences [1].

Considérée de ce *point de vue*, l'anthropologie, même distinguée par rapport aux connaissances rationnelles pures, gagne cependant une position précise au long du parcours tracé par la philosophie critique, dont la tâche, nous le répétons, ne consiste pas dans l'acte de procurer une connaissance de la nature humaine, mais dans la préfiguration – sur le fil d'une analyse des limites et des possibilités d'un usage pur de la raison – des buts essentiels de l'homme et de son existence. C'est la raison en tant qu'activité spontanée et auto-législative qui pointe du doigt ces buts – s'ensuit que, par définition, ils ne s'écrivent pas dans une nature de l'homme déjà donnée. Les fins poursuivies par la raison ne sont pas compréhensibles en tant qu'effets d'une cause naturelle par laquelle ils seraient

1. *Anthropologie*, AK VII, 324-325 ; OP III, 1136.

précédés. Au contraire, ils prennent consistance à partir de la dimension purement spontanée de l'agir libre de l'homme – dimension que n'indique pas la nature, dans le sens d'une constitution ontologique spécifique, mais la destination morale de celui-ci.

Certes, en tant que science empirique, l'anthropologie ne peut pas indiquer les objectifs assignés à l'homme par un pur usage de la raison. Et pourtant, la référence à un usage pur de la raison et à la dimension de l'agir libre de l'homme représente l'arrière-fond nécessaire pour une enquête anthropologique qui, selon le programme kantien, ne doit pas s'occuper de ce que la nature fait de l'homme, mais de ce que l'homme peut et doit faire de soi-même. L'adresse donnée par Kant à la recherche anthropologique répond à ce qu'il avait déclaré dans l'*Architectonique de la raison pure*, où l'anthropologie était présentée comme ce qui ne peut se rapporter aux fins nécessaires de l'humanité qu'à travers la médiation d'une connaissance rationnelle qui bouge par simples concepts, à travers un genre de connaissance dont la critique de la raison a la tâche d'assurer les limites et les possibilités.

> La mathématique, la physique, même la connaissance empirique de l'homme, ont une haute valeur comme moyens pour les fins de l'humanité, d'abord et surtout pour ses fins accidentelles, mais finalement aussi pour ses fins essentielles et nécessaires ; seulement elles n'ont alors cette valeur que par l'intermédiaire d'une connaissance de la raison par simples concepts qui, de quelque nom qu'on la nomme, n'est proprement que la métaphysique [1].

La référence à la médiation d'une connaissance rationnelle pure montre la nécessité d'une réflexion philosophique sur l'homme, sans engendrer pour cela même de fausses attentes par rapport à une connaissance systématique de la nature humaine qui dépasse le plan des recherches empiriques. Une connaissance empirique de l'homme peut en effet converger dans le plus ample projet d'une « philosophie », mais seulement en considérant cette dernière en tant que science architectonique orientant les différentes connaissances vers des buts qui, bien au-delà des objets spécifiques des domaines particuliers du savoir, concernent, comme Kant le dit, « la destination totale de l'homme » [2].

Dans l'*Architectonique de la raison pure* en ce sens, on parle de la philosophie dans son concept cosmique comme « science du rapport de toute connaissance aux fins essentielles de la raison humaine » [3], en tant que législation qui oriente les savoirs scientifiques et leur fins arbitraires en direction d'un but qui intéresse *nécessairement* quiconque, pas seulement le savant ou le philosophe d'école, mais l'existence humaine considérée dans son entier.

4. Dans une *Réflexion* à la fois célèbre et problématique qu'Adickes fait remonter à la période 1776-1778, Kant parle à ce propos d'un œil

1. CRP, A 850 / B 878 ; OP I, 1398.
2. CRP, A 840 / B 868 ; OP I, 1390.
3. CRP, A 839 / B 867 ; OP I, 1389.

supplémentaire dont chaque science doit se doter afin de pouvoir voir son propre objet « du point de vue des autres hommes » [1].

Le penseur affirme qu'un tel œil n'est pas autre chose que « l'autoconnaissance de la raison humaine » [2], dont la fonction critique consiste à empêcher l'enracinement de certaines formes d'*égoïsme scientifique* qui consistent dans la considération de l'usage qu'on fait de la raison à l'intérieur d'une discipline déterminée en tant que paramètre valable pour tous les autres champs du savoir [3].

Pour surmonter cette condition égoïstique du savoir illustrée par la figure de l'érudit, il ne suffit pas d'agrandir ses propres connaissances en devenant ainsi plus érudit. En revanche, ce qui est requis, c'est « une autoconnaissance de l'entendement et de la raison. *Anthropologia transcendentalis* » [4]. Une telle connaissance ne dit rien de ce que l'homme est, de ce que l'homme peut ou doit être, elle n'est pas une *doctrine* mais plutôt une *discipline* dans le sens kantien du terme. Il ne s'agit pas donc d'une super-science de l'être humain qui dépasse le plan de la considération empirique ; elle doit être considérée dans le sens *critique* d'une mesure systématique de prévention contre chaque usage borné, monoculaire, *cyclopique* de la raison, qui empêcherait d'exprimer le sens le plus profond de l'existence humaine et de sa destination finale.

Dans les mots de Kant, « il est nécessairement quelque chose qu'apporte l'humanité à l'érudit » [5] en lui montrant la possibilité d'un usage de la raison qui ne soit pas restreint aux procédures d'acquisition de connaissances ou d'habiletés techniques.

Ainsi, une *anthropologia transcendentalis*, au sens d'une « autoconnaissance de l'entendement et de la raison », ne désigne pas une science ayant l'homme comme objet dans les termes « purs » d'un examen de ses facultés cognitives.

Lorsque Kant parle d'« autoconnaissance de l'entendement et de la raison », il ne pense pas à la connaissance d'une nature « pure » de l'homme, un *donné* qui puisse devenir à la fois objet de connaissance ; il se réfère plutôt à une dimension spontanée de la connaissance et de l'agir qui, chez l'homme, indique une finalité incommensurable par rapport à une nature préalablement établie.

Dans cette perspective, on ne peut pas compter sur une nature humaine qui serait derrière la nature que nous pouvons connaître phénoménalement, non seulement à cause de nos limites cognitives, mais à cause du fait que la fonction de la raison en nous témoigne du fait que nous ne sommes pas entièrement liés à une condition physiologique.

Pour conclure, le rapport entre philosophie critique et anthropologie ne peut pas être résolu ni en termes de distinction nette entre l'ordre des connaissances

1. Réfl. 903, AK XV, 395.
2. *Ibid.*
3. *Ibid.*
4. *Ibid.*
5. *Ibid.*, AK XV, 394.

pures et l'ordre des connaissances empiriques, ni sur le plan d'une lecture prétendant reconduire les questions fondamentales de la philosophie pure à une question encore plus fondamentale qui serait adressée à la constitution de l'être humain.

Considérée en tant que science systématique de la nature humaine, l'anthropologie ne peut que se donner sur le plan de la connaissance empirique et cependant, les recherches empiriques qui forment le cadre de l'anthropologie kantienne maintiennent un lien essentiel avec les questions de la philosophie pure. La raison en est que c'est seulement « à travers le moyen d'une connaissance rationnelle pure », c'est-à-dire à travers le dispositif critico-métaphysique de la philosophie que chaque considération anthropologique peut être comprise en relation à la destination finale de l'homme. Pour cette raison, l'examen des passions et des inclinations qui aident ou empêchent la pleine réalisation d'une forme de vie rationnelle de l'homme fait partie des tâches de la connaissance anthropologique. Ce n'est que par rapport à un but semblable que devient évident dans la destination morale de l'homme et dans l'idée cosmopolitique d'un monde conformé aux principes de l'agir libre, que l'on peut légitimement parler, pour Kant, d'espèce humaine dans sa totalité [1]; c'est à ce prix qu'est possible la construction d'un discours philosophique et rationnel sur l'homme qui puisse faire abstraction des limites spatio-temporelles à l'intérieur desquelles nous est seulement permis d'observer et catégoriser les *phénomènes* de l'agir humain.

Le second œil que la philosophie prête à l'anthropologie permet, ainsi, un regard sur l'espèce humaine dans son intégralité qui ne serait pas possible à partir d'une reconstruction de la nature de l'homme fondée sur l'expérience. Pour le philosophe, « espèce humaine » devient le concept qui rend pensable ce que serait impossible à l'homme en tant qu'individu, autrement dit l'aboutissement de sa destination.

C'est en vue des buts que la raison assigne à l'homme et qui ne semblent pouvoir être rapprochés que par rapport au développement historique de l'espèce entière que, dans la préface à son *Anthropologie*, Kant peut mentionner une « *connaissance générale* » de l'homme, qui « précède toujours la *connaissance locale*, si la philosophie doit l'ordonner et la guider, philosophie sans laquelle toute connaissance acquise ne peut produire que tâtonnement fragmentaire, et non point une science » [2].

Dans le sens pur que Kant lui donne, la philosophie n'a pas l'homme en tant qu'objet et, par conséquent, ne peut être considérée comme une sorte d'anthropologie de second degré qui va de pair avec la connaissance empirique de la nature humaine. Néanmoins, en faisant signe vers la destination finale de l'homme, la connaissance rationnelle pure nous offre le *point de vue* par rapport auquel les connaissances empiriques de l'anthropologie peuvent abandonner

1. *Cf. Anthropologie*, AK VII, 331 ; OP III, 1142.
2. *Anthropologie*, AK VII, 120 ; OP III, 940 ; *cf.* AK XXV, 734.

leur caractère fragmentaire et converger vers un objet au plus proche du concept *général* d'« espèce humaine ». Dès lors, même la philosophie pure qui, pour Kant, n'a pas directement l'homme comme son propre objet nous fournit les instructions pour une considération unitaire des phénomènes humains sur la base desquels peut se concevoir une anthropologie qui ne se réduit pas à une collection de notations empiriques privée d'un ordre systématique.

Angelo CICATELLO
Università degli Studi di Palermo

HUMANISATION DE L'ANIMAL OU ANIMALISATION DE L'HUMAIN CHEZ KANT : L'ÉLARGISSEMENT DE L'HORIZON DE LA RAISON

Comme Jacques Derrida le soulignait dans l'« Animal autobiographique » [1], l'histoire de la philosophie conduit à la conclusion que « tous les philosophes ont jugé que [la limite entre l'homme et l'animal] était une et indivisible ». Mon objectif dans les pages suivantes sera de réfléchir sur une ambiguïté présente dans le traitement kantien de la vie animale et dans ce qu'on peut attendre de la contribution des animaux à une connaissance plus profonde de la raison humaine. Tout d'abord il serait important de ne pas oublier que le Kant des écrits logiques soutient l'existence d'un manque essentiel propre à tous les animaux, qui tient au fait que ces derniers n'atteindraient pas le niveau de réflexivité dans la connaissance qu'ils phénoménalisent pourtant dans leurs actions, sans oublier le fait qu'ils ne sont pas capables d'avoir une véritable conscience morale. « Les animaux aussi ont une connaissance [*kennen*] d'objets, mais ils ne les connaissent [*erkennen*] pas », lit-on dans le cours de *Logique Jäsche* [2], en rapport avec une conception évolutive de la connaissance. Tandis que les êtres humains sont capables d'expérimenter une reconnaissance de ce qu'ils connaissent, comme un effet dérivé de la finitude de leur pensée, les animaux seraient caractérisés par l'incapacité de se rendre conscients des actions qu'ils réalisent sans hésiter. On pourrait dire, en recourant à un vocabulaire assez heideggérien, que l'animal est pauvre en monde par le seul fait de ne pouvoir pas agir comme un spectateur du monde qui l'entoure. Autrement dit, si la réflexion accompagne constamment, selon Kant, les actions humaines, une sorte de *daimon* socratique, comme un instinct inflexible – que les *Conjectures sur le commencement de l'histoire humaine* nomment la « voix de Dieu » [3] – guide les mouvements des animaux, en évitant l'apparition de toute erreur due au tâtonnement ou à une quelconque perturbation de la vie animale [4]. Cette fonction serait effectuée par la faculté de juger pour ce qui concerne les êtres humains,

1. Paris, Galilée, 1999, p. 72.
2. LOG, AK IX, 65.
3. CDH, AK VIII, 111 ; OP II, 505.
4. *Vd.* O. Custer, *L'exemple de Kant*, Leuven, Peeters, 2012, p. 105 sq.

étant donné que dans le régime de la finitude épistémique le concept ne suffit pas à déterminer sa propre application pour la connaissance des objets. Kant ne tait pas le fait qu'on ne peut recourir à aucune règle pour garantir l'application correcte des concepts aux objets. La détermination des concepts dépend donc d'un acte du jugement, qui reconnaît la correspondance entre formes conceptuelles et cas particuliers, une habilité que l'expérience montre n'être pas si fréquente chez certains érudits, soit parce qu'ils manquent du don de jugement naturel, soit « parce qu'ils n'ont pas été exercés à ce jugement par des exemples et des affaires réelles » [1] (A 134 / B 173), c'est-à-dire parce qu'ils manquent d'expériences directes liées aux champs dont ils sont spécialistes. En effet, les exemples « aiguisent la faculté de juger » [2] (A 134/B 173-174), comme l'énonce la Doctrine transcendantale de la faculté de juger de la première Critique, en lui permettant d'atteindre pleinement ses possibilités de mettre en rapport un concept et l'intuition correspondante. Kant n'éprouve cependant pas une grande sympathie pour l'usage des exemples, qu'il considère comme assez compliqué à produire, et qui, en outre, occasionne souvent des habitudes incommodes, qui tendent à infantiliser, sinon à animaliser la vie de l'esprit humain. Notre philosophe en arrive à conclure que les exemples « sont les roulettes pour l'enfant de la faculté de juger [*Gängelwagen der Urtheilskraft*], et celui-là ne saurait jamais s'en passer, auquel manque le talent naturel qu'elle constitue » [3] (A 134/B 173-174).

L'image des roulettes révèle l'ambiguïté de l'usage des exemples comme appui pour rendre le procès de la connaissance moins pénible. D'une part, les exemples sont une prothèse qui aide temporairement l'entendement humain, sous la condition qu'ils ne se réduisent pas à de simples formules mécaniques pour les opérations de l'âme. Comme il en va avec les formules langagières que certains sujets emploient à plusieurs reprises en irritant leur interlocuteur avisé – le § 12 de l'*Anthropologie d'un point de vue pragmatique* évoque ce point –, la répétition, qui est naturelle dans la vie animale, devient assez problématique dans le monde humain, au point de donner un indice du développement des forces, indigne du statut que l'être humain aspire à occuper au sein de la nature. Pour éviter peut-être une chute dans l'animalisation qui ne disparaît jamais de l'horizon vital de l'humain, Kant a décidé que la logique transcendantale donne des préceptes à la faculté de juger, en rectifiant ses pas « par des règles déterminées dans l'usage de l'entendement pur » [4] (A 135/B 174). Ainsi, la philosophie transcendantale se caractérise face à d'autres formes de logique par le fait de pouvoir indiquer « le cas où la règle doit être appliquée » [5] (A 135/ B 174-175), d'une manière indépendante des aléas de l'expérience empirique. La théorie du schématisme relève de ce dessein d'union transcendantale du

1. CRP, OP I, 882.
2. *Ibid.*
3. *Ibid.*
4. *Ibid.*
5. *Ibid.*

conceptuel et de l'intuitif, elle protège les procédures de la faculté de juger de l'arbitraire et du subjectivisme, en fondant un « usage objectivement valable et par conséquent vrai » de cette faculté [1] (A 131/B 170). Toute cette structuration de la capacité réflexive des êtres humains justifie, aux yeux de Kant, le discours un peu orgueilleux que le sujet humain porte sur la créature animale dans les *Conjectures sur le commencement de l'histoire humaine*, c'est-à-dire au verset 21 de la Genèse biblique : « La peau que tu portes, la nature ne te l'a pas donnée pour toi, mais pour moi », tout un hymne donc consacré à la supériorité des humains, ces êtres dotés de réflexion, par rapport aux animaux, que Kant interprète dans les termes suivants:

> [L'être humain] prit conscience d'un privilège qu'il avait, en raison de sa nature, sur tous les animaux, qu'il ne considéra plus désormais comme ses compagnons dans la création, mais comme des moyens et instruments dont sa volonté peut disposer en vue d'atteindre les fins qu'elle se propose à son gré [2].

Ce texte donne le ton de la position kantienne concernant les attentes relatives au développement épistémique et moral, assigné aux capacités animales, qui, comme l'annonce la vieille sentence du stoïcien Chrysippe, par laquelle commence l'opuscule *Annonce de la prochaine conclusion d'un traité de paix perpétuelle en philosophie*, possèdent une âme pour garantir une excitation encore simplement mécanique de leurs forces, en empêchant la corruption de leurs organes vitaux, sans aucun but ultérieur à la conservation de la vie [3]. Les remarques antérieures nous confirment dans l'avis assez négatif que Kant porte sur les animaux, thèse qui s'associe sans difficultés à la propension hégémonique de l'homme dans la compréhension des êtres naturels. Comme la dignité octroyée à l'humain oblige l'être humain à veiller à ne pas tomber dans l'archaïque parenté avec les animaux, il serait vain de chercher chez Kant des comparaisons entre la parole humaine et celle de l'animal, alors que c'est un motif habituel chez Diderot, qui, dans sa *Satire première*, affirme ceci :

> Autant d'hommes, autant de cris divers. [...] Combien de ramages divers, combien de cris discordants dans la seule forêt qu'on appelle société [4].

Selon une inspiration partagée avec Rousseau, Diderot essaie d'ébaucher toute une anthropologie zoomorphe, qui, conformément à la tradition de Le Brun et de La Fontaine, voit dans les labyrinthes de la société l'homme comme un loup, ou encore un homme tigre, renard, taupe et pourceau, dont le neveu de Rameau reproduira mimétiquement les gestes et le discours. Mais contrairement à Diderot, un penseur comme Rousseau fait le pari de la liberté animale comme un paradigme permettant de récupérer la liberté que les hommes ont perdue sous les chaînes de l'amour propre et des passions sociales. Les mouvements des

1. CRP, OP I, 880.
2. CDH, AK VIII, 114 ; OC II, 509.
3. APP, AK VIII, 413 ; OP III, 419.
4 Diderot, « Satire première », in *id.*, *Œuvres*, L. Versini (éd), R. Laffont, vol. II, 1998, p. 583-584. *Vd.* J. Starobinski, *Diderot, un diable de ramage*, Paris, Gallimard, 2012, p. 9-31.

oiseaux ne restent pas étrangers à ce point de considération de la vie. Jean Starobinski conseille à ce propos de prêter attention à l'ouvrage de Rousseau, *Julie, ou la Nouvelle Héloïse*, où on fait l'éloge de la vie des oiseaux sans volière comme d'une vie promise à un nouveau contrat social pour les hommes :

> Les oiseaux peuplent un lieu vaste, au centre du jardin parfait surnommé l'Élysée qui se déploie à Clarens devant la résidence de Julie et de Wolmar son époux. Lors de sa visite, Saint-Preux est attiré par un « ramage bruyant et confus ». Il croit d'abord qu'il provient d'une volière. Non précise Julie : ce que son ami a pris pour une volière est la libre demeure des oiseaux. Ils y vivaient avant que le couple Wolmar ait habité à ce domaine. « Ils sont ici les maîtres », remarque-t-elle, au point que les visiteurs qui pénètrent dans cet espace deviennent leurs « hôtes ». Cette apparente volière est donc un lieu de liberté : un sanctuaire de la nature demeurée intacte. Il ne s'y trouve évidemment aucun oiseau « sifflé » par un oiseleur pervers ! Wolmar complète la pensée de Rousseau : ce sont les « gens riches » qui « ont des oiseaux dans des cages, et des amis à tant par mois », car « la force et l'argent sont les seuls moyens qu'ils connaissent ». À la vérité, ce lieu et sa description sont de pure imagination, une merveille d'artifice, mais Rousseau, qui ne peut cacher son très grand *art*, et qui n'a pas fait de Wolmar un pauvre, se garde de le rappeler dans cette page [1].

Starobinski attire notre attention sur l'inversion de la disposition que l'agent humain montre d'habitude à l'égard de l'animal. Chez Julie et Wolmar, les êtres humains sont les « hôtes » des oiseaux, qui les autorisent à pénétrer à l'intérieur de leur pacifique Élysée. Kant n'ira pas aussi loin dans son discours sur le rapport de l'humain à l'animal, mais il présentera, dans la troisième Critique, un modèle de communication élargie, qui dépend directement de l'écoute que l'agent humain accorde par exemple au chant d'un rossignol. En introduisant une nuance décisive dans le portrait que Rousseau donnait de l'aimable coexistence entre êtres humains et animaux, Kant considère la vie animale – et végétale aussi – comme le germe d'une grammaire capable de dénoncer de manière vive les pathologies qui empoisonnent la vie sociale. Le chant transmet une manière nouvelle de vivre et de se sentir en communauté, avec autres. Le § 42 de la troisième Critique, consacré à l'intérêt intellectuel qu'on peut prendre spontanément à la beauté, appartient à cette tendance régénératrice de l'existence. Un passage rappelle spécialement le ton et propos des *Rêveries du promeneur solitaire* rousseauiste :

> Celui qui dans la solitude (et sans intention de communiquer ses observations à d'autres) contemple pour les admirer et les aimer la belle forme d'une fleur sauvage, celle d'un oiseau, d'un insecte, etc., et regretterait qu'elles manquassent dans la nature en général, car loin d'y voir miroiter quelque avantage pour lui, il en subirait quelque dommage – celui-là prend un intérêt immédiat, d'ordre intellectuel, à la beauté de la nature. C'est-à-dire que lui plaisent non seulement la forme des produits de la nature, mais aussi leur existence, sans qu'il y eût une excitation sensorielle ou qu'il liât une quelconque finalité à ce plaisir. À ce sujet, il faut remarquer que si l'on avait secrètement trompé cet amateur du beau en

1 J. Starobinski, *op. cit.*, p. 28.

> plantant des fleurs artificielles (que l'on sait fabriquer toutes semblables aux fleurs naturelles) ou en instillant sur des branches d'arbre des oiseaux artistement sculptés, et qu'il découvrit alors la supercherie, l'intérêt immédiat qu'il y prenait auparavant disparaîtrait aussitôt, mais ferait sans doute place à un autre intérêt, celui de la vanité qui consiste à décorer une pièce de ce genre d'objets, et pour des yeux étrangers [1].

Le passage établit une liaison étroite entre la solitude de l'observateur et le jugement sur l'appartenance nécessaire des belles formes d'une fleur, d'un oiseau ou d'un insecte à la nature considérée comme un système, de sorte que si la technique remplace celle-ci, alors le sens de l'intérêt se trouve transfiguré, et se transforme en une vanité sociale qui, en outre, dévalue son statut. Comparé à l'Élysée de Julie, la « supercherie » d'un arbre avec des oiseaux soigneusement sculptés sur ses branches devient une pièce de décoration bourgeoise et ne suscite plus l'élévation de l'âme, qui corrige les vices de l'égoïsme, de l'envie par rapport aux autres, en ouvrant de manière décisive une nouvelle voie d'existence sociale. En pratiquant cette opération d'assimilation du monde langagier humain au monde effectif des animaux, que Tolstoï avait considéré comme impossible dans son récit, Jolstomer, Rousseau tout comme Kant choisissent les éléments les plus humbles de la nature comme moyen pour surpasser la limitation des forces humaines. Il s'agit d'une décision que Lévi-Strauss définira comme une exhortation à l'exportation de la civilisation dans tout milieu environnant l'être rationnel, ainsi que l'énonce son texte de célébration de la figure de Rousseau comme fondateur des sciences de l'homme :

> Loin de s'offrir à l'homme comme un refuge nostalgique, l'identification à toutes les formes de la vie, en commençant par les plus humbles, propose donc à l'humanité d'aujourd'hui, par la voix de Rousseau, le principe de toute sagesse et de toute action collectives ; le seul qui, dans un monde dont l'encombrement rend plus difficiles, mais combien plus nécessaires, les égards réciproques, puisse permettre aux hommes de vivre ensemble et de construire un avenir harmonieux [2].

Lévi-Strauss, un des auteurs les plus orgueilleusement anthropocentristes du XXe siècle, loue Rousseau, mais on peut élargir l'éloge à Kant, pour sa capacité à avoir décentralisé l'accès à la production du sens, réservé naguère au monde humain, en prenant comme exemples des activités produites par le monde végétal et animal. De cette façon, l'herborisation tout comme la rencontre de différents animaux semble redonner au sujet l'expérience d'un paradis irréparablement perdu, où la plupart des obstacles humains qui empêchent la communication vive et la saine réflexion disparaissent comme de lourds fantômes. Il est certainement vrai que Kant a parlé d'un idéal de la beauté, qu'au § 17 de la troisième Critique il réduit à la figure humaine, étant donné que cette dimension du beau ne relève pas de la beauté libre. Bien que l'idéal occupe une

1. CFJ, § 42, AK V, 299 ; OP II, 1099.
2. C. Lévi-Strauss, « J.-J. Rousseau, fondateur des sciences de l'homme », in *Anthropologie structurale II*, Paris, Plon, 1962.

place centrale dans les catégories esthétiques déployées dans la « Doctrine du goût », le champ théorique semble ignorer ce qu'on pourrait faire de cette pièce de sa réflexion, tandis que de nombreux exemples donnés même par la *Critique de la faculté de juger* soulignent sans ambages que les oiseaux et les autres créatures de la nature se trouvent dans de meilleures conditions que les agents sociaux pour émettre des signes d'intérêt en vue du développement moral des sujets. Le fait que l'idéal de la beauté ne devient pas un moteur mimétique qui pourrait conduire à l'amélioration morale du sujet, peut soulever l'admiration, mais cette conséquence était prévisible à partir de la compréhension kantienne de la beauté comme manifestation de la liberté. Cette caractéristique de la théorie kantienne de la beauté rend plus facile l'apprentissage des animaux qu'une copie de plâtre d'un être humain, qu'offre l'idéal winckelmannien. Si l'on tient compte de la remarque précédente, on n'est pas surpris, quand à la fin de l'« Observation générale » qui suit à la première partie de l'« Analytique du beau », on rencontre par exemple un chant, d'un ton presque franciscain, d'un « frère oiseau », comme antidote à la figure menaçante qu'adopte souvent l'autre homme, le prochain, dans les échanges sociaux :

> [I]l peut s'assurer en revanche que la nature, là-bas prodigue de diversité jusqu'à la luxuriance, et qui n'est pliée à la nécessité d'aucune règle de l'art, peut constamment alimenter son goût [du voyageur Marsden, auquel le passage se réfère]. Même le chant des oiseaux, qu'il nous est impossible de ramener à aucune règle de la musique, semble comporter plus de liberté, et, du même coup, apporter davantage pour le goût que même le chant humain exécuté d'après toutes les règles de l'art musical ; car on se lasse beaucoup plus tôt de ce dernier quand il est répété souvent et longtemps. Mais sans doute confondons-nous là notre sympathie pour la gaieté d'un petit animal qui nous est cher avec la beauté de son chant, lequel en effet, quand il est très exactement imité par l'homme (comme cela arrive parfois pour le chant du rossignol), paraît à notre oreille tout à fait insipide [1].

Bien que l'intention principale de Kant dans ce passage réside dans la confrontation entre la fécondité que la nature donne à l'observation esthétique comparée aux produits de l'art humain, ce qui m'intéresse spécialement est l'allusion à une « sympathie » pour la « gaieté » de l'oiseau qui chante, que les observateurs humains confondent souvent avec une véritable beauté. La remarque a de l'importance, parce que l'aveu fait par Kant à propos, par exemple, de la beauté seulement apparente du chant d'un rossignol, agit comme un signal qui déclenche une familiarité cachée que nous ressentons en face d'un « petit animal qui nous est cher ». Étant donné que le plaisir pris au beau est un plaisir de la réflexion, qui se voit accompagné par une communication de cet état de l'esprit, l'épisode du lien d'amitié entre les hommes, sûrement déçu par les mauvaises expériences, prouve l'existence d'une espèce de sens commun, inconnu de la plupart des sujets avant cette expérience de *philia*, qui relie cette fois non pas des êtres qui ne partagent pas les mêmes traits, ni ne parlent le même

1. CFJ, AK V, 243 ; OP II, 1008.

langage, mais comme des êtres qui arrivent à entamer un dialogue sans début ni fin. En vérité, Kant ne nous donne pas plus de détails sur la sympathie qui déploie un lien entre le « sujet » humain et l'« objet » animal, mais nous savons par le § 60 de la troisième Critique qu'il décrit cette disposition comme une capacité rigoureusement caractéristique de l'humain, qui s'associe à la « faculté de pouvoir se communiquer de façon intime et universelle» [1]. Cette fois il semble s'agir d'une sympathie première, originale, qui nous aide à comprendre le fait que la Nature – pas la Cité des hommes – laisse des traces et livre des indices qui témoignent « qu'elle contient en soi un quelconque principe qui permette de supposer qu'il existe un accord, conforme à une loi, entre ses produits et notre satisfaction indépendante de tout intérêt » [2]. Sur la base de cette herméneutique critique de la nature, la raison détiendra le droit de prendre un intérêt spécifique à une telle manifestation de la nature [3], qui aura des conséquences aussi sur le champ de l'interprétation de l'histoire. Il s'agit véritablement d'une amitié transcendantale qui anime, avec un ton assez proche de celui du Rousseau plus misanthrope, la fuite des « ramages » sociaux justement vers l'amour qu'on éprouve pour l'humanité, en adoptant progressivement une position d'écoute relativement aux formes libres de la nature – aussi exotiques soient-elles, comme le colibri, l'oiseau de paradis ou le perroquet –, que la main humaine n'a pas encore réussi à reproduire. Cet élargissement de la façon de penser des sujets, qui se mettent à la place de tout autre être humain, selon la maxime du sens commun concernant précisément la faculté de juger, rappelle les propos récents de penseurs comme le philosophe camerounais, Achille Mbembe, qui a soutenu dans *Politiques de l'inimitié* la nécessité de cultiver un « rapport mondial », capable de surmonter le cadre d'association d'un être humain avec un territoire, une culture ou une nation, comme il est nécessaire quand il s'agit d'avoir une pensée véritablement cosmopolite. Le désir de rencontrer une nature qui ignore la marque de la *techne*, c'est-à-dire le noyau du chiasme entre *physis* et *techne* déclaré par le § 45 de la troisième Critique, apparaît donc comme le fantôme ou le double d'un champ civil qui souhaite réduire son nihilisme connaturel. En outre, l'être humain devient conscient du fait que l'acceptation de la distance qui nous sépare de l'animal peut être une vraie condition pour fonder une communauté esthétique soutenue par un libre usage du propre. Un autre passage du § 42 de la *Critique de la faculté de juger* insiste sur le fait que la beauté transporte avec soi un pacte ou contrat pré-linguistique de l'humain avec la Nature dans sa totalité, pacte qui échoue quand la technique essaie d'imiter l'« art caché » naturel. C'est seulement en respectant ce pacte que la double « fascination » [4] expérimentée entre la beauté naturelle et artistique pourra avoir lieu :

1. CFJ, § 60, AK V, 355 ; OP II, 1146.
2. CFJ, § 42, AK V, 300 ; OP II, 1081.
3. CFJ, § 42, AK V, 301 ; OP II, 1082.
4. *Anthropologie*, § 3 ; AK VII, 150 ; OP III, 968.

> Le chant des oiseaux est porteur d'allégresse et de joie de vivre. [...] Quoi de plus apprécié des poètes que le trille enchanteur du rossignol, lancé d'un bosquet solitaire, par une calme soirée d'été, sous un doux clair de lune ? Mais on connaît des exemples de ce que, lorsqu'on n'a pu trouver un tel chanteur, quelque hôte malicieux a su tromper pour leur plus grande satisfaction les invités venus chez lui jouir de l'air de la campagne, en dissimulant dans un buisson une jeune espiègle qui sache imiter avec une apparence de parfait naturel ces trilles (en sifflant dans un jonc ou un roseau). Mais, dès qu'on est persuadé de la supercherie, personne ne supportera longtemps d'écouter ce chant auparavant si attrayant ; et il en va de même avec tout autre oiseau chanteur [1].

Aux antipodes de ce jugement bienveillant que Kant prononce sur le « frère oiseau », on ne redoute pas de se plaindre du voisin qui entonne habituellement des chants spirituels pour animer sa foi religieuse sans se rendre compte de « la pénible incommodité que ces exercices bruyants (et par là même souvent pharisaïques) font subir au public » [2]. Comparé au langage des affects délivré par la Nature, le son produit par la musique tend à « un certain manque d'urbanité » [3], il ennuie ceux « qui n'appartiennent pas à la société de musique »[4]. Ce jugement sur la musique humaine, qui bouleversera Kleist dans *Sainte Cécile ou le pouvoir de la musique*, annonce que le langage, pas plus que l'art humain des sons, ne saurait fournir à l'humanité les bénéfices résultants de cette communauté insolite qui accorde le promeneur solitaire et l'oiseau, communauté fondée en fait davantage sur la *phone* que sur le *logos*.

Nuria SÁNCHEZ Madrid
Universidad Complutense de Madrid

1. CFJ, § 42, AK V, 302 ; OP II, 1083.
2 CFJ, § 53, AK V, 330, note ; OP II, 1117.
3. *Ibid.*
4. *Ibid.*

L'ANIMALITÉ, UN *ANALOGON* DE L'HUMANITÉ OU SI KANT AVAIT EU UN CHIEN

Dès la première phrase de la première section du premier livre de l'*Anthropologie*, l'humain se construit aux dépens de l'animal assujetti :

> Posséder le Je dans sa représentation : ce pouvoir élève l'homme infiniment au-dessus de tous les autres êtres vivants sur la terre [1].

L'animal est dépossédé d'un « Je » ; il n'est personne ; il est inconscient des changements qui peuvent lui arriver. Relégué au rang de choses dont les humains peuvent disposer « à leur guise », l'animal ne semble pas vraiment avoir sa place en tant que tel dans un débat kantien centré sur l'anthropologie [2]. Conditionné par sa propre bestialité, il ne sert que de faire-valoir à la dignité de l'homme.

Pourtant, il peut y avoir une autre lecture de l'animalité dans l'œuvre de Kant. Cette autre lecture est non seulement possible, mais *nécessaire* – ce sera ma thèse – si l'on veut saisir les enjeux cosmopolitiques ouverts par le projet de Kant *qu'est* l'humanité [3]. Si l'on suit le propos de Philonenko, à savoir : « la nature humaine [pour Kant] n'est pas essentiellement un *passé* qui doit être dépassé ; c'est surtout un *avenir* qu'il faut atteindre », il n'existerait pas de loi naturelle qui s'opposerait à une ouverture plus bienveillante à d'autres espèces [4]. Mieux anticiper les conséquences de nos actes, prendre en compte comment « une violation de droits commise [et il faudrait ici ajouter une discussion de *qui* détient *quels* droits] en un seul lieu » peut « être ressentie partout », ce sont là

1. *Anthropologie*, AK VII 7, 127 ; trad. et introduction de M. Foucault *Anthropologie du point de vue pragmatique*, Paris, Vrin, 2008, p. 89 ; OP III, 945.

2. *Ibidem*.

3. Jean-Christophe Bailly présente le monde animal comme « la conjugaison active du divers » et propose qu'elle « devrait avoir valeur de test, si tant est que la politique consiste dans la mise à l'épreuve de la capacité à installer dans le vivant des formes d'association susceptibles de tendre des liens et de fournir des seuils » (J-C Bailly, *Le parti pris des animaux*, Paris, Christian Bourgeois, 2013, p. 8-9). La « cosmopolitique » pourrait être justement considérée comme « l'installation » ainsi décrite.

4. A. Philonenko, *Théorie et pratique dans la pensée morale et politique de Kant et de Fichte en 1793*, Paris, Vrin, 1968, p. 40.

des éléments qui sont à l'ordre du jour [1]. Pour être à la hauteur de l'impératif catégorique, relu dans une optique écologique, il faudrait se concevoir comme faisant partie d'un tout, ce qui nécessiterait, de notre côté, un engagement responsable. Comme le disait Kant à sa façon :

> ...demande-toi toi-même si, en considérant l'action que tu as en vue comme devant arriver d'après une loi de la nature dont tu serais toi-même une partie, tu pourrais encore la regarder comme possible pour ta volonté [2].

Beaucoup dépend de cette volonté. Trop souvent l'état actuel des choses étouffe tout projet visant un avenir meilleur ; « la nature humaine » figure comme une forme figée, incapable de se réinventer. Il faut bien de l'imagination, de l'énergie, et même du courage pour vouloir mieux. Il est beaucoup plus facile de ne pas espérer, de ne pas croire en une possibilité de produire quelque chose de différent, et de continuer à vivre « [en appliquant notre] procédure mécanique » [3]. Face à notre inertie, Kant nous exhorte à nous aventurer au-delà d'un présupposé *statu quo* ; à explorer *ce qu'on peut faire* de l'homme, à activer son potentiel. C'est la raison pour laquelle le projet cosmopolitique nous oriente vers un avenir qui ouvre sur d'autres conceptions de vie : c'est le « foyer au sein duquel se développeraient toutes les dispositions originelles de l'espèce humaine » [4]. Pour garder en vue ce projet, il faut « envisager l'homme et ses facultés d'un point de vue plus relevé », ne pas restreindre ce qui nous est possible par ce que nous faisons déjà, ou par ce que nous avons toujours fait [5]. C'est même le « nous » qui doit être interrogé, sa nature et ses relations avec autrui.

C'est bien la capacité humaine à se comporter différemment qui est mise en avant dans les *Leçons d'éthique*. Bien que Kant ne soit pas prêt à accorder des droits aux animaux, il nous impose des devoirs envers eux [6]. Ou plus exactement, il suggère que nous devrions nous imposer à nous-mêmes des devoirs envers eux. C'est au nom de cette humanité à venir que nous devrions traiter les animaux avec plus de considération, et même d'amour, ne pas leur faire du mal quand nous pouvons l'éviter et reconnaître tout ce qu'ils font pour nous, même s'il s'agit souvent d'un travail forcé. Nous abîmons « l'affabilité et l'humanité en nous » en tuant notre chien parce qu'il ne nous est plus utile ou serviable. La « cloche de l'ingratitude » que le vieil âne abandonné par son maître fait sonner par hasard, nous avertit de notre manque de finesse, nous rappelle que nous nous comportons d'une manière indigne de notre potentiel à faire mieux. Elle signale à juste titre qu'il y a un tort commis, même si la bête ne peut l'exprimer elle-même et en tout cas n'a pas le droit de le faire. La cloche nous communique que, pour se situer cosmopolitiquement, il faut repenser nos liens avec le monde et

1. PPP, AK VIII, 360 ; OP III, 353.
2. CRP, AK V, 69 ; OP II, 692.
3. PPP, AK VIII, 374 ; OP III, 369.
4. *Idée*, AK VIII, 28 ; OP II, 202.
5. PPP, AK VIII, 374 ; OP III, 368.
6. *Eine Vorlesung über Ethik*, ed. G. Gerhardt, Frankfurt am Main, Fischer 1990, p. 256.

questionner notre position de pouvoir. Il nous reste à faire le travail que Kant n'a pas poursuivi et prendre au sérieux sa proposition selon laquelle les animaux sont des « analogon[s] de l'humanité » [1]. La reconnaissance du rapport que ces correspondances nous offrent, et c'est une vraie chance, peut contribuer à la mise en forme de la vision kantienne d'un monde meilleur, plus juste, plus beau et potentiellement plus paisible.

Dans son *Projet de paix perpétuelle*, Kant reconnaît bien comment la guerre, cette source ambivalente de « progrès », a de tout temps pesé sur le dos des animaux. Il décrit en détail comment, afin d'être utilisés comme « instruments de guerre », les chevaux et les éléphants sont apprivoisés et domestiqués ; il aurait pu y ajouter les chiens, les pigeons et aussi nous rappeler ces fermes ambulantes, peuplées de vaches, moutons, cochons, qui suivaient les armées pour fournir viande et lait aux troupes. Kant reconnait bien que la civilisation humaine s'est construite en inventant, entre autres, des techniques pour exploiter les animaux comme des ressources naturelles : les humains les ont transformés en matière pour la nourriture et l'habillement, moyens de transport et, dans le cas de la graisse des baleines et des phoques, source d'énergie [2]. Parlant du chasseur, Kant souligne un mode de vie plus primitif que celui de la vie agricole, car entièrement dépendant de l'instrumentalisation d'autres espèces. Il remarque que « [p]armi tous les genres de vie, celui du chasseur est sans nul doute le plus contraire à la condition civilisée » [3]. Par contre, l'agriculture, qui nécessite une vie plus sédentaire, du travail plus soigneux et soutenu dans le temps, a fait proliférer les échanges commerciaux et aussi a promu des rapports plus paisibles entre les gens.

Ceci dit, Kant signale que parfois nous ne travaillons pas seulement *contre*, mais aussi *avec* ce qu'on appelle « la nature », comme si nos besoins avaient déjà été pris en compte par elle. Il s'agit de l'apparente « prévoyance de la nature » [*die Vorsehung der Natur*] [4]. L'aptitude des chameaux à traverser le terrain hostile du désert est à mettre en parallèle avec l'ingéniosité humaine déployée pour la construction de bateaux qui traverseront les mers : les chameaux sont en effet « [les] navire[s] du désert » [5]. Ils ont contribué aux divers processus rendant la planète plus habitable (surtout au gré des êtres humains), ils nous accompagnent dans l'histoire et évoluent avec nous. Comme le dit Eric Baratay dans *Le point de vue animal : une autre version de l'histoire* :

> Les animaux vivent dans les conditions imposées par les hommes, en allant de la contrainte brutale à la sollicitation amicale, mais ils réagissent, avec des différences selon les bêtes ou les situations et avec des évolutions, et leurs attitudes

1. V-Ethik, AK XXVII, 459.
2. PPP, AK VIII 363 ; OP III, 356.
3. PPP, AK VIII 363-4 ; OP III, 357. Même si l'on est pour le végétarisme, il faut se garder de louer trop sa critique de la vie du chasseur, car ailleurs, elle suggère une tournure raciste, voir UPT, AK VIII, 174 ; OP II, 580.
4. PPP, AK VIII, 362 ; OP III, 353-4.
5. PPP, AK VIII, 358; OP III, 350.

> rejaillissent sur celles des hommes, les modifient, dans un jeu continu d'interactions. Montrer les conditions subies et les rôles joués permet d'atteindre une réalité plus complexe ; et lorsqu'on accepte l'élargissement de l'histoire et le décentrage du regard, cette réalité est finalement facile à trouver, à observer, à écrire. Le versant animal complète et enrichit le versant humain, mais il a aussi son autonomie et son intérêt propre aiguisé par l'intérêt toujours plus fort pour les animaux et les inquiétudes croissantes sur l'avenir de la biodiversité [1].

Kant lui aussi réclame une autre version de l'histoire qui se dissocie des récits conventionnels et qui produirait une autre optique sur les événements, plus englobante, mais il ne va pas pour autant jusqu'à l'inclusion explicite du point de vue de l'animal et à l'interaction sensible avec l'animal. Il énonce :

> La nature a ses phénomènes, mais l'être humain a aussi ses phénomènes. Personne n'a encore écrit une histoire du monde qui fût aussi une histoire de l'humanité, et pas seulement une histoire des états et leurs changements (qui compte pour beaucoup, mais qui n'est en fin de compte qu'une petite partie d'un tout). Toutes les histoires des guerres se ressemblent : elles ne contiennent qu'un descriptif de batailles. Mais *sur le long terme,* qu'une bataille soit gagnée ou non ne change pas grand-chose. C'est la raison pour laquelle plus d'attention devrait être prêtée aux humains. Hume nous en a donné la preuve avec son *Histoire d'Angleterre.* Observer l'humain et ses comportements et regrouper ces phénomènes suivant des règles, c'est le but de l'anthropologie [2].

Afin de s'investir vraiment sur « le long terme », Kant devrait, pour citer le document sur l'approche éco-systémique de la COP 5 (de l'an 2000), tenir compte « des échelles temporelles et des décalages variables qui caractérisent les processus écologiques », et ainsi mieux respecter les diverses vies qui forment le monde. Ce faisant, il entrerait forcément en conflit, selon ce même document, avec « la tendance humaine à privilégier les avantages à court terme et à préférer le profit immédiat aux avantages futurs » [3]. Mais ce décentrement des intérêts purement anthropocentriques ne devrait pas lui poser problème, car Kant a toujours été très critique envers les gratifications trop faciles et en définitive illusoires. De plus, il vient de dire que l'anthropologie pragmatique vise à connaître le monde et que ce monde consiste en « la quintessence de tous les rapports dans lesquels l'humain peut entrer et où il peut exercer sa compréhension et son adresse » [4]. Il devrait ainsi être obligé d'entrer plus dans la complexité synergétique du rapport humain/animal qui n'est pas seulement « double » [*zwiefach*], c'est-à-dire « le monde comme objet de nos sens internes » (l'humain) et « le monde comme objet de nos sens externes » (la nature) [5], mais aussi – et j'ajoute – souvent « contradictoire » [*zwiespältig*]. Kant nous en donne un exemple dans la *Critique de la raison pratique* en parlant d'expériences sur les animaux, plus précisément sur les insectes. Même si les

1. E. Baratay, *Le point de vue animal : une autre version de l'histoire*, Paris, Seuil, 2012, p. 43.
2. V-Anthrop/Friedländer, AK XXV, 472 (Winter 1775/6).
3. Voir le rapport de la « Convention sur la diversité biologique » de la COP 5, 2000.
4. V-Anthrop/Friedländer, AK XXV-I.
5. V-Anthrop, AK XXV-I, 469.

avancées scientifiques sont souvent faites en s'emparant de spécimens d'autres espèces, et en les torturant, il se peut cependant qu'une petite brèche s'ouvre parfois dans les rapports instrumentalisants avec d'autres formes vivantes. Kant raconte l'anecdote suivante :

> Un observateur de la nature finit bien par aimer des objets qui d'abord offensaient ses sens, lorsqu'il découvre la grande finalité de leur organisation et qu'il délecte sa raison de cette contemplation, et Leibniz, après avoir soigneusement examiné un insecte au microscope, le replaça avec précaution posait à nouveau sur sa feuille, parce qu'il s'était trouvé instruit en le regardant et qu'il en avait reçu pour ainsi dire un bienfait [1].

L'évolution dans la mentalité du naturaliste grâce à sa rencontre avec un autre être vivant ne suffit pas pour apporter une vraie (pure) « valeur morale » à ses actes, car son « amour » pour l'insecte en question est trop informé par sa propre gratification : il « aime » « ce dont la considération [lui] permet de sentir l'élargissement de l'usage de [ses] facultés de connaître ». Néanmoins, cette façon de penser « selon les lois morales » acquiert « une forme de beauté que l'on admire, mais que l'on ne recherche pas encore pour autant » [2].

C'est en effet la beauté qui peut nous préparer « à aimer quelque chose, même la nature, d'une façon désintéressée » (et le sublime à « l'estimer hautement », avec plus de respect) [3]. Le soin (ou ce qu'on tend à appeler aujourd'hui le *care*) d'un Leibniz n'est pas encore à la hauteur du jugement esthétique, mais il peut lui préparer le chemin. Du même ordre est le soin qu'on peut prendre avec les animaux de compagnie. Comme un exemple « [du] pouvoir du mental d'être maître de ses sentiments maladifs par sa seule résolution », Kant cite le cas d'un homme âgé « qui parvenait à » mobiliser ses forces et à rajeunir ainsi sa vie en s'occupant de ses oiseaux :

> [Il] trouvait une occupation suffisante en nourrissant et en soignant ses oiseaux chanteurs, pour remplir son temps entre ses propres repas et le sommeil [4].

Kant considère que les petites préoccupations de ce monsieur ordinaire apportent autant de bienfaits à la longévité que celles d'un grand philosophe qui, lui, stimule ses forces vitales avec des idées profondes. Le fait de donner à manger à l'autre, comme à soi-même, met en pratique le sens même du compagnonnage, *cum panis* (« avec pain »). Dans cette scène, la main n'est pas seulement cette « disposition », dite « technique », qui pour Kant « différencie » l'homme « de manière reconnaissable de tous les autres êtres naturels » en le

1. CRP, AK V, 160 ; OP II, 799-800.
2. *Ibidem.*
3. CFJ § 29, AK V, 267 ; OP II, 1039. La qualification un peu gratuite de « même la nature » de la part de Kant nous rappelle qu'il lui aurait fallu un travail profond sur ses préjugés) pour s'ouvrir davantage à la diversité du vivant.
4. CF, AK VII, 102-3 ; OP III, 914.

rendant apte à manier les choses tangibles aussi bien qu'intellectuelles [1]. Loin d'être un outil de maîtrise, la preuve de la supériorité de l'espèce humaine, la main contribue ici à la formation de ce que Donna Haraway appelle « un devenir mondain » (*becoming worldy*), qui se veut être une autre forme de mondialisation que celle qui domine la société de consommation [2]. Pour Haraway, il s'agit « d'essayer de maîtriser, plutôt que de généraliser, à partir de l'ordinaire » (*we learn to be worldly from grappling with, rather than generalising from, the ordinary*) [3]. Les petits gestes attentionnés de la vie quotidienne peuvent constituer « des variétés imprévisibles du "nous" » (*unpredictable kinds of 'we'*) ; de ces rencontres entre « espèces de compagnie » émergent des « nœuds inter-spéciaux » [4]. Ici Haraway rejoint Stengers, parmi d'autres. Ainsi, Lolive et Soubeyran définissent la réflexion cosmopolitique comme la volonté de :

> Repenser les mondes communs comme un cosmos pour tenter d'intégrer l'étranger, d'absorber l'hétérogène dans un nouvel ordre du monde qui demeure juste et lui restitue sa beauté. Les cosmopolitiques explorent de nouvelles conditions de possibilité de la politique, mais c'est une politique méconnaissable puisqu'elle est bâtie autour de l'étrangeté (humaine et non humaine) [5].

Il faut revoir ce que Kant appelait « les phénomènes », en les rencontrant vraiment. Cette *ré*-vision donnerait le sens même de l'acte de respect, de *respecere*. Pour citer Haraway :

> Tenir un regard, répondre, se regarder réciproquement, remarquer, prêter attention à, avoir un regard courtois, estimer : tout cela fait partie des salutations polies et contribue au poli, quand et où les espèces se rencontrent [6].

Un total manque de ce respect envers l'animal domestique apparaît dans *Qu'est-ce que les Lumières ?*. L'animal figure ici pour nourrir une analogie avec le sort des femmes dans le monde dit civilisé. Kant écrit :

> Après avoir rendu tout d'abord stupide leur bétail domestique [*Hausvieh*], et soigneusement pris garde que ces paisibles créatures ne puissent oser faire le moindre pas hors du parc où ils les ont enfermés, ils leur montrent ensuite le danger qui les menace, si elles [les femmes] osaient s'aventurer seules au dehors [7].

1. *Anthropologie*, AK VII, 322 ; OP III, 1134. Dans la « La main de Heidegger » (J. Derrida, *Psyché*, Paris, Galilée, 1987, p. 434), Derrida démontre comment la priorisation de la main humaine figure chez Heidegger comme preuve de la supériorité humaine. Présenter l'utilisation de la main humaine comme façon de nous rapprocher de l'animal, plutôt que de nous séparer d'eux, serait alors une démarche importante à faire.

2. D. Haraway, *When Species Meet*, Minneapolis, University of Minnesota Press, 2007, p. 3.

3. *Ibidem*.

4. *Ibidem*, p. 5.

5. J. Lolive et O. Soubeyran (dir.), *L'émergence des cosmopolitiques*, Paris, La découverte, 2007, p. 11.

6. D. Haraway, *op. cit.*, p. 19 (nous traduisons).

7. QL, AK VIII, 37 ; OP II, 210 (traduction adaptée).

La « connaissance relationnelle » entre « deux choses dissimilaires » qu'une analogie rend possible est ici sous-exploitée par Kant [1]. Dans son livre *Hospitalités*, René Schérer élargit l'analyse pour nous, tout en appuyant sur la situation précise des animaux domestiqués. Il écrit :

> Si on transpose [ce passage de Kant] à la situation présente, tous les mots portent. Celui de bétail, car c'est bien d'animaux qu'il s'agit, parqués dans des pièces étouffantes, puantes, l'impossibilité de faire un pas « hors du parc », le « rendu bien sot » correspondant à la dégradation humiliante de l'individu... Et surtout ces mots portent, à la fois, sur ceux qui subissent la déshumanisation, justifiant la manière dont on les traite, et sur le si stupide bétail de la population autochtone, entretenus dans l'idée du danger de l'immigration et de la politique d'endiguement des flux [2].

Schérer attire bien notre attention sur les mécanismes de « dégradation » que certains animaux et certains humains peuvent avoir en commun. Il faut bien reconnaître les effets nocifs engendrés par la subjugation de l'animal, par sa relégation à une position inférieure. Kant en donne une démonstration flagrante dans son *Compte rendu de l'ouvrage de Herder : Idée en vue d'une philosophie de l'histoire de l'humanité.* Ayant présenté ce qui doit être compris comme une hiérarchie des félicités à attendre de la vie – celle d'un animal, puis celle d'un enfant, celle d'un jeune homme, et enfin celle d'un homme – Kant s'adresse à Herder :

> L'opinion de notre auteur serait-elle celle-ci ? Que si les heureux habitants de Tahiti n'avaient jamais reçu la visite de nations plus policées et se trouvaient destinés à vivre dans leur tranquille indolence encore des milliers de siècles, on tiendrait une réponse à la question : *à quoi bon l'existence de ces gens* et est-ce qu'il ne vaudrait pas autant avoir peuplé ces îles de *moutons* et de *veaux* heureux que d'hommes heureux dans leur pure satisfaction physique ? [3].

L'abaissement de l'animal fraye le chemin pour celui des Tahitiens. Apparemment les vies des moutons et des vaches ne valent pas grand-chose, et de même, si les Tahitiens étaient restés attachés à leur niveau de félicité naturelle, leurs vies n'auraient compté pour rien. Par voie de conséquence, la colonisation figure comme une intervention salvatrice, en les obligeant à se « civiliser ». Sans elle, on aurait pu se demander, dit Kant : « à quoi bon l'existence de ces gens » ? Il est difficile de voir dans ce passage une célébration de la différence culturelle, entre humains, sans parler même de celle entre les humains et les animaux.

Il semble que l'esclavage, corollaire de la colonisation, soit condamné par Kant à partir des années 1790 [4], mais son abolition n'est nullement envisagée

1. Voir PMF, AK IV, 357 ; OP II, 142.
2. R. Schérer, *Hospitalités*, Paris, Anthropos, 2004, p. 125-6.
3. Kant, *Recensionen von J. G. Herders Ideen zur Philosophie der Geschichte der Menschheit*, AK VIII, 65, trad. fr. S. Piobetta Garnier, Flammarion, 1990, p. 120 (nous soulignons).
4. Malgré la condamnation de l'esclavage sur les îles de sucre dans PPP, AK VIII, 359 ; OP III, 351 ; trad. fr. Gibelin p. 32-33, sa position demeure ambigüe : dans les « Vorarbeiten » au « Projet de paix perpétuelle », Kant critique la traite des esclaves en tant que préjudice porté à l'hospitalité

pour l'animal. En parlant de « la luxure sans âme » dans *Conjectures sur les débuts de l'histoire humaine* comme « l'esclavage le plus abject, mêlée à tous les vices de l'état brut », Kant écrit :

> [Elles] détournèrent irrésistiblement le genre humain de la voie qui lui est tracée par la nature pour développer ses dispositions au Bien ; et le rendirent ainsi indigne de son existence même, qui est celle d'une race destinée à dominer la Terre, et non pas à jouir de façon animale et à rester plongée dans la servitude [1].

La condamnation d'un certain type d'esclavage repose sur le dos des animaux assujettis ; la logique de la division entre l'humain et ce qu'on appelle « l'animal » le mène à présenter son embrigadement, son emprisonnement, sa servitude, comme volontaire. Un autre rapport à l'animal doit bien nous être possible ; il est même peut-être nécessaire pour vraiment explorer ce que l'humain « fait ou peut et doit faire de lui-même », s'il s'agit bien là de l'objet de l'*Anthropologie* de Kant [2].

Michel Foucault souligne que le monde de l'*Anthropologie* de Kant ne consiste pas en « l'opposition de l'homme et de la nature ». Il écrit que :

> La tâche de se diriger vers une *Weltkenntnis* est tout entière confiée à une *Anthropologie* qui ne rencontre plus la nature que sous la forme déjà habitable de la Terre [*Erde*] [3].

A contrario d'un point de vue déterminant qui fixerait l'humain dans une propre identité, la visée anthropologique ainsi comprise serait la vision d'une « cité à bâtir » plutôt « qu'[un] cosmos déjà donné » [4]. Il faudrait donc revisiter les dernières lignes de l'œuvre qui envisage :

> ...l'organisation progressive des citoyens de la terre dans et vers l'espèce en tant que système dont le lien est cosmopolitique [5].

À l'avenir, et aussi pour l'avenir, les animaux devront pouvoir compter comme citoyens, et pour être véritablement cosmopolitique, le « système » devra embrasser plus que l'espèce humaine. Pendant ce temps, on devrait au moins reconsidérer le *Haustier*, l'animal domestiqué / domestique, cet analogue de la femme de bonne société. Sa situation peut aussi présenter, pour citer encore Foucault, « un réseau où ni le droit ni la morale ne sont jamais donnés à l'état pur, mais où leur entrecroisement offre à l'action humaine – et il faut ajouter à l'action animale – son espace de jeu [*Spielraum*], sa latitude concrète » [6].

qu'on doit envers le peuple noir. Cependant ce qui compte encore plus pour lui, c'est l'effet nocif qu'elle a sur l'Europe et son commerce (AK XXIII,174). Kant aurait pu se prononcer plus clairement pour la cause abolitionniste s'il avait vraiment souhaité le faire...

1. CDH, AK VIII, 120 ; OP II, 517.
2. APP, AK VII, 119 ; trad. M. Foucault, p. 83 ; OP III, 939.
3. M. Foucault, « Introduction », *op. cit.*, p. 20.
4. *Ibid.*
5. APP, AK VII, 333 ; trad. M. Foucault, p. 262 ; OP III, 1144.
6. M. Foucault, *op. cit.*, p. 27.

Pour conclure, si Kant avait eu un chien, il aurait non seulement bénéficié d'une bonne garde contre « les sentiments maladifs provenant de pensées intempestives » en se promenant avec lui [1], mais il aurait aussi pu approfondir ses réflexions sur les possibles « espaces de jeu » inter-espèces.

Diane MORGAN
School of Fine Art, History of Art & Cultural Studies University of Leeds

1. CF, AK VII, 97 ; OP III, 921. Les errances d'un chien auraient pu dérégler les pérégrinations notoirement habituelles de Kant, obligeant ainsi les citoyens de Königsberg à s'équiper de montres. Voir De Quincey « The Last Days of Immanuel Kant », in *The English Mail Coach and other Essays*, London, Dent & Dutton, p. 173 : « … Kant walked out for exercise, but on this occasion he never took any companion… ».

LES FEMMES DANS L'HISTOIRE DE L'HUMANITÉ : CONSIDÉRATIONS KANTIENNES SUR LE CARACTÈRE DU SEXE

Dans l'*Anthropologie d'un point de vue pragmatique*, Kant présente ses considérations sur la différence entre les sexes de manière assez claire. Sur la base d'une conception téléologique de la nature, il établit un certain nombre de caractéristiques que la nature aurait attribuées aux femmes afin d'assurer la reproduction et la conservation de l'espèce humaine. Au-delà de cette tâche de conserver l'espèce, il accorde aux femmes un rôle important dans l'éducation au sein de la société familiale, présentée comme la deuxième étape du perfectionnement des êtres humains. Cependant, même s'il donne aux femmes un rôle dans sa conception du progrès de l'humanité dans l'histoire, les actions des femmes sont entièrement limitées à la sphère domestique. Selon Kant elles ne peuvent pas devenir des citoyens actifs et participer au débat public ainsi qu'à la prise de décision politique. En effet, Kant ne nie pas les capacités intellectuelles des femmes, mais il établit clairement une limitation ou une déficience dans l'*usage* de leurs capacités. De cette façon, le sexe féminin est condamné à une minorité civile permanente.

Dans ce texte, j'ai l'intention de rendre explicites les considérations de Kant sur les femmes en regard des trois niveaux du progrès de l'espèce humaine dans l'histoire : culture, civilisation et moralité. J'ai l'intention de montrer comment, en se basant sur une conception téléologique de la nature, Kant adopte une position philosophique sexiste. Avec des principes soi-disant « rationnels », il légitime les relations de soumission et d'oppression des femmes dans les sphères domestique et civile.

NATURE ET CULTURE : LES FEMMES COMME SEXE FAIBLE ET DOMINATEUR

Dans « Le caractère du sexe », Kant introduit la distinction entre les hommes et les femmes à partir de l'idée de sagesse de la nature qui organise la constitution de la féminité selon un principe indépendant de notre choix. Cette distinction suit donc l'intention plus élevée de la nature selon deux fins. En première lieu, la conservation de l'espèce, et en second lieu, « la culture de la société et de son affinement par la féminité » [1]. Kant affirme que, pour atteindre ces deux fins, il faudrait garantir à la fois l'union physique entre les sexes, c'est-à-dire la communauté sexuelle, et leur union en tant qu'êtres raisonnables, c'est-à-dire l'union domestique fondée sur les « inclinations sociales » [2]. À partir de cette double fin de la nature, nous pouvons comprendre comment Kant établit les caractéristiques naturelles et sociales qui justifieront la hiérarchie par laquelle il soumettra les femmes aux hommes dans la sphère domestique.

En considérant tout d'abord la « conservation de l'espèce » Kant dérive la première caractéristique qui sépare les femmes des hommes. La nature donne aux hommes *force* et *courage*, et aux femmes *faiblesse* et *crainte*. Kant attribue à la femme la tâche de porter l'embryon et ainsi de perpétuer l'espèce humaine. En vue de l'accomplissement de cette tâche, la nature concède aux femmes une sorte d'instinct de protection. Dans les mots de Kant, la nature a enraciné dans la femme la crainte devant les « atteintes *corporelles*, et la timidité face à des dangers de cet ordre » [3]. Il faut noter que le courage attribué uniquement aux hommes est lié par Kant à l'usage de l'entendement, lorsqu'il définit cette qualité comme étant « la maîtrise de l'esprit qui surmonte l'aversion pour le danger dans la réflexion » [4]. Aux femmes, au contraire, est attribuée une qualité différente du courage : la patience, une « vertu féminine » qui consiste en l'habitude à « rendre la souffrance imperceptible » [5].

En considérant ensuite la « culture de la société » comme deuxième fin de la nature, Kant affirme qu'elle introduit une compensation à la faiblesse et au manque de courage chez les femmes. Par analogie avec la fabrication d'un mécanisme, le sexe féminin est comparé à une machine de plus grande efficacité, c'est-à-dire à une machine qui peut produire la même chose mais avec moins de force. En constituant une organisation féminine plus ingénieuse, la nature donne aux femmes une tendance à *dominer* les inclinations de l'homme dans leurs relations sociales.

Selon Kant cette supériorité qui compense la faiblesse physique du sexe féminin ne peut pas apparaître dans l'état de la nature, mais seulement dans l'état civil. Kant affirme que dans l'état de sauvagerie naturelle « la femme [...] est un animal domestique. L'homme passe le premier, les armes à la main, et la femme le suit, chargée de tout l'attirail de maison » [6]. La faiblesse physique des femmes peut être compensée seulement dans l'état civil, au moment où sont institués le « droit du plus fort » et le « droit du plus faible » dans la sphère domestique. En tant que plus faible, la femme doit être protégée et pour assurer cette protection elle doit maîtriser les inclinations que l'homme a pour elle.

1. *Anthropologie*, AK VII, 305, OP III, 1118.
2. *Ibid.*, AK VII, 303, OP III, 1115.
3. *Ibid.*, AK VII, 306, OP III, 1118.
4. *Ibid.*, AK VII, 256. Traduction par M. Foucault (Paris, Vrin, 2009, p. 199).
5. *Ibid.*, AK VII 257. OP III, 1073.
6. *Ibid.*, AK VII, 304. OP III, 1116.

Bien que Kant indique que la caractéristique spécifique des femmes ne peut être développée que dans la culture (*Kultur*), il est important de souligner que la « tendance à la domination » est présentée comme une disposition naturelle des femmes. La culture (*Kultur*) donne l'occasion ou les conditions favorables au développement de cette disposition attribuée à la femme *par la nature* selon ses fins. Kant affirme que la « tendance à la domination » s'exerce par le désir féminin de « plaire en public ». Afin de dominer les inclinations du sexe masculin, la nature *donne* aux femmes l'aisance de la parole (*Beredtheit*) et de l'expression et leur offre le *don* de la loquacité (*Redseligkeit*) ou d'utiliser le langage avec émotion pour désarmer les hommes.

Avec cette reconstruction des arguments présentés dans l'*Anthropologie*, il devient explicite que la conception téléologique de la nature est utilisée par Kant pour *forger* la distinction sociale entre les hommes et les femmes. En d'autres termes, l'idée de finalité de la nature fonctionne comme un principe pour l'établissement de certains attributs ou « *dons* » *naturels*. À leur tour, ces dons naturels sont utilisés par Kant pour instaurer une séparation des *fonctions sociales* des hommes et des femmes.

Il faut comprendre tout d'abord qu'en attribuant seulement aux hommes la force physique et par conséquent le « droit du plus fort », Kant justifie la soumission de la femme dans la sphère domestique. L'homme a le droit de commander la maison, parce qu'il est le seul capable de la défendre contre les ennemis. La femme n'a que le droit d'être défendue. En l'absence de la force physique, sa seule protection contre les hommes consiste dans la persuasion par la parole et dans la domination par des sentiments et des larmes.

En deuxième lieu, il faut souligner la limitation de la qualité de « domination » que Kant attribue aux femmes. En effet, il affirme que l'homme se soumet à la domination de la femme, parce qu'il veut « la paix domestique ». La femme, au contraire, armée de sa langue, fait la guerre domestique pour soumettre les hommes aux règles de la maison. Néanmoins, Kant soutient clairement que bien que la femme *domine*, c'est l'homme qui *gouverne* et prend les décisions importantes basées sur l'entendement qui lui est caractéristique. Kant dit :

> Qui doit exercer l'autorité suprême à la maison ? Car il faut une seule personne pour coordonner les occupations selon une fin unique et qui est la sienne. – Je dirai dans le langage de la galanterie (et pourtant non sans vérité) : la femme doit dominer [*herrschen*], l'homme doit gouverner ; car l'inclination domine ; mais l'entendement gouverne [1].

Je voudrais ainsi conclure cette première partie en soulignant que Kant utilise la conception téléologique de la nature afin d'établir un *passage entièrement arbitraire* des caractéristiques *supposément naturelles* des sexes à la division des *fonctions sociales* féminines et masculines. À partir de cette conception du caractère du sexe fondé sur la finalité de la nature, il devient possible de tirer

1. *Anthropologie*, AK VII, 309-310. Traduction par M. Foucault, p. 243.

maintenant des conséquences importantes pour la compréhension kantienne du statut civil des femmes.

CULTURE ET STATUT CIVIL : LA FEMME NE PEUT PAS ÊTRE UN CITOYEN ACTIF

Il est vrai que Kant concède aux femmes un rôle important joué dans le raffinement du langage et des gestes. Selon lui, elles dominent les hommes en leur imposant la sociabilité, la bienséance et la politesse. Le sexe féminin remplit ainsi une tâche fondamentale dans les *deux premières étapes* du perfectionnement des êtres humains, présentés dans le « caractère de l'espèce » : sa conservation et son éducation pour la société familiale. Les femmes exigent des hommes la maîtrise des inclinations, permettant ainsi le progrès de la culture et même la constitution d'une apparence de moralité.

Cependant, Kant exclut clairement les femmes de *la troisième étape* du perfectionnement de l'espèce humaine, qui consiste à gouverner l'espèce « sous la forme d'un ensemble systématique (ordonné selon les principes de la raison) » [1]. Au vu de leurs qualités de faiblesse et de crainte, les femmes sont « par nature » limitées à la sphère domestique. En tant qu'elles ont besoin d'une protection constante, les femmes doivent circonscrire leurs actions à la sphère privée et ne sont pas en mesure de s'occuper des questions extérieures à la maison.

Il convient de noter que Kant n'attribue pas aux femmes l'absence d'entendement, mais l'incapacité de faire *usage* de leur propre entendement, puisqu'elles sont plus perméables aux inclinations. Dans le premier livre de l'*Anthropologie* dédié à la faculté de connaissance, plus précisément dans la section « des déficiences de l'esprit », Kant compare les femmes aux enfants en ce qui concerne l'incapacité de faire l'usage de leur propre entendement. Au début de la section 48, il indique que l'entendement lui-même sain peut présenter des faiblesses dans son exercice. Dans le cas d'un être humain incapable de faire un bon usage de son entendement, il doit être représenté dans les affaires civiles par une autre personne qui puisse prendre des décisions à sa place.

Cette incapacité de faire l'usage de son entendement en matière civile est désignée par Kant comme minorité (*Unmündigkeit*) et peut avoir deux fondements différents. Dans le cas des enfants, cette incapacité naturelle et temporaire est le résultat de l'âge encore insuffisant pour le développement complet de ses capacités mentales (*Minderjährigkeit* ou *Minorennität*). Dans le cas des femmes, cette incapacité est établie par des dispositions légales indiquant qu'elles ne peuvent pas faire l'usage de son entendement. Il s'agit donc de la minorité légale ou civile (*gesetzliche oder bürgerliche Unmündigkeit*). Kant dit :

1. *Anthropologie*, AK VII, 322. OP III, 1133.

> Les enfants sont mineurs de par la nature, et leurs parents sont leurs tuteurs naturels. La femme, à tout âge, est civilement mineure ; le mari est son curateur naturel. Si elle vit avec lui dans la séparation des biens, son curateur est un autre homme [1].

Contrairement aux enfants qui, à partir d'un certain âge, peuvent faire usage de leur propre entendement et arriver à la majorité, les femmes restent toujours, par nature, dans la condition de la minorité légale ou civile. Selon Kant, même en cas de séparation des biens ou d'indépendance financière par rapport aux maris, elles ont nécessairement besoin d'un « curateur ».

Il faut alors remarquer que Kant caractérise la femme comme ayant la capacité intellectuelle suffisante pour défendre ses intérêts particuliers. Mais il affirme qu'elle est incapable de faire un usage correct de ses facultés rationnelles précisément dans les affaires civiles ou publiques. Cela ressort nettement du passage suivant :

> Bien que la femme selon les dispositions innées de son sexe, ait la langue assez bien pendue pour tenir son rôle et celui de son mari lorsqu'il s'agit de parler, fût-ce devant un tribunal (pour discuter de gros sous) – on la dirait à ce propos en état de *surmajorité* [*übermündig*] [2] –, ces créatures ne peuvent, pas plus qu'il ne leur revient d'aller à la guerre, défendre en personne leur droits, s'occuper des affaires de la cité par elles-mêmes ; elles le font par l'intermédiaire d'un représentant ; cet état de tutelle légale dans les débats publics ne leur confère que des pouvoirs d'autant plus grands quant à l'économie de la maison : parce que intervient ici le droit du plus faible que le sexe masculin par sa nature se sent appelé à protéger et à défendre [3].

Kant ne nie pas aux femmes la capacité de discours et d'argumentation, mais cette capacité est limitée à la défense des intérêts privés dans la sphère domestique. Dans la sphère politique, elles ne peuvent pas défendre leurs droits sans la présence d'un représentant ou d'un tuteur légal, ni exercer des fonctions civiles. On peut donc remarquer l'inversion proposée par Kant : plus loin elles sont du débat public, plus grand est le pouvoir que les femmes acquièrent dans la sphère domestique.

À partir des considérations sur le caractère du sexe et les déficiences de l'esprit, il est possible de conclure qu'aux yeux Kant les femmes ne peuvent jamais passer de la minorité à la majorité civile. Elles restent toujours dépendantes des hommes et donc incapables de penser par elles-mêmes. Cette incapacité civile des femmes n'est pas justifiée en vertu de dispositions légales qui pourraient être modifiées dans l'histoire, ni par la condition matérielle de la femme, car même dans le cas où elles possèdent des biens elles doivent être toujours soumises à un tuteur. Cette incapacité est justifiée, selon Kant, par le destin que la nature réserve à l'espèce humaine. Alors, les femmes ne peuvent jamais atteindre le statut de « citoyen de l'État ».

1. *Anthropologie*, AK VII, 209. OP III, 1026.
2. Foucault traduit par « surémancipée ».
3. *Anthropologie*, AK VII, 209. OP III 1026-1027, traduction modifiée.

Cette conception de l'incapacité civile des femmes est réitérée par Kant dans les écrits politiques où il définit les trois attributs du concept du citoyen : liberté, égalité et indépendance [1]. Dans ces écrits, il devient clair que les caractéristiques attribuées par la nature aux femmes les empêchent de devenir citoyennes d'État. Les considérations de Kant sur les femmes dans l'*Anthropologie* nous permettent de comprendre cette incapacité civile. En raison de leur constitution faible et craintive, les femmes ne peuvent jamais devenir indépendantes de la protection des hommes pour leur conservation et par conséquent elles doivent être nécessairement représentées par des hommes. En tant que soumises à la force des hommes qui prennent tous les décisions politiques à leur place, elles ne peuvent pas avoir effectivement le statut d'égalité civile. Enfin, dans la mesure où elles sont incapables de réfléchir et de discuter publiquement sur la validité des lois, leur liberté semble être aussi supprimée.

Or, selon « le caractère du sexe », l'inclination naturelle conduit la femme à poursuivre uniquement ses propres intérêts dans la sphère domestique et la déficience de l'usage de son entendement l'empêche de concevoir des principes valables pour la communauté politique. Ce n'est que l'homme qui peut faire l'usage de son entendement pour réfléchir sur les principes universellement valables. On peut ainsi conclure que pour Kant une femme ne peut jamais aller au-delà de la sphère des intérêts privés. Seulement les hommes ont la capacité d'élaborer et d'établir des principes universels qui règlent les volontés individuelles dans l'état civil. Autrement dit, seuls les hommes peuvent exercer leur entendement et leur raison, en acquérant la capacité de se placer du point de vue de la communauté entière ou même de la société cosmopolite.

De cette façon, les femmes ne pourraient pas être considérées comme autonomes au sens politique, puisqu'elles ne participent pas au processus de réflexion et de jugement sur la validité des lois. La femme peut être considérée comme un « citoyen de la ville » dans le sens d'un citoyen passif qui est soumis aux lois de l'État, mais n'est pas un citoyen au sens strict, c'est-à-dire un « citoyen d'un État »[2]. Par nature, et de façon permanente, elle est considérée comme incapable de se donner des lois, c'est-à-dire de participer au processus d'établissement des principes rationnels réglant la coexistence entre les libertés des individus selon une loi universelle.

1. TP, AK VIII 290, OP III 270 ; DD, AK VI 314, OP III 579.

2. TP, AK VIII 295, OP III 276 : « Celui donc qui dispose du droit de vote dans cette législation s'appelle un citoyen [...]. L'unique qualité requise, en dehors de la qualité naturelle (de ne pas être un enfant ni une femme) est qu'il soit son propre maître (*sui juris*) [...] » ; DD, AK VI 314, OP III 579-580 : « [...] la gens féminine tout entière et en général toute personne qui n'est pas tenue d'entretenir son existence (nourriture et gîte) par son activité propre, mais qui le doit aux dispositions prise par un autre (l'État mis à part), sont dépourvus de personnalité civile et leur existence n'est pour ainsi dire qu'inhérence. »

SUR LA RÉALISATION DE LA MORALE : EST-CE QUE LES FEMMES PEUVENT JUGER MORALEMENT ?

À partir de cette reconstruction de la position philosophique de Kant qui propose des arguments sexistes pour justifier la soumission sociale et civile des femmes dans l'*Anthropologie*, je voudrais conclure en posant quelques questions ayant trait au domaine moral. On a vu que Kant affirme l'inclination comme caractéristique des femmes, alors que l'entendement est propre aux hommes. De plus, l'incapacité civile des femmes ne leur permet pas de participer au débat public et de développer la capacité de réfléchir sur des principes universellement valables pour la communauté politique et la société cosmopolite. Or, nous sommes amenés ici à nous interroger sur la relation entre l'autonomie au sens politique et l'autonomie morale. Étant donné l'incapacité d'exercer l'autonomie au sens politique, est-ce que, pour Kant, les femmes seraient pleinement capables d'exercer l'autonomie de la volonté au sens moral ? Elles sont certainement incluses dans le concept d'êtres rationnels. Cependant, à partir des considérations de l'*Anthropologie*, il devient clair que pour Kant elles sont profondément limitées dans l'utilisation de leurs capacités intellectuelles. Elles semblent incapables de penser pour elles-mêmes, de penser à la place de l'autre, et de penser selon des principes universels. Dans ces conditions, serait-il encore possible de maintenir que les femmes ont la capacité d'auto-législation de la volonté ? Est-ce que les femmes seraient effectivement capables de surmonter les inclinations et leurs intérêts propres afin d'agir selon des principes d'action qui pourraient être considérés comme universellement valides ? Autrement dit : si l'action morale demande l'exercice de la capacité rationnelle de juger selon des principes universels, est-ce que la femme – limitée dans l'usage de ses capacités intellectuelles – peut encore agir moralement ?

Monique HULSHOF
Université de Campinas (UNICAMP)

LA FIGURE DE LA FEMME SAVANTE DANS *L'ANTHROPOLOGIE*

Les remarques de Kant sur les femmes suscitent généralement un certain malaise. La tentation est grande de s'en indigner ; mais, peut-être encore davantage, de les ignorer. En effet, on aime à penser que sur ce point, Kant a simplement été un homme de son temps. Et pourtant, la différence sexuelle, l'égalité des hommes et des femmes et l'éducation de ces dernières sont autant de sujets qui étaient débattus à l'époque, notamment par certains intellectuels qu'il connaissait bien [1]. Ainsi, et bien que Kant ait probablement associé ces préoccupations à la philosophie populaire, il serait improbable qu'il n'ait pas du tout réfléchi à la question. À ce titre, ses idées méritent qu'on s'y arrête. J'entends examiner en particulier l'une de ses remarques sur les femmes, soit celle portant sur les femmes savantes, formulée dans le cadre des « Remarques éparses » sur le caractère du sexe dans l'*Anthropologie* :

> [Les] femmes savantes [*die gelehrten Frauen*] [...] usent de leurs *livres* à peu près comme de leur *montre* : elles la portent pour qu'on voie qu'elles en ont une ; peu importe qu'à l'ordinaire elle soit arrêtée ou ne soit pas réglée sur le soleil [2].

Il semble que ce type de remarque, décourageante de prime abord, puisse en fait nous révéler bien des choses : évidemment, sur la conception kantienne de la femme, mais aussi sur certaines zones d'ombre et implications peut-être peu évidentes de la philosophie pratique – plus particulièrement, dans ce cas, en lien avec la conception kantienne des Lumières et de la sphère publique. Il s'agit de préciser ce qui rend le concept de femme savante si saugrenu aux yeux de Kant. Pour ce faire, je rappellerai d'abord les bases de la conception kantienne de la différence sexuelle pour ensuite examiner les limitations que Kant prête aux femmes, qui sont, à mon sens, non pas intellectuelles, mais plutôt de nature juridique et politique et enfin, montrer sur ces bases que les femmes savantes font face, chez Kant, à une double exclusion – car en tant que femmes, elles sont

1. On pense évidemment à Theodor Gottlieb von Hippel. Mais l'éducation des femmes, qu'elle soit abordée ou non dans une perspective égalitaire, était un objet de préoccupation constant pour nombre de philosophes de l'époque ; Jean-Jacques Rousseau en est un bon exemple.

2. *Anthropologie*, AK VII, 307 ; OP III, 1120, traduction modifiée. Voir aussi la note parallèle n° 1299 (Réfl., AK XV, 572).

tacitement exclues du public auquel le savant s'adresse et, toujours du fait de leur état civil, elles ne sont pas habilitées à s'exprimer publiquement. Il semble donc que la « femme savante » soit, dans ce contexte, ni plus ni moins qu'un oxymore.

Kant et la différence sexuelle

Les femmes comme êtres raisonnables

Avant d'aborder ce qui, pour Kant, distingue les deux sexes, j'aimerais d'abord souligner ce qu'ils ont en commun. Il apparaît en effet clairement que si Kant ne juge pas pertinent de parler des femmes dans ses trois *Critiques*, par exemple, c'est parce qu'il les range d'emblée dans la catégorie des êtres raisonnables et que la raison qui y est critiquée n'est pas sexuée. Elle est cependant humaine ; le mode de connaissance étudié dans la *Critique de la raison pure*, par exemple, repose en partie sur les formes de la sensibilité qui sont les nôtres, soit l'espace et le temps. De façon similaire, la raison pratique qui fait l'objet de la seconde *Critique* doit nécessairement prendre en considération l'influence des mobiles, inclinations et désirs dus à notre nature sensible – sans, bien sûr, que la morale soit pour autant fondée sur des considérations anthropologiques. En effet, bien que l'entreprise critique soit pour ainsi dire adaptée à la raison humaine, elle ne doit pas reposer sur des considérations empiriques : la raison pure transcende, pour Kant, les considérations liées au sexe et à la race. On peut ainsi se demander sur quelles bases justifier le traitement particulier réservé aux femmes sans que soit compromise l'universalité de la raison.

De fait, Kant évoque lui-même à plusieurs reprises la nature rationnelle des femmes dans son *Anthropologie* et, plus précisément, dans le contexte de la discussion de l'union physique et domestique des hommes et des femmes – ce qui ne devrait pas nous étonner outre mesure [1]. L'autre confirmation explicite de la rationalité des femmes se retrouvait en effet dans la section de la *Doctrine du droit* consacrée à l'union entre hommes et femmes, mais envisagée cette fois sur le plan légal – c'est-à-dire le mariage. Kant définit celui-ci comme « la liaison de deux personnes de sexe différent en vue de la possession réciproque, à vie, de leurs propriétés sexuelles » [2]. Cette union est officialisée par un contrat – celui de l'acquisition mutuelle des deux personnes. Le mariage implique donc une égalité de possession des partenaires l'un par rapport à l'autre, non pas uniquement en regard des possessions matérielles du couple, mais bien aussi en ce qui concerne la possession mutuelle de l'homme par la femme, et de la femme, par l'homme. La section consacrée au droit conjugal élève donc sans ambiguïté la femme au rang de « personne » juridique, c'est-à-

1. *Anthropologie*, AK VII, 303 ; OP III, 1115.
2. DD, AK VI, 277; OP III, 536.

dire de sujet à qui des actions peuvent être imputées, soit un être raisonnable dont la liberté est gouvernée par la loi morale.

Ainsi, les femmes sont, comme les hommes, des êtres raisonnables et Kant est visiblement soucieux de le rappeler lorsqu'il aborde la question de l'union des deux sexes. De fait, la rationalité des femmes présente un intérêt particulier dans le contexte de la conception kantienne de la sexualité, qui peut gravement compromettre la dignité inhérente à toute personne raisonnable. Kant conçoit l'appétit sexuel comme un intérêt limité au corps de l'autre, plus précisément à ses organes sexuels ; quiconque s'adonne à des rapports sexuels accepte soi-même de se réifier de la sorte. Fait notable, pour Kant, cette réification de soi est pour ainsi dire rachetée lorsqu'il y a réification mutuelle – mais seulement lorsque celle-ci prend place dans le cadre du mariage, qui constitue une acquisition de l'autre en entier et non plus seulement de ses organes sexuels. Il s'agit alors d'une « communauté sexuelle » conforme à la loi [1] et elle permet de reconquérir notre dimension de personne. Le caractère rationnel de la femme est ainsi, en quelque sorte, ce qui vient garantir celui de l'homme et vice-versa. Il n'est donc pas surprenant que Kant insiste sur cela dans ce contexte.

Un rapprochement aussi audacieux qu'intéressant a d'ailleurs été suggéré à cet égard par une thèse fondamentale du féminisme radical [2]. Andrea Dworkin, qui se réclame de ce courant, soutient ainsi que la femme est foncièrement objectivisée à travers les rapports sexuels hétérosexuels et qu'elle prend même part à sa propre objectivation en s'engageant dans de tels rapports. Bien sûr, contrairement à Dworkin, Kant ne cherche pas à défendre la cause des femmes en particulier. Cependant, il est intéressant de noter qu'il demeure conscient de la vulnérabilité des femmes et que son analyse de la sexualité et du mariage vise, en partie, à protéger celles-ci. Sans transformer Kant en pionnier du féminisme, on voit ainsi que, malgré une conception de la sexualité qui peut paraître archaïque à bien des égards, Kant a su montrer certains problèmes qu'elle peut présenter et que sa conception du mariage cherche, en réponse à ces problèmes, à garantir la dignité des deux partenaires – ce qui n'allait pas de soi à l'époque.

La différence sexuelle dans l'Anthropologie

Or, tout en reconnaissant un statut semblable à l'homme et à la femme sur le plan de la rationalité, Kant n'hésite pas à les distinguer dans le contexte de son anthropologie pragmatique. La conception kantienne de la différence sexuelle présente un intérêt particulier du fait de ce contexte pragmatique : loin de constituer une forme de déterminisme biologique – ce qui serait le cas dans une anthropologie physiologique – la différence entre les sexes est à comprendre sur le plan de ce que les hommes et les femmes peuvent faire d'eux-mêmes, par

1. *Ibidem.*

2. Barbara Herman, « Could it be Worth Thinking about Kant on Sex and Marriage? » *in* L. Antony et C. Witt (dir.), *A Mind of One's Own : Feminist Essays on Reason and Objectivity*, Boulder, Westview Press, 2002, p. 53-72.

liberté, suivant certaines fins de la nature. La féminité participe ainsi, suivant ces fins conjecturées, à (1) la conservation de l'espèce humaine et à (2) la culture de la société et à son raffinement. Le rôle particulier des femmes s'exprime en regard de ces deux fins, par, respectivement, (1) une crainte découlant de leur faiblesse les poussant à rechercher la protection des hommes et (2) une précocité de jugement et une aptitude à policer les hommes [1]. Il est clair que ces fins que devraient se donner les femmes, tout autant que leur fondement, pourraient être remises en question. Je laisserai néanmoins ce problème de côté afin de plutôt en venir à la fameuse remarque sur les femmes savantes.

En effet, Kant rajoute à cette caractérisation des deux sexes une série de remarques. C'est dans ce contexte que s'insère celle sur les femmes savantes, d'autant plus curieuse qu'elle fait suite à plusieurs remarques sur les relations hommes-femmes et le mariage qui s'inscrivent en continuité avec les réflexions précédentes sur le caractère des deux sexes. Le passage sur les femmes savantes vient en ce sens trancher avec ces réflexions.

La façon la plus simple d'interpréter ce passage consisterait à supposer que les femmes savantes s'écartent des fins de la nature telles que Kant les a conjecturées. Cependant, il n'est pas évident qu'il y ait un tel conflit à l'œuvre – car Kant parle de *gelehrten Frauen*, soit de femmes savantes ou femmes instruites. S'il était question de femmes faisant de la science une profession, Kant aurait peut-être pu, à la rigueur, craindre qu'elles ne négligent leurs responsabilités vis-à-vis de la conservation de l'espèce humaine. Or, il n'est ici pas question de savantes professionnelles, mais bien de femmes instruites. Quant à l'autre fin de la nature, il n'est pas non plus évident en quoi les femmes nuiraient au police-ment des hommes en s'instruisant – à moins qu'on ne prête à ceux-ci un ego fragile au point de ne pouvoir supporter des compagnes éduquées, ce qui apparaît encore plus douteux.

Ce passage est donc difficile à interpréter dans son contexte strict. Kant formule par ailleurs des réflexions allant dans le même sens dans d'autres œuvres, notamment dans les *Observations sur le sentiment du beau et du sublime* :

> Une femme qui a la tête farcie de grec, comme Mme Dacier, ou qui se livre à des controverses profondes sur la mécanique, comme la marquise du Châtelet, pourrait tout aussi bien porter la barbe ; celle-ci en effet exprimerait peut-être d'une manière encore plus frappante la profondeur d'esprit à laquelle elles aspirent [2].

L'instruction des femmes est également évoquée à plus d'une reprise dans les cours de logique de Kant. Sans aller jusqu'à qualifier ce sujet de préoccupation récurrente, il semble qu'on puisse voir dans l'allusion de l'*Anthropologie* quelque chose de plus qu'une simple remarque faite au passage.

1. *Anthropologie*, AK VII, 305-306 ; OP III, 1118.
2. OBS, AK II, 229-230 ; OP I, 478.

Il semble donc que l'aberration représentée par les femmes savantes doive être expliquée autrement que par le seul recours aux fins de la nature mentionnées dans l'*Anthropologie*. On verra à présent que cette explication ne peut pas non plus résider dans une forme d'incapacité des femmes à user de leur raison.

DES LIMITATIONS DES FEMMES

Limitations intellectuelles

Il semble d'emblée difficile de concéder qu'un sexe puisse être aux prises avec certaines limitations ou déficiences intellectuelles inhérentes. La raison kantienne est en effet perfectible. Kant loue par ailleurs à plusieurs reprises l'entendement commun, qui possède exactement les mêmes facultés et pouvoirs de connaître que l'entendement, par exemple, du philosophe – qu'on dit plus cultivé. L'entendement commun constitue même, selon la troisième *Critique*, « la moindre qualité qu'on est toujours en droit d'attendre de quiconque revendique le nom d'être humain » [1]. Ce strict minimum, les femmes doivent donc le posséder. Ce faisant, il est difficile de voir pourquoi certaines d'entre elles ne pourraient pas se perfectionner. Deux textes viennent par ailleurs confirmer le potentiel des femmes à s'instruire.

D'abord, et comme mentionné plus haut, Kant évoque ce potentiel dans ses cours de logique. La « Logique Blomberg », en posant une distinction entre ceux qui font de l'érudition une profession et ceux qui s'instruisent sans en faire une profession, admet explicitement les femmes dans la seconde catégorie, précisant qu'elles possèdent les capacités nécessaires [2].

Ensuite, le jeune Kant, dans son essai de 1747 sur les forces vives, consacre une section entière au conflit ayant opposé la marquise du Châtelet à Mairan. Il y expose certaines idées d'Émilie du Châtelet, montrant ainsi qu'il prend son érudition au sérieux, bien qu'elle convienne peut-être mal à sa féminité – et loue même la qualité de ses réflexions et la hauteur de son entendement. Certes, Émilie du Châtelet demeure certainement à ses yeux une exception, mais elle montre bien qu'il est possible pour une femme de s'instruire [3].

En fait, la seule remarque qui semble pouvoir suggérer une incapacité intellectuelle des femmes se situe elle aussi dans l'*Anthropologie* ; j'aimerais à présent montrer que cette remarque dénote plutôt une limitation civile propre aux femmes, laquelle a certaines répercussions sur les rôles qu'elles peuvent assumer et, plus globalement, sur leur place dans la sphère publique.

1. CFJ AK V, 293 ; OP II, 1072.
2. V-Log/Blomberg, AK XXIV, 29. Voir aussi V-Log/Wiener, AK XXIV, 876.
3. Voir FV, AK I, 130 sq.

Limitations civiles

Kant fait en effet mention des femmes ailleurs dans l'*Anthropologie*, soit dans la Didactique, donc avant sa caractérisation des sexes, plus précisément dans une section consacrée aux défaillances de l'esprit ayant trait à la faculté de connaître. Au paragraphe 48 de cette section, Kant aborde le cas complexe d'un entendement sain, mais dont l'exercice présente des défaillances :

> Un entendement en lui-même sain (exempt de défaillances) peut toutefois s'accompagner dans son exercice de faiblesses qui rendent nécessaire soit un *délai* pour qu'il *s'élève* à une maturité supérieure, soit même sa *représentation* par une autre personne dans les affaires ressortissant à la vie civile [1].

Dans les deux cas évoqués ici, le sujet, quoique doté d'un entendement sain, est jugé incapable de s'en servir adéquatement et, conséquemment, doit être placé sous tutelle. Cette incapacité peut prendre deux formes : l'incapacité liée à l'âge et l'incapacité liée au sexe. Chose intéressante, Kant caractérise la première comme naturelle, mais non la seconde, dont il nous dit qu'elle se fonde « sur des institutions légales se rapportant aux affaires civiles » [2]. Alors que l'incapacité des enfants repose sur leur jeune âge et rend nécessaire la tutelle exercée par leurs parents, l'incapacité des femmes à se servir de leur entendement justifiant leur mise sous tutelle permanente est strictement légale. Pourtant, l'entendement des femmes est bel et bien sain : Kant rappelle d'ailleurs, non sans ironie, que l'épouse est très capable de se représenter elle-même sur le plan de la parole. Il précise ensuite son propos comme suit :

> [Les femmes] ne peuvent, pas plus qu'il ne leur revient d'aller à la guerre, défendre en personne leurs droits, s'occuper des affaires de la cité par elles-mêmes : elles le font par l'intermédiaire d'un représentant ; cet état de tutelle légale dans les débats publics ne leur confère que des pouvoirs d'autant plus grands quant à la prospérité du foyer [...] [3].

Ici semble donc poindre une autre forme de différenciation entre les deux sexes, celle-là de nature légale. On cherche en vain une explication supplémentaire : Kant ne justifie pas la mise sous tutelle juridique des femmes autrement que par la référence à leur sexe. J'aimerais à présent suggérer que cette mise sous tutelle permet précisément d'expliquer le peu de cas fait des femmes savantes, ce qui nécessitera au préalable un détour par la conception kantienne des Lumières.

1. *Anthropologie*, AK VII, 208 ; OP III, 1026.
2. *Anthropologie*, AK VII, 208-209 ; OP III, 1026.
3. *Anthropologie*, AK VII, 209 ; OP III, 1027.

FEMMES SAVANTES ET SPHÈRE PUBLIQUE : UNE DOUBLE EXCLUSION

Ce détour est en fait suggéré par Kant lui-même, le passage sur la mise sous tutelle des femmes suivant la réflexion suivante : « Mais se mettre soi-même en situation de tutelle, si dégradante que soit cette démarche, comporte bien des commodités [...] » [1]. Le reste du paragraphe est ainsi consacré à ceux qui, par facilité, s'imposent à eux-mêmes un état de minorité pour échapper au « danger de se servir de [leur] propre entendement » [2], ce qui ne va pas sans évoquer l'ouverture de *Qu'est-ce que les Lumières ?*, où Kant associe les Lumières à la sortie d'un tel état de minorité – précisant que celle-ci est tenue pour très dangereuse par la plupart des hommes et par toutes les femmes [3].

On pourrait certes alléguer que Kant passe indifféremment d'une minorité à l'autre dans le paragraphe susmentionné de l'*Anthropologie*. Or, il semble bel et bien y avoir un lien significatif entre la minorité légale des femmes et la minorité évoquée dans *Qu'est-ce que les Lumières ?* en ce sens que toutes deux sont à comprendre en référence à une certaine sphère publique. Dans *Qu'est-ce que les Lumières ?*, Kant posait en effet le libre usage public de la raison comme nécessaire à l'avènement des Lumières. Cet usage public de la raison est défini comme celui qu'on en fait comme « *savant*, devant l'ensemble du public *qui lit* » [4] et vise donc, pour le savant, à partager activement ses réflexions avec ce même public, que ce soit verbalement ou par écrit. Ceci confirme que les Lumières se jouent à la fois sur le plan individuel et collectif : en plus de se débarrasser de leurs préjugés, ceux qui interviendront à titre de savants sont appelés à le faire en société. Il ne s'agit pas seulement par-là de faire bénéficier autrui de ses propres lumières, mais aussi, et surtout, de progresser soi-même dans les Lumières grâce à ces échanges publics. Le public fait ainsi partie intégrante du processus des Lumières ; il n'est pas un élément de confirmation qu'on rajouterait après coup à une raison déjà éclairée. Hannah Arendt souligne avec éloquence cette dimension sociale de la raison dans ses cours sur la philosophie politique de Kant : « La faculté de penser même dépend de son usage public ; sans "libre et public examen", pensée et opinions ne sont pas possibles. La raison n'est pas faite pour s'isoler, mais pour vivre en communauté avec les autres » [5]. En ce sens, les Lumières sont une forme d'éducation collective que doit venir garantir le libre usage public de la raison.

Mais qu'en est-il du savant qui intervient dans la sphère publique évoquée plus haut ? Comme on sait, Kant ne renvoie pas là à des chercheurs professionnels, bien qu'on puisse présumer que le savant possède une certaine éducation et de saines habitudes intellectuelles. Kant propose trois exemples de

1. *Ibidem.*
2. *Ibidem.*
3. QL, AK VIII, 35.
4. QL, AK VIII, 37 ; OP II, 211.
5. Hannah Arendt, *Lectures on Kant's Political Philosophy*, Chicago, University of Chicago Press, 1982, p. 40.

personnes habilitées à faire un usage public de leur raison à titre de savants : l'officier de l'armée, le prêtre et le conseiller financier [1]. Ces exemples suggèrent à mon sens une précision supplémentaire : afin de pouvoir s'exprimer à titre de savant, il est nécessaire d'appartenir à la classe des citoyens actifs – ce qui est le cas des trois exemples cités. Cela renvoie à la distinction posée par Kant entre citoyens actifs et citoyens passifs, officialisée dans la *Doctrine du droit*, mais déjà suggérée dans *Théorie et pratique* : alors que tous les citoyens sont considérés libres et égaux en droit, seuls les citoyens actifs bénéficient d'une indépendance civile. Les citoyens passifs sont dits dépourvus de personnalité civile et leur existence n'est « pour ainsi dire qu'inhérence » [2] ; ils sont en effet placés sous la tutelle d'autres individus dont ils dépendent financièrement. Les citoyens passifs n'ont conséquemment pas le droit de vote. Les femmes appartiennent à cette catégorie, tout comme les apprentis, les domestiques et les mineurs. Cette forme d'exclusion juridique repose donc en partie sur des considérations socio-économiques, ce qui ne va pas sans rappeler la critique de Habermas, qui situe chez Kant l'émergence du modèle de la sphère publique bourgeoise [3]. La sphère publique, en principe ouverte à tous, se révèle en fait restreinte à ceux qui sont leur propre maître. Seuls les bourgeois sont admis dans les échanges politiques et critiques, alors que ceux qui ne possèdent rien qui leur appartienne en propre sont exclus de ces échanges – qui demeurent pourtant publics de nom.

L'interprétation de Habermas fournit ainsi une partie de la réponse au problème qui nous préoccupe : les femmes ne peuvent pas agir à titre de savantes, car elles ne détiennent pas la citoyenneté active. Mais on ne peut pas faire sens de l'exclusion des femmes de la sphère publique de façon strictement socio-économique [4] : en effet, Kant demeure ouvert à la mobilité sociale des citoyens passifs qui ne sont pas des femmes. Ces dernières doivent composer avec une barrière supplémentaire : celle d'un rapport à l'autorité problématique pour l'usage de leur raison. Dans *Qu'est-ce que les Lumières ?*, celui qui est appelé à faire un usage public de sa raison à titre de savant ne peut le faire que lorsqu'il n'est pas en service. Lorsqu'il exerce ses fonctions et sert l'intérêt de l'État, il doit nécessairement s'en remettre à une autorité extérieure, celle du supérieur dont il dépend : il fait alors un usage privé, ou incomplet, de sa raison – lequel n'est pas libre, car orienté par autrui vers des fins publiques. Or, il semble que cet usage de la raison doive s'appliquer aux femmes de façon permanente. De même que le conseiller financier, l'officier ou le prêtre est placé sous l'autorité légale d'un supérieur dans le cadre de ses fonctions et doit, dans ce contexte, se contenter de faire un usage privé restreint de sa raison : les

1. *Cf.* QL, AK VIII, 37-38.

2. DD, AK VI, 314 ; OP III, 580.

3. *Cf.* J. Habermas, *L'espace public : archéologie de la publicité comme dimension constitutive de la société bourgeoise*, Paris, Payot, 2012.

4. Cf. N. Fraser, « Rethinking the Public Sphere: A Contribution to the Critique of Actually Existing Democracy », in *Social Text* 25/26, 1990, p. 56-80.

femmes sont, pour ainsi dire, constamment à la solde d'un autre. Elles sont exclues des affaires publiques et en état de minorité permanent car elles dépendent légalement d'un mari, père ou tuteur, lequel constitue l'autorité extérieure les empêchant de penser par elles-mêmes, non pas, certes, sur un plan strictement intellectuel, mais dans le contexte des affaires publiques évoquées par l'*Anthropologie*, bref, de la sphère publique. Ainsi, il semble bien que les femmes soient d'emblée exclues de la fonction de « savant ». Les prétendues femmes savantes, raillées par Kant dans l'*Anthropologie*, sont dans cette perspective vouées à demeurer de fausses savantes, puisqu'elles ne peuvent en fait intervenir dans l'espace qui consacre le savant comme tel. Les femmes ne manquent pas de l'intelligence nécessaire pour intervenir dans la sphère publique, mais elles n'ont pas l'autorité nécessaire pour y intervenir.

Lorsque Kant parle de savant, ou de « femmes savantes », il semble donc qu'il se situe sur un plan qui n'est plus strictement intellectuel et renvoie plutôt à une sphère publique d'où les femmes sont exclues. Afin de comprendre les motifs de cette exclusion, il s'est avéré nécessaire de se pencher sur la conception kantienne de la différence sexuelle. On a vu que malgré la rationalité incombant en partage aux femmes comme aux hommes, Kant leur attribue des rôles différents vis-à-vis des fins de la nature pour l'espèce humaine. Ces rôles ne semblent cependant pas suffisants pour expliquer qu'une femme ne puisse agir en tant que savante si tant est que ce statut soit compris sur un plan strictement intellectuel. Or, le savant étant appelé à intervenir dans la sphère publique, il semble que ce sont plutôt les limitations civiles auxquelles font face les femmes qui constituent un obstacle à leur prise de parole en tant que savantes.

Charlotte SABOURIN
Université McGill

L'ANTHROPOLOGIE DU RÊVE : KANT SUR LA NATURE IMAGINATIVE DES FICTIONS ONIRIQUES [1]

I.

En traitant les grandes lignes, et celles plus amplement reconnues du concept de rêve, chez Kant et chez d'autres auteurs de l'époque, on remarque que le rêve relie veille et sommeil. Le rêve, en effet, dit Kant, « fait frontière avec le sommeil et avec la veille » [2], il est « une pousse de la somnolence » [3], car la veille suit le sommeil, et le sommeil suit la veille, le rêve n'étant autre chose que ce qui d'emblée relie et met en contact, pour ainsi dire *circulairement*, la *conscience* et *l'inconscience* humaines, les deux états fondamentaux de la vie humaine. Le rêve, et sa manifestation naturelle, dirait donc Kant, *est un dialogue intime, toujours répété mais toujours nouveau, entre extériorité et intériorité, clarté et obscurité, monde et âme* ; et les deux états sont tellement liés, qu'il serait surprenant s'il n'y avait entre eux qu'une liaison fortuite [4].

L'intimité et la dialogicité naturelle de ces deux plans, semble soutenir Kant, ne peut pas être *simplement* expliquée par la proximité – ni même par l'infaillible circularité – dont ils font preuve. Car, notons-le, circularité ou proximité ne veulent pas encore dire *identité*, et s'il en était ainsi, alors le rêve serait seulement et toujours ouverture vers la veille, ouverture vers le sommeil, et rien d'autre. L'identité, la proportion entre des semblables, bien au contraire, ne montre aucune résistance entre des pôles, et donc, en même temps que l'on

1. Texte traduit du portugais par Mme Marie-Hélène Ferreira Jesus.

2. V-Anthrop AK 25.1, 101. Nous traduisons.

3. *Ibid.*

4. Les questions concernant la conception kantienne du rêve demeurent encore très inexplorées. Parmi les références les plus pertinentes nous rencontrons les suivantes : A. Jaitner, « Traum, Wahn und die Konstruktion des Selbst bei Immanuel Kant », in *Zwischen Metaphysik und Empirie*, Würzburg, Königshausen & Neumann, 1999, p. 14-63 ; C. Gantet, « Bewusstsein, Einbildungskraft und persönliche Identität um 1750 », in *Der Traum in der neuen Frühzeit. Ansätze zu einer kulturellen Wissenschaftsgeschichte*, Berlin/New York, DeGruyter, 2010, p. 429-472 ; M. David-Ménard, *La folie dans la raison pure : Kant lecteur de Swedenborg*, Paris, Vrin, 1990 ; A. Baeumler, *Das Irrationalitätsproblem in der Ästhetik und Logik des 18. Jahrhunderts bis zur Kritik der Urteilskraft*, Darmstadt, Wissenschaftliche Buchgesellschaft, 1975 (deuxième partie).

pense que le rêve est la liaison entre veille et sommeil, il est important aussi de penser que le rêve se trouve justement *entre* veille et sommeil : comme un facteur de désunion, de détachement et d'opposition directe entre eux. *A savoir, l'identité, et la vraie liaison entre veille et sommeil, réside dans le rêve, non seulement dans la liaison, mais dans la scission qu'il institue entre les deux.* En effet, à ce propos Kant dirait que malgré leur affinité, s'il y a un rapport significatif entre ces deux états, c'est un rapport de presque totale *divergence*, à tel point que Kant devra voir surtout de la différence dans leurs nuances, dans la perception que l'on a de chacun d'eux, dans le concept général que l'on fait de tous les deux. Le lien possible entre veille et rêve, et la garantie respective de circularité entre eux, doit venir, non pas de phénomènes causaux qui, bien que semblant expliquer avec cohérence les deux plans, n'établissent cependant aucun vrai lien – une proportion, une harmonie théorique et fonctionnelle – entre rêve et veille ; bien au contraire, parce qu'entre rêve et veille il ne semble y avoir aucune causalité naturelle, mais plutôt *une connexion autre*. Or, cette liaison devra venir de *quelque chose qui n'est ni chez l'un ni chez l'autre* – ce qui n'est pas dans la conscience, ni dans l'inconscience, comme leur homogénéité naturelle, mais chez les deux à la fois, et sous une même forme – homogénéité plus hétérogénéité – et, de la sorte, ces deux plans de l'existence humaine se rapprochent et deviennent proportionnels et identifiables.

Or, pour Kant il existe bien un tel pont entre conscience et inconscience, ce facteur de liaison entre veille et rêve, en dehors duquel, cependant, tout est déconnexion et différence, et il consiste dans la disposition humaine à la représentation ; c'est-à-dire la disposition à être « constamment occupé à créer de nouvelles perspectives des objets, et [pour], à partir des matières que l'on a en provision, former de nouvelles images » [1] : à savoir, *la faculté humaine d'imagination* [*Einbildung*], commune à la conscience et à l'inconscience, et dont la disposition pour créer et (re)former, justement, « survient en état de veille et pendant le rêve » [2].

Kant dit non seulement dans ses *Leçons d'Anthropologie* mais encore plus clairement dans le texte *Versuch über die Krankheiten des Kopfes* (1764) : « L'âme de tout être humain est occupée, même dans l'état le plus sain, à peindre tout genre d'images de choses qui ne sont pas présentes, ou encore à compléter une ressemblance imparfaite dans la représentation des choses présentes, en fonction des traits chimériques que la capacité créative de faire poésie apporte à la sensation » [3]. Et voici, souligne Kant, ce qui est le plus essentiel de l'être humain ; et pourquoi justement, il faut le répéter, cette inévitable occupation « a lieu en état de veille et pendant le rêve » [4]. Ainsi, explique Kant, « Il n'y a aucune raison qui porte à croire qu'en état de veille notre esprit suit d'autres lois

1. V-Anthrop AK XXV-1, 328 ; VKK, AK II, 264.
2. V-Anthrop AK XXV-1, 328.
3. VKK, AK II, 264
4. V-Anthrop AK XXV-1, 328.

qu'il ne suit pendant le sommeil » [1]. Alors, on peut dire que le processus humain des rêves, aussi bien que celui de l'imagination humaine en veille, doit avoir en soi non pas un ordre mécanique et systématique, mais un ordre organique et vivant, à savoir, une procédure à caractère imaginatif – en somme, *fictionnel ou poïétique* : « le rêve procède selon des règles de l'imagination, il est un enchaînement de fictions, car l'une attire l'autre, comme dans les dialogues en société » [2] ; et cette activité de représentation tellement humaine est ce qui relie veille et sommeil, et ce qui caractérise le mieux le concept kantien de rêve.

Mais, nous le répétons, puisque, malgré tout, rêve et veille sont, et doivent être deux états différents de la conscience humaine, et puisque tout chez eux semble devoir produire un environnement distinct pour un même processus imaginatif ; alors, si nous avons la prétention de découvrir une certaine identité entre eux, il faudra reconnaître que rêve et veille doivent être tous les deux fictionnels, bien que d'une façon hétérogène. De plus, il y aura aussi de l'hétérogénéité entre les deux modes de fonctionnement, conscient et inconscient, d'un même processus. À savoir, d'une part, veille et rêve devront faire usage commun d'images et de connaissances humaines – car, finalement, c'est un seul et même trésor de connaissance humaine qui est la source, soit en veille, soit en rêve, de la nature humaine créatrice – mais, nonobstant cette source commune, *ils devront créer et inventer de façon différente,* comme sont différents au fond conscience et inconscience humaines – et de là, devra émerger l'identité entre les deux. *Par ailleurs*, un tel processus commun de l'imagination relie, certes, et rend réciproquement nécessaires les plans irrationnel et rationnel, obscur et clair, de l'être humain – mais, justement, c'est *dans son usage différent d'un même moyen que l'on verra de quelle façon l'un influence et moule l'autre, en sorte qu'ils deviennent réciproquement identifiables*, et non pas le contraire, au point où l'égalité donne lieu à la neutralité et à l'indissociation.

Ainsi, *la question concernant la nature de la créativité onirique* se pose dans la mesure où le rêve a en commun avec la veille, son mode de procéder – par images, et en fonction de la faculté d'imaginer humaine –, *mais le problème dans cette question* réside dans le fait que tout le reste, le tout sur lequel repose cette faculté, d'où elle part et vers où elle va, s'avère, entre rêve et veille, à la fois inconscient et conscient, différent, sinon même opposé ; et donc, nonobstant cette similarité, un autre usage de cette faculté et de ses images, une autre disposition des facultés de l'imagination, au fond, un autre genre de produits imagétiques doit être créé là ; et si l'on ne l'aborde pas en lui-même et si l'on ne le compare pas avec celui de la veille, alors aucune conclusion ne pourra être présentée concernant le dialogue entre conscience et inconscience dans la représentation humaine, de même qu'il ne sera pas possible d'évaluer la vision kantienne sur ce thème.

1. VKK, AK II, 264.
2. V-Anthrop, AK XXV-1, 101.

II.

Kant traite ce problème spécialement dans les *Leçons d'anthropologie*. Toutefois, les références les plus importantes se trouvent dans les *Réflexions*, notamment dans la section intitulée « Von den unwilkürlichen Dichtung im gesunden Zustande, d.i. Vom Traume », et plus exactement dans la « Réflexion 393 », où il compare et distingue le *processus imaginatif dans l'état de veille et dans l'état de sommeil*.

Lorsqu'il décrit *l'imagination consciente*, Kant dit que dans sa genèse différentes « impressions externes » viennent à nous par des « *radios divergentes ab obiecto* » [1], lesquels sont « *in organa incurrentes* » [2] : « en toute fantaisie l'organe doit être mu, mais de l'intérieur »[3] ; et il ajoute que malgré l'hétérogénéité avec laquelle ils pénètrent dans l'être humain, a lieu en celui-ci un processus naturel de distinction et d'association d'images et, enfin, de fixation de l'image sur un point. Ce point est, par conséquent, fictionnel et Kant l'appelle « *punctum convergentiae* » [4] ou mieux : « *punctum imaginarium* » [5]. Or, le lecteur des *Leçons d'anthropologie* qui suit l'évolution de l'étude kantienne des facultés de l'esprit reconnaîtra ici, *in nuce*, ce qui dans d'autres sections sera décrit comme *le processus naturel de formation des représentations humaines, dans lequel on peut discerner le fondement de la disposition poétique consciente – l'imagination humaine (Einbildung) étant elle-même, pour Kant, éminemment poétique*. Car, selon le processus de génération des idées, les représentations sensibles se forment à partir de plusieurs fragments d'impressions et d'objets passés. Ces représentations sensibles, en accédant à la faculté d'imagination reproductrice (c'est-à-dire par la fantaisie et la mémoire, toutes deux facultés de l'imagination reproductrice), s'intellectualisent et assurent le rapport entre l'objet, l'impression sous-jacente et leur fonction future comme représentation claire. Cependant, différents genres de mémoire signifient différentes évolutions de la représentation et différentes dispositions de l'esprit. Kant indique l'une de ces dispositions comme point de départ de la faculté de l'imagination productrice – c'est la *mémoire ingénieuse*, qui fait venir au jour des représentations qui ne sont certes pas nouvelles, mais qui, par l'action du « *Witz* » et du « génie », et par l'unification de différentes et d'improbables parties en un « point de convergence » ou « point imaginaire », sont rendues nouvelles et par conséquent sensibles. Autrement dit, la représentation qui au départ était sensible, et qui est devenue intellectuelle, redevient par la suite sensible et c'est cette représentation ingénieuse ou géniale, imbue de la force sensible du *punctum imaginarium*, qui est enfin présentée à l'entendement comme une image nouvelle. L'entendement, mû par l'irrésistible sensibilité de

1. V-Anthrop, AK XXV-1, 157.
2. *Ibid.*
3. *Ibid.*
4. *Ibid.*
5. *Ibid.*

cette image, sa cohérence et son lien intime avec la vérité, lui donne accès alors à l'âme humaine consciente. Cette représentation est le résultat d'un jeu, mais d'un jeu mené *sous les règles de l'entendement*, et donc d'un jeu où la représentation ne naît pas du néant ni ne tend vers le néant, mais est douée d'une autre prégnance d'un autre sens. Or, ce jeu de la sensibilité sous les règles de l'entendement est justement le jeu de la poésie consciente.

Toutefois, Kant ne termine pas là sa description du champ de l'imagination humaine ; et, en se fondant sur la conviction selon laquelle veille et rêve partagent *un processus, mais un processus imaginatif opposé*, il ouvre sa compréhension de la capacité humaine d'imaginer vers l'inconscience, et vers le rêve. Ici, signalons-le d'emblée, la liaison, aussi bien que la distinction, entre les deux doivent être évidentes ; et puisque nous avons déjà vu qu'il y a entre la veille et le rêve, circularité et relation, mais une circularité divergente et une relation directement opposée, et que, s'il en est ainsi, c'est qu'une même activité éminemment imaginative se vérifie dans les deux plans, bien que l'usage de cette puissance imaginative par la veille et par le rêve soit nécessairement différent et opposé. Alors, il ne sera pas difficile de présumer que, pour Kant, *le rêve ne peut pas être une simple extension de la veille, ou celle-ci de celui-là, il faut plutôt penser qu'ils sont tellement différents, que le rêve commence, si ce n'est dans sa nature, du moins dans son effet, exactement où termine la représentativité antérieurement décrite sur le « punctum imaginarium »*. Donc, le rêve naît de cette même disposition, il la prolonge et, finalement, il récupère, justement à sa propre manière et selon ses attributs, un processus représentatif humain qui est fortement imaginatif, et un processus imaginatif humain qui est fortement poétique. Il en était ainsi pour Kant. Ce n'est donc pas par hasard que plusieurs *Leçons d'anthropologie* consacrées au rêve le désignent comme « poétiser involontaire » [1] ou inconscient. Et, donc, nous sommes portés à croire que, comme il est présenté par Kant, le rêve part du « *punctum imaginarium* », du « *punctum convergentiae* », « du dedans » [2], c'est-à-dire qu'il part de l'effet imaginatif/poétique si caractéristique de la rationalité humaine où termine l'imagination consciente, et qu'il s'oriente *vers le dehors*. Cette fois-ci le parcours s'inverse sur les différentes facultés de l'esprit, suivant une nouvelle espèce de « *radios divergentes* » [3] qui maintenant partent « *a subiecto* ». L'imagination onirique montre le progrès de l'image jusqu'à un point où la représentation, quoique maintenant intellectuelle, se dés-intellectualise, se re-sensibilise et redonne lieu à la représentation originaire sensible – à l'impression sensible, à l'objet, en dessinant ainsi, de façon rigoureusement contraire à celle de l'imagination consciente, un cercle complet. Dans cette circularité courante, comprenant une réciprocité antithétique, on trouve finalement la notion que Kant nous offre toujours de l'imagination en veille et en rêve.

1. V-Anthrop, AK XXV-1, 100.
2. *Anthropologie*, AK XV.2, 157.
3. *Ibid.*

Ainsi, Kant lui-même conforte cette idée, dans les *Leçons d'anthropologie*, en déclarant que : « Le commencement du rêve naît toujours d'une quelconque sensation sensible que nous sentons pendant le sommeil » [1] – à savoir, une représentation sensible non-réelle, semblable à celle créée par l'effet poétique, mais maintenant sous forme d'un *effet poétique inconscient* – à partir duquel, ajoute Kant, « dérive alors l'accomplissement du pouvoir d'imagination » [2], « la continuation de cette séquence d'images » [3], laquelle, sans aucun doute, sera *directement inverse* à celle qui a lieu dans la conscience vigile, et donc produite par une causalité différente, faisant en sorte qu'à partir du « *punctum imaginarium* » se répandent maintenant plusieurs « *radios divergentes* » en direction de la représentation sensible. Et ainsi, de toute évidence, il semble que le cycle s'achève et que la boucle se boucle, ce qui démontre la proportion, la relation de différence et de liaison, le dialogue entre veille et rêve chez Kant.

Cependant, dit Kant, quoique ce mouvement du dedans vers le dehors, qui est le propre du rêve et de sa relation singulière à la veille, soit pour Kant réel, il recèle en lui une nuance problématique, qui, à notre sens, est justement *ce qui est proprement unique et spécifique du rêve, et qui signale vraiment la différence et le lien par rapport à la veille*. À l'inverse du « *punctum imaginarium* », qui est le phare de la représentativité et de la poéticité humaines, apportant de la matière qui vient de *l'extérieur vers l'intérieur*, et ce qui est ressenti à l'intérieur, il se trouve que « dans le sommeil, en revanche, si la sensation externe (du corps) est inconnue pour l'homme, cette représentation vaut comme si elle était extérieure » [4].

En effet, d'après Kant, il est vrai que le rêve est à l'origine foncièrement poïétique : il est à la fois le point ultime et originaire de l'imagination humaine convergente. Il en résulte que le rêve produit, grâce à l'efficacité de l'imagination, la reconstruction ou déconstruction de représentations diverses jusqu'à ce que celles-ci, venues de la sensibilité, prêtée par la poésie et volée par l'usage inconscient de ces facultés, redeviennent sensibles. Car aussi bien dans le rêve que dans la veille, on utilise la faculté de l'imagination productive, de la mémoire ingénieuse, voire du génie (*ingenium*), capable de convertir des images passées en des images nouvelles – et sinon entièrement nouvelles, du moins nouvelles en tant que créations imaginatives (« *selbst geschaffene Bilder* » [5]). Toutefois, dit Kant, en lançant ainsi au monde de l'imagination inconsciente ces représentations sensibles, et en essayant de les réélaborer, de les diviser, de les réunir, en un mot – en les rendant nouvelles –, le rêve ne sait rencontrer aucune représentation sensible – aucune impression extérieure – à laquelle il puisse restituer la représentation. En d'autres termes, l'imagination consciente, justement grâce à la clarté de la conscience, choisit, à partir d'un point extérieur,

1. V-Anthrop, AK XXV-1, 101.
2. *Ibid.*, 328.
3. *Ibid.*, 101.
4. Réfl., AK XV.2, 157.
5. V-Anthrop, AK XXV.1, 528.

son point d'efficacité – le point imaginaire. Mais dans le rêve, parce que chez lui nous sommes totalement inconscients, incapables de connaître la sensation extérieure, il n'y a pas d'autre point vers lequel on puisse envoyer la représentation, et dans l'impossibilité de la sous-diviser et de la ramener à la représentation réelle sensible – de sortir du dedans vers le dehors –, elle reste à l'intérieur, et elle se fait sentir seulement « *comme si* [*elle nous affectait*] *extérieurement* » [1]. En outre, s'il était effectivement possible de revenir à la condition originaire de représentation sensible, et s'il était possible pour le rêve, et pour le sommeil, d'avoir des impressions extérieures, alors ceci voudrait dire que l'objet serait vraiment présent, physiquement, réellement, dans le rêve. Or cela, pour Kant, signifierait une chute dans la folie : « Si le *punctum imaginarium* est dirigé vers le dehors (en tant qu'*hyperpresbyta*), alors l'homme est fou » [2].

En effet, selon notre interprétation – qui constitue le noyau de cet essai – encore que la représentation propre du rêve ne soit ressentie que « *comme si extérieurement* », tandis que la veille se présente comme complètement et ouvertement renvoyée à l'extériorité, cela n'entraîne aucune limitation spécifique ou aucune infériorité du rêve par rapport à la veille. Bien au contraire, cette apparence d'extériorité ne signifie pas une sorte d'insuffisance du rêve, mais plutôt une puissance singulière, une source plus fertile de liaison entre l'inconscience et la conscience humaines. Ainsi, selon Kant, l'imagination consciente, ou la poétisation consciente, se produisent *seulement* dans la veille, tout en retentissant, par l'intermédiaire d'un ensemble commun d'images et d'expériences, et en vertu des propres lois de l'imagination (*Einbildung*), sur leurs équivalentes inconscientes. Mais la « poétisation involontaire », selon la distinction kantienne, c'est « un état onirique *que nous avons aussi bien en état de veille qu'en état de sommeil* » [3] – car c'est la conscience qui est dans l'inconscience, c'est la poésie consciente qui est dans la poésie inconsciente, et non le contraire. Et s'il y a bien une différence qui distingue les deux, dit Kant, c'est qu'en état de veille « toutes les impressions sont senties de la même façon, et cet état est, donc, souvent interrompu » [4] – tandis que dans le rêve, suppose-t-on, *se passe le contraire*. Ainsi, semble dire Kant, il y a dans l'état de veille une *neutralité naturelle des représentations*, et cela justement à cause des changements permanents de sens, des interruptions constantes dans l'évolution des représentations, qui les rendent indistinctes et, dirait-on, donc, *insensibles* (intellectuelles). L'exception consciente à cela, remarque Kant, réside justement dans *la poésie* qui, pour ainsi dire, *sensibilise de nouveau les représentations désensibilisées*. La poésie, selon Kant, investit *les choses de nouvelles couleurs, de nouveaux sens* ; la poésie produit, au moyen d'un usage spécial de la faculté de l'imagination productive, de nouvelles représentations des choses où l'on

1. Réfl., AK XV.2, 157.
2. *Ibid.*
3. V-Anthrop, AK XXV.1, 100, nous soulignons.
4. *Ibid.*

découvre une nouvelle force, clarté et vérité. Or, le rêve ne fait justement rien d'autre que d'assumer ces mêmes opérations de la poésie consciente. Le rêve fonctionne comme la poésie, partage le même *faire poétique*, en tant qu'action imaginative inconsciente qui absorbe l'imagination consciente, en tant que poétisation involontaire qui enveloppe la poétisation volontaire, et il les met en scène sur le théâtre de la conscience. Cependant, rappelle Kant, *le rêve n'a pas pour cette mise en scène un point d'arrivée, puisqu'aucun point d'arrivée n'existe pour lui*. C'est-à-dire qu'il n'y a pas dans le rêve, comme dans la veille, une interruption, car il n'y a chez lui aucune autre affection sensible que la sienne. Il n'y a qu'une sensation « *comme si* elle était extérieure » ; donc, il n'y a pas non plus de neutralité d'intensité, comme il y a dans la veille, car, justement, sa sensation n'est que « comme extérieure », c'est-à-dire intimement et rigoureusement interne. Et, par conséquent, on conclut qu'à l'instar de la poésie consciente, mais au contraire de l'état de veille, *les images oniriques, ne trouvant aucun terminus pour leur construction, reviennent sur elles-mêmes*, ou mieux encore, elles se lancent vers l'extériorité, mais seulement en apparence, ce qui les fait gagner encore plus de force, de clarté, de vérité, en un mot, de poéticité. Car, en état de veille, « les impressions vécues et sensibles [...] rendent obscures et non-reconnaissables les plus délicates images des chimères, tandis que celles-ci ont toute leur force pendant le sommeil, où l'accès à l'âme est fermé pour toutes les impressions extérieures » [1]. Ici les représentations oniriques sont, au fond, « les représentations les plus fortes de l'âme » [2] : de singulières synthèses sensibles de représentations déjà sensibles en elles-mêmes, investies, bien évidemment, de l'intellectualité nécessaire qui les fait émerger, mais dépourvues de l'intellectualité qui les attacherait à l'extériorité spatiale qui demeure simplement apparente. Par le biais de cette *intensité suprême et de cette absence de neutralité, où l'impression est prise pour la représentation*, les images oniriques échappent à l'homogénéité vide et à l'interruption récurrente des représentations lors de la veille : « ainsi, des fictions qui pendant le jour sont presque imperceptibles reçoivent dans le sommeil une telle force, clarté et distinction que rien, sauf la force des sensations, ne nous permet de les distinguer des impressions réellement sensibles » [3].

Par ailleurs, si les représentations conscientes surviennent pendant que l'on est inconscient avec une force insurmontable, alors il en découle que les représentations oniriques font preuve d'un lien intime avec les représentations de l'état de veille dans la mesure où justement les rêves représentent les images vigiles en les renouvelant grâce à de nouvelles combinaisons. En ce sens, les rêves sont proprement poïétiques, capables de (re)création imagétique. Mais, parce que l'usage de la faculté d'imagination productive n'a ici aucun autre point d'efficacité que le « *punctum imaginarium* », étant donné que sa représentation sensible poïétique ne peut revenir à aucun véritable objet spatial, représentant

1. VKK, AK II, 264.
2. *Ibid.*
3. V-Anthrop, AK XXV.1, 100.

ses objets fictionnels seulement « comme s'ils étaient extérieurs », alors on peut soutenir que le rêve prolonge l'effet de l'inspiration poétique ou du génie, ce qui n'est pas possible dans l'état de veille. À vrai dire, dans le rêve tout est production poétique : l'inconscience donne ici à la conscience, en créant son propre véhicule imagétique, une espèce de plan supérieure, fidèle et vrai de la réalité éprouvée en état de veille. Par son intensité unique, ce plan nouveau devra agir sur les représentations vigiles de la réalité. Car il est ici question d'un plan plus allongé, plus intense de connaissance de soi du sujet lui-même. Et parce qu'il est fortement poïétique, c'est un plan de productivité continue, d'innovation constante, de progrès imaginatif et cognitif, témoignant d'*une liaison plus intense et réelle du Moi avec la vérité*, liaison que les représentations poétiques portent toujours en elles. Cependant, les représentations oniriques sont tellement fortes et vraies qu'elles dépassent même les représentations poétiques au niveau de cette force et vérité, puisqu'elles sont « dans cet état exactement ce que les sensations sont en veille » [1], capables de présenter *l'objet même de la représentation*, contribuant ainsi au développement de la connaissance humaine : « Parce que les sensations sont, dirait-on, très arides et obtuses, mais les fictions beaucoup plus fortes, *alors nous mélangeons les deux et nous prenons les images fictionnelles sur l'obtuse sensation, qui est ici le thème, pour des impressions réelles* » [2].

En somme, lorsque Kant affirme que les représentations du rêve sont ressenties « comme si elles étaient extérieures », il ne soutient pas que ces images oniriques constituent une *émulation* des représentations de l'état de veille, pas plus qu'une simple *intensification* quantitative des représentations de la veille. Bien au contraire, Kant se réfère ici à un autre état de la connaissance humaine, extraordinairement simple et fécond, et assez négligé : celui qui, d'une part, régénère et réinvente productivement des représentations claires, et qui, d'autre part, éclaire productivement des représentations obscures éprouvées ou simplement pressenties en état de veille. En d'autres termes, Kant veut reconnaître la valeur cognitive d'une *poésie humaine inconsciente*, qui vraisemblablement se trouve en activité continue, qui travaille intensément derrière la conscience, produisant des images aussi bien en état de veille qu'en état de sommeil, et déterminant le contenu de nos rêves où cette poésie atteint la réalité possible. Car si, dans le premier cas, le rêve ranime les représentations claires, tellement saturées d'intellectualité qu'elles sont devenues neutres à leur matière sensible originelle, et ce faisant le rêve récupère leur sens le plus ancien, primordial et vivant, en les renouvelant et relançant vers une nouvelle existence dans l'âme humaine, plus intense et productive. Dans le second cas, le rêve produit le même effet, mais *par une autre voie* : à savoir, le rêve convoque des représentations qui pour la conscience vigile sont sensibles et inconscientes, mais éminemment poétiques – les représentations obscures – et, en leur

1. VKK, AK II, 264.
2. V-Anthrop, AK XXV.1, 101. Nous soulignons.

octroyant une existence présente et future d'intensité inouïe (car d'un caractère inventif et nouveau), il les ramène à une existence qualitativement supérieure dont les représentations en état de veille ne jouissent pas. Car la poésie ramène les représentations obscures à une destination toujours déjà annoncée, et en effet initialement visée dans l'état de veille. Par leur matière sensible originelle, leur spontanéité inventive et leur poéticité intrinsèque, les représentations obscures sont l'embryon de toute la clarté possible qui s'exhibe dans la connaissance humaine. Toutes les représentations obscures sont poétiquement orientées vers la clarté, vers la connaissance : « comme l'allumette » [1] pendant le jour, elles « ne sont pas visibles » [2] mais « dans l'obscurité elles montrent leur grande forme » [3], et seul le rêve peut accomplir cette mission grâce à sa nature poïétique. Car seul le rêve ranime intensément les représentations obscures, achevant de la sorte sa tâche originaire : moyennant la revalidation des représentations obscures, réengendrer et réinventer aussi les représentations claires, en les ramenant à leur origine et en accomplissant leur destination. Le rêve donnerait ainsi aux représentations obscures et aux représentations claires beaucoup plus que de la nouveauté : un nouveau sens à l'intérieur de l'esprit humain.

Fernando SILVA
Centro de Filosofia da Universidade de Lisboa

1. *Ibid.*, 100.
2. *Ibid.*
3. *Ibid.*

QUATRIÈME PARTIE

OUVERTURE ÉTHIQUE :
L'HUMANITÉ ET SON DEVOIR DE DÉVELOPPEMENT

PARCOURS KANTIEN DE L'AMOUR DE SOI

Au premier chapitre du troisième livre des *Essais* Montaigne écrit :

> Notre être est cimenté de qualités maladives ; l'ambition, la jalousie, l'envie, la superstition, le désespoir logent en nous d'une si naturelle possession que l'image s'en reconnaît aussi aux bêtes. [...] Desquelles qualités qui ôterait les semences en l'homme, détruirait les fondamentales conditions de notre vie.

Ces « qualités maladives » sont toutes les dispositions psychologiques qui, ancrées dans notre attachement à nous-mêmes, nous rendent incommodes à autrui, alimentant « envie et jalousie, sa sœur » et suscitant violence, méchanceté, cruauté, injustice, au point que Montaigne n'hésite pas à employer à leur propos le terme de « vices ». Or ces vices, écrit-il, trouvent utilement à s'employer « à la couture de notre liaison », « notre bâtiment, et public et privé » non seulement les tolère, mais même les requiert.

Sommes-nous si éloignés de Kant qui fut, comme on le sait, lecteur de Montaigne ? Le mode naturel sur lequel l'homme se rapporte à lui-même semble bien être foncièrement égoïste – terme employé sans connotation morale. Or la relation selon laquelle chacun se donne d'une façon immédiate la préférence semble paradoxalement engendrer, du fait même de sa réciprocité, des effets socialement acceptables, voire favorables. Si les tonalités affectives de ce rapport peuvent considérablement varier, il reste que le mode immédiat, instinctif, passionnel du rapport à soi-même constitue la donnée anthropologique fondamentale qu'aucun moraliste ne peut négliger.

La belle et vaste méditation menée par Ricœur, dans *Soi-même comme un autre*, offre opportunément certaines pistes philosophiques [1] pour entreprendre la relecture des grands textes kantiens qui ont rencontré la question anthropologique de l'amour de soi.

Selon la logique du concept les choses se présentent ainsi : en extension, l'amour de soi s'étend à travers toutes les figures de l'expérience humaine, les formes de ce sentiment pouvant fortement différer puisque la haine de soi peut être une figure perverse de l'amour de soi... De plus, la notion est susceptible de recevoir des attributs contraires : on peut l'appréhender comme la donnée la

1. P. Ricœur, *Soi-même comme un autre*, Paris, Seuil, 1990. L'auteur dégage ces indications à partir de l'examen de la grammaire des pronoms personnels et des formes pronominales, son projet philosophique étant de sonder l'équivocité de la position d'identité (ipséité) qui excède d'emblée la « mêmeté » de l'ego et convoque à l'intérieur du sujet la dialectique du soi et de l'autre que soi.

plus immédiate et la plus naturelle ou la plus artificielle et la plus sophistiquée, la plus instinctive ou la plus construite ; il peut s'agir d'un affect irrationnel comme d'une conduite sagement raisonnable ; elle peut faire le lit de l'égoïsme le plus sordide comme promouvoir une socialité équilibrée et harmonieuse...

En compréhension, la notion d'amour de soi s'énonce non comme une modalité particulière du rapport à soi, mais bien comme la forme même de l'existence subjective, la vérité primordiale de l'exister en première personne. Ces remarques ouvrent sur l'idée qu'il y a un parcours de l'amour de soi [1], à suivre dans son déploiement et ses vicissitudes. En fait la trajectoire d'étude se déploie à un double niveau : parcours du donné psychologique et parcours intellectuel de la notion. Rousseau est ici le point de départ obligé de l'investigation.

> L'état naturel d'un être passible et mortel tel que l'homme est de se complaire dans le sentiment de son existence, de sentir avec plaisir ce qui tend à le conserver et avec douleur ce qui tend à le détruire, c'est dans cet état naturel et simple qu'il faut chercher la source de nos passions [2].

L'état affectif fondamental est foncièrement le sentiment de soi, de l'existence subjective comme réalité première : il est indissolublement conscience de soi et amour de soi. Ce sentiment intime d'exister, qui suffit au bonheur vrai de l'homme, est à la racine de toute vie psychologique : « l'homme naturel » est l'homme de la jouissance pure et immédiate de cette autarcie et autosuffisance, « l'homme de l'homme » en a perdu le secret mais en a conservé la nostalgie : en lui « l'amour de soi » n'a pas disparu, mais il a pris la forme perverse de « l'amour-propre ». Ainsi s'est développée l'affectivité artificielle de l'homme moderne, dans sa ruineuse duplicité psychologique :

> La source de nos passions, l'origine et le principe de toutes les autres, la seule qui naît avec l'homme et ne le quitte jamais tant qu'il vit est l'amour de soi ; passion primitive, innée, antérieure à toute autre et dont toutes les autres ne sont, en un sens, que des modifications [3].

Aucun germe d'une passion naturellement altruiste – qui aurait à son principe l'amour des autres – ne peut être trouvé. Bien-sûr se fait aussitôt jour l'objection de la pitié, qui est présentée comme une « passion primitive » dans le *Second Discours*. Faut-il y voir une passion originaire ou une simple différenciation de l'amour de soi ? Le débat a pu être vif entre les exégètes, mais ce qui n'est pas discutable, c'est que la pitié est un état d'affect éprouvé de façon immédiate en première personne. Elle appartient donc à l'expérience de l'amour de soi en tant que disposition affective de l'être sensible, naturellement enclin à se projeter en imagination en son semblable souffrant pour compatir à son mal et lui porter secours.

1. À entendre dans le sens où Ricœur a pu parler d'un « parcours de la reconnaissance ».

2. Rousseau, *Fragments divers*, OC II, 1324. Kant ne pouvait avoir eu connaissance de ce texte mais la doctrine de l'amour de soi qui y est résumée lui est parfaitement connue.

3. Rousseau, *Émile* L.IV, OC IV, 491.

Passion naturelle, originaire, bonne par nature, l'amour de soi constitue ainsi l'élément pathique fondamental d'où tout dérive. Donné originaire et premier, il n'est pas susceptible d'être analysé comme la liaison de deux composants ou comme l'investissement dans un objet (le moi objet d'amour) d'une puissance affective préalablement disponible – selon le schéma théorique du narcissisme.

C'est au cours des années 1760 que Kant découvre l'œuvre de Rousseau qu'il lit avec attention et même enthousiasme. Quelle réception donne-t-il à la doctrine de l'amour de soi et de la pitié comme passions originaires, à la dualité des passions primitives /passions artificielles, elle-même associée à l'écart homme de la nature/homme de l'état de société ? Quelques pages des *Observations sur le sentiment du beau et du sublime* esquissent une première mise en perspective. À partir des rubriques « esthétiques » du beau et du sublime, Kant opère une répartition différentielle de ces données : il réserve le qualificatif de « sublime » à la seule vertu et évalue comme seulement « aimables et belles » les dispositions d'esprit et états d'âme qui sont favorables à la vertu et s'accordent avec elle. Ce jugement « esthétique » vient connoter leur insuffisance et même leur caractère moralement douteux. C'est ici qu'intervient l'examen de la pitié, disposition affective dont l'évaluation morale doit être contrebalancée :

> Une certaine tendresse de cœur, qui entre aisément dans un chaud sentiment de pitié, est belle et aimable, car la pitié dénote qu'on participe avec bonté au sort des autres, ce à quoi conduisent également les principes de vertu. Seulement cette passion, née d'un bon naturel, est toutefois faible et toujours aveugle [1].

Les conditions du nécessaire redressement moral sont alors clairement indiquées :

> Si en revanche la bienveillance générale à l'égard de l'espèce humaine est devenue chez vous un principe auquel vous subordonnez toujours votre conduite, alors l'amour pour l'indigent demeure, mais un point de vue plus élevé le situe dès lors dans son vrai rapport avec votre devoir en général.

Kant poursuivra sur cette voie puisque dans les *Fondements de la métaphysique des mœurs* l'ambiguïté morale de la pitié sera dénoncée, alors que la froide insensibilité sera tenue pour compatible avec le sens du devoir [2]. Ainsi l'éloge rousseauiste de la pitié ne trouve-t-il accueil chez lui que sous la condition que cette passion vienne s'ordonner aux principes de vertu et que la volupté des larmes ne transforme pas l'homme en « un oisif au cœur tendre ».

« J'apprends à honorer les hommes » [3] déclare Kant dans une *Remarque* justement célèbre : il fait gloire à Rousseau de l'avoir arraché au sentiment illusoire de supériorité propre au savant et de lui avoir fait comprendre l'universelle valeur qui se révèle dans « le sentiment de la beauté et de la dignité

1. OBS, s. II, AK II, 215-6 ; OP I, 461-2.
2. FMM, AK IV, 398-399 ; OP II, 256-257.
3. ROBS AK XX, 44 ; trad. B. Geonget, Paris, Vrin, 1994, p. 127-128.

de la nature humaine ». Or ce sentiment se trouve à son tour distribué analytiquement en fonction de la dualité « esthétique » du beau et du sublime :

> Le premier [*sentiment de la beauté de la nature humaine*] est une cause de la bienveillance générale, le second [*sentiment de la dignité de la nature humaine*] est une cause de l'estime générale et si ce sentiment atteignait son point de perfection dans quelque cœur humain, cet homme s'aimerait aussi et s'estimerait lui-même, mais seulement dans la mesure où il est un de tous ceux à qui s'étend son sentiment élargi et noble [1].

Parallèlement à l'évaluation de la pitié, s'affirme ici une réorientation « éthique » de l'amour de soi, lequel est vidé de toute détermination affective naturelle pour être construit comme une sorte de sentiment idéal d'estime de soi par lequel l'homme vertueux serait en droit de s'aimer lui-même, dans un mouvement d'inclination bienveillante qui tend à s'universaliser. Mais si la pitié est moralement suspecte, si l'amour de soi a besoin d'être refondé, peut-on néanmoins prendre appui sur certains mouvements naturels du cœur humain – sur des passions au sens classique – pour disposer aux conduites vertueuses et accéder à une vie sociale harmonieuse ? L'estime de soi a-t-elle vocation à être le soubassement de la moralité ou bien faut-il aller vers un tout autre montage entre vertu et estime de soi, entre morale et anthropologie ?

Ici intervient la seconde figure référentielle : Hume est l'autre grand moraliste dont Kant fréquente l'enseignement doctrinal sur les passions : il s'y réfère parfois explicitement, mais plus souvent il s'en inspire de façon implicite et c'est alors au lecteur d'en décrypter l'influence dans le filigrane du texte. Récusant le rationalisme classique, Hume articule directement la morale ou théorie de la vertu à l'analyse des passions.

> Voici une proposition qui [...] peut être considérée comme certaine : c'est uniquement de l'égoïsme de l'homme et de sa générosité limitée, ajoutés à la parcimonie de la nature quand elle a pourvu à ses besoins, que la justice tire son origine [2].

Affirmation adossée à de vigoureuses prémisses philosophiques, lesquelles relèvent de « l'empirisme radical » humien selon l'expression forgée par M. Malherbe [3]. Si n'existe réellement que « l'absolu sensible qui est passion ou impression », tout agir doit être rapporté à des « motifs » et les motifs ne sauraient différer en nature ; ils diffèrent en degrés et en modalités, du fait des jugements réflexifs que l'agent est amené à porter sur eux et ils constituent « les tendances et intérêts » qui sont à l'œuvre dans la nature humaine.

Sur cette base Hume établit une typologie raisonnée des passions. Ainsi le Livre II du TNH s'ouvre-t-il sur l'étude de deux passions connexes, « indirectes et violentes », l'orgueil et l'humilité. Pourquoi commencer par-là ? La chose s'éclaire si l'on prend en compte l'objet de ces passions, lequel n'est autre que

1. OBS, AK II, 217 ; OP I, 463.
2. Hume, *Traité de la nature humaine* [TNH], L.III, 2,2, trad. fr., GF, 1993, p. 96.
3. M. Malherbe, *Kant ou Hume*, Paris, Vrin, 1993.

« le moi » défini comme « cette succession d'idées et d'impressions reliées les unes aux autres dont nous avons le souvenir intime et la conscience ».

> Selon l'idée plus ou moins avantageuse que nous nous faisons de nous-mêmes, nous ressentons l'une ou l'autre de ces affections opposées, enivrés d'orgueil ou abattus par l'humilité [1].

Le rapport à soi n'est jamais neutre, affectivement ou axiologiquement. S'enorgueillir de soi-même ou se mépriser en sont les colorations psychologiques fondamentales.

Au Livre III Hume examine comment nos penchants opèrent dans le champ moral, quels effets ils produisent. Naturellement égoïstes, les hommes ne peuvent tendanciellement que s'opposer les uns aux autres. Mais à cette donnée directement corrélée à notre condition d'être sensible, vient s'ajouter tout un jeu d'affects de sympathie qui nous attachent en fonction des liens de proximité, à nos parents, nos amis, nos compatriotes, etc., nous portant à adopter en leur faveur des comportements altruistes. Telle est « la générosité limitée » dans laquelle l'étroitesse de l'égoïsme se trouve naturellement élargie par le mouvement de la « partialité » – le résultat étant que :

> [...] bien qu'il soit rare de rencontrer un homme qui en aime un autre mieux que lui-même, il est pourtant tout aussi rare de rencontrer un homme chez qui l'ensemble des inclinations altruistes ne surpasse pas la totalité des penchants égoïstes [2].

Le repérage fin de ce type de composition passionnelle sous-tend tout le système des « passions artificielles » et rend compte de leur heureux effet qui est, paradoxalement, de susciter des conduites de justice, des vertus sociales et d'assurer l'empathie mutuelle.

Comment Kant accueille-t-il cette perspective ? Est-il sensible à la dissension qui existe entre Hume et Rousseau à propos de la nature des passions et de la place qu'occupe l'amour de soi dans leur dynamique ? Kant n'engage aucune confrontation doctrinale, il se contente de glaner dans les analyses menées par les moralistes des éclairages psychologiques sur tel aspect intéressant ou pittoresque de la nature humaine et d'ouvrir à partir de là des pistes de recherche.

Le lecteur peut repérer dans les *Observations sur le sentiment du beau et du sublime* plusieurs reprises de ce type [3]. Par exemple Kant acquiesce à l'idée que l'égoïsme naturel n'empêche aucunement nombre d'hommes d'agir par « bonté de cœur » et il poursuit en affirmant même que l'amour-propre, « répandu dans tous les cœurs humains » y dispose naturellement. C'est là un bien curieux montage dans lequel Hume et Rousseau sont en quelque sorte sommés de s'entendre ! C'est aussi le cas dans la mise au point sur la pitié. Nous nous

1. Hume, TNH, L. II. 1,2, GF 1991 p. 112.

2. Hume, TNH, L. III. 2,2, *op. cit.* p. 87. En attestent le dévouement des parents pour les enfants, la générosité du père de famille pour les siens.

3. OBS, AK II, 227 ; OP I, 475.

apitoyons, note Kant, sur ce qui affecte immédiatement notre sensibilité, « un enfant qui souffre, une femme malheureuse et aimable », mais pas sur le sort misérable des milliers de soldats livrés aux horreurs de la guerre par la décision arbitraire d'un prince [1]. Étrange notation, notoirement composite, où la passion naturelle rousseauiste voit sa valeur morale discutée sur la base du critère humien de proximité !

Que conclure au terme de cette enquête menée à travers les textes de la période précritique ? La question de la nature de l'amour de soi et de son rapport aux passions artificielles n'est manifestement pas pour Kant une ligne de fracture qui l'obligerait à choisir entre Rousseau et Hume. Son investigation psychologique s'alimente volontiers à des sources diverses, sollicitant aussi bien des éléments doctrinaux que des citations, des anecdotes. C'est l'avènement d'une toute nouvelle problématique qui va susciter la réévaluation au cours des années 1780 de la matière anthropologique amassée. La réflexion sur l'histoire monte en puissance avec le débat portant sur les Lumières : celui-ci a mis au premier plan la question des rapports intersubjectifs impliqués dans la dynamique qui fait passer l'humanité « de l'état brut à la culture » en vue d'advenir à la prise en charge de son propre destin comme espèce raisonnable. Désormais la dimension socio-politique de l'histoire est devenue centrale : encore faut-il la construire psychologiquement.

Deux lignes de lecture se chevauchent dans les Prop. 3, 4, 5 de l'*Idée d'une histoire.* En effet la relation d'« insociable sociabilité » destinée à solidariser les hommes entre eux se décline subjectivement à travers les composantes affectives de « l'insociabilité » qui animent les individus. Ce schéma s'active dès que les hommes émergent de leur supposé état d'indolence naturelle. Alors la concurrence mutuelle s'aiguise, elle se vit sur le mode de l'antagonisme, de l'affrontement, non tant physique que psychologique.

> Or c'est cette résistance qui éveille toutes les forces de l'homme, qui le conduit à surmonter sa tendance à la paresse et, sous l'impulsion de l'ambition, de la soif de domination ou de la cupidité, à se tailler un rang parmi ses compagnons qu'il supporte peu volontiers, mais dont il ne peut pourtant pas non plus se passer [2].

L'individu recherche son semblable sur le mode de l'éloignement et de la rivalité, il le fréquente sur le mode de l'antagonisme et du conflit, il est amené à le souffrir sans pouvoir le souffrir… Plus qu'il n'émarge à une théorie de l'état de guerre, Kant emprunte ici aux théories des passions. Le triptyque *Ehrsucht*, *Herrschsucht*, *Habsucht* sollicite des sources doctrinales diverses mais l'élément original est ailleurs : paradoxalement c'est l'amour de soi qui alimente les formes affectives variées de la relation à autrui et symétriquement, ce sont les figures passionnelles de la liaison intersubjective qui viennent s'intérioriser dans les mouvements intimes du psychisme individuel. Il s'agit en fait d'un

1. OBS, AK II, 216 ; OP I, 462.
2. *Idée*, AK VIII, 21 ; OP II, 192.

amour (de soi) vécu sur le mode de l'hostilité ou d'une hostilité vécue sur le mode du désir de proximité et de reconnaissance (d'autrui).

L'amour de soi perd certes son innocence originaire ; il subit une dialectisation qui l'altère à travers le jeu oppositif du même et de l'autre, du soi et du non-soi. C'est là une formation passionnelle très éloignée du pur et doux contentement d'exister cher à Rousseau ! Son bilan historique est cependant jugé excellent, comme l'illustre dans la 5° Prop. la comparaison de la belle croissance des arbres de la forêt qui « se contraignent réciproquement » [1].

Dans ce contexte une notation discordante intervient dans la 6° Prop. : « le bois dont l'homme est fait est si courbe qu'on ne peut rien y tailler de bien droit » [2]. Cette mise au point qui a fait couler beaucoup d'encre, semble bien introduire un tout autre point de vue évaluatif quant à l'amour de soi. Que faut-il entendre par cette courbure naturelle du bois dont est fait l'homme ? On doit à Philonenko [3] d'avoir exploré les arrière-plans de la métaphore kantienne. La piste interprétative la plus intéressante fait appel à la théologie luthérienne : déployant l'équivalence « *curvus = curvus in se = versus in sui amorem* », l'auteur montre que la courbure de la nature humaine n'est pas simplement son absence de droiture mais plus gravement, le mouvement naturel d'amour de soi par lequel l'homme consent à son propre égoïsme et conspire avec lui.

L'être humain ne se contente pas de ramener naturellement les choses à lui-même, selon le schéma de l'égocentrisme ; par un mouvement interne spontané il redouble cette tendance naturelle et conspire avec elle, s'aimant jusque dans l'injuste préférence qu'il se donne. En ce point l'amour de soi ne s'énonce plus comme simple égoïsme naturel, mais comme complaisance à soi. Dès lors le questionnement se complexifie : si la philosophie de l'histoire ne peut apporter qu'une correction externe au déploiement des égoïsmes, comment intervenir sur la disposition intimement tordue, recourbée sur soi, du cœur humain ? Y en a-t-il un redressement possible ?

L'amour de soi semble bien relever dans l'*Idée,* de deux niveaux d'évaluation concurrents : si son déploiement dialectique a été validé comme historiquement favorable, il est aussi l'objet d'une suspicion morale majeure. En tant qu'*Aufklärer* Kant n'a encore côtoyé que de façon marginale la question de la moralité [4]. Il va se confronter désormais à elle en des termes inédits, absolument novateurs par rapport aux traditions des philosophies morales. En effet les attendus du criticisme récusent d'entrée de jeu toute étiologie passionnelle de la moralité de même que toute dérivation du devoir à partir des sentiments altruistes ; ils placent la question morale sous l'exclusive juridiction de la raison pratique, elle-même arrachée à toute contamination par le sentiment et même par le sensible. Ce qui signifie que le principe suprême de la moralité ne saurait

1. *Idée*, AK VIII, 22 ; OP II, 194.
2. *Idée*, AK VIII, 23 ; OP II, 195.
3. Philonenko, *La théorie kantienne de l'histoire*, Vrin, 1986, p. 99-101.
4. Précédemment Kant avait certes engagé l'évaluation morale, mais seulement à travers l'évaluation esthétique qui distingue entre le « sublime » de la vertu et « la beauté » des qualités.

être trouvé dans un quelconque naturalisme, qu'il soit de type antique ou moderne [1]. Il réside dans la pure forme – universalisable – de la bonne volonté.

Cette ère nouvelle en philosophie morale s'énonce dans le concept de *Gesetzmässigkeit*. Le changement est considérable ; si la « bonne volonté » ne se définit pas par une finalité bonne, elle ne se construit pas davantage par des dispositions psychologiques bonnes. Les données de la psychologie se trouvent massivement rejetées hors de la sphère de la moralité pour deux raisons connexes et corrélées : elles ont un statut empirique et non-apriorique et elles présentent des déterminations de contenu, ce qui les rend incapables d'atteindre au niveau d'une légalité prescriptive formelle.

> En effet, la métaphysique des mœurs doit examiner l'idée et les principes d'une volonté pure possible, non les conditions et les actions du vouloir humain en général, qui pour la plupart sont tirées de la psychologie [2].

Une telle disqualification des données de la psychologie a des conséquences fortes. Tout d'abord négativement cela signifie la fin de bien des débats : ainsi n'est-il plus question de se demander si la vertu dérive de l'amour de soi ou bien si c'est le plus sordide égoïsme qui se corrige jusqu'à fleurir en bienveillance pour l'humanité. Sans aucune indulgence Kant instruit le procès de ce « cher moi », toujours tenté de faire une exception en sa faveur, de tricher à son profit avec l'universalité de la loi. Pas plus que l'amour de soi, le sentiment de sympathie envers autrui ou même la recherche altruiste de son bonheur n'ont vocation à fonder la morale. Plus généralement c'est toute doctrine du sentiment moral qui s'avère définitivement inadéquate [3].

Reste à rendre compte positivement de la façon dont le sujet se détermine moralement. Comment le *factum rationis* de la loi morale opère-t-il en nous ? La réponse kantienne est théorisée dans le concept d'autonomie, ce qui intéresse directement notre recherche puisqu'il s'agit d'une structure de type « auto-affection » dans laquelle le sujet moral législateur s'impose à lui-même la loi. L'auto-détermination est en même temps auto-affection, le commandement est en même temps sujétion. La structure formelle de la réflexivité pratique propre à la moralité présente cette originalité majeure que le rapport d'auto-affection s'y joue sur un mode radicalement non-psychologique.

Ce résultat philosophique ne va pas sans difficultés dans la mesure même où la logique d'auto-détermination de la moralité ne peut manquer de se déployer subjectivement dans une structure d'auto-affection ; l'auto-affection est le mode sur lequel opère en nous l'activité auto-légiférante de la moralité. En effet la réalité du commandement moral dans son impérativité exige que l'agent soit affecté de façon quasi-sensible, qu'il reçoive la loi de la loi à travers une sorte

1. Dans le premier cas la nature intervient plutôt comme cause finale au principe du bien moral (eudémonisme) ; dans le second elle opère essentiellement comme cause motrice (étiologie passionnelle des conduites vertueuses).

2. FMM, Préf., AK IV, 391 ; OP II, 248.

3. FMM, 2° s., AK IV, 442 note ; OP II, 311, note. Kant vise explicitement Hutcheson.

de sentiment. Tel est le « respect » pour la loi morale que le sujet éprouve lors même qu'il se dispenserait d'obéir à son commandement [1]. Si le sentiment a été rigoureusement exclu de la détermination rationnelle de la moralité, en tant qu'élément « pathologique », il se trouve en quelque sorte réintroduit maintenant, à titre d'effet du commandement moral sur l'être sensible.

> [...] on n'aura maintenant pas de peine à s'expliquer comment il se fait que, bien que sous le concept de devoir, nous nous figurions une sujétion à la loi, nous nous représentions cependant aussi par là une certaine sublimité et une certaine dignité attachée à la personne qui remplit tous ses devoirs [2].

Que devient alors le rapport à soi – ainsi que le naturel amour de soi – sous le régime de la dualité interne que la moralité a révélée ? Quel est notre destin, anthropologiquement parlant, si nous sommes à la fois appelés à nous estimer hautement en tant que législateur et condamnés à vivre dans l'humiliation en tant qu'agent moral ?

Le respect pour la loi, « sentiment non pas reçu par influence [...] mais spontanément produit par un concept de la raison » expose cette bipolarité. En lui l'élévation vient composer avec l'abaissement, la grandeur avec la faiblesse, la dignité avec la misère, l'honneur avec l'indignité. On a là affaire à un si étrange oxymore qu'il n'est pas étonnant de voir Kant reprendre la question dans la *Critique de la raison pratique*, au chap. 3 de l'Analytique. La clarification conceptuelle y est engagée à partir de mises au point terminologiques ayant trait au champ sémantique de l'égoïsme. Celles-ci sont ordonnées au sein d'une classification analytique raisonnée, la démarche définitionnelle opérant par division de la rubrique « égoïsme » en vue de fixer le vocabulaire. L'égoïsme en général (*solipsismus*) est défini comme le système de toutes les inclinations dont la satisfaction s'appelle le bonheur personnel.

> Celui-ci est ou bien l'amour de soi [*Selbstliebe*] qui consiste en une bienveillance envers soi-même par-dessus toutes choses (*philautia*) ou bien la satisfaction de soi-même (*arrogantia*). La première s'appelle particulièrement amour-propre [*Eigenliebe*], la seconde présomption [*Eigendünkel*] [3].

Tous ces termes viennent décrire les diverses figures d'un rapport à soi-même, moralement condamnable. Mais ne pourrait-il y avoir, comme le prétendait par exemple la morale stoïcienne, une juste estime de soi à laquelle accèderait l'homme vertueux, et dans sa figure emblématique, le sage ? Ne pourrait-on pas sauver moralement l'estime de soi (*Selbstschätzung*) ? À cette étape de sa réflexion, Kant ne le pense pas, et cela non pas seulement parce qu'un tel contentement orgueilleux lui est humainement très désagréable, mais plus profondément à cause de la nature de la loi morale : en effet dans son rapport à la loi qui commande inconditionnellement, le sujet fait, en tant qu'être sensible, l'expérience de la « contrainte pratique » (*Nöthigung*). Et cette

1. FMM, 1° s., AK IV, 402 ; OP II, 260.
2. FMM, 2° s., AK IV, 439-440 ; OP II, 308.
3. CRPr, AK V, 73 ; OP II, 697.

coercition vient nécessairement s'opposer à tous les penchants subjectifs qui relèvent de l'amour de soi. L'estime de soi ne saurait être moralement justifiée car elle s'alimente inévitablement à cette source moralement fautive qu'est l'amour de soi, entendu soit comme amour-propre, c'est-à-dire bienveillance exclusive et injuste envers soi-même, soit comme présomption, c'est-à-dire infatuation du sentiment de sa propre valeur.

L'estime de soi ne peut ni conduire à la moralité, ni même être tenue pour une disposition éthiquement recevable. En revanche un autre aspect de la question se fait jour, pointé à travers le terme d'« approbation de soi-même » (*Selbstbilligung*). Car si le respect, au sens moral, comporte la dimension d'une douleur qui humilie notre amour-propre, il a aussi une autre face par laquelle se trouve élevé le sujet moral, et exaltée sa grandeur jusqu'au sentiment d'une sublimité qui signe l'absolue dignité de la personne. Il n'y a là matière à aucune orgueilleuse glorification de soi-même, mais de façon sobre et vraie, le sujet est sollicité à une approbation de soi sur le mode d'un amour raisonnable qui est plein acquiescement à sa destination d'agent moral.

Mais n'est-ce pas là revenir sur nos pas ? L'idée d'un « contentement de soi » (*Selbstzufriedenheit*) ne risque-t-elle pas de venir ruiner la structure d'autonomie de la moralité ? On sait que la *Critique de la raison pratique* engage, dans l'Examen critique de l'Analytique, le concept de Souverain Bien, ce qui conduit à la reprise de la *quaestio disputata* de la corrélation entre moralité et bonheur. Mais qu'en est-il en deçà de la félicité espérée que promettent les postulats ? Tout contentement de soi est-il interdit au sujet moral, à l'être vertueux ? La marge est étroite pour construire une réponse positive puisque a été instruit le procès des formes de l'amour de soi, toujours fautives moralement. Il reste que, loin de toute jouissance de soi dans l'autosatisfaction, le sujet qui se détermine moralement connaît et éprouve le juste contentement qui naît de l'exercice de sa volonté pratique.

> La liberté et la conscience de la liberté comme d'un pouvoir que nous avons de suivre, avec une intention prépondérante la loi morale [...] est l'unique source d'un contentement inaltérable, nécessairement lié à elle, ne reposant sur aucun sentiment particulier, et ce contentement peut s'appeler intellectuel [1].

Ni bonheur sensible, ni béatitude spirituelle... et pourtant le rapport à soi du sujet moral ouvre sur un sentiment de contentement de soi, dans lequel la liberté pratique expérimente positivement sa puissance souveraine. Ce sentiment qualifié par Kant d'« intellectuel », offre à l'homme de bien la seule légitime jouissance de soi à laquelle il puisse prétendre et celle-ci lui est ouverte par l'expérience de la moralité [2].

1. CRPr, AK V, 117 ; OP II, 751-752.

2. Sur la *Selbstzufriedenheit* comme jouissance de la liberté pratique éprouvée par l'homme vertueux, voir S. Zac, « Kant, les Stoïciens et le christianisme », *Revue de métaphysique et de morale*, 1972, p. 77.

À travers l'analyse du respect, à travers l'étude du *Sollen*, une ligne de démarcation a été tracée au sein du champ de l'affectif. Ce hiatus a définitivement renouvelé la physionomie de la philosophie morale. Il a rendu caduques l'eudémonisme des sagesses antiques aussi bien que les tentatives des morales classiques pour opérer une généalogie de la moralité à partir des passions. Intervenant en régime de philosophie critique, il a dévalué le statut de la psychologie, désormais reléguée au rang de simple savoir empirique, tandis que la science morale se voit garantir un caractère rationnel pleinement apriorique. La problématique morale a ainsi conduit à une profonde restructuration épistémique des champs des savoirs de l'humain.

Dans la *Critique de la faculté de juger* les perspectives se modifient dans la mesure où est envisagé un certain dépassement du hiatus causalité de la nature / causalité de la liberté, et même esquissée une certaine concordance finale entre les deux plans. Aussi n'est-ce que dans les ouvrages ultérieurs que refait surface la question de l'amour de soi, articulée à une réévaluation du statut de la donnée psychologique. En 1793 la *Religion* introduit le concept de mal radical. La question rectrice est celle de l'imputation : à quoi attribuer le principe de l'action mauvaise ? L'interrogation acquiert sa pleine force du fait qu'est récusée, d'entrée de jeu, toute explication par les considérations empiriques d'influence ou de circonstances :

> Toute mauvaise action, quand on en recherche l'origine rationnelle doit être regardée comme si l'homme y était parvenu immédiatement, à partir de l'état d'innocence [...] en sorte qu'elle peut et doit toujours être jugée comme un usage originaire de son arbitre [1].

Exit la psychologie et avec elle les tortueuses étiologies passionnelles, sollicitées pour justifier ou pour condamner. Est aussi totalement hors de cause la sensibilité qui, en tant que telle, n'est ni bonne ni mauvaise et donc nullement fautive. Force est alors de supposer à la racine des actes moralement mauvais, un « penchant au mal » inscrit dans le cœur de l'homme ; celui-ci opère à travers « le renversement de l'ordre des motifs ». Renversement désormais décrit en des termes beaucoup radicaux que dans les *FMM* où il était seulement question d'une exception consentie par le sujet en sa faveur. Le « penchant au mal » est dit « radical » puisqu'il vient corrompre le fondement de toutes les maximes, ruiner en son principe le respect pour la loi.

Ici fait retour l'amour de soi, sous une figure encore plus redoutable : il est complaisance à soi puisqu'il se double d'un consentement intéressé, d'un cautionnement à sa propre injustice. À la fois puissance d'illusion et de tromperie, penchant naturel et visée intentionnelle, « le mal radical » est cette puissance innée de falsification avec laquelle le sujet conspire, piégé qu'il est dans un illusoire contentement de soi. La duplicité de l'amour de soi est ici poussée à son paroxysme et la réflexivité perverse qu'il comporte opère selon la structure du mensonge à soi-même : le sujet est tout à la fois trompé et

1. CFJ, AK VI, 41 ; OP III, 56.

trompeur ; il met le comble à sa propre injustice en se tenant pour juste et en vivant dans la tranquillité d'une (fautive) bonne conscience [1].

Amour de soi et satisfaction de soi se déclinent de maintes façons : estime raisonnable / présomption, contentement de soi / complaisance à soi. Le traitement philosophique de ces notions est d'autant plus délicat qu'il convient de tenir compte de leur niveau spécifique de pertinence. À défaut de pouvoir reprendre l'ensemble du problème de l'action bonne et du bon principe, on peut s'intéresser au réglage que Kant indique au ch. 3 de l'Analytique de la *Critique de la raison pratique.*

> La raison pure pratique porte simplement préjudice à l'amour-propre, dans la mesure où, en tant qu'il est naturel à l'homme, elle ne fait que le limiter à la condition de son accord avec cette loi ; il est alors nommé amour de soi raisonnable. Mais elle terrasse complètement la présomption, car toutes les prétentions de l'estime de soi-même qui précèdent la conformité de la volonté à la loi morale, sont nulles et illégitimes [...] [2].

Lecteur de ce texte, Ricœur le commente ainsi :

> La mise hors circuit de l'« amour de soi » exerce à l'égard de l'estime de soi une fonction critique, et par référence au mal une fonction purgative. L'amour de soi, c'est l'estime de soi pervertie par ce que nous appellerons tout à l'heure le penchant au mal [3].

Resterait toutefois à examiner si la fonction critique et la fonction purgative relèvent exactement de la même logique philosophique.

Quel bilan dresser ? Mis à l'épreuve par sa confrontation à l'universel de la loi, l'amour de soi a été critiqué et réduit, mais sous le régime de cette limitation, il peut subsister et subsiste en effet comme amour raisonnable de soi. Cette voie qui va jusqu'à exalter la « sublimité de notre nature » conduit jusqu'au développement de l'idée de « personnalité » présentée à la fin du même chapitre. Mais la doctrine du mal radical a porté la suspicion jusqu'au tréfonds de l'intériorité subjective : car comment extirper cette présomption, à la fois fautive et trompeuse, qui agit en nous ? Comment redresser cette courbure sur soi de l'égoïsme, déjà évoquée dans la 6° Prop. de l'*Idée*? Les perspectives d'un redressement, effectif dans le cadre externe de la dialectique historique, se sont avérées inopérantes moralement et, plus grave encore, la méditation sur le mal radical a montré que ce redressement n'est pas à la portée de nos efforts moraux. C'est pourquoi Kant s'est décidé à faire place à la dimension proprement religieuse du salut – sous la condition restrictive d'une religion dans les limites de la simple raison.

1. Cependant puisque l'homme, moralement fautif, ne sait apercevoir clairement sa « malignité », ni sonder la profondeur du mal en son cœur, il n'est pas « diabolique ».

2. CRPr, AK V, 73 ; OP II, 697

3. P. Ricoeur, *Soi-même comme un autre*, *op. cit.*, 8e étude.

Kant a ainsi poursuivi jusque dans les replis les plus secrets du cœur humain une recherche qui rencontre l'analyse psychologique, mais pour la traverser, la disqualifier ou l'outrepasser. Examiner ce qu'il en est de l'homme, chercher comment il se produit lui-même au-delà de la détermination biologique de l'espèce est une préoccupation constante de sa recherche et cet intérêt anthropologique alimentant un ensemble consistant de cours, aboutit à l'ouvrage paru en 1798 sous le titre *Anthropologie*... Or quel est le programme de cette anthropologie *in pragmatischer Hinsicht* et en quoi diffère-t-il de la classique approche psychologique des données de la nature humaine ? L'*Anthropologie* entend examiner sous ses divers aspects l'expérience que l'homme fait de lui-même « ce que l'homme, en tant qu'être de libre activité, fait ou peut et doit faire de lui-même ». Dans le cadre général de ce projet, comment les formes de l'amour de soi sont-elles appréhendées ? À quelle structure comportementale sont-elles référées ? Sous le titre *De l'égoïsme*, le § 2 de la *Dialectique* pose en point de départ la remarque suivante :

> Du jour où l'homme commence à dire Je, il fait apparaître partout où il peut son moi bien-aimé ; et l'égoïsme progresse irrésistiblement d'une manière sinon manifeste (car l'égoïsme des autres s'oppose à lui) du moins enveloppée : par un renoncement apparent et une prétendue modestie, il cherche à se ménager d'autant plus sûrement, dans le jugement des autres, une prééminente valeur [1].

Le tropisme « comportemental » de cette notation est manifeste : l'analyse s'inaugure par le pointage du stade d'apprentissage du langage où l'enfant devient capable de dire « je ». Dès lors tout est joué et la structure autoréférentielle de l'égoïsme se met en place. Certes les comportements humains qu'il sous-tend sont fort divers : l'égoïsme naturel du jeune enfant qui exprime avec franchise et véhémence ses moindres désirs et en exige l'immédiate satisfaction, suscite sinon l'attendrissement (mère, nourrice), du moins l'indulgence de son entourage. Mais nous sommes loin d'éprouver la même sympathie pour les conduites odieusement intéressées des adultes qui dans l'affrontement social, rivalisent de présomption et camouflent sous des dehors vertueux l'injuste préférence qu'ils se donnent à eux-mêmes. Si les formes psychologiques de l'égoïsme varient et se complexifient en fonction des âges et des contextes relationnels, le repérage de sa structure matricielle fournit la clef interprétative générale. Les conduites de « l'égoïste logique », de « l'égoïste esthétique », de « l'égoïste moral » se ressemblent extérieurement fort peu, mais elles relèvent de la même grande typologie.

CONCLUSION

Depuis les notations et observations des années précritiques jusqu'à la connaissance interprétative exposée dans l'*Anthropologie*, le parcours kantien peut être lu en suivant le vecteur de l'amour de soi. À travers ces repérages, c'est

1. *Anthropologie*, AK VII, 128 ;

la question du statut des savoirs – et plus particulièrement de la psychologie – qui se joue. Sur ce versant la conclusion pourrait s'énoncer schématiquement ainsi : il s'est opéré une complète disqualification de la psychologie, ce qui a rendu possible la montée en puissance de l'anthropologie.

La *Critique de la raison pure* en établissant, dès l'examen des paralogismes de la substantialité, la doctrine de la subjectivité transcendantale, n'avait laissé au moi empirique d'autre réalité que phénoménale. Quant au sujet transcendantal, principe de la synthèse *a priori*, il ne pouvait faire l'objet d'aucun savoir d'objet. A. Renaut remarque que « la proposition *Je pense* ne livre aucunement accès à un contenu, du type *être un homme* » [1] et il poursuit : « La critique pouvait paraître comme ayant fait perdre à l'interrogation sur l'homme toute consistance réelle de nature à nourrir un véritable discours ».

Cependant la question de l'homme – entendue comme celle de la nature humaine – n'a pu être éludée. Kant la rencontre comme une sorte d'inévitable lieu géométrique commun à plusieurs lignes de recherche. Celle qui a trait au devenir historique de l'espèce humaine l'amène à réfléchir sur les mobiles par le jeu desquels les hommes construisent leur socialité. Quant à la philosophie morale, quelle qu'en soit la radicalité rationnelle, elle conduit à interroger l'intimité du rapport à soi du sujet moral : la dissociation n'est plus alors celle du je transcendantal et du moi empirique ; elle est l'écart, ou mieux, l'écartèlement d'un « être raisonnable mais fini » [2]. De plus, le souci de « ménager à la loi morale l'accès des âmes » [3] requiert que la logique de la maxime puisse se construire à travers le jeu conflictuel des motifs.

À partir des acquis de la théorie critique de la moralité et au-delà d'eux, une bifurcation, voire une dislocation de la problématique nous a semblé s'introduire. La question des mobiles est remise en chantier en des termes qui l'arrachent définitivement à toute investigation de type naturaliste ; elle s'approfondit dans une méditation sur la puissance du mal comme « penchant » originellement inscrit dans le cœur de l'homme. Sur un autre registre, Kant développe une approche anthropologique d'un type nouveau : délaissant les contenus psychologiques abandonnés à l'indéfini de l'*empirie*, il réactive la question de la nature humaine, mais il le fait en privilégiant une démarche d'observation externe qui s'attache à interpréter les comportements des hommes eu égard aux finalités pratiques qui leur incombent.

« Ce que l'homme fait de lui-même » tel est peut-être l'ultime projet en direction duquel la réflexivité de l'amour de soi a bifurqué, dans un espace qui n'est plus celui du rapport affectif de l'individu à lui-même, mais celui de la construction de soi de l'humanité.

Brigitte GEONGET
SPH, Université Bordeaux Montaigne

1. A. Renaut, *Kant aujourd'hui*, Paris, Aubier, 1997, p. 199
2. É. Weil, *Problèmes kantiens*, Paris, Vrin, 1970.
3. FMM, AK IV, 437 ; OP II, 304.

L'OUBLI DE LA MORT, OU LA VIE RÊVÉE DES HOMMES : LES DEUX VOIES DE L'ÉPICÉDIE KANTIENNE

A la mémoire de José Dias

« Je suis homme, et ce qui arrive aux hommes peut aussi m'arriver ». Cette sentence, d'allure proverbiale, semble résonner du fond immémorial de la sagesse commune des hommes. Mais elle se trouve dans un petit texte de Kant presque totalement ignoré : les *Pensées à l'occasion de la mort prématurée de M. Johann Friedrich von Funk* [1]. Il s'agit sans doute d'une de ses publications les plus curieuses, comme un récif mal cartographié perdu au milieu de son œuvre océanique et contourné par les routes bien établies des commentaires [2]. Il fut écrit à l'occasion d'une circonstance particulière – ce qui ne signifie pas nécessairement qu'il soit lui-même de circonstance dans la pensée de Kant : la mort de l'un de ses étudiants.

Johann Friedrich von Funk était né le 4 octobre 1738, dans une famille noble de Courlande, dans l'actuelle Lettonie, et s'inscrivit à l'université de Königsberg avec son jeune frère Wilhelm Ernst le 15 juin 1759. Il y suivit, entre autres, les cours de Kant et de Teske. Doté d'une santé fragile, il interrompt ses études dès février 1760 et meurt de tuberculose le 4 mai, à l'âge de 21 ans [3]. L'initiative d'écrire un texte adressé à la mère du défunt est sans doute due au précepteur de Johann Friedrich, M. Hofmeister. Kant soumet son texte pour approbation au Doyen de la Faculté de Philosophie le 4 juin 1760 et ce dernier paraît le 6 juin chez l'éditeur Johann Friedrich Driest. La page titre de ce feuillet de 8 pages *in quarto* est traversée d'une frise composée de têtes de mort [4].

1. Kant, *Gedanken bei dem frühzeitigen Ableben des Herrn Johann Friedrich von Funk,* AK II, 39 : « Ich bin ein Mensch, und was Menschen widerfährt kann auch mich treffen ». Il n'existe à notre connaissance qu'une seule traduction française du texte, par Jules Barni, en annexe de la première traduction française de la *Métaphysique des mœurs*, sous le titre de : « Consolation adressée à une mère au sujet de la mort de son fils », *in* E. Kant, *Éléments métaphysiques de la doctrine de la vertu*, Paris, Auguste Durand, 1855, p. 265-272. Nous la citons désormais par commodité : « *Consolation* », suivie de la référence en AK, et dans la traduction française mentionnée.

2. Manfred Kuehn qualifie le texte de « one of Kant's most peculiar publications » (in *Kant. A biography*, Cambridge University Press, 2001, p. 126).

3. *Consolation*, AK II, 43 ; trad. p. 272.

4. Ainsi que l'indique Paul Menser dans sa notice éditoriale en AK II, 463. Après ce premier

Qu'écrire à une mère éplorée ? Ne recourt-on pas toujours aux mêmes banalités, incapables d'apaiser le chagrin ? « Je suis homme et ce qui arrive aux hommes peut aussi m'arriver … ». Si le texte a reçu peu d'attention, c'est qu'il semble n'être d'abord qu'une reprise des formules héritées d'une longue tradition de la lettre de condoléance. Le genre de la consolation suit en effet une rhétorique relativement constante, articulée autour des mêmes poncifs, qui sont peut-être les seuls mots que les hommes sont capables d'écrire lorsqu'ils sont soudainement désarmés par le chagrin d'autrui, éprouvés par leur propre chagrin, et subitement rappelés à la pensée de leur propre mort. Le *topos* stoïcien n'est alors jamais loin, comme l'écrit Montesquieu : « Lorsqu'il arrive quelque malheur à un Européen, il n'a d'autre ressource que la lecture d'un philosophe qu'on appelle *Sénèque* » [1]. Et en effet, la formule de Kant rappelle des formules très proches de Sénèque, que ce dernier a lui-même puisées dans la tradition. On connaît la formule de Terence, reprise par Sénèque : « Je suis homme, et rien de ce qui est humain ne m'est étranger » [2]. On connaît peut-être moins la formule de Publilius Syrus que Sénèque cite dans son grand texte de consolation à une mère éplorée, la *Consolation à Marcia* : « Ce qui peut arriver à un individu peut arriver à n'importe qui » [3].

La formule kantienne s'inscrit ainsi dans la riche tradition du genre de la consolation, du *logos paramuthetikos*, d'un *logos* qui est tout autant *mythos*, et qui vise à accompagner, à consoler, à apaiser les souffrances [4]. Cette tradition a toutefois subi quelques inflexions dans l'Allemagne moderne, qui l'écartent de la structure classique des trois moments de l'*epicedium* : éloge du défunt, puis chagrin suscité par sa perte, et enfin consolation, laquelle consiste à rappeler les mêmes arguments et les mêmes citations des poètes anciens face au caractère inéluctable de la mort. La consolation ne vise pas tant à raisonner le lecteur endeuillé qu'à l'accompagner et soulager effectivement son chagrin. Sans doute cette intention consolatrice, et même thérapeutique, s'est perdue dans nos lettres de condoléances lorsqu'elles se bornent à n'être que des témoignages. Mais il faut rappeler que dans l'Allemagne protestante du XVIIe siècle, ces textes, publiés, n'étaient pas destinés à n'être que des éloges épidictiques du défunt, à faire la mémoire de ses vertus, de ses qualités ou de son œuvre, mais à être lus de manière répétée par les endeuillés jusqu'à être comme incorporés et même assimilés par cœur, afin de pouvoir ainsi soutenir dans la durée les pensées et

tirage de 1760 relativement confidentiel, le texte a été republié par Friedrich Theodor Rink, *Sammlung einiger bisher unbekannt gebliebener kleiner Schriften von Immanuel Kant*, Königsberg, Nicolovius, 1800, p. 24-33 ; puis par Arthur Warda, *Beilage zu Nro. 280. der Königsberger Zeitung*, Mittwoch, den 28 sten November 1832.

1. Montesquieu, *Lettres persanes* (1721), lettre XXXIII.

2. Sénèque, *Lettres à Lucilius*, 95, 53 : « Homo sum, humani nihil a me alienum puto. Cohaeremus : in commune nati sumus ». Cité par Kant, *Pensées*, AK II, 40 ; trad. p. 268.

3. Sénèque, *Consolation à Marcia*, IX, 5 (« Cuivis potest accidere quod cuiquam potest »), trad. fr. Colette Lazam, *in* Sénèque, *Consolations*, Paris, Payot-Rivages, 1992, p. 154.

4. Sur les deux sens du verbe *paramutheomai*, voir : Ernst Robert Curtius, *European Literature and the Latin Middle Ages*, Princeton University Press, 2013 (1953), p. 80.

accompagner le passage du chagrin à la consolation [1]. Ces textes, qui ne convoquent plus seulement les mots des poètes mais aussi les formules de l'Écriture, font essentiellement l'objet d'une pratique dévotionnelle.

Le texte de Kant reprend des éléments du genre mais s'éloigne de ses enjeux de dévotion et apparemment même de consolation : « Je me dispenserai, madame, de vous exposer longuement les motifs de consolation qui peuvent vous soutenir dans cette affliction » [2]. Mais ce n'est peut-être là que prétérition, car il expose bien des pensées sur l'oubli de la mort, et reprend des motifs empruntés aux stoïciens et à la théologie chrétienne, et qui peuvent valoir de consolation. Les rares commentateurs qui se sont attardés sur ce texte, de manière assez récente, ont tous souligné la filiation ou les affinités stoïciennes du texte [3]. Ces affinités sont indéniables. Toutefois le texte de Kant présente des inflexions qui ne sont pas simplement des variations de style dans ce cadre surdéterminé de la lettre de condoléance-consolation, mais qui sont l'expression d'une autre métaphysique de la vie qui affleure sous sa plume. En effet, le motif de l'oubli de la mort – dont font preuve les hommes qui rêvent leur vie dans un constant divertissement – se trame de deux manières dans le texte : d'abord comme *déni* de la mort par celui qui a oublié qu'il était mortel ; mais aussi comme *rejet* de la mort par celui qui sait que, en toute « rigueur métaphysique », il n'est pas mortel. Derrière la ligne mélodique stoïcienne du texte se fait aussi entendre, comme par écho, la voix du leibnizianisme.

L'OUBLI DE LA MORT : LA VOIE STOÏCIENNE

Il est manifeste que la lettre de Kant présente des affinités stoïciennes [4]. Certes, aucune citation littérale de Sénèque n'y figure – et d'ailleurs, Kant ne cite nommément que deux poètes, à savoir Pope et Haller – mais une familiarité évidente avec les formules stoïciennes s'y manifeste, à tel point qu'on a pu y voir le signe d'une « lecture intensive » de Sénèque [5]. Le texte reprend en effet tant les lieux communs que les attentes du genre, et s'ouvre ainsi :

> Si les hommes s'accoutumaient à mêler parfois au tumulte de leurs affaires et de leurs distractions de sérieux instants de réflexions instructives, comme les y

1. A. Carrdus, « Consolatory Dialogue in Devotional Writings by Men and Women of Early Modern Protestant Germany », in *The Modern Language Review*, 1998, 93/2, p. 411-442.

2. *Consolation*, AK II, 44 ; trad. p. 272.

3. Les rares études à aborder les *Pensées* sont, à notre connaissance : Reinhard Brandt, *Die Bestimmung des Menschen bei Kant*, Hambourg, Meiner, 2007, p. 232 sq. ; Laurent Gallois, *Le souverain bien chez Kant*, Paris, Vrin, 2008, p. 27-28 ; Geert van Eekert, « Seneca in Königsberg », in *Bijdragen. International Journal for Philosophy and Theology*, 2009, 70 :1, p. 87-114 ; Edward Kanterian, *Kant, God and Metaphysics*, New York, Routledge, 2017, p. 178-181.

4. Sur le rapport aux stoïciens, voir la bibliographie de Geert van Eekert, « Seneca in Königsberg », *art. cit.*, note 31, p. 95 en particulier : Ulrike Santozki, *Die Bedeutung antiker Theorien für die Genese und Systematik von Kants Philosophie*, Berlin, De Gruyter, 2006.

5. Geert van Eekert, « Seneca in Königsberg », *art. cit*, p. 88.

> invite le spectacle que le sort de leurs concitoyens leur donne chaque jour de la vanité de nos projets, leurs joies seraient peut-être alors moins bruyantes, et elles feraient place à ce calme serein d'une âme pour qui il n'y a plus d'accidents inattendus. Alors une douce mélancolie, ce tendre sentiment dont se nourrissent les nobles cœurs, lorsque, dans le silence de la solitude, ils pèsent le néant de ce que nous tenons d'ordinaire pour grand et important, leur apporterait plus de véritable bonheur que les transports de gaîté des esprits légers et le rire éclatant des fous. Mais le plus grand nombre des hommes se mêle avec la plus vive ardeur à la foule de ceux qui, sur le pont jeté par la Providence sur une partie de l'abîme de l'éternité et que nous appelons la *vie*, courent après quelques bulles d'eau, sans se donner la peine de prendre garde aux bascules qui font tomber l'un après l'autre, à côté d'eux, leurs compagnons dans l'abîme, dont l'infini est la mesure, et qui finira par les engloutir eux-mêmes au milieu de leur course impétueuse [1].

La lettre s'ouvre sur le lieu commun de la vanité des affaires du monde au regard de l'inéluctabilité du sort que les hommes ont en partage ; vanité d'autant plus grande que ce sort est *oublié*, et que la course impétueuse sur le pont de la vie – ou, précise Kant, « que nous appelons la vie » – se joue dans l'oubli de l'abîme qui le cerne, et même dans l'oubli de ceux que l'on a vu mourir. L'âme oublieuse de la mort devient tourmentée lorsqu'elle y est enfin confrontée, et ne jouit pas du « calme serein de l'âme pour laquelle il n'y a plus d'accidents inattendus ». L'oubli momentané du divertissement ne procure qu'une tranquillité momentanée qui prend fin au moment décisif. À l'arrière-plan de ces lignes se trouve manifestement le *De tranquillitate animi* de Sénèque :

> La maladie, la captivité, la chute ou l'incendie de ma maison, rien de tous ces maux n'est inattendu pour moi : je savais bien dans quel logis, bruyant et tumultueux, la nature m'avait confiné. Tant de fois, dans mon voisinage, j'ai entendu le dernier adieu adressé aux morts ; tant de fois, devant ma porte, j'ai vu les torches et les flambeaux précéder des funérailles prématurées. M'étonnerais-je de me voir quelquefois atteint par des dangers qui n'ont jamais cessé de planer autour de moi ? La plupart des hommes toutefois, quand ils se mettent en mer, ne songent point à la tempête [2].

Le parallèle est manifeste, et l'on pourrait renvoyer à bien d'autres passages de Sénèque qui feraient écho au rire bruyant des fous, c'est-à-dire de ceux qui ignorent jusqu'aux pièges qui parsèment la vie [3]. Mais ces lignes et ce topos sont toutefois tissés d'un autre texte, qui se glisse dans le palimpseste. En effet, la mention des « bulles d'eau » (*Wasserblasen*) après lesquelles courent les hommes, qui captent leur attention et finissent par les faire basculer dans l'abîme, renvoie davantage à Alexander Pope qu'à Sénèque. Ces « bulles d'eau » sont à comprendre comme des bulles d'air dans l'eau : des bulles insaisissables qui remontent inéluctablement à la surface pour finir par y éclater ; des formes qui périssent auxquelles succèdent d'autres formes qui périront. Le terme

1. *Consolation*, AK II, 39 ; trad. p. 267.

2. Sénèque, *De la tranquillité de l'âme*, XI, 7-8 ; trad. fr. M. Charpentier, F. Lemaistre, *Les Œuvres de Sénèque le Philosophe*, Paris, Garnier, 1860.

3. Voir Sénèque, *La vie heureuse*, IV, 3-5 et la *Consolation à Marcia*, XXII, 3.

de *Wasserblasen* est la traduction allemande des « bubbles » que mentionne Pope dans son *Essay on Man* ; c'est aussi le terme que Kant emploie lorsqu'il cite Pope dans l'*Allgemeine Naturgeschichte* de 1755, dans la traduction allemande de Brocke [1]. Notons toutefois que les « bulles » ne sont pas, dans le poème de Pope, des chimères après lesquelles les hommes courent mais désignent toutes les formes évanescentes de vie, et donc les hommes eux-mêmes :

All Forms that perish other Forms supply,
By turns we catch the vital Breath, and die;
Like Bubbles on the Sea of Matter born,
They rife, they break, and to that Sea return.

Durch Formen, welche sich zertheilen, wird eine andre Form gebaut,
Sie gehn zum Leben aus dem Tode, vom Sterben wiederum zum Leben,
Sie sind, den Wasserblasen gleich in dem Natur-Meer, die sich heben,
Zerbrechen, und in ihre See sich wieder senken und begeben.

Une forme qui cesse d'être est succédée par une autre forme,
Passe alternativement de la vie à la mort, de la mort à la vie :
Semblable à une bulle formée sur la mer de la nature,
Elle s'élève, elle crève, elle retourne à la mer [2].

La bulle qui traverse la mer de la matière – appelée « mer de la nature » dans les versions française et allemande – rappelle davantage la physique épicurienne, et fluide, de Lucrèce que la physique de l'embrasement chez les sectateurs du Portique. *An Essay on Man* est d'ailleurs conçu par Pope comme une réécriture du *De rerum natura* [3]. Il n'est ainsi pas étonnant que Kant fasse suivre cette reprise du topos de la vanité de deux réflexions qui, elles aussi appuyées sur Lucrèce et Pope, ne s'éloignent pas des attentes du genre tout en les infléchissant.

La première réflexion rapporte l'oubli, ou le manque d'attention, à l'égard de la mort à une forme de *déni*, à un art de la dissimulation volontaire qui jetterait un voile d'ignorance sur les maux qui nous attendent. C'est Lucrèce qui est alors convoqué : « L'enfant [– dit le poète Lucrèce –] remplit aussitôt l'air de ses cris plaintifs, comme il convient à une personne entrant dans un monde où l'attendent tant de maux. Dans la suite des années cet homme joint à l'art de se rendre malheureux celui de se le cacher à lui-même, en jetant un voile sur les objets tristes de la vie [...] » [4]. La dissimulation de sa propre mort dans un oubli

1. Voir HGN, AK I, 318, trad. fr. Paris, Vrin, 1984, p. 157. Geert van Eeckert (*art. cit.*, note 23, p. 93) a montré qu'il y avait d'autres citations implicites à l'arrière-plan. Arthur Lovejoy (*The great chain of being*, Cambridge, Harvard University Press, 1936, p. 347) considère ainsi que toute la première partie de l'*Allgemeine Naturgeschichte* est un développement de l'*Essay*.

2. A. Pope, *Essay on Man*, London, Wilford, 1733, p. 40 (Épître III, v. 17-20) ; *Versuch vom Menschen*, traduction B. H. Brockes, Hamburg, Herlod, 1740, p. 59-61 ; *Essai sur l'homme*, traduction E. Neaulme, Utrecht, 1737, p. 42.

3. Voir Bernard Fabian, « Pope and Lucretius: Observations on *An Essay on Man* », in *The Modern Language Review*, 74/3, 1979, p. 524-537.

4. *Consolation*, AK II, 39 ; trad. p. 267. Voir Lucrèce, *De la nature*, V, vers 222-226.

volontaire et entretenu, qui se manifeste d'abord par une froide indifférence aux maux des autres (*Achtlosigkeit, kaltsinnige Gleichgültigkeit wenig acht haben*), peut sembler être l'expédient le plus utile pour traverser la vie, mais elle empêche l'homme de reconnaître sa véritable destination et de s'y préparer et elle aggrave ainsi le chagrin des endeuillés qui ont été soudainement frappés par la mort d'un proche.

Le seconde réflexion, à la fin de ces pensées et avant l'éloge épidictique du défunt, consiste en un portrait du sage qui, sans renoncer aux affaires du monde, ne perd pas de vue sa destination – sa *Bestimmung* – au-delà de la tombe. C'est à Pope que Kant emprunte alors une formulation. Se trouve ainsi thématisée une double conception de la vie, comprise à la fois comme un simple pont jeté au-dessus de l'abîme, mais aussi comme ce qui s'accomplit au-delà du pont, de ces pièges, de ces illusions, dans un cercle de la destinée :

> *Que chacun parcoure le cercle que le ciel lui a destiné* (Pope). Entre toutes ces réflexions, le sage (mais combien y a-t-il d'hommes qui méritent ce nom ?) dirige surtout son attention sur la grande destinée qui l'attend au-delà de la tombe. Il ne perd pas de vue l'obligation que lui impose le poste où la Providence l'a placé ici-bas. Raisonnable dans ses projets, mais sans entêtement, comptant sur l'accomplissement de ses espérances, mais sans impatience, modeste dans ses vœux, mais ne commandant pas, confiant, mais sans outrecuidance, il se montre zélé à remplir ses devoirs, mais prêt à se soumettre avec une résignation chrétienne à la volonté du souverain maître, s'il lui plaît de le rappeler, au milieu de tous ses efforts, du théâtre où il l'avait placé. Nous trouvons toujours les voies de la Providence sages et adorables dans toutes les choses où nous pouvons en quelque sorte les pénétrer ; ne doivent-elles pas l'être beaucoup plus encore, là où nous ne pouvons pas les découvrir ? [1].

On peut, avec ce passage, achever d'esquisser le cadre dans lequel le texte de Kant s'inscrit, et dans lequel les commentateurs l'ont inscrit. À l'évidence il témoigne de cette confluence très singulière dans l'Allemagne moderne de deux traditions de la consolation. D'un côté se trouve la tradition stoïcienne qui invite à reconnaître par l'exercice de la raison la nécessité non seulement du sort commun aux hommes mais aussi du destin propre à chacun : et cette nécessité naturelle trouve, de manière remarquable, une expression plus adéquate dans la physique épicurienne des bulles évanescentes de la matière. D'un autre côté se trouve la tradition chrétienne qui assigne, elle aussi mais autrement, cette nécessité naturelle aux décrets divins. Le topos du décret divin est en effet central dans les deux traditions – et l'on ne peut manquer de rappeler que l'une de ses formulations chez Sénèque a sans doute inspiré la dernière phrase de la *Critique de la raison pratique* [2]. Certes, les deux manières de comprendre la

1. *Consolation*, AK II, 42 ; trad. p. 270.

2. CRPr, AK V, 161 (« *Der bestirnte Himmel über mir, und das moralische Gesetz in mir* ») ; et Sénèque, *Consolation à Helvia, ma mère* VIII, 2 : « Deux biens nous suivront quel que soit le lieu où nous nous retrouverons : la Nature qui est universelle et la vertu qui nous est propre » (*Consolations*, *op. cit.*, p. 76). Sur ce rapprochement, voir U. Santozki, *Die Bedeutung antiker Theorien für die Genese und Systematik von Kants Philosophie*, Berlin, DeGruyter, 2006, p. 214-227.

destination de l'homme diffèrent. Mais elles s'articulent toutes deux à l'acceptation d'une mort inéluctable : comprendre la nécessité de la mort doit être un motif pour alléger la peine de la perte, et même endurer la perte des autres de manière équanime.

Reprenant le motif, Kant va toutefois l'infléchir, comme si une bulle échappée d'une autre métaphysique venait alors éclater dans ses lignes. En effet, aux sources de l'oubli de notre propre destination Sénèque plaçait « le tumulte du logis dans lequel la nature nous a mis », c'est-à-dire avant tout les sollicitations extérieures qui nous dissimulent notre propre condition. Kant insiste davantage sur le tumulte produit par soi-même, sur les sollicitations *internes* auxquelles on ne résiste pas : le tumulte non du logis mais de la folle du logis. Cela apparaît en particulier dans une formule que Sénèque ne pouvait employer, celle de la *lanterne magique*, qui fait écho à une conception non biologique mais représentationnelle de la vie, et qui renvoie à une filiation remontant, en passant par Baumgarten et Baumeister, à Leibniz.

L'ABSENCE DE MORT : LA VOIE LEIBNIZIENNE

En effet, après avoir exposé les premiers motifs stoïciens, Kant indique vouloir ajouter « quelques pensées qui se présentent à [lui] dans l'état actuel de [son] esprit » [1], comme s'il s'agissait de prolonger le topos en considérant que la vie ne se limite pas à un pont au-dessus de l'abîme mais qu'elle se prolonge au-delà du pont. En ce sens, l'oubli de sa destinée n'est pas seulement le produit d'une certaine passivité mais d'une activité interne propre. La lanterne magique (*lanterna magica*, *Zauberlaterne*) est l'instrument par excellence de la distraction permanente, de l'illusion et peut-être aussi de la dissimulation. C'est en ce sens que Kant dénonce, à la fin de la *Critique de la raison pratique*, le caractère trompeur de la fausse théologie qui n'est rien d'autre qu'une « lanterne magique des conceptions fantasmagoriques » [2]. Mais dans la lettre de 1760, c'est l'imagination de chacun qui est la source des *phantasmata* au sujet de sa propre destination :

> Tout homme se fait à lui-même le plan de sa destinée (*Bestimmung*) dans ce monde. Les talents qu'il veut acquérir, l'honneur et l'aisance qu'il promet pour l'avenir, le bonheur durable qu'il espère trouver dans la vie conjugale, et une longue suite de plaisirs et d'entreprises, voilà les images de la lanterne magique que sa riche et vive imagination fait passer devant lui ; la mort, qui termine ce jeu d'ombres, ne se montre à lui que dans un obscur éloignement, et elle est éclipsée et rendue méconnaissable par la lumière qui se répand sur les endroits plus agréables. Pendant ce rêve, notre véritable destin nous conduit par un tout autre

1. *Consolation*, AK II, 41 ; trad. p. 269.

2. CRPr, AK V, 141. Sur la lanterne magique, voir : S. Andriopoulos, « Die Laterna magica der Philosophie : Gespenster bei Kant, Hegel und Schopenhauer », in *Deutsche Vierteljahrsschrift für Literaturwissenschaft und Geistesgeschichte*, 2006, Volume 80/2, p. 173-211.

> chemin. Le sort qui nous tombe réellement en partage ressemble rarement à celui que nous nous promettions ; à chaque pas que nous faisons, nous nous trouvons déçus dans notre attente. Cependant notre imagination n'en poursuit pas moins son œuvre, et ne se lasse pas de former de nouveaux projets, jusqu'à ce que la mort, qui semble toujours être éloignée, mette tout à coup fin à tout le jeu. Lorsque, de ce monde fantastique qu'il se crée à lui-même par son imagination et où il habite si volontiers, l'homme est ramené par son intelligence dans celui où la Providence l'a réellement placé, il est déconcerté par l'étonnante contradiction qu'il y rencontre et qui renverse complètement ses plans [...] [1].

L'étonnante contradiction ne se révèle que rétrospectivement, entre la vie que l'on *aura* rêvée et le destin qui *aura été* le nôtre – et auquel on n'échappe pas jusque dans la série des illusions que nous forgeons sur nous-même. Kant met ici en scène une opposition réelle entre l'imagination et l'entendement. En ce sens, on pourrait dire que la spontanéité productrice de l'imagination – qui éclaire certains aspects plutôt que d'autres, et qui produit des ombres qui s'estompent progressivement jusqu'à se confondre indistinctement dans la mort – oppose une résistance réelle à la spontanéité de l'entendement. Toutefois, la production de ce jeu d'ombres n'est pas tant une dissimulation du sort à venir – ou qui serait la vie vraiment vécue – que le déroulement de la vie même. L'imagination ne jette pas un voile d'ignorance totale sur le destin de chacun, comme si une vie rêvée se superposait à une vie réelle dans l'oubli de la mort ; mais elle ne l'éclaire qu'imparfaitement ou indistinctement. La production *naturelle* de l'illusion – et l'on sait combien Kant insistera sur cet aspect de la logique de l'apparence dans la *Critique de la raison pure* – n'est pas totalement mensongère, mais elle est au moins partiellement confuse. C'est à l'appui de cette conception que la deuxième métaphore de la vie intervient – de la vie considérée non comme un pont jeté sur l'abîme, mais comme une lanterne magique qui éclaire ce qu'elle peut dans l'obscurité : car c'est bien l'imagination qui est dite *vive* (*lebhaft*). Ce second aspect, qui affleure seulement, est développé dans les cours sur l'anthropologie.

En effet, la similitude et la liaison que l'on peut trouver entre les illusions du sens interne, d'une part, et la mort comprise comme évanouissement des perceptions distinguées, d'autre part, se retrouvent dans les réflexions kantiennes sur l'anthropologie et s'inscrivent ainsi dans une ligne de pensée qui remonte à Leibniz, et qui a été poursuivie par Baumgarten. Du point de vue critique – dans lequel prennent place les réflexions sur l'anthropologie – on sait bien que la question de l'immortalité de l'âme relève, pour Kant, d'un postulat de la raison pratique et non d'une proposition de la raison théorique : toute apparence de démonstration de l'immortalité de l'âme n'est qu'un paralogisme. Toutefois, dans les *Pensées* comme dans l'*Anthropologie*, Kant s'appuie sur une caractérisation de la vie comme degré de perception, laquelle était précisément l'une des prémisses leibniziennes pour établir l'absence de mort « à la rigueur métaphysique », que Baumgarten qualifiera ensuite de « bannissement de la

1. *Consolation*, AK II, 41 ; trad. p. 269.

mort ». Il est donc étonnant de constater que, bien que Kant ne souscrive pas à la conclusion leibnizienne, il en reprend toutefois une prémisse – la vie comprise comme perception – à des fins de consolation. Telle est la deuxième voie de l'épicédie kantienne.

On peut en effet rappeler que Leibniz caractérise la vie – dans le texte anthume des *Considérations sur les principes de vie et les natures plastiques* – comme perception et appétition [1]. Et on peut aussi rappeler que, dans le cadre de la métaphysique leibnizienne, la tendance à produire, de l'intérieur, des perceptions plus ou moins distinctes de l'ensemble de l'univers – donc aussi de sa destination propre – s'accompagne d'une de ses thèses les plus remarquables, à savoir l'indestructibilité des animaux ou l'absence de mort « prise à la rigueur métaphysique » [2]. La vie rêvée des hommes dans l'oubli de la mort prend alors un autre sens : non plus celui du *déni* de la mort, mais de son *absence*. La question n'est plus d'oublier que chaque jour tend vers la mort [3], mais de comprendre que la vie même comme perception exclut la possibilité métaphysique de la mort. Cette conception – au moins aussi étonnante que la contradiction soulevée par Kant – *affleure* au paragraphe vingt-sept des notes sur l'anthropologie, où Kant aborde la question de la mort. Reprenons ce fil.

Au paragraphe vingt-quatre, Kant commence par distinguer l'aperception pure [4] – qui est « conscience de ce que l'homme *fait* » (*was der Mensch thut*) – du sens interne – qui est « conscience de ce que [l'homme] *éprouve* (*was er leidet*) dans la mesure où il est affecté par le jeu de sa propre pensée (*Gedankenspiel*) ». Le premier caractère que Kant assigne au sens interne en tant qu'affecté par le jeu de sa propre pensée est qu'il est « sujet à des *illusions* (*Täuschungen*) » :

> L'homme prend alors les phénomènes de ce sens pour des phénomènes extérieurs – c'est-à-dire des imaginations pour des impressions – ou bien il les prend pour des inspirations [*Eingebungen*] dont la cause serait un autre être qui n'est pourtant pas un objet des sens extérieurs : l'*illusion* (*Illusion*) est alors ou bien exaltation [*Schwärmerei*], ou bien vision [*Geisterseherei*], et l'une et l'autre *tromperies* du sens interne ; dans les deux cas c'est une *maladie de l'esprit* : un penchant à prendre le jeu des représentations [*Spiel der Vorstellungen*] du sens interne pour une connaissance par l'expérience alors qu'il ne s'agit que d'une invention [*Dichtung*] [5].

La maladie de l'esprit ne consiste pas dans le fait de subir le jeu des

1. *Die Philosophischen Schriften von G. W. Leibniz*, édition C. I. Gerhardt, Hildesheim, Olms, 1e éd. 1885, 1978, VI, p. 539.

2. Leibniz, « Système nouveau de la nature », in *Die Philosophischen Schriften von G. W. Leibniz*, *op. cit.*, IV, p. 481.

3. Selon la formule de Sénèque (« *ad mortem dies extremus peruenit, accedit omnis* », dans la Lettre 120 à Lucilius) que Montaigne reprend : « Tous les jours vont à la mort, le dernier y arrive » (*Essais*, I, 19).

4. Voir *Anthropologie*, § 4 et 7, AK VII, 134 et 141 ; trad. fr. M. Foucault, Paris, Vrin, 1994, p. 22 et 28.

5. *Anthropologie*, § 24, AK VII, 161 ; trad. fr. p. 42-43.

représentations du sens interne, mais de les confondre (*täuschen*) avec ce qu'elles ne sont pas, à savoir des connaissances objectives du monde extérieur. La production (ou invention, *Dichtung*) de ces représentations est une donnée et *presque* une disposition inéluctable du sens interne : Kant parle à ce propos d'un penchant du sens interne à se replier sur lui-même ou à se retirer en lui-même (*Hang in sich selbst gekehrt zu sein*) et même d'une « destination de l'esprit (*Bestimmung des Gemüths*) qui ne peut être convenablement supprimée (*füglich aufgehoben*) par des représentations rationnelles » mais qui peut être redressée et ramenée à l'ordre lorsque « l'homme est ramené au monde extérieur et ainsi à l'ordre des choses qui se présente aux sens externes » [1]. Le penchant du sens interne peut bien être, selon les mots de Kant, la destination de l'esprit ; mais il n'est pas la destination de l'homme.

Ceci posé, les perceptions – qu'elles relèvent du sens interne ou des sens externes – sont l'objet de différents degrés d'intensité dont Kant examine les différentes causes au paragraphe vingt-cinq, lesquelles se révèlent être toutes des modifications de l'attention : le contraste, la nouveauté, le changement et l'intensification [2]. C'est ainsi que la faculté de sentir peut être progressivement vivifiée – ou plutôt maintenue vivace (*lebendig erhalten*) – lorsqu'elle rencontre des sensations toujours plus vives, c'est-à-dire sans être émoussée par des impressions premières qui seraient trop fortes pour être surpassées et ne pourraient ainsi être suivies que d'impressions trop faibles pour éveiller une attention qui s'évanouirait alors dans un sommeil indifférent. La *vie* de la faculté de sentir tient à la *vivacité* des impressions, c'est-à-dire à leur contraste relatif [3]. Il n'est pas étonnant que Kant aborde ensuite l'affaiblissement et même la perte totale de la faculté de sentir (§ 26), et ainsi *la mort*, à la suite de l'évanouissement (§ 27) :

> La faculté de sentir peut être affaiblie, inhibée ou entièrement supprimée. De là, les états d'ivresse, de sommeil, d'évanouissement, de mort apparente (asphyxie) et de mort réelle. [...] L'*évanouissement* qui, d'ordinaire, fait suite à un vertige (tournoiement rapide d'impressions nombreuses et dissemblables, qui changent bien plus vite qu'on ne peut les saisir) est un prélude à la mort [*Vorspiel von dem Tod*]. L'inhibition totale des impressions dans leur ensemble est l'*asphyxie* ou la *mort apparente*, qui autant qu'on puisse le percevoir de l'extérieur, ne se distingue de la mort véritable que par l'issue (comme chez les noyés, les pendus, ceux qui ont été suffoqués par la vapeur) [4].

L'évanouissement – ou la perte de conscience (*Ohnmacht*) – n'est pas la cessation ou l'*absence* de représentations mais leur indistinction, ou plutôt leur

1. *Anthropologie*, § 24, AK VII, 162 ; trad. fr. p. 43. Dans ce passage, Foucault traduit étrangement *Bestimmung des Gemüths* par « altération de l'esprit ».

2. *Anthropologie*, § 25, AK VII, 162 ; trad. fr. p. 43.

3. Voir A. G. Baumgarten, *Metaphysica*, 7e édition, Halle, 1779, § 669, p. 252 : « Là où la connaissance est la plus vaste, la plus noble, la plus vraie, la plus claire, et par conséquent la plus vivante ou distincte (*vividior vel distinctior*), la plus certaine et la plus ardente, elle est la plus grande ».

4. *Anthropologie*, § 26 et 27, AK VII, 165-166 ; trad. fr. p. 45-46.

indiscernabilité : qu'elles soient trop nombreuses, trop dissemblables ou trop rapides, comme le suggère Kant dans le cas du vertige, il reste que leur vivacité, et le seuil de leur différenciation, est trop faible pour qu'elles puissent attirer et capter l'attention. La perte de connaissance est l'évanouissement de la distinction. L'inhibition totale (*Hemmung*) des impressions sensibles ne signifie pas leur absence totale : le jeu des impressions peut bien se poursuivre, mais sur un mode si subtil et si indiscernable qu'il n'est plus qu'un avant-goût ou un jeu préfigurant la mort, littéralement un pré-lude, un *Vorspiel von dem Tod*.

En tant que diminution progressive ou brutale des impressions sensibles *notables*, le processus d'évanouissement peut bien figurer l'affaiblissement des sensations distinguées qui précède immédiatement la mort : mais pas plus ne fait-on l'expérience de l'absence de conscience – quand bien même on peut faire l'expérience de la perte de conscience puis du retour à soi – pas plus ne peut-on faire l'expérience de la mort [1]. Aussi ne peut-on jamais être certain, de l'extérieur, qu'un tel jeu des impressions ait véritablement cessé, et que la vie ait entièrement cessé : toute mort est toujours, de l'extérieur, une mort apparente et seul le retour à soi en première personne, ou plutôt le retour à des impressions plus distinguées, permet en fin de compte de distinguer entre mort apparente et mort réelle [2].

A l'arrière-plan immédiat de ces considérations de Kant se tient bien évidemment la *Métaphysique* de Baumgarten : au § 556, le songe et la perte de conscience (le *deliquium animi*, littéralement le « défaut d'âme », distingué en syncope, lipothymie, lipopsychie et ecthlipse) sont décrits comme un obscurcissement progressif des sensations externes jusqu'à la mort – ce qui permet de considérer que le songe, la syncope et la mort sont semblables l'une à l'autre (*sibi similes*) [3]. Baumgarten réécrit ici les paragraphes 20 et 21 de la soi-disant *Monadologie* de Leibniz [4]. Il y avait eu accès dans la traduction latine parue en 1721 : le *deliquium animi* y traduisait le français « tomber en défaillance » [5]. À

1. *Anthropologie*, § 27, AK VII, 166 ; trad. fr. p. 46.

2. R. Brandt (*Die Bestimmung*, *op. cit.*, p. 240) renvoie à l'analyse de la « mort apparente » par Philippe Ariès, à savoir du risque non négligeable et surtout de la crainte d'être enterré vivant (*Essais sur l'histoire de la mort en Occident du Moyen Âge à nos jours*, Paris, Seuil, 1975).

3. A. G. Baumgarten, *Metaphysica*, 7e édition, Halle, 1779, § 556, p. 197 : « L'état des sensations externes obscures dans lequel les mouvements vitaux du corps, autant qu'on l'observe, demeurent les mêmes que dans l'état de veille, est le *sommeil* [*Schlaf*], et celui qui est dans cet état *dort* [*schlafen*] ; et celui dans lequel ils sont très notablement diminués est la *défaillance* [*deliquium animi, Ohnmacht*] (syncope, lipothymie, lipopsychie, ecthlipse) ; et l'état dans lequel ils cessent tout à fait est la *mort* [*Tod*]. Ainsi le sommeil, la syncope et la mort sont semblables l'un à l'autre ».

4. Leibniz, *Monadologie*, § 21, in *Die Philosophischen Schriften von G. W. Leibniz*, *op. cit.*, VI, 610 : « [...] il vient un vertige qui peut nous faire évanouir et qui ne nous laisse rien distinguer. Et la mort peut donner cet état pour un temps aux animaux ».

5. *Ibid.*, § 20 : « Car nous expérimentons en nous-mêmes un état, où nous ne nous souvenons de rien et n'avons aucune perception distinguée ; comme lorsque nous tombons en défaillance, ou quand nous sommes accablés d'un profond sommeil sans aucun songe. » Pour la traduction latine : « *Principia philosophiae* autore G. G. Leibnitio », in *Acta Eruditorum*, t. VII, supplément, février 1721, p. 503. Rappelons que le texte original français de la *Monadologie* ne fut publié, fautivement, qu'en 1840, puis dans une édition plus scientifique par Émile Boutroux en 1881.

cette gradation descendante dans l'indistinction des perceptions, correspond une gradation ascendante qui passe par ce que Baumgarten appelle « les six perfections cardinales » de toute perception dont le couronnement – selon certaines formulations – est précisément la vie ou vivacité (*das Leben*) caractéristique de toute « connaissance vive » (*cognitio viva*). Le surcroît d'apparition, à savoir le fait qu'une perception attire davantage l'attention, est décrit par Baumgarten comme un processus d'obscurcissement des perceptions plus faibles, lesquelles sont pourtant, et en même temps, constitutives des perceptions plus fortes :

> La même cause qui fait qu'une perception plus forte obscurcit une plus faible (§ 529) fait que plusieurs perceptions plus faibles illuminent une perception plus forte (§ 531). [...] Des perceptions opposées mises les unes à côté des autres sont ainsi davantage mises en lumière [1].

Ce qui rend possible le passage d'une perfection logique à une autre est le fait que toute perception est perception de la totalité de l'univers en raison de son *encorporation*, c'est-à-dire du fait que toute perception – distincte ou confuse – n'intervient que par la médiation d'un corps. Les illusions ne sont donc pas des productions autonomes de l'âme mais sont toujours des perceptions d'un corps situé (*situatus*). Aussi, la mort apparente ne signifie ni la cessation des perceptions ni la séparation d'avec le corps, mais leur indistinction en raison de la transformation du corps qui leur est associé. Telle est la thèse métaphysique du bannissement de la mort que l'on trouve dans la psychologie rationnelle – et que Kant refusera et déconstruira dans la « Dialectique transcendantale » :

> Puisque chaque jour certaines parties du corps humain cessent d'être en commerce intime avec l'âme, et que d'autres entrent en commerce avec elle, il est évident qu'on peut dire en ce sens que l'homme meurt chaque jour et renaît chaque jour (§ 777). L'opinion selon laquelle la mort de l'homme n'est rien d'autre qu'une transformation de l'animal est appelée bannissement de la mort – *exsilium mortis, der aufgehobne Tod* [2].

Dans la considération de la vie des hommes, Kant est sensible à l'aporie que constituerait la séparation de l'âme et du corps – de la vie de l'âme posée indépendamment de la vie du corps, de la vie sur le pont qui ignore la vie au-delà. Kant n'en tire aucune proposition dogmatique, mais bien un motif pratique de consolation. Ou alors, il en tire une proposition négative : c'est que l'aporie empêche de penser, proprement, une anthropologie. Et c'est exactement cette aporie qui avait mené Leibniz à la thèse de l'indestructibilité des animaux, c'est-à-dire à caractériser la vie comme la permanence des perceptions, et la mort – selon une formule remarquable du *Système nouveau* – comme une « simple suspension des actions notables » [3].

1. A. G. Baumgarten, *Metaphysica*, 7ᵉ édition, Halle, 1779, § 549, p. 194.
2. *Ibid.*, § 779, p. 316.
3. Leibniz, *Système nouveau de la nature*, in *Die Philosophischen Schriften von G. W. Leibniz*,

Au moment d'écrire une lettre à la mère de Johann Friedrich von Funck, Kant ne s'empare pas seulement de formules convenues, qui sont tant usées qu'elles ont dû perdre leur pouvoir de consolation depuis bien longtemps. Il n'y avait donc pas de prétérition : il ne cherchait pas à consoler par « les raisons d'une éloquence aride et sans force » [1]. Il propose cependant une véritable méditation sur l'oubli de la mort, en usant de toutes les ressources de la philosophie. Les deux sens de l'oubli de la mort, et aussi les deux manières de considérer la vie rêvée des hommes, esquissent les deux voies, stoïcienne et leibnizienne, de l'épicédie philosophique kantienne. Dans la lettre, et dans les cours qui suivront, ce n'est pas tant la philosophie qui se fait populaire que l'anthropologie qui émerge comme une véritable sagesse (*Weltweisheit*), dont l'une des premières formules chez Kant fut sans doute : « Je suis homme, et ce qui arrive aux hommes peut aussi m'arriver ».

Arnaud PELLETIER
Université libre de Bruxelles

op. cit., IV, 480 : « Aussi n'y a-t-il personne qui puisse bien marquer le véritable temps de la mort, laquelle peut passer longtemps pour une simple suspension des actions notables, et dans le fonds n'est jamais autre chose dans les simples animaux ».

1. *Consolation*, AK II, 44 ; trad. p. 272.

LA CRAINTE DE LA MORT EST-ELLE FONDÉE ? LE POINT DE VUE DE L'ANTHROPOLOGIE KANTIENNE ET SES CONSÉQUENCES EU ÉGARD AU TRANSHUMANISME

Au paragraphe 27 de son *Anthropologie*, Kant remarque que la crainte de la mort porte pour le sujet sur un objet impossible dans la mesure où cet objet le contredirait en tant que sujet. Je ne peux être, pour Kant, le sujet d'un jugement qui porte sur mon non-être. La crainte de la mort serait ainsi un exemple d'illusion transcendantale, d'apparence dialectique, que la raison se donne une fois qu'elle passe les bornes de l'entendement, de ce qui est représentable. La crainte de la mort n'est donc pas fondée du point de vue de l'entendement. Du point de vue de la raison, elle ne l'est pas non plus, car pour donner sens à nos actes, il faut *in fine* présupposer l'immortalité de l'âme. On voit ici que l'illusion transcendantale a pour envers un postulat de la raison pure pratique. Un argument analogue se répète pour l'homme kantien qui ne peut devenir objet de son discours sans contredire le fait qu'il en est le sujet, paradoxe qu'Eric Weil étayera dans sa *Logique de la philosophie* et dont la réponse est pragmatique. Elle consiste à montrer que l'homme est ce qu'il *fait* ou *peut* et *doit* faire de lui-même [1]. Le pouvoir être de l'homme lui étant tout d'abord révélé par le devoir, il apparaît que la normativité pratique est la réponse aux illusions transcendantales en ce qui regarde la nature de l'homme. L'enjeu en regard du transhumanisme est de taille : la question de ce que l'homme *est* ou *peut* être procède d'une illusion si on ne l'envisage pas à partir de l'hypothèse rationnelle d'un homme posant les postulats de la raison pure pratique. Dans cette optique, ce que l'homme est ou peut être ne peut être déconnecté de ce qui fait de lui un *sujet* à même de se définir. La question de la mort dans une telle appréhension est centrale. C'est pourquoi elle est au centre d'une vue pragmatique sur l'homme. Dans ce qui suit, on va d'abord s'attacher à la question de la mort dans l'anthropologie kantienne et, dans les conclusions, on la fera contraster avec la position transhumaniste.

1. *Anthropologie*, AK VII, 119, OP III, 939.

L'ABSENCE DE FONDEMENT THÉORIQUE À LA CRAINTE DE LA MORT

« La mort est moins à craindre que rien [...]. Elle ne vous concerne ni mort, ni vif ; vif parce que vous êtes ; mort parce que vous n'êtes plus. » – disait en 1595 Montaigne dans ses *Essais* [1]. Kant qui cite Montaigne, en passant, est dans son *Anthropologie au point de vue pragmatique* très proche du philosophe français et s'attache à montrer que sa mort à soi ne pouvant être un objet n'est l'objet d'une crainte que par un mécanisme d'illusion.

De prime abord, le raisonnement de Kant tout autant que celui de Montaigne a de quoi étonner, car si je ne puis être sujet de ma mort, cela n'empêche en rien que je puisse être sujet de la crainte de ma mort. Il faut distinguer entre la mort et la crainte de la mort. Ainsi, chez Heidegger la mort est paradoxalement l'objet d'une angoisse parce qu'elle objective l'inobjectivable. On craint la mort précisément parce qu'elle est de l'ordre de l'altérité radicale, de l'irreprésentable. Il s'agit alors d'une crainte qui n'est pas objective, mais de ce que Heidegger appelle *angoisse*, passion d'autant plus prégnante qu'on ne peut l'assigner à un objet délimité. En fait, Kant se détourne d'une analyse de la passion en jeu, il n'analyse pas le mécanisme de la crainte, mais uniquement l'objectivité du jugement qui est derrière.

Si l'on suit cet ordre d'idée, le raisonnement est le suivant : si je dis : « je crains ma mort », je puis tout autant ajouter que je ne le devrais pas, mais que cela ne m'empêche pas de la craindre quand même. La crainte de la mort n'est pas affaire d'un jugement, mais expression de la difficulté à se résoudre à la finitude. On a ici une lecture, qui, à défaut de reconnaître l'angoisse de l'inobjectivable, met en avant l'insatisfaction de la raison face aux bornes de la connaissance d'entendement.

Pour Kant, il n'y a pas de fondement objectif à la crainte de la mort, car on ne peut être le sujet de l'objet d'une telle crainte. La crainte de la mort n'en demeure pas moins quelque chose d'inscrit dans la nature humaine. Au paragraphe 27 de son *Anthropologie*, Kant écrit que :

> De la mort, nul ne peut faire l'expérience en lui-même (l'expérience postule la vie), on ne peut l'observer que chez les autres. On ne saurait juger de par le râle ou les convulsions du mourant de la souffrance qu'elle implique ; elle semble bien plutôt une réaction simplement mécanique de l'énergie vitale, peut-être aussi une douce impression graduelle de toute douleur. La crainte de la mort, naturelle à tous les hommes, y compris les plus malheureux et même le plus sage, n'est donc pas un effroi du *trépas*, mais comme le dit Montaigne avec justesse, de la pensée d'être *décédé* (c'est-à-dire mort) ; une pensée donc que l'homme désigné par la mort imagine conserver après son décès en se représentant comme lui-même, dans les ténèbres de la tombe ou en quelque autre lieu, le cadavre, qui en vérité n'est plus lui. Impossible de lever l'illusion : elle est dans la nature de la pensée prise comme langage que l'on tient à soi-même et sur soi-même. La

1. Montaigne, *Essais*, Livre I, Chapitre 19, « Que philosopher, c'est apprendre à mourir ».

pensée : *je ne suis pas*, n'a aucune *possibilité d'existence* : si je ne suis pas, je ne peux non plus prendre conscience que je ne suis pas [1].

Kant se réfère ici à Montaigne et montre que la mort, n'étant un objet que par métonymie, pensons ici à la personnification de la mort à travers la figure de la camarde, doit, pour la pensée, faire place au fait d'avoir péri. Au lieu de l'impossible « je suis mort », il s'agit de penser un « je suis » sur le mode du « ne plus ». La référence à Montaigne et l'idée que dans l'imaginaire le fait « d'avoir péri » se substitue à la représentation impossible de la mort semble se référer à l'expérience indirecte de la mort des autres, dont on ne peut faire l'expérience, mais dont on peut constater la mort, le fait d'avoir péri. On s'observerait alors comme cet autre qui aurait péri. Outre le problème inhérent à la forme introspective de cette fiction qui tient au fait que si le moi se sent observé, fût-ce par lui-même, il se dissimule et que s'il ne se sent pas observé, il ne s'observe pas ; le contenu est problématique en ce qu'il n'en est un que pour une perspective extérieure que je ne puis prétendre adopter quand il est question de moi-même. Je ne peux être cet autre, qui a péri et que j'observe, sans cesser d'être moi-même, de sorte que la production de ce moi autre, de cet être mort, dont je fais l'objet d'un jugement est en contradiction avec les conditions de tout jugement. En fait, l'imagination produit un objet qui transcende les conditions de possibilité de l'objet d'expérience. Il y a là un usage dialectique de la raison, qui ne respecte pas les canons de l'entendement et qui produit cette apparence transcendantale consistant à outrepasser les bornes de ma finitude pour en faire illusoirement l'objet d'une expérience.

Kant pense qu'à défaut d'être fondée objectivement la crainte de la mort est une illusion nécessaire. Il ne nie donc pas le fait de la crainte de la mort, pas plus qu'il n'envisage la possibilité d'éradiquer cette crainte. Mais en référant à la mort comme à une apparence transcendantale, il ouvre la possibilité d'une clarification du problème de la mort.

La mort et la naissance constituent les bornes de mon expérience. Kant qualifie d'ailleurs dans son *Essai pour introduire en philosophie le concept de grandeur négative*, la mort comme étant une naissance négative, le négatif de la naissance, la puissance qui s'y oppose et qui l'annule. Mais appréhender la mort relativement à la naissance ne nous aide guère, car la naissance n'est pas un phénomène plus assignable que la mort. Je ne puis dire : « je nais » (car le Je ne peut être à la fois le sujet de la naissance et son objet). La mort, au même titre que la naissance, est une borne de l'expérience qui se laisse définir par une autre borne de l'expérience, mais rien ne nous permet de connaître ces bornes.

La crainte de la mort comme illusion nécessaire d'une conscience qui fait de ses bornes un objet ne peut être purement éliminée en en faisant apparaître le caractère illusoire, car il y a une nécessité dans la production de cette illusion qui tient à la nature humaine. La crainte de la mort relève de l'illusion transcendantale.

1. Anthropologie, § 27, AK VII, 166-167, OP III, 985.

Pour comprendre celle-ci, il importe de se rapporter à la brève introduction à la dialectique transcendantale dans la *Critique de la raison pure* qui porte sur l'illusion transcendantale également dénommée « apparence transcendantale ». Le terme allemand est « *transcendentales Schein* » [1]. L'objet de la dialectique transcendantale est de dépister les usages erronés des principes de l'entendement pur qui consistent à sortir des bornes de l'expérience, laquelle repose sur la combinaison d'un donné sensible et des catégories d'entendement. On notera à cet égard que Kant ne se contente pas de rejeter les illusions, mais essaye de les expliquer, de les fonder sur un mauvais usage de l'entendement. La démarche de la dialectique transcendantale s'inscrit ainsi dans celle de la *Phénoménologie*, science des phénomènes, inaugurée par Lambert et à laquelle Hegel donnera ses lettres de noblesse.

L'idée de fonder en raison les différentes illusions consiste à en faire des apparences, c'est-à-dire quelque chose qui en tant que tel n'est pas le vrai ou le réel, mais dans lequel celui-ci transparaît. Fonder les illusions plutôt que leur substituer le vrai, refonder l'ancienne métaphysique plutôt que la rejeter tient au fait que la raison pour être pleinement vraie, pour être absolue, doit pouvoir expliquer ce qui transgresse ses limites, ce qui contredit la régulation de l'entendement.

La dialectique comme science de l'illusion tient ainsi dans la nécessité de considérer l'illusion à partir de l'autoposition de la raison-même. Si au Moyen-Âge, l'illusion était le fait d'une puissance transcendante (conception dont on perçoit la trace dans l'hypothèse cartésienne d'un malin-génie), elle est pour Kant imputable à la raison. Le philosophe allemand s'inscrit dans un mouvement de désenchantement de l'illusion qui n'est à chercher dans rien d'autre que dans un mauvais usage de la raison qui, ainsi que le montre Bacon dans sa critique des idoles de la raison, se laisse abuser par les sens, par la langue, l'éducation et des théories ayant cours.

Ce caractère immanent à la raison de l'illusion ne la rend toutefois pas moins nécessaire. Il apparaît pour Kant que les illusions ne tiennent pas seulement à des paralogismes, elles ne sont pas seulement contingentes ; il existe des illusions qui nécessairement surviennent. La raison est alors productrice d'apparences transcendantales. Celles-ci ne résultent pas du fait de l'usage trompeur d'un sophiste ou de l'usage inexpérimenté d'un potache, mais bien d'une « illusion naturelle et inévitable » [2].

En fait, la raison ne produit aucun objet, elle n'est pas productrice de concepts, mais d'idées. Ces idées ont un rôle régulateur pour l'entendement, elles l'enjoignent à poursuivre son travail en vue d'un *focus imaginarius* qui puisse unifier *in fine* l'expérience (notre raison est de nature architectonique [3]). Mais il y a une tendance innée à faire de ces idées des objets. C'est en ce sens

1. CRP, AK III, 234-237, OP I, 1012-1016.
2. CRP, AK III, 237.
3. CRP, AK III, 329.

qu'il y a une apparence transcendantale, on associe à des principes méthodologiques une représentation d'objet.

On ne peut pour Kant enrayer ce mauvais usage de la raison, car il s'agit là d'une tendance naturelle à celle-ci, mais on peut en prendre conscience de façon à éviter de se laisser abuser par ces apparences en leur opposant cette grandeur négative qu'est *l'espoir* et qui prend la forme d'un postulat.

LE POSTULAT PRATIQUE D'UNE IMMORTALITÉ DE L'ÂME

Si la mort signe la fin de mon expérience sensible, rien ne me permet d'affirmer qu'elle signe la fin de tout. Au contraire, pour Kant, si le corps est plus un obstacle à « la vie pure et spirituelle » que son instrument, on ne voit pas pourquoi la séparation de l'âme d'avec le corps devrait signifier la fin de toute vie, comme il l'indique en passant dans la *Critique de la raison pure* [1]. Mais l'on ne peut obtenir rien de catégorique à ce sujet.

Dans l'hypothétique, tout ne se vaut cependant pas. On peut ainsi faire d'un point de vue moral l'hypothèse rationnelle que face à la contradiction qui oppose mon existence terrestre finie à ma tâche morale infinie, l'immortalité de l'âme fasse office de moyen terme. Face à la crainte irrationnelle de la mort, on peut faire l'hypothèse rationnelle d'une immortalité de l'âme. Il s'agit de se réconcilier avec la tendance à l'infini de notre raison non pour produire des objets contradictoires, des apparences transcendantales, mais pour y formuler des postulats, reconnaissant par-là que la raison est productrice d'idées et non de concepts.

L'accomplissement de la loi morale est un objet nécessaire de la volonté rationnelle. Cela sous-entend que l'on veuille se donner les moyens pour répondre à cette fin. Pour répondre à ce but ultime, il faudrait être parfaitement moral ou en termes kantiens être un « saint ». Mais, comme en tant que créature finie, le sujet reste soumis aux tentations du désir et aux inclinations à l'égoïsme, il ne peut être dit « saint ». En bref, nous devons aspirer à la sainteté, mais nous ne pouvons prétendre y atteindre. On peut tout au plus se rapprocher de cette sainteté. Pour que ce rapprochement soit infini et confine à la sainteté, Kant dans la *Critique de la raison pratique* avance le postulat de l'immortalité de l'âme. Il énonçait d'une façon quelque peu analogue l'immortalité de l'espèce dans le texte sur *l'Idée d'une histoire universelle au point de vue cosmopolitique* [2].

On voit ici que la contradiction de la raison et de l'entendement est résolue une fois que l'on fait de la raison l'instance de postulats pratiques orientant l'agir d'une subjectivité. Si la raison doit être soumise à l'entendement en ce qui regarde *l'objectivité*, elle est ce qui fournit les *objectifs*. L'impulsion de la raison

1. CRP, AK III, 507.

2. Sur la question de l'immortalité de l'espèce, voir G. Lejeune, « L'immortalité de l'espèce peut-elle valoir comme postulat de la raison pure pratique ? », *in* S. Grapotte, M. Lequan et M. Ruffing (éds), *L'année 1784. Droit et philosophie de l'histoire*, Paris, Vrin, 2017, p. 185-193.

qui conduit à l'apparence transcendantale peut, une fois démasquée l'apparence transcendantale, être convertie en une hypothèse rationnelle qui pousse l'homme à produire non plus l'apparence d'un savoir, mais l'idée d'une fin.

LE RAPPORT À LA TECHNIQUE

L'idée de fin qui oriente l'action se lie dans le concret à la question de la technique. Celle-ci est chez Kant un instrument au service du travail. L'avantage qu'elle présente est lié au processus qu'elle accomplit et qui fait que l'homme a une estime de lui-même. Elle consiste à aider l'homme à être en procès de lui-même et non à devenir quelque chose de déterminé.

> *La nature a voulu que l'homme tire entièrement de lui-même tout ce qui dépasse l'agencement mécanique de son existence animale et qu'il ne participe à aucun autre bonheur ou à aucune autre perfection que ceux qu'il s'est créés lui-même, libre de l'instinct, par sa propre raison.* [...] La nature semble même avoir trouvé du plaisir à être la plus économe possible, elle a mesuré la dotation animale des hommes si court et si juste pour les besoins si grands d'une existence commençante, que c'est comme si elle voulait que l'homme dût parvenir par son travail à s'élever de la plus grande rudesse d'autrefois à la plus grande habileté, à la perfection intérieure de son mode de penser et par là (autant qu'il est possible sur terre) au bonheur, et qu'il dût ainsi en avoir tout seul le mérite et n'en être redevable qu'à lui-même ; c'est aussi comme si elle tenait plus à ce qu'il parvînt à l'*estime raisonnable de soi* qu'au bien-être [...] [1].

Envisager la perspective d'une mort qui ne soit pas absolue nous aide à donner sens au travail que l'on fait. Kant reprend à son compte la *symbolique* de l'*ethos* protestant de la prédestination : il est possible que je sois sauvé et le seul moyen de faire tenir cet espoir est de le vérifier par des œuvres et un travail continu qui me procureront prospérité ou, à tout le moins, estime de moi-même.

La *possibilité* du salut ouvre au travail, mais s'il est *nécessaire* que je sois sauvé et que cela est indépendant de mes actes, on n'est pas conduit aux mêmes conséquences pratiques. Suivant qu'elle est énoncée comme un possible ou comme une nécessité (rendue possible par la *technique*) le sens de l'immortalité change dans le dispositif pratique qui est constitutif de l'homme en tant qu'être moral. L'idéal d'une immortalité qui ne serait plus un idéal symbolique, mais un donné technique ne risque-t-il pas de pousser à une oisiveté qui nous priverait de toute estime de soi ? Ce qui fait la subjectivité de l'homme en tant que sujet en serait-il grandi ? Une fois qu'un savoir technique sur l'immortalité tend à se substituer à l'espoir pratique d'immortalité, on n'envisage plus l'homme comme un sujet, mais comme un objet. L'immortalité, qui par sa centralité semble rassembler sous une même bannière Kant et les transhumanistes, joue donc pour eux un tout autre rôle dans l'articulation de ce qu'est l'homme ou plutôt de ce qu'il fait, peut et doit faire de lui-même. Si l'on suit Kant, elle est un idéal

1. *Idée*, 3 [e] proposition, AK VIII, 19-20.

régulateur pour notre disposition morale. Pour les transhumanistes, elle est une réalisation future de notre disposition technique. La perspective est en fin de compte tellement différente chez les transhumanistes qu'on parle d'« amortalité » plutôt que d' « immortalité ».

Conclusion

Chez Kant, la normativité pratique qui résout l'opposition de l'infini et du fini dans le champ de l'agir signifie pour l'anthropologie que l'homme n'est pas une nature donnée, mais une nature qui peut être telle ou telle chose. À côté du point de vue physiologique, Kant développe un point de vue pragmatique sur l'homme. Mais ce qui est intéressant, c'est que le pouvoir être de l'homme dépend de son devoir être. C'est en effet en faisant de la raison l'instance d'objectifs que l'homme peut être lui-même, c'est-à-dire un être libre. L'attitude de Kant envers la possibilité et le pragmatisme est paradigmatique de l'idéalisme allemand dans la mesure où la *disposition pragmatique* de l'homme est fondée sur la nécessité de la raison pratique. L'homme « juge qu'*il peut* faire quelque chose parce qu'*il* est conscient qu'*il doit* le faire et il reconnaît en lui la liberté qui sans la loi morale lui serait restée inconnue » [1]. L'impératif catégorique est donc premier par rapport à l'impératif pragmatique et technique, lui seul est inconditionné [2]. Alors que l'impératif catégorique détermine les fins nécessaires dans un monde existant, qui est fait de particularités et de contingences, la disposition pragmatique est seulement le moyen d'une téléologie externe qui a à être fondée dans la perspective de l'impératif catégorique pour devenir un moyen de l'exercice de l'autonomie de la raison.

On a là la possibilité de formuler des réquisits pour le transhumanisme qui s'intéresse à la question de ce que l'homme peut être en tenant compte du champ du possible ouvert par la science devenue technique. L'homme peut être, mais, pour être ce qu'il peut être, il ne doit pas contredire les conditions de sa liberté.

Or, la mort ne borne pas seulement l'expérience de la raison théorique, elle borne aussi la raison pure pratique. Elle n'est pas seulement un *objet* qui transcende nos pouvoirs de connaître, elle est remise en cause du *sujet* porteur de ces pouvoirs de connaître et d'agir. En interrompant l'exercice de la raison pratique, la mort semble rendre impossible la réalisation d'un bien souverain. C'est d'ailleurs en ce sens que Kant condamnait le suicide dans sa *Métaphysique des mœurs*. Kant irait-il toutefois plus loin et considèrerait-il que la mort est un problème technique à régler pour que l'homme soit pleinement accompli ?

1. CRPr, AK V, 29-30 : « C'est la loi morale, dont nous avons immédiatement conscience (dès que nous formulons des maximes de la volonté), qui s'offre d'abord à nous et nous mène directement au concept de la liberté, en tant qu'elle est représentée par la raison comme un principe de détermination, que ne peut dominer aucune condition sensible et qui, bien plus, en est totalement indépendant. »

2. FMM, AA IV, 416.

Le transhumanisme, qui voit dans les progrès de la technique les moyens d'améliorer l'homme [1], n'hésite pas à se mettre sous le patronage de Kant qui, à l'instar de Bacon ou de Condorcet, nous aurait délivré d'une nature *a priori* pour faire de l'homme un être de liberté à même de se déterminer lui-même [2].

Pour garantir l'exercice de la raison pratique, il faut poser l'hypothèse que la mort n'est pas définitive. Cette hypothèse est en droit possible du fait qu'aucun jugement assertorique sur la mort n'est possible. Pour Kant, l'hypothèse est d'ailleurs plus que possible, elle est probable, car l'âme, à son sens, semble ne pas devoir dépendre du corps, qui lui est plus un obstacle qu'autre chose.

En conclusion, c'est par une réflexion sur la possibilité que l'impossible ne soit pas que l'homme, chez Kant, préserve en lui la motivation en vue d'une fin qui fait de lui un être qui se définit par ses actes et non un quelconque *definiendum*. La solution au problème pratique de la mort est morale et tient dans l'ouverture qu'apporte un rapport modal à soi et au monde. Pour les transhumanistes, la réponse au problème de la mort est technique et consiste à essayer de rendre impossible l'impossible [3]. Dans cette recherche, l'importance d'un rapport modal à soi et aux choses est oblitéré. On peut alors se demander si la quête transhumaniste de « surmonter le vieillissement » [4], en maintenant indéfiniment la condition factuelle présente et en voulant supprimer la transcendance de la mort, ne signe pas en fin de compte une suppression de l'autotranscendance de l'homme. Le transhumanisme signifierait alors ni plus ni moins la fin de l'homme [5].

1. « L'idée centrale du transhumanisme technoprogressiste est qu'il faudrait utiliser les nouvelles technologies pour améliorer la condition humaine de façon radicale. » URL (consulté le 24-04-19) : https://transhumanistes.com/presentation/valeurs/

2. Voir N. Bostrom, « A History of Transhumanist Thought », in *Journal of Evolution and Technology*, vol. 14, 2005.

3. « On entend souvent dire que les transhumanistes recherchent l'immortalité. Cette formulation est inexacte, car l'immortalité est un concept qui renvoie à la métaphysique. Or, ici, le but est on ne peut plus concret : ralentir le vieillissement humain, et pourquoi pas, à terme, le stopper complètement, voire le rendre réversible. Nous préférons donc parler d'*amortalité*, ou d'allongement radical de la durée de vie en bonne santé. Précisons d'emblée qu'il ne s'agit en aucun cas de *forcer* les gens à vivre 100 ans de plus, voire sans limitation de durée. Simplement, mourir doit devenir un choix (une possibilité pour ceux qui le souhaitent), et non plus une contrainte. Une mort choisie et non une mort subie. » URL (24-04-19) : https://transhumanistes.com/immortalite/

4. L'article premier de la « déclaration transhumaniste » dans sa dernière version (2012) annonce clairement sous cette forme euphémisante sa volonté d'en finir avec la mort. « Humanity stands to be profoundly affected by science and technology in the future. We envision the possibility of broadening human potential by overcoming aging, cognitive shortcomings, involuntary suffering, and our confinement to planet Earth. »
URL (consulté le 26 janvier 2018) : http://humanityplus.org/philosophy/transhumanist-declaration/

5. L'hypothèse d'une fin de l'homme et d'un « posthumanisme » est clairement énoncée par Fukuyama qui considère que la spécificité de l'homme tient à un « facteur x » qui risquerait de se perdre dans la modification de l'homme par la technique. *Cf.* F. Fukuyama, *Our Posthuman Future. Consequences of the Biotechnology Revolution*, New York, Farrar, Strauss and Giroud, 2002. On notera qu'à notre sens le problème tient moins à la portée des modifications opérées par la technique qu'au fait que *la science et la technique* apparaissent comme des *idéologies* qui tiennent lieu et place

Si Kant et les transhumanistes font de la mort un problème pratique, la solution qu'ils y apportent est différente. La solution kantienne est morale et symbolique (métaphysique pour les transhumanistes), elle modalise l'impossible. La solution transhumaniste est technique, elle rend impossible le modal, en prétendant réaliser *de facto* l'immortalité ou ce qu'ils préfèrent appeler « l'amortalité ». Les limites jouent ici un rôle différent. L'entendement reste limité chez Kant, c'est la raison qui est porteuse de l'illimité. Chez les transhumanistes, il s'agit de rendre illimités les pouvoirs de l'entendement et de les traduire dans une technique opératoire. Le rapport dialectique de la raison vis-à-vis de l'entendement qui consiste à se projeter hors du savoir établi pour réaliser des fins idéales est alors mis en péril. La toute-puissance de l'entendement ne serait rien d'autre que la fin de la raison.

L'homme kantien ne peut être que s'il dépasse l'immédiateté de son donné, ce qui implique qu'il se reconnaisse dans quelque chose qui le dépasse. C'est en soumettant l'entendement à la raison porteuse d'objectifs que l'homme peut devenir un être libre. L'homme n'est pas seulement un *definiendum*, il est un être qui se définit. Cela n'interdit pas toute modification touchant le *definiendum*, mais demande que les conditions de possibilité de l'homme comme *definiens*, à savoir que la finitude soit transcendée dans les postulats de la raison pure pratique, soit respectée. Pour ce qui est du cas de la mort dans le cadre du transhumanisme, je poserais en guise de conclusion quelques questions à cet égard.

Les transhumanistes voudraient un individu *hic et nunc* immortel, mais ce faisant n'infinitisent-ils pas le fini au détriment d'une pensée visant à se dépasser dans les postulats de la raison pure pratique ? En outre, s'oppose-t-on à la mort en la supprimant, n'est-il pas plus pertinent si elle est une « grandeur négative » de s'y opposer par la naissance ? Le nouveau-né apportant par ailleurs, nouveauté et regain de vie [1] dans un monde mourant de l'habitude de lui-même [2]. Enfin, ne vaut-il pas voir dans le désir transhumaniste d'amortalité, une

de « disposition morale ». Le facteur x qui se perdrait en l'homme serait moins dû à la modification de la nature humaine qu'à un effet réversif de la technique, celui de minimiser la disposition morale, dont l'enjeu est la capacité à s'auto-transcender dans des fins à teneur universelle.

1. « C'est l'action qui est le plus étroitement liée à la condition humaine de natalité ; le commencement inhérent à la naissance ne peut se faire sentir dans le monde que parce que le nouveau venu possède la faculté d'entreprendre du neuf, c'est-à-dire d'agir. En ce sens d'initiative un élément d'action, et donc de natalité, est inhérent à toutes les activités humaines. De plus, l'action étant l'activité politique par excellence, la natalité, par opposition à la mortalité, est sans doute la catégorie centrale de la pensée politique, par opposition à la pensée métaphysique. » Voir H. Arendt, *Conditions de l'homme moderne*, Paris, Calmann-Lévy, 1983, p. 43.

2. « Le vivant en tant qu'être singulier, meurt de l'habitude de la vie, en tant qu'il se fait vivre dans son corps, dans sa réalité. La vitalité fait d'elle-même pour elle-même un universel, en tant que les activités deviennent universelles ; et, dans cette universalité, meurt précisément la vitalité, qui a besoin de l'opposition, puisqu'elle est un processus, tandis que désormais, l'Autre qu'elle aurait à vaincre n'est plus du tout un Autre. De même que dans le domaine de l'esprit, les gens âgés s'installent de plus en plus chez eux dans eux-mêmes et dans leur genre, que leurs représentations générales leur deviennent de plus en plus familières, que ce qui est particulier disparaît de plus en plus, mais que, par-là, aussi la tension, l'intérêt (le fait d'être entre), s'évanouit, et que ces gens âgés

expression de la crainte de la mort, de cette apparence transcendantale, qui, faute d'avoir été clarifiée, est exploitable à l'envi ?

Le fantasme de la « singularité technologique » imaginé par Vernor Vinge et d'autres, ce rêve d'une technique *surhumaine* se développant hors des limites de l'entendement humain, est le substitut technique du postulat moral de l'immortalité de l'âme. Il a pour contrepartie la volonté d'un homme augmenté qui puisse faire face à la menace que l'intelligence artificielle représente pour l'intelligence humaine [1]. Mais le fantasme d'un « homme *augmenté* » n'est-il pas l'expression inavouable d'un homme qui ne se *comprend* plus ou qui n'est plus le *sujet* de ses objectifs ?

En bref, les transhumanistes voudraient substituer un monde technique à un monde moral. Une telle transformation a le vent en poupe, elle s'inscrit dans ce qui a déjà cours. Contre cela, la volonté de vouloir soumettre la technique à la morale apparaît pour plus d'un inactuelle. Mais le cadre kantien – trouver une réponse morale au défi de la mort – fût-il inactuel, n'en demeure pas moins notre condition d'homme en tant que sujet. On peut douter du bien-fondé des postulats de la raison pure pratique, ainsi que le fait Hegel, on peut aussi douter de la reformulation par Jonas de l'impératif catégorique, mais peut-on douter que la mort est un problème pratique qui demande une réponse morale sans renier notre condition d'homme ?

Guillaume LEJEUNE
FNRS, Université de Liège

sont satisfaits dans cette habitude sans processus, de même en est-il dans le domaine physique. L'absence d'opposition vers laquelle l'organisme poursuit son chemin est le repos de ce qui est mort […] ». Hegel, *Encyclopédie des sciences philosophiques, vol. II, Philosophie de la nature*, trad. B. Bourgeois, Paris, Vrin, 2004, p. 719.

1. Besnier, transposant les travaux de Ehrenberg à l'échelle de la société, voit ainsi dans le désir transhumaniste l'expression d'une fatigue d'être soi. L'humain dépassé par la technique s'imagine autre pour répondre à la norme d'autonomie qui semble peser sur lui. Voir J-M. Besnier, *Demain les posthumains*, Paris, Fayard, 2010.

OBJECTIVITÉ ET NORMATIVITÉ CHEZ KANT : UN POINT DE VUE ANTHROPOLOGIQUE

INTRODUCTION

Dans sa XXVIIe *Lettre sur l'éducation esthétique de l'homme*, Schiller affirme que « c'est seulement en tant qu'individus que nous goûtons les joies des sens, et l'espèce qui nous est immanente n'y a aucune part [...]. C'est seulement en tant qu'espèce que nous goûtons les joies de la connaissance et en les goûtant nous éliminons soigneusement de notre jugement toute trace de notre particularité individuelle [...]. De la beauté seule nous jouissons à la fois en tant qu'individu et en tant qu'espèce, c'est-à-dire en tant que représentants de l'espèce » [1].

Parmi les auteurs qui se sont inspirés de cette citation, F. Nobbe la mentionne pour montrer la nécessité de prendre en compte la relation entre l'individu et le genre humain afin de fournir une image en même temps complète et unitaire de l'homme. Selon Nobbe, cette réconciliation entre l'individu et le genre n'est atteinte par Kant que dans la *Critique de la faculté de juger*, au moyen de la structure du jugement réfléchissant [2].

Cette lecture, au-delà de sa plausibilité, part d'une hypothèse largement répandue, à savoir l'anthropologie n'est pas une discipline à part entière et elle n'est donc pas en mesure de répondre aux questions fondamentales qu'elle pose. Cette idée émerge également des études qui, de Erdmann à Arnoldt, de Dilthey à Adickes, ont essayé de reconstruire la genèse historique de cette discipline dans la pensée de Kant. L'irréductible pluralité des éléments en jeu dans cette question a été résumée de manière très claire par N. Hinske, selon qui l'anthro-

1. F. Schiller, *Briefe über die ästhetische Erziehung des Menschen*, in *Sämtliche Werke*, dir. par G. Frike-H.G. Göpfert, München, Hanser, 19806, Vol. V : 667; trad. R. Leroux, Paris, Aubier, 1992, p. 369.

2. F. Nobbe, *Kants Frage nach dem Menschen. Die Kritik der Urteilskraft als transzendentale Anthropologie*, Frankfurt a. M., Lang, 1995, p. 286.

pologie philosophique « cherche à franchir les frontières de la discipline pour viser la totalité » [1].

Nous estimons que la spécificité du regard anthropologique sur le monde peut être mise en lumière de manière efficace en prenant en considération la manière dont Kant traite, dans le domaine de l'anthropologie, deux éléments de sa révolution copernicienne.

Le premier élément consiste dans la nature normative de la raison, laquelle constitue le trait distinctif de l'être humain par rapport aux autres êtres [2]. Puisque son objet est l'homme, l'anthropologie se concentre sur la raison. Pourtant, l'enquête anthropologique est *a posteriori*, elle procède à partir du monde où la raison manifeste sa propre nature normative et ordinatrice. En même temps, la perspective anthropologique est elle-même expression de cette raison et de son exigence d'auto-analyse. C'est pourquoi elle ne peut que s'exprimer à son tour avec le langage de la normativité. Par conséquent, la pratique distinctive de l'anthropologie est l'observation, entendue non pas comme la simple observation d'une pluralité d'éléments empiriques, mais comme une observation fondamentale portant sur la manière dont la raison étend sa propre régularité au niveau de l'expérience, visant donc les *règles* de la *Denkungsart*.

Cela nous conduit au deuxième aspect central du criticisme, dont l'approche anthropologique peut aider à éclairer la nature de cette discipline : la distinction entre le subjectif et l'objectif. En effet, si l'investigation transcendantale délimite le périmètre de l'objectivité au moyen de lois universelles *a priori*, en revanche, sur le terrain anthropologique, la validité objective de la norme doit être atteinte *a posteriori*, à partir de la *Teilbarkeit*, c'est-à-dire de la possibilité effective de partager sa valeur par d'autres sujets. Il reste à voir si, et dans quelle mesure, cette *Teilbarkeit* peut être mise en relation avec l'intersubjectivité acquise sur le plan transcendantal.

Nous estimons que sur la base de la relation entre normativité et objectivité conçue selon la perspective anthropologique, nous pourrons, peut-être non pas résoudre les difficultés liées au positionnement architectonique de l'anthropologie dans l'édifice de la pensée de Kant, mais du moins éclaircir les raisons sous-jacentes à ces difficultés, lesquelles semblent dépendre de la manière dont l'anthropologie enveloppe et pénètre la philosophie critique, plutôt qu'elle n'est contenue dans la philosophie critique.

Observation et régularité

Il est bien connu que l'introduction de l'anthropologie dans le *curriculum* de l'enseignement universitaire de Kant remonte au début des années 1770.

1. N. Hinske, « Kants Idee der Anthropologie », in H. Rombach (dir.), *Die Frage nach dem Menschen : Aufriss einer philosophischen Anthropologie, Festschrift für Max Müller*, Freiburg-München, Alber, 1966, p. 426.
2. Voir *Anthropologie*, AK VII, 127 ; OP III, 945.

Comme manuel pour cette discipline, Kant utilise la section de la *Metaphysica* de Baumgarten consacrée à la *Psychologia empirica*. Nous savons, d'ailleurs, qu'il utilisait cet ouvrage aussi pour ses cours de métaphysique. Or, la manière dont Kant conçoit la psychologie empirique est très utile pour comprendre les traits méthodologiques qui caractérisent l'anthropologie.

Déjà depuis l'annonce des leçons du semestre d'hiver de 1765-66, Kant attribue à la psychologie empirique – en tant que « science de l'expérience métaphysique de *l'homme* » [1] – une position introductive dans l'*ordo expositionis* de la métaphysique. Cela concerne la manière dont Kant estime que les parties de la *Schulmetaphysik* doivent être réorganisées. En fait, lorsque, dans la *Critique de la raison pure*, Kant expose son propre concept de métaphysique entendue comme système de connaissances pures *a priori*, il bannit de manière péremptoire la psychologie empirique de ce domaine, tout en précisant qu'elle peut être encore accueillie dans le système de la métaphysique seulement selon « l'usage de l'École ». Si donc la psychologie empirique demeure dans l'enceinte de la métaphysique, c'est seulement comme « une étrangère admise depuis bien longtemps, à laquelle on accorde un séjour temporaire, jusqu'à ce qu'elle puisse établir son domicile propre dans une anthropologie précise et détaillée » [2].

Ce transfert des tâches entre la psychologie et l'anthropologie avait été clairement exprimé par Kant dans un cours de la fin des années 1770 consacré à l'*Encyclopédie philosophique*, dans lequel l'anthropologie est définie comme science du traitement empirique de la nature pensante [3]. La clé pour comprendre le passage de la psychologie empirique à l'anthropologie est fournie par Kant lui-même dans sa lettre à M. Herz datée de la fin de 1773. Ici, il s'explique sur la manière dont il entend introduire l'anthropologie à l'Université et la définit comme une « doctrine d'observation » [*Beobachtungslehre*] [4]. Il s'agit là de la même approche que Kant déclarait avoir adoptée en 1764 précisément dans ses *Observations sur le sentiment du beau et du sublime*, qui constituent une sorte d'anticipation des thèmes traités dans les leçons d'anthropologie [5]. Ce sont des thèmes qui, selon Kant, doivent être considérés à travers « le regard d'un observateur plutôt que celui du philosophe » [6]. C'est précisément dans la nature et dans la finalité non purement spéculative de l'observation anthropologique que se situe l'écart décisif entre l'anthropologie et la psychologie empirique. L'observation qui caractérise celle-ci dans le contexte du wolffisme, par

1. Voir APL, AK II, 309 ; OP I, 517.

2. CRP A 848-849/B 876-877 ; OP I, 1396-1397. Voir aussi V-Met/Volckmann, AK XXVIII, 367 ; V-Anthrop/Collins, AK XXV, 8 et V-Anthrop/Parow, AK XXV, 243. (Nous traduisons toutes les citations des leçons).

3. Voir LEP, AK XXIX, 11, 44. Sur l'influence de la psychologie empirique de Baumgarten sur la l'anthropologie de Kant, voir N. Hinske, « Kant und Alexander Gottlieb Baumgarten. Ein leider unerledigtes Thema der Anthropologie Kants », in *Aufklärung* 14, 2002, p. 263.

4. *An Marcus Herz* (1773), AK X, 143-146.

5. S. B. Kim, *Die Entstehung der Kantischen Anthropologie und ihre Beziehung zur empirischen Psychologie der Wolffschen Schule*, Frankfurt a. M., Lang, 1994, p. 98.

6. OBS, AK II, 207 ; OP I, 451.

exemple, a pour but d'atteindre une vérité dans le domaine d'une métaphysique entendue dogmatiquement, tandis que l'objectif de l'anthropologie kantienne est de nature pratico-pragmatique, puisqu'elle a pour but d'éclairer les relations du sujet avec les autres êtres humains. Cela est clair, indirectement, dans la manière dont Kant oppose l'anthropologie à toute approche spéculative, dans les cours de métaphysique : « Les affections sont des *motus animi sensitivi* qui conduisent les hommes en dehors de l'état dans lequel ils exercent le contrôle sur eux-mêmes. [...] La passion rend aveugle et inhibe complètement la faculté d'exercer le contrôle sur soi-même. Cette matière appartient à l'anthropologie » [1].

Ce n'est pourtant que dans les cours d'anthropologie que Kant sépare le plus nettement la perspective anthropologique de la psychologie empirique traditionnelle. Ici, non seulement il refuse la perspective purement psychologiste concernant l'essence de l'âme, mais il introduit également l'aspect qui caractérise sa propre anthropologie dans un sens absolument original, lequel fait écho précisément à la matière propre de l'anthropologie : il s'agit du concept de *caractère*. Dès ses premiers cours, Kant le définit comme un « principe supérieur » qui « se sert de toutes les capacités [*Fähigkeiten*] et mobiles », ou bien « inhibe les perceptions » [2]. Dans les premières pages de l'*Anthropologie Parow*, par exemple, on lit : « Ici nous pouvons apprendre les sources de toutes les actions humaines et les caractères des êtres humains dans leur corrélation » [3]. Stark a attiré l'attention sur la proximité des termes *sources* et *caractères*, en montrant que le caractère est la source de l'action humaine telle qu'elle est analysée par Kant tout au long de ses leçons [4].

Dans la « Caractéristique anthropologique » de l'*Anthropologie* publiée, Kant définit le caractère comme *Denkungsart* et il le distingue, en tant que disposition morale, de la *disposition de nature* et de la *manière de sentir* (le tempérament), puisque la *Denkungsart* ne montre pas « ce que la nature fait de l'homme », mais « ce que *celui-là fait de lui-même* » [5]. Approfondissant cette idée, Kant dit aussi qu'« être homme de caractère, sans autre complément, a trait à cette propriété de la volonté selon laquelle le sujet se lie lui-même à des principes pratiques déterminés qu'il s'est prescrits de manière irrévocable par sa propre raison » [6].

Par conséquent, si d'un côté la méthode d'observation de l'anthropologie n'a pas pour but de parvenir à des vérités métaphysiques éternelles, de l'autre elle est loin d'être rhapsodique. Au contraire, l'objectif de Kant est d'établir les règles du comportement de l'homme et, pour ce faire, il ne peut que suivre la

1. V-Met/Dohna, AK XXVIII, 679.

2. V-Anthrop/Collins, AK XXV, 227.

3. V-Anthrop/Parow, AK XXV, 244.

4. W. Stark, « Historical Notes and Interpretative Questions about Kant's lectures on Anthropology », *in* B. Jacobs et P. Kain (dir.), *Essays on Kant's Anthropology*, Cambridge, CUP, 2003, p. 28.

5. *Anthropologie*, AK VII, 292 ; OP III, 1105.

6. *Ibid.*

raison, à savoir l'élément essentiel selon lequel le sujet agit. L'objectif de l'observation anthropologique dans l'étude de la manifestation empirique du caractère est donc l'identification des modalités qui rendent possible de rapporter le comportement du sujet à des règles déterminées. Cette nature aussi bien rationnelle qu'empirique du caractère permet de comprendre dans quel sens la caractéristique doit être considérée comme une « doctrine de la méthode » de l'anthropologie, comme Kant l'affirme dans l'*Anthropologie Dohna* [1].

La structure normative de la raison ne cesse donc pas d'être le fil conducteur de l'observation, puisque l'observateur n'a pas d'autres outils à sa disposition. Ce qui change par rapport à l'enquête critico-transcendantale, c'est que l'anthropologie s'intéresse au côté « subjectif » des règles.

En effet, il est indéniable qu'il y ait en cela une sorte de symétrie avec l'approche critique, comme l'atteste l'*Anthropologie Friedländer*, où on peut lire que l'anthropologie n'est pas « une description de l'homme, mais bien plutôt de la nature de l'homme » [2] conçu comme un « objet du sens interne » [3]. Cette symétrie, pourtant, est également la mesure de la distance impossible à combler, puisque structurelle, entre ces deux points de vue. À ce propos, l'*Anthropologie* de 1798 insiste sur la nature empirique de l'observation du sens interne qui fait l'objet de l'anthropologie : « Le sens interne n'est pas l'aperception pure, une conscience de ce que l'homme *accomplit*, celle-ci relevant du pouvoir de penser, mais de ce qu'il *subit*, dans la mesure où il est affecté par le jeu de sa propre pensée » [4].

Or, une anthropologie qui observe le sujet à partir de ses facultés et de ses actions telles qu'elles sont perçues par le sens interne ne peut évidemment pas atteindre l'universalité des lois déduites *a priori* au niveau transcendantal, mais se caractérise plutôt par ce que Kant, dans la première et la troisième Critiques, définit comme l'« universalité comparative » [5] des règles empiriques obtenues de manière inductive. Cette acception particulière du concept d'universalité peut être revendiquée *in concreto*, tant qu'elle ne rencontre aucune exception à sa propre règle. Néanmoins, elle ne peut pas exclure la possibilité d'exceptions, ce que peut faire en revanche l'universalité absolue des lois *a priori*. C'est précisément à la lumière de cette distinction méthodologique entre l'universalité absolue et l'universalité comparative que Kant emploie le terme *General-*

1. Voir Ant. Dohna-Wundlacken (1791/92), *in* A. Kowalewski (éd.) *Die philosophischen Hauptvorlesungen Immanuel Kants*, München-Leipzig, Rösl & Cie, 1924, p. 70, 75 ; « Randnotiz zu *Anthropologie VII, 159* », *in* AK VII, 400 (*Ergänzungen aus H.*). Sur le lien entre la conception de la caractéristique anthropologique comme doctrine de la méthode de l'anthropologie et la subdivision critique entre la doctrine de la méthode et la doctrine des éléments, voir C. Schmidt, « Kant's Transcendental, Empirical, Pragmatic, and Moral Anthropology », in *Kant-Studien* 98 : 2, 2007, p. 168-169.

2. V-Anthrop/Fried, AK XXV, 471 ; Voir aussi *Anthropologie*, AK VII, 120 ; OP III, 940.

3. V-Anthrop/Fried, AK XXV, 473.

4. *Anthropologie*, AK VII, 161 ; OP III, 979 (traduction partiellement modifiée).

5. CRP, B 3-4, A 92/B 124 ; OP I, 759 et 847. CFJ, AK V, 213 ; OP II, 970.

kenntniß dans l'*Anthropologie* publiée pour indiquer l'universalité propre de la connaissance anthropologique [1].

Il faudra donc essayer de comprendre comment se caractérise l'objectivité à laquelle l'« universalité comparative » de l'anthropologie donne lieu, une universalité fondée sur une observation du sens interne et visant à identifier les règles du comportement humain qui se fixent dans le caractère de l'individu.

SUBJECTIVITÉ, OBJECTIVITÉ, INTERSUBJECTIVITÉ : DU CÔTÉ DE L'ANTHROPOLOGIE

Afin de saisir les traits caractéristiques de ce type d'objectivité, il est nécessaire d'élargir l'étendue de l'examen anthropologique de la sensibilité. En effet, à côté du sens interne, qui nous permet de saisir la dimension empirique de la subjectivité entendue comme l'objet d'une observation phénoménale, dans les leçons d'anthropologie aussi bien que dans l'*Anthropologie* publiée, Kant ajoute l'examen du sens externe, « au moyen duquel nous percevons les objets en dehors de nous » [2]. Ce qui est intéressant, ici, c'est que l'approfondissement du sens externe consiste en l'analyse et la classification des cinq sens dont l'homme est doté. Dans l'*Anthropologie* publiée, en traitant des cinq sens, Kant affirme :

> Trois d'entre eux sont plus objectifs que subjectifs, c'est-à-dire qu'en leur qualité d'*intuitions* empiriques ils contribuent à la connaissance de l'objet extérieur plus qu'ils n'éveillent la conscience de l'organe affecté ; deux, en revanche, sont plus subjectifs qu'objectifs, c'est-à-dire que la représentation donnée par eux est plus [*mehr*] celle de l'*ingestion* que de la connaissance de l'objet extérieur ; c'est pourquoi, sur les premiers, l'accord peut se faire sans peine avec autrui ; mais, pour les seconds, malgré l'identité de l'intuition empirique externe et de la dénomination de l'objet, la manière dont le sujet se sent affecté par lui peut être toute différente. Les sens de la première classe sont 1° celui du *toucher* (*tactus*), 2° de la *vue* (*visus*), 3° de l'ouïe (*auditus*). De la seconde classe, a) du *goût* (*gustus*), b) de l'*odorat* (*olfactus*) [3].

L'insistance avec laquelle Kant distingue entre la composante plus ou moins objective et celle plus ou moins subjective qui caractérise un groupe déterminé de sens par rapport aux autres, introduit dans la distinction entre objectivité et subjectivité une gradation qu'il n'est évidemment pas possible de retrouver dans une perspective ayant pour but de déterminer *a priori* les conditions de l'objectivité et de la distinguer de toute subjectivité qui ne serait pas déterminée de manière transcendantale. Or, la classification anthropologique, en plus de

1. *Anthropologie*, AK VII, 120. Voir aussi P. Frierson, *Freedom and Anthropology in Kant's Moral Philosophy*, Cambridge, CUP, p. 38-39.

2. V-Anthrop/Fried., AK XXV, 492.

3. *Anthropologie*, AK VII, 154 ; OP III, 972. Voir aussi V-Anthrop/Mrongovius, AK XXV, 1242.

procéder selon des degrés d'objectivité ou de subjectivité, introduit un paramètre ultérieur et tout à fait particulier, celui de la noblesse [*Adel*] :

> Le sens de la vue, tout en n'étant pas plus indispensable que celui de l'ouïe, est pourtant le plus noble : c'est celui qui, de tous les sens, se situe le plus loin du sens du toucher, condition la plus bornée des perceptions, et qui, outre qu'il embrasse la plus grande sphère des perceptions spatiales, ressent aussi son organe comme le moins affecté (ce ne serait pas alors simplement vision), se rapprochant ainsi plus que les autres d'une *pure intuition* (représentation immédiate de l'objet sans que s'y mêle la remarque d'une impression) [1].

Pour approfondir le sens que Kant attribue dans ce contexte à l'adjectif « noble », il faut se référer à l'*Anthropologie Friedländer*, où il affirme que « les sens sont d'autant plus nobles que plusieurs hommes peuvent les partager, et qu'ils rendent les objets socialisables » [2]. Encore une fois, Kant s'exprime en termes de gradation, mais il l'entend ici au sens de ces règles les plus générales possibles qui caractérisent la recherche anthropologique. De ce point de vue, on pourrait imaginer que l'attribut de la « noblesse » se réfère à la possibilité de « facilement s'entendre avec autrui » citée plus haut et qui désigne l'objectivité. La noblesse servirait donc à préciser que la qualité plus ou moins objective d'un sens externe doit être comprise et mesurée comme l'équivalent *a posteriori* de cette intersubjectivité universelle avec laquelle coïncide l'objectivité déterminée *a priori* au niveau transcendantal. La spécificité de l'anthropologie résiderait donc dans le fait qu'elle dérive par le bas ce que les *Critiques* ont déduit par le haut.

Les leçons semblent pourtant nous offrir des arguments pour douter de cela. En effet, toujours dans l'*Anthropologie Friedländer*, un peu plus loin, un certain degré de noblesse est attribué à l'odorat – lequel est ensuite catalogué parmi les sens subjectifs –, alors que cette propriété est niée au *Gefühl*, que Kant, dans ses leçons, identifie parfois avec le toucher et parfois avec une sorte de sixième sens plus général que le toucher, mais toujours objectif. On remarque quelque chose de similaire dans le dernier cours d'anthropologie, l'*Anthropologie Busolt* (datant de la fin des années 1780), à propos de l'autre sens subjectif, le goût, que Kant définit comme le plus « social » [3]. Il n'est donc pas possible d'établir une équation entre l'objectivité et la noblesse entendue comme possibilité de partager [*Teilbarkeit*], et donc une symétrie entre ces deux-là et l'intersubjectivité transcendantale.

Certes, l'objection fondée sur l'impossibilité de faire confiance aux leçons et sur le fait que le dernier mot de Kant est dans l'*Anthropologie* publiée serait bien trop facile. En tous les cas, la continuité graduelle que, dans l'*Anthropologie* de 1798, Kant reconnaît entre l'objectivité et la subjectivité semble exclure définitivement toute assimilation à la conception critique de

1. *Anthropologie*, AK VII, 156 ; OP III, 974-975.
2. V-Anthrop/Fried., AK XXV, 495-496. Dans ce même sens, l'attribut de la noblesse est présent dès le cours V-Anthrop/Collins, AK XXV, 53.
3. V-Anthrop/Busolt, AK XXV, 1454.

l'objectivité. En effet, après avoir traité des sens les plus « objectifs » (vue, ouïe et toucher), Kant affirme :

> Ces trois sens extérieurs mènent, par la réflexion, le sujet à la connaissance de l'objet comme d'une chose hors de nous. Mais lorsque l'impression est si forte que la conscience de la mise en mouvement de l'organe en vient à dominer celle du rapport à un objet extérieur, les représentations externes se transforment en représentations internes. Noter le lisse et le rugueux dans le domaine du toucher est tout autre chose que de s'informer par ce moyen de la configuration extérieure de l'objet. De même : si d'autres parlent fort à vous faire mal aux oreilles, comme l'on dit, ou si quelqu'un, passant d'une pièce obscure à la clarté du soleil, cligne des yeux, dans ce dernier cas, l'éclairage fort ou soudain provoque pour quelques instants la cécité ; dans l'autre, une voix criarde produit la surdité, c'est-à-dire qu'ici et là la violence de l'impression sensible empêche de parvenir au concept de l'objet, l'attention étant au contraire fixée par la représentation *subjective*, à savoir par l'altération de l'organe [1].

Même en faisant abstraction des subtilités et des formulations parfois oscillantes des leçons, l'examen anthropologique des cinq sens – en plus du fait significatif d'être juxtaposé à celui du sens interne – fournit une indication très importante. Bien que nous ayons tendance à projeter sur l'anthropologie les structures fondamentales de la philosophie transcendantale, cette projection ne tient pas compte de la limite que représente l'approche essentielle de l'anthropologie, à savoir l'observation *a posteriori*. Cela n'empêche pas que cette discipline finisse souvent par formuler des hypothèses qui correspondent comme une sorte de négatif photographique *a posteriori* aux résultats des déductions transcendantales *a priori*. Pourtant, ce qui marque la distance fondamentale entre les deux perspectives, c'est la modalité quantitative-inductive à laquelle l'anthropologie doit se limiter, contrairement à l'universalité qui caractérise l'approche qualitative-déductive.

Cela signifie que l'objectivité dont l'anthropologie a le droit de s'occuper – une objectivité dont il est possible de reconnaître des degrés – a pour but principal d'établir ce qui peut être objet d'observation. Par conséquent, lorsque dans le premier cours d'anthropologie Kant définit comme objectifs les sens qui augmentent notre connaissance [2], il se réfère à ceux qui nous permettent d'identifier des objets qui sont tels par rapport à notre faculté cognitive. Dans ce contexte, l'objectivité doit être entendue avant tout comme *Gegenständlichkeit*, propriété de ce qui *au fur et à mesure* est « face au » sujet pour être observé.

CONCLUSION

Après avoir analysé les spécificités méthodologiques de l'anthropologie par rapport à l'investigation critico-transcendantale, apparaît clairement la question sous-entendue jusqu'ici : y a-t-il un rapport entre ces deux perspectives ? Si oui, comment faut-il l'entendre ? Pour répondre à cette question, on a fait souvent

1. *Anthropologie*, AK VII, 156-157 ; OP III, 975.
2. V-Anthrop/Collins, AK XXV, 53.

appel à la célèbre *Réflexion* 903 datant de la fin des années 1770, où Kant définit comme « cyclope » l'« égoïste de la science » auquel « il est nécessaire d'avoir un autre œil pour voir son objet du point de vue des autres hommes ». Et Kant d'ajouter :

> C'est sur cela que se fonde l'humanité des sciences, à savoir sur la sociabilité du jugement, puisque l'on se soumet ensemble au jugement d'un autre. [...] Le deuxième œil est celui de la raison humaine qui se connaît elle-même : sans celui-ci, nous n'aurions aucune mesure de l'étendue de notre connaissance. C'est bien cette connaissance de la raison humaine qui constitue la base pour effectuer cette mesure [...] Il ne suffit pas d'appréhender beaucoup d'autres sciences, mais la connaissance de soi de l'entendement et de la raison. *Antropologia transscendentalis* [1].

Cette *Réflexion* est importante parce qu'elle démontre distinctement la nécessité de ramener toute connaissance humaine à un espace de possibilité plus large, l'espace de l'humain, seul domaine dans lequel toute connaissance acquiert du sens. Ce domaine de l'humain n'est rien d'autre que celui de la raison. Cela nous renvoie à notre remarque initiale : l'enquête sur la nature humaine ne peut se traduire qu'en une enquête de la raison sur elle-même. La raison s'exprime à travers des normes : or, l'objectivité de ces normes ne consiste pas en un apriorisme dogmatique, mais dans la validité *a priori* pour les êtres dotés de raison – une validité qui doit pouvoir être « retrouvée » (non pas déduite) également dans l'enquête *a posteriori*. Voilà le deuxième œil dont l'anthropologie pourvoit tout savoir trop spécialisé : il s'agit là d'un rappel constant et fondamental de la nécessité de pouvoir partager – socialiser – la validité d'un jugement avec les autres représentants de la raison, les autres êtres humains.

Certes, le partage « social » qui caractérise l'anthropologie n'a rien à voir avec l'intersubjectivité par laquelle se constitue l'objectivité transcendantale. Dans l'anthropologie, le sujet rationnel se situe face à la variété du monde et, en tant que *Beobachtungslehre*, l'anthropologie enregistre la complexité des dynamiques qui résultent de cette rencontre pour essayer d'en saisir des régularités. Pourtant, pour observer les dynamiques par lesquelles les hommes construisent leurs vies dans le monde à partir de leurs propres tendances et caractères, l'anthropologie ne peut faire autre chose que suivre les règles de ce qui constitue l'essence de l'homme, à savoir les règles de la raison.

C'est pour cela que, dans la *Réflexion* sur le cyclope, la véritable difficulté consiste à admettre que la tâche de l'auto-connaissance générale de la raison puisse être confiée à une seule discipline, laquelle devrait embrasser d'un seul regard ce que le chemin critique a analysé et exposé de manière progressive. C'est pour cette raison que R. Brandt a soutenu la nécessité de passer d'une *Definitionsfrage* de l'homme – limitée de manière scolaire aux textes kantiens de nature explicitement anthropologique – à une *Bestimmungsfrage* du *Je*, dont il

1. Réfl. 903, AK XV, 395.

faudrait chercher la réponse dans une idéale « quatrième Critique », laquelle remplacerait le problème de la connaissance par celui de la conscience et qui traverserait en diagonale toute la pensée de Kant [1].

Bien qu'une enquête historique sur l'origine académique et épistémologique de l'anthropologie soit indispensable, il est évident qu'il faut chercher l'essence de cette discipline dans sa diffusion capillaire dans la pensée de Kant. Il serait donc hasardeux, aujourd'hui, de traiter l'anthropologie de Kant comme une discipline à part entière. Il serait probablement plus correct de la considérer comme une tendance inspirée par une vue d'ensemble de notre « je pensant dans la vie » [2]. La raison pour laquelle ce que nous continuons d'appeler anthropologie échappe à toute systématisation, c'est précisément que la généralité et la complexité de son objet, l'homme, nous pousse à considérer toute discipline comme une expression diverse et complémentaire de l'unique raison. L'homme comme être rationnel est la seule condition que l'observation *a posteriori* accomplie par l'anthropologie partage avec la philosophie transcendantale et il constitue la précompréhension de celle-ci. Dans la théorie de la connaissance, cette précompréhension doit suivre les conditions empiriques *a priori* de la connaissance possible ; dans la philosophie morale, elle doit exclure l'empirie de la détermination *a priori* des maximes de l'action ; dans le domaine esthétique, elle conduit à projeter dans le mécanisme de la nature la finalité morale de l'homme.

Dans la préface de l'*Anthropologie* publiée, Kant affirme que « les expressions : *connaître* le monde et *avoir l'usage* du monde sont [...], dans leur signification, passablement éloignées l'une de l'autre ; la première ne fait qu'*entendre* les jeux sous forme spectacle, la seconde est *partage* de ce jeu » [3]. En commentant cela, Holzhey a remarqué efficacement que nous, les hommes, vivons dans un monde qui n'est pas seulement notre « lieu de séjour [*Aufenthaltsort*], mais doit être conçu comme une communauté [4]. À cela, Kim ajoute que chaque homme possède son propre « *eigene Welt* » et, « selon la manière dont ce monde apparaît, chaque homme se fixe un but à réaliser durant sa vie et ses interactions avec d'autres hommes » [5].

D'ici vient l'urgence de souligner l'aspect normatif de la conception kantienne de l'être humain entendu avant tout comme *Je* dans le monde. Pour Kant, l'accès à ce monde, avant même l'accès à sa connaissance, peut être conçu seulement comme l'entrée dans une dimension faite de normes qui permettent la relation avec d'autres êtres également dotés de raison.

Gualtiero LORINI
Università Cattolica del Sacro Cuore – Milan

1. Brandt, *op. cit.*, p. 11.
2. CFJ, AK V, 461 ; OP II, 940.
3. *Anthropologie*, AK VII, 120 ; OP III, 940.
4. H. Holzhey, *Kants Erfahrungsbegriff. Quellengeschichtliche und bedeutungsanalytische Untersuchungen*, Schwabe, Basel-Stuttgart, 1970, p. 309.
5. Kim, *op. cit.*, p. 138, note 452.

LA RELATION ENTRE LE BONHEUR ET LA MORALITÉ DANS LES ÉCRITS CRITIQUES ET DANS L'*ANTHROPOLOGIE DU POINT DE VUE PRAGMATIQUE*

La réflexion sur le bonheur se retrouve dans l'œuvre entière d'Emmanuel Kant comme un fil conducteur. Cette réflexion se caractérise par une vision ambigüe : bien que Kant exclue le bonheur comme motif matériel de la moralité, il essaie d'intégrer le bonheur comme but formel de la morale dans sa vision du Bien suprême.

La contribution présente montre que Kant corrige sa doctrine abstraite sur le Bien suprême physique et moral. Béatrix Himmelmann a déjà balayé le préjugé que le bonheur ne joue aucun rôle chez Kant en montrant que la réalisation du bonheur est une mission véritable de la raison pratique [1]. Alors je souhaite apporter ici de nouveaux éléments à la thèse de Beatrix Himmelmann en mobilisant les écrits post-critiques de Kant.

Ma contribution est divisée en deux parties : elle explicitera d'abord le concept de bonheur dans les *Fondements de la métaphysique des mœurs* et dans la *Critique de la raison pratique*. La deuxième partie montrera que Kant corrige ce concept par l'intégration de la sensibilité dans des écrits comme *Le lieu commun*, *La religion* et l'*Anthropologie*.

LA SÉPARATION DE LA MORALITÉ ET DU BONHEUR

Dans *Les Fondements de la métaphysique des mœurs*, Kant distingue deux parties de l'éthique : la science empirique de l'homme, c'est-à-dire l'anthropologie pratique et la science pure qui construit les conditions de la moralité dans la raison pratique, c'est-à-dire la métaphysique des mœurs. La philosophie empirique s'appuie sur les principes de l'expérience et elle est séparée de la philosophie pure, qui s'appuie sur des principes *a priori*. Kant se demande si la nature de « la science n'exige pas qu'on sépare toujours soigneusement la partie

1. *Cf.* B. Himmelmann, « Die Frage nach dem Glück. Zu einem unterschätzten Aspekt der Ethik Kants », *in* Manfred Kugelstadt (Hrsg.), *Kant-Lektionen. Zur Philosophie Kants und zu Aspekten ihrer Wirkungsgeschichte*, Würzburg, Königshausen und Neumann, 2008, p. 109.

empirique de la partie rationnelle, qu'on fasse précéder d'une part la physique proprement dite (empirique) d'une métaphysique de la nature, d'autre part l'anthropologie pratique d'une métaphysique des mœurs » [1].

Alors, dans le schéma de la division des sciences des *Fondements de la métaphysique des mœurs*, l'anthropologie est séparée de la métaphysique des mœurs proprement dite. Kant vise une philosophie morale pure « qui serait complètement expurgée de tout ce qui ne peut être qu'empirique et qui appartient à l'anthropologie » [2]. Les concepts moraux ne dépendent pas de la nature de l'homme, car les « lois morales doivent valoir pour tout être raisonnable en général, il faudra les déduire du concept universel d'un être raisonnable en général » [3]. Tous les concepts moraux sont valables pour tous les êtres raisonnables dans le sens où ils ne peuvent pas être abstraits d'une connaissance empirique, mais ont leur origine *a priori* dans la raison pure [4].

Kant, dans ses réflexions critiques, se distingue des écoles philosophiques de l'Antiquité et du Moyen Âge. Pour Platon, Aristote, les Stoïciens, Épicure ou Thomas d'Aquin, le bonheur et la moralité ne se contredisent pas. La détermination selon les principes moraux mène au bonheur. Kant rompt avec cette tradition eudémonique de la morale en distinguant la moralité et le bonheur. Le bonheur ne doit plus être une détermination matérielle de la volonté morale. L'éthique n'est plus une doctrine du bonheur. Kant change de manière radicale le cours de l'histoire de l'éthique [5]. Il nous montre que le bonheur est séparé de la moralité. Pour lui, le bonheur est le but de l'impératif hypothétique et devient une question de sagesse ; la moralité, par contre, est expliquée par la formule de l'impératif catégorique.

Kant nous dit que le bonheur est une fin qui est réellement poursuivie « par tous les êtres raisonnables ». Le bonheur est un but que tous se proposent en vertu d'une nécessité naturelle [6]. Le bonheur est une fin que l'on peut « supposer avec certitude et *a priori* chez tous les hommes, parce qu'elle fait partie de leur essence » [7]. Mais malheureusement, le concept du bonheur est un concept indéterminé. Malgré le fait que tout homme désire être heureux, personne ne peut jamais dire en termes précis ce qu'il désire véritablement. « La raison est que tous les éléments qui font partie du concept du bonheur sont dans leur ensemble empiriques, c'est-à-dire doivent être empruntés à l'expérience, et que cependant,

1. FMM, AK IV, 388 ; OP II, 245.
2. *Ibid.*, AK IV, 389 ; OP II, 245.
3. *Ibid.*, AK IV, 412 ; OP II, 272.
4. *Ibid.*, AK IV, 411 ; OP II, 272. Bien que moralité et sensibilité soient séparées d'une manière stricte dans les écrits critiques, Kant nous dit que la morale, dans son application aux hommes a besoin de l'anthropologie (FMM, AK IV, 412 ; OP II, 273). La Philosophie morale et l'anthropologie vont ensemble malgré le fait que la philosophie morale exclut toute expérience. Les deux sciences ont un objet commun, l'homme.
5. Vgl. Norbert Hinske, « Ratschläge der Klugheit im Ganzen der Grundlegung », *in* Ottfried Höffe (Hrsg) *Grundlegung zur Metaphysik der Sitten. Ein kooperativer Kommentar*, Frankfurt a. M., Klostermann, 1989, p. 131-147.
6. FMM, AK IV, 416 ; OP II, 278.
7. *Ibid.*

pour l'idée du bonheur, un tout absolu, un maximum de bien-être dans mon état présent et dans toute ma condition future, est nécessaire » [1]. L'idée du bonheur est un tout absolu, un maximum de bien-être, que l'homme ne peut pas atteindre par des actions empiriques. L'impératif qui se rapporte au choix des moyens nous donne uniquement des *prescriptions de la prudence* [2]. Le bonheur n'est pas un objet matériel de la volonté, que l'on peut atteindre. On ne peut pas décider d'être heureux, c'est impossible.

Kant renforce la situation encore plus, car il nous dit que la fin de l'homme ne consiste pas dans le bonheur : la signification du bonheur est paradoxale, d'une part c'est un devoir d'être heureux, mais d'autre part, la raison n'est pas capable de réaliser cette intention, « or, si, dans un être doué de raison et de volonté, la nature avait eu pour but spécial sa conservation, son bien-être, en un mot son bonheur, elle aurait bien mal pris ses mesures en choisissant la raison de la créature pour réaliser son intention » [3]. Si la raison cherche à atteindre directement le bonheur, elle s'éloigne du vrai contentement et aboutit à une misologie. Une mauvaise interprétation de notre destination naturelle, la poursuite du bonheur, nous amène à une haine de soi de la raison. Le bonheur n'est pas un objet, que l'homme peut atteindre lui-même, il peut uniquement devenir digne du bonheur [4]. L'homme est le seul être qui possède un entendement pour se proposer lui-même des fins. Si l'homme fait du bonheur son seul but, cela le rend incapable « de poser un but final à sa propre existence et de s'accorder » [5]. Pour Kant, seule la culture peut être la fin dernière de l'homme. L'homme est le but final de la création en tant qu'être moral. Le bonheur n'est pas une fin directe, mais il est l'objet de l'espoir de l'être moral [6].

Dans la *Critique de la raison pratique*, Kant nous dit que le principe du bonheur est le contraire du principe de la moralité. Le conflit entre moralité et bonheur n'est pas seulement d'ordre logique, mais d'ordre pratique. L'inclination pour le bonheur et la nécessité morale se distinguent d'une manière fondamentale, car le bonheur est un motif subjectif et matériel. La nécessité morale, par contre, est d'ordre objectif et formel. Être heureux est un désir

1. FMM, AK IV 418 ; OP II, 281.

2. *Ibid.*, AK IV, 416 ; OP II, 278.

3. *Ibid.*, AK IV 395 ; OP II, 395.

4. Dans la *Critique de la faculté de juger*, Kant nous dit que même si le bonheur était la fin naturelle dernière de l'homme, il ne serait pas atteint par l'homme « car sa nature n'est pas telle qu'elle puisse s'accomplir et se satisfaire dans la possession et la jouissance » (CFJ, AK V, 430 ; OP II, 1233), « ...même avec la plus bienfaisante nature en dehors de nous, la fin de celle-ci, à supposer que cette fin soit le bonheur de notre espèce, ne pourrait pas être atteinte sur terre dans un système de la nature, parce que la nature en nous n'y est point prédisposée » (CFJ, AK V, 430 ; OP II, 1233). La nature nous montre que la fin de l'homme ne consiste pas dans le bonheur.

5. FMM, AK IV, 431 ; OP II, 1234. L'homme doit se proposer comme fin uniquement la condition formelle subjective, l'aptitude à se proposer soi-même en général des fins. La fin dernière de l'homme est la culture et non son propre bonheur. Kant nous dit que c'est l'homme qui par le jugement de la faculté de juger téléologique est considéré comme fin dernière de la nature (CFJ, AK V, 429 ; OP II, 1233). C'est la faculté de juger réfléchissante, qui nous dit que l'homme est fin dernière de la nature.

6. CFJ, AK V 436 ; OP II, 1239 f.

nécessaire de chaque être raisonnable, mais le principe du bonheur ne peut fournir des maximes qui pourraient servir de lois à la volonté morale, même si l'on a comme objet le bonheur universel. La poursuite du bonheur n'aboutit pas à des lois générales et universelles.

Dans l'antinomie de la *Critique de la raison pratique*, Kant nous montre que « le Bien suprême (comme première condition du souverain Bien) consiste en la moralité, tandis que le bonheur forme certes le second élément du souverain Bien, mais de façon à être seulement la conséquence moralement conditionnée et pourtant nécessaire, de la moralité. Ce n'est qu'au terme de cette subordination que le Souverain Bien est l'objet tout entier de la raison pure pratique, qui doit nécessairement se le représenter comme possible, puisqu'elle nous ordonne de travailler, autant que nous pouvons, à le réaliser » [1].

Kant exclut toute inclination comme motif de la moralité. Il nous montre que la relation entre la moralité et le bonheur est contingente dans ce monde. La réalisation du Souverain Bien, où le bonheur est subordonné à la moralité, n'est pas en notre pouvoir. La possibilité d'une telle liaison appartient entièrement au rapport suprasensible des choses [2]. De cette façon la raison pratique doit supposer l'immortalité de l'âme et l'existence de Dieu comme postulats. La raison peut uniquement espérer un monde intelligible, où le bonheur convient à la moralité, la connexion entre le bonheur et la moralité n'est pas dans la nature de ce monde. La relation entre bonheur et moralité est rendue possible par Dieu. Le postulat de la possibilité du Souverain Bien dérivé (du meilleur Monde) est en même temps le postulat de la réalité d'un Souverain Bien primitif, à savoir l'existence de Dieu [3].

L'UNION DE LA MORALITÉ ET DU BONHEUR DANS LES ÉCRITS ULTÉRIEURS

Bien que le bonheur ne soit pas la fin de l'homme moral, Kant écrit que la raison a un devoir de poursuivre le bonheur. Béatrix Himmelmann a déjà montré que Kant ne rejette pas absolument le bonheur. Kant reconnaît la signification de la sensibilité : « L'homme est un être de besoins en tant qu'il appartient au monde sensible et, sous ce rapport, la raison a assurément une charge qu'elle ne peut décliner à l'égard de la sensibilité, celle qui consiste à s'occuper de ses intérêts et à se faire des maximes pratiques aussi en vue du bonheur dans cette vie... » [4]. Le bonheur est une fin de la raison pratique. Nous devons chercher à réaliser le Souverain Bien (qui doit donc, malgré tout être possible). Kant fait un tournant en faisant de l'aspiration au bonheur un devoir. Malgré le fait que Kant avait exclu toute vision eudémonique de la morale, il nous dit que l'absence de perspective sur le bonheur annule le savoir moral. La recherche du bonheur n'est

1. CRPr, AK V 119 ; OP II 753.
2. *Ibid.*
3. *Ibid.*, AK V 125 ; OP II, 761.
4. *Ibid.*, AK V, 61 ; OP II, 682.

plus considérée uniquement comme une recherche naturelle de l'homme, mais elle est reliée à la moralité. Kant enrichit la moralité de l'existence du bonheur. L'être raisonnable fini ne peut pas, par sa nature, accomplir son devoir moral sans avoir la perspective d'une fin. Il ne veut pas seulement devenir digne du bonheur, mais il veut goûter au bonheur. La renonciation à une fin proportionnée à l'esprit moral peut affaiblir le respect que la loi morale lui inspire immédiatement [1].

Dans l'écrit *Sur le lieu commun* de 1793, Kant se tourne contre la critique de Garve qui lui avait reproché le fait que sa morale exigeait de l'homme de renoncer au bonheur. Kant réplique que l'homme ne peut pas renoncer à sa fin naturelle, le bonheur, « mais il était nécessaire qu'il fît tout à fait abstraction de cette considération lorsque intervenait le commandement du devoir, qu'il était nécessaire de n'en faire à aucun égard la condition de l'observation de la loi qui lui était prescrite par la raison, et même, autant qu'il lui était possible de veiller à ce qu'aucun mobile dérivé du bonheur ne se mêlât subrepticement à la détermination du devoir » [2]. Kant nie que la loi morale soit la fin unique ultime de l'homme. « D'après ma théorie, ce n'est ni la moralité de l'homme en tant que telle, ni le bonheur pris isolément, qui constituent l'unique fin du créateur, mais le plus grand bien possible dans le monde, lequel consiste dans l'union et l'accord des deux » [3]. Kant infléchit sa position sur le bien suprême qui n'est plus une idée séparée de l'expérience comme l'objet de l'espoir, mais qui existe dans le monde. Bien que le concept du devoir n'ait besoin, en tant que fondement d'aucune fin, il apporte une nouvelle fin à la volonté de l'homme, qui est de concourir de tout son pouvoir au plus grand bien possible dans le monde (le bonheur, lié dans l'univers à la moralité, universel et conforme à elle). L'homme peut contribuer au Souverain Bien possible dans le monde.

Kant élargit cette révision du bonheur dans *La religion dans les limites de la raison*. Bien que la morale n'ait pas besoin de la représentation d'une fin qui précède la détermination de la volonté, « il se peut toutefois qu'elle possède une nécessaire relation à une fin semblable » [4]. De la conscience morale émerge une fin, la raison ne peut pas demeurer indifférente aux résultats de ses actions. De la loi morale suit l'idée d'un objet, qui est la condition formelle de toutes les fins que nous devons avoir, l'idée d'un Bien Suprême dans le monde. Kant nous dit : « Que maintenant chacun doive se proposer comme fin ultime le plus grand bien possible en ce monde, c'est là un principe pratique synthétique *a priori*, et même un principe pratique objectif, imposé par la raison pure, parce qu'il s'agit d'un principe qui dépasse le concept des devoirs dans le monde » [5]. Le bien suprême est la fin de l'homme en ce monde. La raison pratique implique que nous ayons un besoin du Bien Suprême. Pour Kant, l'homme cherche dans cette fin quelque

1. CFJ, AK V, 452 ; OP II, 1259.
2. TP, AK VIII, 279 ; OP II 256.
3. *Ibid.*
4. Rel., AK VI, 4 ; OP III, 16.
5. Rel., AK VI, 7 ; OP III, 19.

chose « qu'il puisse aimer » [1]. Tandis que Kant, dans les *Fondements de la métaphysique des mœurs* avait exclu toutes les inclinations de la morale, dans la *Religion* il propose une vision nouvelle : la loi morale s'élargit pour sa satisfaction. La proposition « Fais du bien suprême possible en ce monde ta fin ultime est une proposition synthétique *a priori* » [2]. La loi morale introduit la fin suprême comme fin de l'homme, elle est mise en relation avec la disposition naturelle de l'homme. La loi morale n'est plus une loi abstraite comme dans les *Fondements de la métaphysique des mœurs*, mais est un besoin de la raison pratique, qui inclut le bonheur comme une fin. Cette vision nouvelle du Bien Suprême comme fin de la raison pratique est élargie dans l'*Anthropologie*. Car Kant ne considère plus les inclinations de la nature comme empiriques ; au contraire, les inclinations de l'homme deviennent la manifestation d'une téléologie apriorique. « Les incitations les plus fortes de la nature, représentante de la raison (celle de l'Être qui régit l'univers) qui, invisible, veille dans son intention supérieure sur le genre humain, et dans son intention générale sur le meilleur bien physique de l'univers sans que la raison de l'homme y joigne sa contribution, sont *l'amour de la vie et l'amour sexuel*... » [3]. Kant idéalise *l'amour de la vie* et *l'amour sexuel* comme apparitions de la raison d'un Être qui agit d'une façon téléologique et qui précède la raison individuelle de l'homme. La vie de l'homme témoigne d'une signification intelligible. Dans l'*Anthropologie* apparaît un savoir d'un genre très différent du savoir de la philosophie critique. Ce n'est plus la loi morale qui nous mène à la supposition de l'existence de Dieu, mais Dieu se manifeste dans l'expérience. Kant reconnaît dans l'*Anthropologie* l'expérience réelle comme apparition d'une téléologie inconditionnée de l'insensible. Dans l'observation se montre une unité de la réalité et de la pensée de la fin dernière. Dieu est présent dans la sensibilité, il n'est plus une idée de la pensée individuelle, mais il se manifeste réellement dans l'expérience.

Kant traite dans l'*Anthropologie* du paradoxe du suprême bien moral et physique. Il nous dit que les deux sortes de bien physique et moral ne peuvent pas être mêlées, car elles se neutraliseraient et ne pourraient pas contribuer au véritable bonheur. Néanmoins « *l'inclination à l'agrément* de la vie et *l'inclination à la vertu*, dans leur affrontement et la limitation qu'impose au principe de la première inclination celui de la seconde, constituent toute la finalité de l'homme de bon aloi, être sensible pour une part, mais aussi moral et intellectuel pour l'autre » [4]. Dans la pratique la confusion entre bien moral et physique ne peut pas être empêchée. Le monde intelligible et le monde sensible se rejoignent. Dans cette vie, un affrontement entre bonheur et moralité a lieu : le bonheur est limité par la moralité. L'inclination pour le bien vivre et la vertu sont unies dans le commerce avec le prochain. L'être de bon aloi doit se procurer « la jouissance

1. Rel., AK VI, 7 ; OP III, 20.
2. Rel., AK VI, 9 ; OP III, 20.
3. *Anthropologie*, AK VII, 276 ; OP III, 1092.
4. *Anthropologie*, AK VII, 277 ; OP III, 1093.

d'un bonheur policé » [1]. Cette jouissance n'est possible que par une union proportionnée du bien physique et moral. La vertu n'est pas une détermination ascétique ; elle s'unit au bien vivre en société et de la vertu. Dans l'*Anthropologie*, Kant favorise les « lois de l'humanité raffinée » [2] et il n'accepte plus les lois « de la pure moralité » [3]. Ce n'est plus l'impératif catégorique qui vérifie la possibilité de généralisation des maximes individuelles. Mais, c'est indépendamment de l'impératif catégorique que la maxime individuelle exprime la vertu. L'expérience se manifeste dans une légalité qui n'est plus la légalité *a priori* universelle et nécessaire de l'entendement déterminant. L'observation découvre l´unité de la réalité et de la pensée au sein d'une fin dernière. La vertu doit s'habiller d´une manière avantageuse. Kant fait appel à une vertu humaine qui favorise la sociabilité : « Le *purisme* du *cynique* et la *macération* de l'*anachorète*, coupés du bien-vivre social, sont des caricatures de la vertu qui n'engagent pas à sa pratique ; abandonnées des Grâces, ils ne peuvent, bien au contraire, prétendre à l'humanité » [4]. Kant vise une telle union par un « bon repas en une bonne compagnie » [5]. Le bon repas en bonne compagnie est un bon moyen d'unir le sensible et l'intelligible. En compagnie des autres, on confronte son jugement à la raison d'autrui. Le dîner est l'apparition sensible de l'idée de la raison humaine en général [6].

CONCLUSION

Nous avons vu que Kant dans sa doctrine critique exclut l'expérience et l'anthropologie de la philosophie morale. La moralité est établie par la raison d'une manière *a priori* et non pas par l´expérience. Kant développe l'idée du Souverain Bien, l'union de la moralité et du bonheur, comme objet de l'espoir, si l'homme prend une raison suprême comme base. Seulement par la supposition de l'existence de Dieu et de l'immortalité de l'âme, les lois morales obtiennent une réalité objective. La relation entre la moralité et un bonheur proportionné, la véritable fin de l'homme, ne peut être pensée comme possible que par les postulats de la raison pratique. Kant nie donc une relation directe entre bonheur et moralité, un bonheur moral est une « monstruosité qui se contredit elle-même » [7]. Dans ses écrits ultérieurs, Kant surmonte cette séparation stricte de la doctrine critique entre la moralité et le bonheur : il prend en compte les inclinations dans la doctrine du suprême bien moral et physique. Dans l'*Anthropologie*, Kant n'accorde plus une priorité aux lois abstraites de l'impératif

1. *Anthropologie*, AK VII, 277 ; OP III, 1093.
2. *Anthropologie*, AK VII, 282 ; OP III, 1097.
3. *Ibid.*
4. *Ibid.*
5. *Ibid.*, AK VII, 278 ; OP III, 1094.
6. *Cf.* N. Hinske, « Kants "höchstes moralisch-physisches Gut". Essen und allgemeine Menschenvernunft », in *Aufklärung* 5, 1990, p. 49-58.
7. MM, AK VI, 377 ; OP III, 654.

catégorique, mais favorise les lois de l'humanité raffinée. Kant nous montre une vision nouvelle de l'homme par un savoir supra individuel. Kant cherche une union de la moralité et du bonheur grâce à l'idée du suprême bien moral et physique. Sa réflexion anthropologique témoigne d'une réflexion philosophique basée sur l'expérience, que Kant maintient parallèlement à sa doctrine critique. Dans la réflexion anthropologique, Kant nous montre que le corps et la communauté avec les autres ont une signification apriorique. La pensée de l'homme est déterminée par un *a priori* métaphysique.

Le bonheur n'est plus une idée, de laquelle nous devons nous rendre dignes par la morale et que nous recevrons sans savoir pourquoi. Le bonheur a déjà lieu dans cette vie. Le suprême bien moral et physique ne dépend plus du rapport suprasensible des choses, mais dépend de l'homme lui-même. Kant ne cherche plus une solution transcendante pour l'union de la moralité et du bonheur, mais une solution que l'homme peut accomplir lui-même dans l'expérience.

C'est uniquement grâce aux écrits ultérieurs comme la *Religion* et l'*Anthropologie* associés à la doctrine critique que l'homme peut être compris dans sa totalité. À côté de la doctrine de la *Critique de la raison pure*, Kant accepte un savoir de l'observation, qui démontre une unité de la sensibilité et de l'entendement, de l'être intelligible et de l'être phénoménal.

Helke PANKNIN-SCHAPPERT
Johannes Gutenberg-Universität Mainz

LES FORMES DE L'EGOÏSME ET LE SENS COMMUN CHEZ KANT

« Du jour où l'homme commence à s'exprimer par le moyen du *Je*, il fait montre, partout où il le peut, de son moi bien-aimé ; et l'égoïsme entame sa marche irrésistiblement » [1]. Ces lignes, tirées du deuxième paragraphe de l'*Anthropologie d'un point de vue pragmatique* (1798), sont caractéristiques de cette œuvre dans laquelle Kant exprime empiriquement sa conception de l'Homme. L'égoïsme, apprend-on, est ancré dans notre nature et apparaît sous trois formes différentes. Puisqu'il peut être à la fois logique, esthétique et moral, il vient joindre tout ce qui nous rend humains : notre entendement, notre goût renvoyant essentiellement à notre culture et notre intérêt pratique. L'égoïsme peut donc être particulièrement fatal dans le sens où il met en danger le bien-vivre commun. Or, l'image de l'Homme n'est pas destinée à être exclusivement négative. Kant nous le démontre en impliquant et ses défauts, dont son égoïsme dévastateur, et ses qualités qui peuvent le tirer vers le bien. Il en résulte un conflit dans l'agissement de l'Homme, tiraillé par ses penchants contraires, à la fois vers le mal et vers le bien. Cependant, il convient de constater que cette situation dans laquelle l'Homme se trouve n'est pas sans issue, notamment parce qu'on apprend par l'*Anthropologie* qu'il s'agit en fin de compte surtout de « ce que l'homme peut et doit faire de lui-même » [2].

Toutefois, il convient de se demander d'où l'Homme tire ses moyens pour s'opposer à son penchant égoïste au lieu de s'y soumettre. La réponse, argumente-t-on ainsi, consiste dans le sens commun. Celui-ci se présente comme opposé à toutes les sortes d'égoïsme et fournit en même temps à l'Homme les moyens pour forcer sa nature. On peut effectivement faire l'hypothèse que le sens commun joue un rôle régulateur pour l'Homme dans la mesure où il l'aide à agir dignement pour son humanité. Pour notre démonstration qui va appuyer cette hypothèse, on cernera tout d'abord brièvement le sens commun d'une manière générale afin de l'envisager dans ses différentes formes qui s'opposent respectivement aux formes d'égoïsme. L'analyse du rapport entre l'égoïsme et le sens commun nous amènera enfin à montrer en quoi consiste la

1. *Anthropologie*, AK VII, 129 ; OP III, 946.
2. *Anthropologie*, AK VII, 119 ; OP III, 940 (traduction modifiée).

fatalité de l'égoïsme inhérent à la nature humaine et avec quels moyens l'Homme peut se rendre capable de s'éloigner de celui-ci afin de se donner lui-même ses propres fins.

Lorsqu'on essaie de saisir le *sensus communis* dans l'œuvre kantienne, on est confronté à de nombreuses occurrences fournissant toute une gamme de traductions au service de significations différentes qui se révèlent en liaison autant avec l'une qu'avec l'autre. La signification la plus populaire du sens commun dans l'œuvre de Kant est vraisemblablement le *sain entendement commun* (*gesunder Menschenverstand*) [1] désignant une faculté qui se développe avec les expériences vécues et qui apprend au fur et à mesure à distinguer le vrai du faux ou bien à juger convenablement [2]. D'autres occurrences du sens commun sont par exemple « *gemeine Vernunft* » [3], « *gemeine Erkenntnis* » [4] ou bien « *gemeiner Menschensinn* » [5]. Finalement, on y trouve également le sens commun en tant que « *gemeinschaftlicher Sinn* » [6], c'est-à-dire un sens qui crée (*schafft*) du commun ou un sens qui appartient à une certaine communauté. Il s'agit évidemment d'un contenu complexe et difficile à sonder dans son usage. De plus, il surgit dans différents domaines, à savoir dans l'épistémologie, dans l'esthétique et dans l'éthique. Cependant, en mettant cela en rapport avec le deuxième paragraphe de l'*Anthropologie*, on peut découvrir une certaine systématique et trouver un concept prometteur du sens commun. Le sens commun est prometteur car il indique la possibilité d'une perspective intersubjective, nécessaire pour pouvoir partager nos pensées et connaissances, nos goûts, et pour bien vivre ensemble.

Commençons par les contraires que sont l'égoïsme logique et le sens commun logique (*sensus communis logicus*). Kant dit de l'*égoïste logique* qu'il « tient pour inutile de mettre son jugement à l'épreuve de l'entendement d'autrui, tout comme s'il n'avait nul besoin de cette pierre de touche (*criterium veritatis externum*) » [7]. Pourtant, il est « indispensable pour nous [de s']assurer de la vérité de notre jugement » [8] parce que, s'il est fondé sur notre sens privé (*Privatsinn*) seul, il peut se révéler comme étant faux. En effet, le problème véritable de l'état de nature de l'homme, c'est que chacun agirait selon son idée (*Gutdünken*) sans que cette idée soit assurément juste. Dans cette mesure, nos jugements dépendent des jugements des autres. Déjà dans la *Critique de la raison pure*, il est question de cette pierre de touche (*Probirstein*) de la vérité

1. LOG, AK IX 57 ainsi que CFJ, AK V 295, OP II, 1074.

2. Originairement, c'est tout un courant philosophique au XVIIIe siècle qui se crée autour du sens commun, à savoir la soi-disant école écossaise qui voyait dans le *common sense* un principe moralisateur promouvant la vertu sociale. Kant s'est prononcé contre ce mouvement en lui reprochant une manœuvre d'esquive opportuniste des vraies tâches de la raison, *cf.* FMM, AK IV, 259s.

3. LOG, AK IX, 17 ; Réfl., AK XV, 676 et AK XVI, 14.

4. V-Log *(Dohna)*, AK XXIV 717.

5. *Anthropologie*, AK VII, 145 ; OP III, p. 963 et CFJ, AK V, 356 ; OP II, 1147.

6. *Réfl.*, AK XV, 724.

7. *Anthropologie*, AK VII, 128; OP III, 946.

8. *Ibid.*

qui nous permet de vérifier nos jugements grâce à la communauté de vues, par la comparaison de nos jugements avec ceux des autres (*consentientia uni tertio consentiunt inter se*). Dans « La doctrine de la méthode », Kant y discute le *sensus communis logicus*, qui sert de principe nous permettant de communiquer nos jugements en rendant possible la vérification [1]. Il s'agit ici de deux éléments importants : de la réceptivité et de la communicabilité sans lesquelles on devrait constater un solipsisme méthodologique dans la philosophie épistémologique de Kant, ce qui n'est définitivement pas le cas [2].

Concernant la production des jugements mêmes, on peut affirmer que si un jugement repose seulement sur la sensibilité en tant que penchant sensible, ce dernier peut se révéler faux. Effectivement, la sensibilité est une des facultés de connaître, inférieure à d'autres, notamment à l'entendement. La sensibilité fonctionne en tant qu'intuition (*Anschauung*) en se laissant affecter par les objets qui demeurent propres à elle, tandis que l'entendement unifie les diverses représentations venant de l'imagination dans des concepts en tant que capacité de la pensée de produire des connaissances. L'entendement, capable de procurer une réalité, est aussi appelé « sain sens commun » par Kant [3]. La différence avec la sensibilité, c'est qu'il manque le « commun » à ses « sens », tandis que l'entendement peut partager les connaissances produites afin de vérifier leur justesse à l'aide des concepts qu'il procure. Ici, le sens commun doit intervenir comme moment intersubjectif du critère extérieur de vérité (*criterium veritatis externum*). Il fonctionne dès lors comme faculté commune de juger (*gemeinschaftlicher Sinn*) qui tient compte dans sa réflexion des représentations de tous les autres en projetant le jugement sur l'ensemble de la raison humaine afin d'éviter l'illusion causée par des conditions privées et subjectives qui conduisent à la considération, par méprise, du jugement comme étant objectif [4]. Un jugement sans vérification extérieure fondée sur une communauté de penseurs et sur leur consensus est, sinon faux, du moins attaquable. Il s'avère donc nécessaire de recourir à un mode de pensée élargie nommé la *erweiterte Denkungsart* qui permet de se détacher des conditions privées de son jugement en se mettant à la place des autres pour assurer la valeur universelle d'un jugement. Il s'agit des maximes de la pensée dans la CFJ [5], à savoir de penser premièrement par soi-même, deuxièmement à la place de tout autre, ce qui permet de passer au troisième moment, à la pensée élargie, c'est-à-dire de

1. *Cf.* CRP, B 848s. ; OP I, 1376 ainsi que dans la CFJ, AK V, 295u. ; OP II, 1075.

2. Ainsi défend Detlef Horster (dans son article « Der Kantische *methodische Solipsismus* und die Theorien von Apel und Habermas », in *Kant-Studien*, 1982) la philosophie kantienne contre les reproches d'Apel qui y voit un « solipsisme méthodologique » qui mènera au pire des cas à une « singularité précommunicative » (*vorkommunikative Vereinzelung*) ; voir *Studienbegleitbriefe zum Funkkolleg Praktische Philosophie/Ethik*, édité par le Deutsches Institut für Fernstudien, Université de Tübingen, Beltz, Weinheim et Basel 1980/81, numéro 5, p. 91 et 123, Heft Nr. 11, p. 44 et 56.

3. *Anthropologie*, AK VII, 169 ; OP III, 987.

4. *Cf.* CFJ, AK V, 294 ; OP II, 1073s.

5. En parallèle avec l'*Anthropologie* (AK VII, 200 et 228s.), où les maximes apparaissent en faveur de ne pas se laisser tromper par des superstitions, ainsi qu'avec la « Logique de Jäsche » où il est question des « règles et conditions pour l'évitement des errements », AK IX, 57.

critiquer, à partir de cela, notre propre jugement afin de penser en accord avec soi-même. Car la deuxième de ces maximes nous permet de penser, dans la communication avec les hommes, à la place de l'autre ; elle est aussi dénommée maxime de l'intersubjectivité [1]. Et pour pouvoir penser à la place des autres, la possibilité de communiquer s'avère nécessaire.

De même, on trouve cette nécessité dans la pensée des Lumières en général. Dans le bref ouvrage *Qu'est-ce que s'orienter dans la pensée ?*, Kant écrit :

> Quels seraient toutefois le champ et la rectitude de notre pensée si nous ne pensions pas pour ainsi dire en communauté avec d'autres, dans une communication réciproque de nos pensées ! On peut donc dire que cette autorité extérieure qui arrache aux hommes la liberté de faire part publiquement, chacun, de ses pensées, leur arrache en même temps la liberté de penser [2].

On ne saurait penser sans la liberté d'expression publique, qui elle seule rend possible la confrontation des divers raisonnements [3] ; un tel égoïsme menacerait alors *la liberté de pensée elle-même*. On risquerait donc de ne penser qu'en opposition à tous les autres et, en développant une pensée solitaire, on arriverait à perdre aussi le « sens », ce qui pourrait mener à l'absurdité, voire à l'aliénation mentale de l'esprit singulier : « [l]a seule marque générale de l'aliénation est la perte du *sens commun* (*sensus communis*) et la venue, à l'opposé, de la *singularité logique* (*sensus privatus*) » [4]. L'absence du sens commun provoquée par la manifestation d'égoïsme que Kant appelle *goût du paradoxe*, c'est-à-dire le fait de s'incliner devant des *chimères* en risquant « devant le public une affirmation qui contredit l'opinion générale » [5], a alors pour conséquence une folie égocentrée, une aliénation.

L'égoïsme esthétique et le *sensus communis aestheticus* représentent la deuxième paire de contraires :

> L'*égoïste esthétique* est celui qui se satisfait de son propre *goût*, en dépit de toute l'outrance possible des réprobations, des critiques ou même des railleries d'autrui à l'endroit de ses vers, de ses peintures, de sa musique et autres productions. Il se dépouille lui-même de la possibilité de progresser vers le meilleur, en s'isolant avec son jugement, en s'applaudissant et en ne cherchant qu'en lui seul le critère du beau dans l'art [6].

On pourrait se demander ici en quoi consiste la fatalité, si je n'écoute pas les autres goûts, pour estimer que quelque chose est beau. Pour Kant, la beauté joue un rôle central dans la culture de l'Homme et a également un côté moral en soi [7].

1. Voir Oliver R. Scholz, « Kants Aufklärungsprogramm : Rekonstruktion und Verteidigung », *in* H. F. Klemme, *Kant und die Zukunft der europäischen Aufklärung*, Berlin, De Gruyter, 2009, p. 35.
2. QOP, AK VIII, 144 ; OP II, 542.
3. *Anthropologie*, AK VII, 128 ; OP III, 946.
4. *Anthropologie*, AK VII, 219 ; OP III, 1036.
5. *Anthropologie*, AK VII, 129 ; OP III, 946.
6. *Anthropologie*, AK VII, 129s. ; OP III, 948.
7. CFJ § 59, « le beau est le symbole du bien », AK V, 353 ; OP II, 1144.

Dans sa *Critique de la faculté de juger*, Kant explique que le jugement de goût ne se fonde sur aucun concept et n'énonce pas de connaissance, étant exclusivement esthétique. Un critère principal pour la beauté d'une chose est qu'elle ne doit pas évoquer un intérêt en nous. Ce propos est déjà difficile à suivre pour un égoïste. La *faculté de juger esthétique* a recours au *sinnliches Gefühl*, le sens commun à partir de l'entendement. Le *sinnliches Gefühl* étant commun, il appartient donc à chacun dans la communauté. À l'égoïsme esthétique vient donc s'opposer le *sensus communis aestheticus* qui est universel [1]. Ce qui rend le goût commun, c'est surtout le fait qu'il peut être enseigné. On peut supposer (*ansinnen*) que les autres personnes ressentent de la même manière que soi-même, du fait qu'on appartient tous à la même communauté [2]. Il s'agit, nous dit Kant, de « comparer » notre jugement aux jugements possibles des autres hommes en se mettant mentalement à la place de tout autre esprit. Ceci renvoie à la pensée élargie mentionnée plus haut. Il s'agit donc de l'accord subjectif avec son entendement et en même temps avec ceux des autres.

> Or, le mot de *goût* s'emploie aussi pour une faculté sensible de jugement appliqué à choisir non seulement pour moi-même, selon l'impression des sens, mais aussi selon une certaine règle présentée comme valable pour tout un chacun [3].

Là, il est également demandé de se dégager des jugements privés objectifs pour se mettre en accord avec la communauté :

> Or, sous l'expression de *sensus communis*, il faut entendre l'Idée d'un *sens* commun à tous [*die Idee eines gemeinschaftlichen Sinnes*], c'est-à-dire d'une faculté de juger qui, dans la réflexion tient compte, lorsqu'elle pense (*a priori*), du mode de représentation de tous les autres êtres humains afin d'étayer son jugement *pour ainsi dire* de la raison humaine dans son entier, et ainsi échapper à l'illusion qui, produite par les conditions subjectives de l'ordre du particulier, exercerait sur le jugement une influence néfaste [4].

De façon analogue aux jugements logiques qui demandent le sens commun pour la vérification de leur exactitude, les jugements esthétiques nécessitent un sens commun parce qu'il ne s'agit pas d'un *libre jeu des facultés ou libre accord*, mais de l'effet d'une relation harmonique entre des sujets [5].

Finalement, on peut constater que le goût nous rend sociaux, parce que « Le goût est sociable. Les insociables n'ont pas de goût » [6]. Le goût est quelque chose qui naît d'une société et il nous amène à nous comporter de façon sociale. Lorsqu'on se rend beau ou que l'on décore la maison, on communique avec les autres [7]. De cette manière, on ne devient pas indifférent aux jugements de goût des autres en se contentant de son propre goût comme seul critère, mais on

1. Voir CFJ, AK V, 295u ; OP II, 1075.
2. *Cf.* CFJ, § 29, AK V, 265s. ; OP II, 1035s.
3. *Anthropologie*, AK VII, 239 ; OP III, 1056.
4. CFJ, § 40, AK V, 293s. ; OP II, 1072.
5. Voir CFJ, § 20, AK V, 238s. ; OP II, 1001s. et *Anthropologie* AK VII, 244 ; OP III, 1060s.
6. Réfl, AK XV, 352 (traduction de l'auteur).
7. Cf. *Anthropologie*, AK VII, 240 ; OP III, 1057.

éprouve le besoin de bien paraître, afin d'être valorisé par les autres [1]. En ayant un vrai intérêt pour le bon jugement du beau, on est à l'écoute des autres. Le goût représente ainsi un élément intersubjectif important et « un moyen et un effet de l'union des hommes » [2]. Le principe sur lequel repose la communicabilité de la satisfaction (*complacentia*) est un principe sociétal qui en fait un devoir [3]. À cet égard s'ajoute au goût *une tendance pour la promotion extérieure de la moralité* [4]. On ne peut pas prétendre qu'un homme civilisé est automatiquement moralement bon, mais lorsqu'il veut plaire à tout le monde, il a l'ambition de développer une qualité morale [5]. Dans le domaine esthétique, le sens commun sert alors comme instance réceptive du sentiment partagé. Ici, tous les sujets doués de sens esthétique interagissent et promeuvent l'humanité à partir de leurs sentiments sociaux [6]. C'est ainsi que le sens commun esthétique s'oppose à l'égoïsme esthétique.

Il nous reste l'examen des derniers contraires, soit l'égoïsme moral et le sens commun ou *moralisches Gefühl.*

> *L'égoïste moral*, enfin, est celui qui réduit toutes les fins à sa propre personne, qui ne voit utilité qu'à ce qui lui est utile, ou bien même, en eudémoniste, ne place que l'utilité et dans son bonheur personnel, et non dans la représentation du devoir, le déterminant suprême de sa volonté. Car tout homme se faisant des concepts différents de ce qu'il range dans le bonheur, c'est justement le fait de l'égoïsme de pousser les choses à n'avoir pas le moindre critère du véritable concept du devoir en tant qu'il doit être de manière absolue un principe de valeur universelle. Tous les eudémonistes sont donc des égoïstes pratiques [7].

L'homme a un penchant à rechercher son propre bonheur. Il oublie de ce fait même tout le reste du monde. En conséquence, la seule règle d'après laquelle il agit est la satisfaction individuelle. C'est à ce penchant que le sens commun en tant que sentiment moral (*moralisches Gefühl*) s'oppose lorsqu'il fait sentir à l'homme qu'il ne doit pas faire attention qu'à lui-même, mais qu'il a des devoirs envers l'humanité. Au contraire, l'homme vit dans un monde qui n'est qu'« un tout composé d'autres êtres (appelé monde) formant avec moi une communauté » [8].

Dans l'*Anthropologie*, Kant nous présente des possibilités pour s'orienter activement dans notre agir dans une dynamique sociale complexe pour en sortir

1. *Cf.* D. Lories, « De l'insociable sociabilité au *sensus communis* », in *L'année 1784 : droit et philosophie de l'histoire*, Paris, Vrin, 2017, p. 326s.
2.« Der Geschmak macht, daß der Genuß sich communicirt ; er ist also ein Mittel und eine Wirkung von Vereinigung der Menschen. » (Réfl. 767, AK XV, 334, 19s.)
3. *Anthropologie*, AK VII, 244 ; OP III, 1060.
4. *Ibid.*
5. *Cf.* Z. Zhouhuang, *Der sensus communis bei Kant. Zwischen Erkenntnis, Moralität und Schönheit*, Berlin/New York, De Gruyter, 2016, p. 100.
6. Cf. *Idée*, AK VIII, 21 ; OP II, 192.
7. *Anthropologie*, AK VII, 130 ; OP III, 948.
8. *Ibid.* (traduction modifiée).

comme producteur et non seulement comme produit de notre développement [1], pour nous rendre dignes de l'humanité. C'est là le côté pragmatique de l'*Anthropologie* : il s'agit de nous rendre capables d'agir. Kant y décrit notamment ses propres expériences et se montre ainsi conseiller du mieux vivre (et non seulement philosophe théorique) en parlant par exemple du *suprême bien physique* à la fin de la « Didactique anthropologique ». Une de ses meilleures réalisations est « un bon repas en bonne compagnie » où il revient à l'hôte de prendre soin non seulement de la table, mais aussi du bon cours de la conversation [2]. Effectivement, l'anthropologie kantienne est une anthropologie moralisée dans le sens où elle montre comment l'homme peut bien vivre dans la communauté [3]. La moralité dans l'*Anthropologie* repose sur le fait que celle-ci donne les moyens à l'Homme d'agir en tant qu'être raisonnable, sans oublier ses défauts.

> Il retrouve dans l'Anthropologie la possibilité de nous réconcilier avec nous-mêmes, et il nous dit que l'homme, pour vivre sa vie d'une façon véritablement humaine, ne doit pas se contenter de se soumettre aux commandements d'une loi abstraite, mais qu'il doit entrer dans la communauté vécue avec les autres et y vivre sa vie de la sorte que, dans et par cette vie, il reconnaisse aussi le plaisir et la jouissance sensible comme des moyens par lesquels s'exécute la destination morale de notre existence [4].

Le sens commun qui nous permet de faire usage du mode de pensée élargie y joue un rôle central. On comprend que ce sont les autres qui profitent ou souffrent de nos actions et de nos maximes. Il convient donc de se donner des maximes dignes de son caractère. Ceci est la prémisse pour notre comportement moral. Par la pratique, ces maximes qui nous tiennent à distance de nos vices entreront comme habitudes dans notre mentalité (*Gesinnung*) et amèneront dans la totalité des action le progrès de l'humanité. Tous les sujets pratiques forment un ensemble à partir de l'interaction entre les acteurs. Nous devons remettre à sa place l'égoïsme. Même si nous ne pouvons pas aller plus loin que la moralité et que notre nature nous semble y faire obstacle, nous avons toutefois des dispositions pour promouvoir des actions et des pensées morales [5]. Pour cela, il faut assumer notre responsabilité envers la communauté et son avenir.

Il convient cependant de regarder le sens commun comme opposé à l'égoïsme, parce qu'il nous laisse considérer le pluralisme que Kant présente

1. *Cf.* R. Brandt, *Kritischer Kommentar zu Kants Anthropologie in pragmatischer Hinsicht (1798)*, Hamburg, Meiner, 1999, p. 9.

2. *Anthropologie*, AK VII, 278 ; OP III, 1093 ; *cf.* Marty, François, « Le sens commun et la question des affects dans l'Anthropologie », in *L'année 1798. Kant sur l'anthropologie*, sous la direction de Jean Ferrari, Paris, Vrin, 1997, p. 109.

3. *Cf.* V-Anthrop/Mrongovius, AK XXV, 1211.

4. J. Kopper, « Entendement commun, idéalisme critique et anthropologie », in *L'année 1798. Kant sur l'anthropologie*, sous la direction de Jean Ferrari, Paris, Vrin, 1997, p. 79s.

5. *Cf.* J. Kopper, *Einleitung zur Anthropologie in pragmatischer Hinsicht*, Hrsg. Karl Vorländer, Hamburg, Meiner, 1980, p. 25.

comme adversaire des dispositions naturelles de l'homme, qui le laissent s'incliner devant son égoïsme, c'est-à-dire penser qu'on se suffit à soi-même.

> À l'égoïsme on ne peut opposer que le *pluralisme*, c'est-à-dire la manière de penser déterminant à se concevoir et à se conduire non comme le dépositaire du monde entier en son moi, mais comme un simple citoyen du monde [1].

Il s'agit alors de la pensée élargie, à savoir ne pas se prendre pour le centre du monde, mais se considérer membre d'une communauté dans le monde, c'est-à-dire *Weltbürger* [2]. Toute morale eudémoniste touche à l'égoïsme parce que c'est là que se trouve la volonté d'atteindre le bonheur, qui nous laisse agir et va de pair avec le penchant vers le mal parce qu'on ne pense qu'à son cher moi. Pourtant, il existe des devoirs envers soi-même : il s'agit d'agir en faveur de la conservation et de la promotion de l'humanité. C'est le cheminement de l'égoïsme vers le pluralisme qui nous sera rappelé par notre sens commun (*gesellschaftlicher Sinn*) de la communauté dans laquelle nous nous trouvons dans notre conscience de soi socialement convenable. Qu'est-ce qui nous permet de nous sentir *Weltbürger* ? En fin de compte, c'est la capacité de communiquer, à vrai dire le langage, qui nous permet finalement de penser de manière inter-subjective et d'être reliés ainsi par le partage d'un sens commun. Le sens commun y joue un rôle primordial parce que pour la communication, on a besoin de la réceptivité, car il s'agit de comprendre et d'être compris. Foucault aussi a vu l'importance du langage pour l'être humain dans son interprétation critique de l'*Anthropologie* :

> En fait, l'homme de l'Anthropologie est bien *Weltbürger*, mais non pas dans la mesure où il fait partie de tel groupe social ou de telle institution. Mais purement et simplement parce qu'il parle. C'est dans l'échange du langage que, tout à la fois, il atteint et accomplit lui-même l'universel concret. Sa résidence dans le monde est originairement séjour dans le langage [3].

Ayant clarifié le rapport entre l'égoïsme et le sens commun dans les domaines concernant le savoir, la beauté et la morale, il en ressort une certaine systématique. L'égoïsme, dans les formes qui nous sont innées, nous empêche de nous épanouir dans la société, tandis que le sens commun nous amène à faire exactement cela en nous permettant de partager nos connaissances, nos pensées, nos goûts et finalement de bien vivre ensemble. Le sens commun nous donne les moyens de communiquer, produire de bons jugements, nous cultiver ensemble et nous donne une base pour la morale en nous permettant de nous éloigner de l'égoïsme dévastateur qui nous rendait insociables. Il en résulte que le sens commun occupe et exerce une fonction régulatrice. On a besoin de la disposition au sens commun pour comprendre nos devoirs et cela nous amène à bien agir socialement. L'homme doit chercher le bien-vivre ensemble pour

1. *Anthropologie*, AK VII, 130 ; OP III, 948.
2. *Cf.* Marty, *op. cit*, p. 108.
3. M. Foucault, *Introduction à l'Anthropologie*, édité par D. Defert, F. Ewald, et F. Gros, Paris, Vrin, 2008, p. 64.

s'améliorer constamment. C'est seulement par cela qu'on peut s'approcher toujours un peu plus de la perfection, même si on ne peut « jamais l'atteindre pleinement » [1], car on a une vie relativement courte et que le sens commun doit toujours se développer chez chacun à nouveau par sa propre expérience.

Lisa FRANK
Johannes Gutenberg-Universität Mainz

1. *Anthropologie*, AK VII, 200 ; OP III, 1017.

DU SUPRÊME BIEN MORAL ET PHYSIQUE CHEZ KANT

La 1 e Partie de l'*Anthropologie du point de vue pragmatique* trouve son aboutissement dans le § 88 qui traite du « Suprême Bien moral et physique ». Précisons d'emblée que l'*Anthropologie du point de vue pragmatique* n'est pas un écrit consacré à la morale philosophiquement entendue. Seul le § 88 contribue explicitement à cette morale, bien que d'après la théorie kantienne, la question « qu'est-ce que l'homme ? » requière toujours une réponse concernant la moralité de l'homme, l'unique être de la Terre qui soit simultanément un « habitant du monde » [1]. Dans les années 1800-1803, Kant essaya vraisemblablement de donner à la philosophie transcendantale la valeur d'un système. Il souhaita probablement y proposer un aboutissement de sa pensée comme système à travers les trois formes d'un discours sur Dieu, sur le monde, et sur l'homme :

> *System der Transcendental / Philosophie*
> *in drey Abschnitten*
> *Gott, die Welt,* vniversum *und ich Selbst der Mensch als moralisches Wesen*
> *Gott, die Welt und der Weltbewohner der Mensch in der Welt.*
> *Gott, die Welt, und was beyde in realem Verhältnis gegen einander denkt, das Subject als vernünftiges Weltwesen.*
> [...] *Gott, die Welt, und der Mensch als Person d.i. als Wesen das diese Begriffe vereinigt* [2].

Les extraits de la première liasse [1. *Convolut*] de l'*Opus postumum* montrent clairement l'intention de Kant d'expliquer le fait et le mode selon lesquels l'homme peut comprendre l'ensemble des idées dites métaphysiques auxquelles celui-ci adhère implicitement comme être moral, réfléchissant, et rationnel. Mais ceci vaut en tant que ce même homme demeure physiquement présent dans le monde, en tant qu'il reste soumis aux conditions de l'expérience, aux formes de l'espace et du temps. Que l'existence empiriquement condi-

1. L'expression « l'homme, habitant du monde » sert de titre au livre de François Marty, j'y reviendrai (*cf.* F. Marty, *L'homme, habitant du monde*, Paris, 2004). Cette expression se trouve, plusieurs fois, dans la première liasse de l'*Opus postumum* qui rassemble les manuscrits inachevés des années 1800 à 1803.

2. OPost, AK XXI, 27.

tionnée et la conscience libre, telle que celle-ci est affectée et caractérisée par la raison et ses lois, soient contemporaines l'une de l'autre trouve une parfaite expression dans le § 88. Ici, Kant nous fait sentir ce qu'est la disposition (*Gesinnung*) morale. Il y décrit pour ainsi dire l'expérience esthétique du bien moral. C'est ce point précis que je souhaite, dans cet article, mettre en relief. La condition de possibilité de l'expérience esthétique est le sujet central de la troisième *Critique* à laquelle je ferai allusion à la fin de mon exposé (III). Mais pour arriver au point central de mon propos, nous partons de ce qui a été jusqu'à présent publié sur ce sujet (en faisant mention de deux auteurs), pour expliquer ensuite le lien entre anthropologie et morale (I). Dans une deuxième partie (II), j'aborderai la difficulté méthodologique d'une anthropologie philosophique : comment acquérir une connaissance universelle, exprimée en concepts, de l'existence humaine, échappant aux concepts ? Cette difficulté ne se montre pas seulement dans l'anthropologie, mais aussi dans la théorie de la morale. L'idée du suprême Bien moral et physique représente de manière exemplaire la tentative kantienne de décrire « les conditions […] subjectives, aussi bien adverses que favorables, de l'*exécution* des lois de la métaphysique des mœurs dans la nature humaine » [1].

I.

Le § 88 de l'*Anthropologie* fait l'objet de peu de commentaires. Le premier commentaire que j'ai pu trouver est un bref article de Norbert Hinske : « Kants “höchstes moralisch-physisches Gut”. Essen und allgemeine Menschenvernunft » paru en 1990 [2]. Huit ans plus tard, Joachim Kopper propose une analyse plus approfondie, en parlant de la philosophie à titre de fondement d'une pédagogie humaniste [3]. Dans le domaine anglophone, la première discussion sur le paragraphe 88 n'est entreprise qu'en 1999, et ceci dans la publication de la monographie de Felicitas Munzel sur la conception kantienne du caractère moral [4]. De façon générale, il semblerait que l'intérêt porté à la pensée kantienne de l'harmonie du bien physique et moral ai été pendant longtemps relativement faible.

En 2010, Paul Formosa de la MacQuarie University à Sydney a publié un article de 36 pages sur ce texte de Kant [5] (5 pages dans la Pléiade). Avec succès,

1. MM, AK VI, 217 ; OP III, 462. Dans ce contexte, Kant parle d'une « anthropologie morale », qui serait le « pendant d'une métaphysique des mœurs, comme second membre de la division de la philosophie pratique en général ».

2. N. Hinske, « Kants “höchstes moralisch-physisches Gut”. Essen und allgemeine Menschenvernunft », in *Aufklärung* 5, Hamburg, 1990, p. 49-50.

3. J. Kopper, « Philosophie als Grundlage humanistischer Pädagogik – im Hinblick auf Kant », in *Humanistische Pädagogik. Anspruch, Möglichkeiten und Gefährdungen am Ausgang des 20. Jahrhunderts*, par coop. de Christian Mayer, dirigé par Helmut Heim, Frankfurt a.M., Berlin, Bern, 1998, p. 47-51.

4. F. G. Munzel, *Kant's Conception of Moral Character*, Chicago, 1999.

5. P. Formosa, « Kant on the Highest Moral-Physical Good : The Social Aspect of Kant's Moral Philosophy », in *Kantian Review* 15 (1), 2010, p. 1-36.

notre collègue australien parvient à relever ce qu'il appelle les « *broader issues* » de la théorie morale de Kant. En s'appuyant sur le § 88 de l'*Anthropologie*, mais aussi sur d'autres passages de la première partie de cet écrit concernant le côté non rationnel de l'homme, Formosa développe son interprétation de l'agent moral kantien comme être social, « *warm and engaged, though imperfect* » (p. 2). Son analyse du texte de Kant me semble profonde et exhaustive. En effet, cette analyse nous expose les définitions les plus importantes du texte, celles du suprême bien physique et moral et de l'humanité lorsqu'elle est vécue dans un dîner où les convives entretiennent une conversation menée selon l'esprit des Lumières. Dans trois autres sections, l'auteur parle de la conversation rationaliste (« *Enlightened Conversation* », p. 7-9), de l'hospitalité cosmopolite (« *Cosmopolitan Hospitality* », p. 9-12), et des sentiments moraux (« *Love and Respect* », p. 12-21). En exploitant des passages de la *Métaphysique des mœurs* sur l'amitié, particulièrement le § 47 sur l'amitié morale, l'article se conclut sur la position suivante : « *Conversation is the Key* » (p. 21-23). En tant qu'elle abandonne toute limitation à un rationalisme pur, l'interprétation par Formosa de la théorie morale kantienne me paraît particulièrement pertinente. En considérant attentivement le texte et le contexte du § 88, en intégrant l'aspect même des écrits moraux, Formosa argumente avec succès en faveur d'une relecture de l'éthique déontologique de Kant respectant surtout le devoir d'être « un ami de l'homme » [1]. Cette interprétation met en évidence le caractère social de l'être humain, non pas à la manière des biologistes ou des sociologues, mais bien comme effet naturel et rationnel de la moralité humaine. Mais il manque à cette analyse de mettre en perspective « l'horizon de la pensée critique de Kant ».

« L'horizon de la pensée critique de Kant », tel est précisément le sous-titre que François Marty donne à son livre déjà mentionné : *L'homme, habitant du monde*. Marty ne discute certes pas le § 88. Il met cependant en évidence le projet d'une anthropologie philosophique que, sur le fond de la philosophie transcendantale, Kant cherche à promouvoir à travers les trois *Critiques* et l'*Anthropologie*. Ma communication pourrait être interprétée comme une note de bas de page au livre de F. Marty. Je considèrerai la réflexion kantienne sur le suprême Bien physique et moral comme la pensée qui représente, selon les propres termes de Marty, « l'espace qui attend d'être habité par l'homme pour prendre figure de monde », et je précise, habité par l'homme qui a conscience de soi-même comme être sensible-rationnel. C'est l'homme de l'*Opus postumum*, l'être mondain-rationnel, qui unit les concepts du monde et de Dieu, qui pense Dieu et le monde, les deux mutuellement, dans une relation réelle.

Mon intention est de proposer une réflexion sur la possibilité de l'harmonie du bien-vivre et de la vertu, harmonie dont Kant pense qu'elle existe vraiment. Dans le § 88 de l'*Anthropologie*, Kant décrit une situation où l'on peut parvenir à sentir cette harmonie : « un bon repas en une bonne compagnie ». Il s'agit

1. MM, AK VI, 472.

effectivement d'un exemple du caractère social de l'éthique kantienne. Mais plus encore, Kant avance peut-être ici la preuve que l'homme aurait la capacité d'unifier le monde sensible et le monde intelligible, et ainsi d'« habiter *le* monde ». Dans ce § 88, Kant manifeste également la puissance de la raison pratique à réaliser cette disposition dont il parle dans la *Religion*, à savoir « la disposition à la personnalité » (*Anlage zur Persönlichkeit*). La disposition à la personnalité est « l'aptitude à ressentir le respect pour la loi morale comme mobile suffisant en soi pour l'arbitre » [1]. Cette formule est l'expression très concentrée de la constante présence de la moralité au sein de la conscience humaine en sa nature rationnelle. C'est à travers l'unité harmonique du bien-vivre et de la vertu que la disposition à la personnalité devient pratique.

II.

La pensée qui crée cette relation du monde sensible et intelligible sur le plan théorique correspond à la première *Critique* et précisément à la philosophie transcendantale lorsqu'elle cherche à expliquer les conditions de possibilité de l'expérience et de la connaissance du donné. Nous le savons, le résultat de la recherche qui devrait mener à la constitution d'une métaphysique non-dogmatique reste négatif. Il faut discipliner la raison spéculative, mais la raison, en tant qu'elle critique et est critiquée, se révèle pratique. Il existe néanmoins un mode en vertu duquel la raison spéculative se rattache à la connaissance de l'expérience sans pour autant devenir conditionnée par l'expérience même. Kant en parle de manière métaphorique dans l'*Opus postumum*.

> *Architectonik der reinen Vernunft. Dieser ihr höchster Standpunct der speculativen (noch nicht practischen) Philosophie, von* Specula – *Aussicht von einer Höhe über den flachen Boden der Erfahrung nicht betastend oder durch Stecken prüfend sondern um sich in der Ferne beschauend zu seyn* [...] [2].

D'après l'*Opus postumum*, c'est l'Architectonique, « l'art des systèmes » (B 860), qui sert à comprendre l'unité des deux mondes, dont l'un est sujet de l'éthique et l'autre, sujet de la physique. Au début de la Préface des *Fondements de la métaphysique des mœurs* (1785), afin d'introduire sa propre idée d'une double métaphysique (de la nature et des mœurs) d'une part, et la différence essentielle entre la « philosophie pure » et la « philosophie empirique » d'autre part, Kant évoque l'ancienne division de la philosophie en physique, éthique et logique. L'enjeu consiste alors à resituer les champs de la philosophie après la critique de la raison, et ceci selon la méthode transcendantale. Le fait que dans ce contexte, Kant identifie l'anthropologie à une « anthropologie pratique », qui serait elle-même la partie empirique d'une métaphysique des mœurs, me semble être étonnant. D'un côté, l'Allemagne du siècle des Lumières ne connaît en effet que la « *Menschenkunde* » qualifiée de recherche sans méthode scientifique, au

1. Rel, AK VI, 27.
2. OPost, AK XXI, 35.

caractère non encore systématique. Cette discipline rendrait compte de toutes les connaissances du caractère et de la vie de l'homme et même du genre humain, de ces connaissances qui, parce que basées sur la simple observation, ne peuvent prétendre à aucune validité universelle. En allemand, la portée de ce concept est encore plus vaste. D'après le dictionnaire des frères Grimm, la « *Menschenkunde* » était également le talent individuel d'un connaisseur des hommes. Dans les leçons d'anthropologie, Kant parle souvent lui-même de « *Menschenkunde* » ou « *Menschenkenntnis* » (connaissance des hommes) [1]. De l'autre côté, le terme d'« anthropologie pratique » qui nous est proposé par Kant, appliqué à la partie empirique de l'éthique, met en évidence l'importance philosophique de la connaissance des hommes : pratiquée de manière scientifique, elle complète la philosophie transcendantale pratique, et donc la science de la liberté. Dans la Préface des *Fondements*, la signification de l'attribut « pratique » n'est plus spécifiée [2]. Mais l'usage du terme de « pratique » par rapport à l'anthropologie met en relief les liens structurels entre l'anthropologie et la morale. Toutes les deux forment l'éthique, la science des lois de la liberté, la théorie des fins de la raison pratique, qui est simultanément celle des fins de l'être rationnel. Par conséquent, l'anthropologie pragmatique est un cas spécial de l'anthropologie pratique. Elle est une doctrine de la mise en pratique des connaissances des hommes. La pratique de la vie est cependant toujours nécessaire pour connaître l'homme dans son existence, à savoir l'homme « habitant du monde », qui est à ce titre un être simultanément sensible et rationnel. Cela étant, l'anthropologie comme science méthodique de l'être humain semble bien requérir une recherche empirique. Sans cette recherche, les actions et les dispositions morales ne peuvent pas être les éléments d'une théorie philosophique. Mais du fait de son caractère conditionné, une telle recherche ne permet pas à l'anthropologie d'accéder à une validité universelle et elle relativise son importance à l'égard des œuvres critiques. Néanmoins, Kant valorise la fonction didactique de l'anthropologie :

> Mais tout de même qu'il doit y avoir dans une métaphysique de la nature, pour les principes suprêmes universels d'une nature en général, des principes d'application aux objets de l'expérience, de même une métaphysique des mœurs ne laissera pas d'en avoir, et nous devons souvent prendre pour objet la *nature* parti-

1. Jusqu'à aujourd'hui – au moins en Allemagne –, il faut préciser le terme en faisant la différence entre « anthropologie » (normalement comprise comme physique ou biologique) et « anthropologie philosophique » (utilisée pour un mouvement philosophique au début du XXe siècle, la sous-discipline philosophique fondée par Max Scheler, Hellmuth Plessner, Arnold Gehlen et al.). D'après l'actuel état des recherches, le concept « anthropologie » (en tant que « doctrine sur la nature de l'homme ») est utilisé pour la première fois dans le XVIe siècle. Dans le siècle de Kant, l'intérêt pour ce terme augmenta (dans la philosophie, médicine et littérature) ; voir Benzenhöfer, Udo et Rotzoll, Maike, « Zur *"Anthropologia"* (1533) von Galeazzo Capella : Die früheste bislang bekannte Verwendung des Begriffs Anthropologie », in *Medizinhistorisches Journal*, 26 (1991), p. 315-320.

2. Je partage l'avis de Ferdinand Alquié (qui a révisé la traduction de Victor Delbos pour l'édition Pléiade de l'*Anthropologie*) selon lequel Kant n'utiliserait pas le terme de « pratique » dans le même sens que celui de « pragmatique » (l'attribut par lequel Kant décrit le substrat de ses « Leçons sur l'anthropologie » dans le titre de la publication de 1798).

> culière de l'homme qui ne nous est connu que par expérience, pour montrer sur elles les conséquences des principes moraux universels, sans toutefois rien leur ôter par là de leur pureté ni par là non plus rendre douteuse leur origine *a priori*. Ce qui revient à dire qu'une métaphysique des mœurs ne peut être fondée sur l'anthropologie, mais peut pourtant lui être appliquée [1].

Cette difficulté méthodologique, inhérente au caractère empirique de l'anthropologie, peut être l'une des raisons pour lesquelles Kant a renoncé à élaborer une anthropologie transcendantale, de même qu'une anthropologie morale. Kant a préféré développer une théorie anthropologique du point de vue pragmatique, autrement dit une théorie anthropologique restreinte à l'applicabilité et libérée de toute exigence de contribuer à la théorie morale. Cela ne signifie nullement que l'anthropologie ne puisse pas contribuer à la morale même. Sous cet angle, il est cohérent que Kant commence par la *didactique anthropologique*. À partir de la faculté de connaître et de la conscience de soi-même (*Selbstbewusstsein*), Kant poursuit par l'analyse des cinq sens, qui sont la condition de l'expérience, et tout cela pour bien faire entendre que l'homme est appelé à se comprendre soi-même, à comprendre ses compétences, ses inclinations et ses émotions. Sans la connaissance de la conscience (*Gemüt*) humaine, aucune influence de la raison sur la volonté n'est possible ni même pensable. Autrement dit, sans le savoir théorique de l'être humain, c'est-à-dire sans connaissances anthropologiques, la raison ne devient pas pratique ; la raison pratique ne se réalise pas.

La didactique anthropologique culmine dans le paragraphe qui porte sur le suprême Bien physique et moral. Là, Kant nous parle de la possible harmonie du bien-vivre et de la vertu, de « la jouissance d'un bonheur policé » (*gesittete Glückseligkeit*) [2]. Il nous y définit l'humanité comme manière de penser l'unification (*Denkungsart der Vereinigung*) du « bien-vivre et (de) la vertu dans le commerce du prochain ». La vertu est un concept *a priori* déterminé. Elle est l'accord de la raison à la loi morale. Pour le bien-vivre, concept empirique *a posteriori*, il faut trouver la détermination adéquate.

Kant fait donc état d'« un bon repas en une bonne compagnie » [3]. Naturellement, ni le repas ni la compagnie, pris singulièrement, ne suffisent à définir le suprême Bien moral et physique. L'addition d'éléments n'est pas ici une figure adéquate. Si elle l'était, l'aspect quantitatif serait privilégié et il ne serait alors question que d'un agrégat tel que Kant en parle dans l'OP. Non, il faut plutôt ici penser une unité qui d'emblée exprime la qualité spécifique du « suprême Bien » [4].

1. MS, AKVI, 216 *sq.* ; OP III, 461 *sq.*
2. *Anthropologie*, AK VII, 277 ; OP III, 1093.
3. *Anthropologie*, AK VII, 278 ; OP III, 1093.
4. Je me permets une remarque quant à la traduction : l'usage du concept « suprême » me semble souligner l'aspect quantitatif (le degré le plus haut). Le terme « souverain Bien », cependant, exprime mieux l'aspect qualitatif, lorsqu'il associe le souverain bien à un puissant qui donne des règles. Pour cela, l'usage de « souverain Bien » est restreint au contexte de la *Critique de la raison*

Pour comprendre l'idée du « souverain Bien » comme unité du bonheur et de la vertu, traité dans la *Critique de la raison pratique*, Kant propose d'abandonner le « ressort de l'Analytique ». L'unité du souverain bien doit être pensée comme identité, comme « liaison réelle » ; elle doit être pensée de manière synthétique et non pas analytique (c'est-à-dire « liaison logique ») [1]. L'idée d'une pensée synthétique est aussi présente ailleurs (chez Kant) : nous la retrouvons dans le contexte de la philosophie théorique, plus précisément dans le champ des jugements synthétiques *a priori* et donc de la condition de possibilité de l'expérience et du fondement d'une métaphysique future à titre de science. Nous la trouvons encore sur le terrain de la philosophie pratique, où le fondement d'une métaphysique des mœurs part de la « connaissance rationnelle commune de la moralité » [2]. En d'autres termes, il y a une connaissance morale enracinée dans la raison commune de l'homme, et cette connaissance est de caractère synthétique. Sans un tel enracinement, Kant n'aurait pas pu faire l'analyse des concepts de cette connaissance, par exemple, celle des concepts de volonté, de devoir, de respect de la loi morale… Cette analyse est possible. Kant la développe dans les deux premières sections des *Fondements*. Pour parler de la pensée synthétique du point de vue de l'anthropologie, Kant se réfère dans la troisième *Critique* aux maximes du sens commun, et dans l'*Anthropologie*, il se réfère aux maximes de la sagesse. Dans le cas de la troisième *Critique*, les maximes servent à expliquer les principes de la critique du goût [3]. Dans le cas de l'*Anthropologie*, les maximes sont la méthode consistant à « dégager (la sagesse) de lui-même (l'homme) », puisqu'elle « ne peut pas être inspirée par autrui » [4]. La réalisation complète de la sagesse reste pour l'homme hors d'atteinte [5]. Même si elles présentent des différences de formulation dans la CFJ et dans l'*Anthropologie*, les trois maximes sont identiques : 1. penser par soi-même [CFJ et Anth], 2. penser en se mettant à la place de tout autre être humain [CFJ] / se mettre, dans l'échange avec les humains, en pensée à la place de l'autre [Anth], 3. penser toujours en accord avec soi-même [CFJ] / en toute circonstance, penser en accord avec soi-même [Anth]. En reprenant notre § 88, nous dirons que l'usage pratique de la raison, dont l'idée à attendre est la sagesse, implique donc les maximes mentionnées. Celles-ci ne sont ni des règles pour le bien-vivre, ni des règles morales, mais elles préparent la conscience humaine à l'expérience du Bien moral et physique. Car juger un repas « bon » et une compagnie « bonne », cela requiert un jugement synthétique qui, parce qu'il ne résulte pas de l'Analytique, n'est ni *a priori* ni *a posteriori*. En ce qui

pratique. Malgré l'usage de l'attribut « suprême » dans le contexte de l'*Anthropologie*, le bien moral et physique dont parle Kant, doit être pensé comme « souverain ».

1. Cf. *Critique de la raison pratique*, Première Partie (Dialectique), chapitre deuxième : « De la dialectique de la raison pure dans la détermination du concept du souverain Bien », AK V, 110-112 ; OP II, 742 sq.

2. FMM, AK IV, 393 ; OP II, 250.

3. CFJ, AK V, 294 ; OP II, 1073.

4. *Anthropologie*, AK VII, 200 ; OP III, 1018.

5. Voir *ibid*.

concerne le souverain Bien de la deuxième *Critique*, Kant constate clairement les limites du savoir (alors entendu comme théorique) :

> [...] la question de savoir [je souligne] *comment le souverain Bien est pratiquement possible* demeure toujours, malgré tous les *essais de conciliation* tentés jusqu'ici, un problème non résolu. Or, ce qui en rend la solution difficile ressort de l'Analytique, à savoir le fait que le bonheur et la moralité sont deux *éléments* du souverain Bien spécifiquement tout à fait *distinct*, et que par conséquent, leur union ne peut pas être connu *analytiquement* [...] [1].

Même si la possibilité pratique de l'union du bonheur (qui est toujours lié chez Kant au bien-vivre) et de la vertu (laquelle correspond à la souveraineté de la raison) ne peut pas être pensée, Kant semble faire au moins une proposition pour établir comment l'homme fait l'expérience du Bien dans le monde, cette expérience étant vécue et sentie, tout en touchant le suprasensible. Cette réflexion nous conduit à la *Critique de la faculté de juger*, à ce point précis où Kant donne à la philosophie transcendantale son accomplissement et propose une solution au problème de l'unification des systèmes de la nature et de la liberté.

III.

Dans le cadre de cette étude, je ne me réfèrerai qu'aux passages traitant du sublime. Le sublime est défini comme suit : « est sublime ce qui du seul fait qu'on ne puisse que le penser révèle une faculté de l'esprit (*Gemüt*) qui dépasse tout critère des sens » [2]. Ce qui nous intéresse ici, c'est la faculté de l'esprit de penser quelque chose qui dépasse tout critère, toute mesure des sens. Pour le sublime, le point de référence est le suivant : « ce en comparaison de quoi tout le reste est petit » [3]. Cela étant, il s'agit d'un critère de *quantité*, et pour cela, la comparaison directe à l'expérience du suprême Bien moral et physique n'est pas appropriée : celle-ci a, en effet, un caractère *qualitatif*. Mais ici, Kant parle également du « sentiment de la présence en nous d'une faculté suprasensible » [4]. Et dans l'Introduction à la CFJ, il est plus brièvement question d'un « sentiment spirituel » (*Geistesgefühl*) qui serait à l'origine du jugement esthétique et qu'il faudrait particulièrement associer à l'expérience du sublime. Néanmoins, c'est une caractéristique du jugement esthétique que de ne pas avoir besoin d'un concept. Le jugement esthétique exprime une expérience sensible, celle du beau. Cette expérience est certes subjectivement vécue, mais toujours pourtant, à l'aide du sens commun, sur le fond d'une généralité, d'une sorte de participation sympathique qui trouve son expression dans un jugement.

1. CRPr, AK V, 112 ; OP II, 745.
2. CFJ, AK V, 250 ; OP II, 1018 : « Erhaben ist, was auch nur denken zu können ein Vermögen des Gemüths beweiset, das jeden Maßstab der Sinne übertrifft. »
3. *Ibid.*
4. CFJ, AK V, 250 ; OP II, 1017.

La disposition du « *Gemüt* », décrit par Kant dans les passages sur le sublime, à savoir la faculté de l'esprit à dépasser le sensible, le sentiment de la présence d'une faculté suprasensible, le sentiment spirituel – cette disposition de la conscience ou la compréhension de soi-même de l'homme – me semble exprimer le côté sensible de l'aptitude à la moralité. Ou, dit plus simplement : l'individu, toujours restreint à sa singularité physico-corporelle, ne peut faire l'expérience de l'humanité que par une faculté spirituelle. On peut penser à l'imagination, mais aussi à toute autre forme de représentation 'spirituelle' d'une idée ou d'une émotion, qui naît de la spontanéité de la raison humaine. La condition nécessaire pour la réalisation de l'humanité est un évènement concret, qui unifie les individus par une activité commune incluant les deux « éléments » de l'humain, le sensible et l'intelligible. Dans l'expérience du suprême Bien physique et moral, nous n'avons pas la conscience d'un processus dans le temps, mais nous ressentons l'unité des contraires qui renforce l'effet du bien-vivre jusqu'à la jouissance de la compagnie, jusqu'à l'affection pour les autres qui rend la communication plus simple et favorise l'atmosphère de confidence, tout cela fait enfin comprendre le sens d'être rationnel.

La contemporanéité du sensible, de l'imparfait, du mal radical et de l'idéal moral n'est pas une idée initiée par Kant lui-même. Elle se trouve déjà dans la spiritualité de la philosophie de l'Antiquité ainsi que dans le christianisme à propos de la communion de Dieu et de l'humain. Cependant la philosophie transcendantale de Kant, et particulièrement la philosophie pratique du système transcendantal, est – à mon avis – porteuse d'une spiritualité rationnelle laïque. Pendant longtemps celle-ci ne fut pas remarquée ou elle fut niée. C'est cette spiritualité rationnelle laïque, que j'ai tenté d'évoquer à partir de ce petit paragraphe 88 de l'*Anthropologie*, alors même qu'elle demeure, dans le cadre des études kantiennes et plus particulièrement celles concernant sa théorie de la religion, un terrain à explorer.

Margit RUFFING
Johannes Gutenberg-Universität Mainz

LE PERFECTIONNEMENT DE L'HOMME

En guise d'introduction, j'aimerais préciser que cette contribution s'inscrit dans un projet plus large, mené dans le cadre du groupe de « Travail sur la philosophie allemande au XVIIIe siècle », sur la notion de perfectibilité en Allemagne, de 1750 à 1850. Dans ce cadre, je travaille sur les textes dans lesquels Kant fait usage des substantifs *Perfectionirung* et *Vervollkommnung* et des verbes pronominaux *sich perfectioniren* et *sich vervollkommnen* – Kant n'ayant pas, à mon sens, adopté le néologisme allemand *Perfectibilität* (j'y reviendrai). C'est la raison pour laquelle j'ai choisi de ne pas parler ici de la perfectibilité, mais du *perfectionnement* de l'homme.

Précisément, je me propose de prendre comme point de départ de ma réflexion sur le perfectionnement un passage du cours d'anthropologie [1], extrait de la section intitulée « Der Charakter der Gattung » (« Le caractère de l'espèce ») [2]. Dans cette section, Kant commence par souligner en quoi indiquer le caractère de l'espèce humaine est un problème « absolument insoluble ». En toute rigueur, indiquer un caractère de l'espèce humaine requerrait, en effet, de pouvoir comparer, *à l'aide de l'expérience*, cette espèce d'êtres raisonnables avec une autre espèce d'être raisonnables – ce qui n'est pas possible. Dans cette mesure, « Pour assigner à l'homme sa classe dans le système de la nature et ainsi le *caractériser*, il ne reste que le fait qu'il *a* un caractère » [3], caractère que l'homme crée lui-même, et ce, dans la mesure où il est capable de se perfec-

1. Cours que Kant a dispensé chaque semestre d'hiver à partir de 1772 et jusqu'en1796 et dont les notes ont été publiées en 1798, puis en 1800 (donc du vivant de Kant), à Königsberg, chez Nicolavius, sous le titre *Anthropologie in pragmatischer Hinsicht*, *Anthropologie du point de vue pragmatique*.

2. Je traduis en général *Gattung* par « espèce » et *Geschlecht* par genre. Je n'ai pas le temps d'entrer ici dans les détails de problèmes de traduction, mais, en bref, je fais mienne l'explication de Brigitte Geonget, qui souligne dans « Progrès et perfectionnement dans l'*Idée.* Au-delà de la détermination naturaliste de l'humanité ? » (*in* S. Grapotte, M. Lequan et M. Ruffing (dir.), *L'année 1784. Droit et philosophie de l'histoire*, Paris, Vrin, 2017, p. 159-168) que « Espèce humaine et genre humain sont des notions qui recouvrent la même extension logique, mais il semble que Kant retienne le terme d'espèce [*Gattung*] lorsqu'il s'agit de situer l'humanité dans le contexte des espèces naturelles et qu'il privilégie le terme de genre [*Geschlecht*] lorsque l'humanité est considérée en elle-même, en dehors du référent zoologique » (p. 159).

3. *Anthropologie*, AK VII, 321 (ma traduction ; je souligne).

tionner [*sich perfectioniren*] selon des fins qu'il a choisies. Ce qui caractérise l'espèce humaine, c'est donc un caractère que l'homme crée lui-même en tant qu'il est capable de perfectionnement. Kant revient quelques lignes plus bas sur ce caractère et suggère que, s'il est impossible de comparer *empiriquement* des êtres raisonnables avec d'autres êtres raisonnables, alors la comparaison qui doit permettre de déterminer le caractère de l'espèce humaine doit se faire avec l'*idée* des êtres raisonnables *possibles* sur la terre [1]. Il ressort de cette comparaison que ce qui caractérise l'espèce humaine *en général*, c'est que la nature a placé en elle le germe (*Keim*) de la discorde et *a voulu* que la raison humaine en tire la concorde. La concorde, poursuit Kant, est dans l'idée, idéalement donc, la fin alors que la discorde est effectivement (*der Tat nach*), dans le plan de la nature, le moyen d'une sagesse supérieure pour nous impénétrable, à savoir : le perfectionnement (*die Perfectionirung*) de l'homme, au moyen de la culture qui progresse, et ce, bien que cela se fasse au détriment de la joie de vivre des hommes.

De ce passage, à la fois riche et complexe, ce qu'il importe fondamentalement de retenir, dans la perspective d'une réflexion sur le perfectionnement, c'est, *en premier lieu*, que le perfectionnement apparaît comme ce qui *caractérise* l'espèce humaine – ce que Kant suggère également dans ses réflexions qui se rapportent à cette même section de l'*Anthropologie*, notamment dans la Réfl. 1468, où il affirme que « le caractère de l'humanité est la disposition au développement de la perfection » [2]. Ce qui caractérise l'homme, c'est qu'il a la *capacité* (*Vermögen*), la *disposition* (*Anlage*) ou encore le *penchant* à se perfectionner [3].

En second lieu, ce qu'il importe de retenir de ce passage de l'*Anthropologie*, c'est que le perfectionnement de l'espèce est *voulu par la nature*. Sur ce point aussi, il me semble intéressant de mettre en parallèle cette section du cours d'anthropologie avec les réflexions qui s'y rapportent, notamment avec la Réfl. 1521, où Kant mentionne deux fins de la nature : 1) la conservation de l'espèce, 2) son perfectionnement (*Perfectionirung*) [4]. C'est la nature qui veut le perfectionnement. C'est la nature qui se donne un plan qui a pour fin la concorde et le perfectionnement de l'espèce. Cette nature, qui poursuit une fin selon un plan, il est notoire que Kant l'appelle également, parfois, Providence, notamment quand « nous voyons en elle la sagesse profonde d'une cause supérieure, qui prédétermine le cours du monde et le fait tendre au but final objectif du genre humain » [5]. La nature veut le perfectionnement de l'homme et les moyens de ce perfectionnement, quels que puissent être les sacrifices qui s'ensuivent pour les hommes et qu'ils le veuillent ou non. Je cite encore *Zum ewigen Frieden* : « Quand je dis que la Nature veut qu'une chose arrive, cela ne

1. *Cf.* Réfl. sur l'anthropologie, n° 1405 (1772-1777), AK XV, 613.
2. Réfl. 1468 (1785-1789), AK XV, 648.
3. Réfl. 1500, AK XV, 785.
4. Voir Réfl. 1521 (1780/1789), AK XV, 886.
5. PPP, AK VIII, 361 ; OP III, 354 (trad. mod.).

signifie pas qu'elle nous en fait un devoir : il n'y a que la raison pratique qui puisse prescrire à des êtres libres des lois sans les contraindre ; mais cela veut dire que *la Nature le fait elle-même, que nous le voulions ou non* » [1].

La nature *pousse* l'homme, malgré lui, vers le perfectionnement, en d'autres termes, le *contraint* à se perfectionner et, partant, à utiliser les moyens de ce perfectionnement, à savoir : le progrès de la culture selon le cours d'anthropologie, progrès qui coïncide principalement, dans cette optique, avec le développement de tous les talents. Je me réfère de nouveau à la Réfl. 1521 : « L'intention de la nature [*die Absicht der Natur*] est que tous les talents et, pour finir, même la moralité, se développent et se fortifient durablement au moyen de la culture accomplie [*vollkommene Cultur*], afin de bâtir un système du bonheur et de la perfection » [2]. Le perfectionnement de l'homme repose sur le progrès de la culture ou encore – et Kant les identifie à plusieurs reprises – sur le progrès de l'éducation. Selon la Réfl. 1524, les moyens de perfectionnement sont l'éducation (*Erziehung*), et Kant précise alors entre parenthèses [3] *Cultivirung* [4]. Comme la culture, l'éducation contribue au développement des talents, partant, au processus de perfectionnement de l'homme. Je cite de nouveau la Réfl. 1521 : « Wenn alle Talenten entwickelt worden (*Erziehung*), so treibt die Natur zur Besserung » : « quand tous les talents ont été développés (éducation), la nature pousse à l'amélioration », autrement dit : au perfectionnement. C'est, dans cette réflexion, l'éducation qui assure le développement des talents. Il n'y a évidemment aucune contradiction à lire ici : dans cette perspective, l'éducation et la culture ont la même mission à accomplir : elles contribuent toutes deux au développement des talents et au perfectionnement – Kant identifiant d'ailleurs la culture à l'éducation ou, plus rigoureusement, à un type, à un niveau d'éducation. C'est notamment le cas dans le cours de pédagogie, selon lequel l'éducation comprend trois "niveaux" : 1) les soins (l'alimentation et l'entretien), 2) la discipline, 3) l'instruction (*Unterweisung*) accompagné de formation (*Bildung*), Kant précisant [5] que l'instruction peut également être appelée culture (*Cultur*).

L'éducation et/ou l'instruction, en tant que culture, est le moyen pour l'homme de se perfectionner. Je cite la Réfl. sur l'anthropologie 1498, qui a également pour objet « Le caractère de l'humanité en général » : « L'homme doit tirer toute perfection de lui-même. L'homme doit être éduqué et instruit [6], c'est ainsi que l'espèce croit en perfection ».

Pour le dire avec les termes que Kant utilise dans le cours de pédagogie : l'éducation est le moyen dont dispose *chaque génération* pour faire *un pas de*

1. PPP, AK VIII, 365 ; OP III, 359 (trad. mod. ; je souligne).
2. Réfl. 1521, AK XV, 891.
3. C'est une addition contemporaine.
4. *Cf.* Réfl. 1524 (1780/1789), AK XV, 898.
5. Voir PPed, AK IX, 444.
6. *Cf.* Réfl. 1498, dont la rédaction est datée 1575/1577, mais l'affirmation qui nous intéresse est considérée comme une addition ultérieure, AK XV, 779.

plus vers le perfectionnement de l'humanité (*ein Schritt näher zur Vervollkommnung der Menschheit*) et pour permettre, ce faisant, à l'espèce humaine entière d'atteindre sa destination. C'est un devoir pour l'homme de développer progressivement ses dispositions naturelles et ce développement ne peut avoir lieu que par le biais de l'éducation. Or, le constat que dresse le cours de pédagogie est extrêmement sévère : en l'état actuel, l'éducation ne permet pas à l'homme d'atteindre le but final de son existence. Seul l'amélioration ou le perfectionnement, le progrès de l'éducation pourra permettre à l'homme d'atteindre sa destination, de la même manière que le progrès de la culture permet à l'homme de se perfectionner selon le cours d'anthropologie. Jusque lors, l'éducation ne permettait pas, à en croire Kant, à l'homme d'atteindre sa destination, pour la simple raison qu'on n'avait pas de concept de la perfection (*Vollkommenheit*) que la nature humaine peut atteindre [1].

Toutefois, le pessimisme de Kant eu égard à l'état actuel de l'éducation va de pair avec son optimisme eu égard à l'éducation à venir : on peut commencer dès aujourd'hui d'améliorer l'éducation, car l'on commence maintenant à avoir une idée claire de ce qui relève d'une bonne éducation (*eine gute Erziehung*). Cela requiert notamment d'élaborer le projet d'une théorie de l'éducation, projet dont Kant reconnaît que, même s'il ne peut pas être réalisé à court terme, il n'est pas pour autant chimérique. Nous sommes en mesure de travailler à un plan de l'éducation qui soit conforme à des fins et de léguer à nos descendants des instructions qu'ils pourront réaliser « peu à peu » [2]. Et c'est là un point sur lequel je souhaite mettre l'accent : l'amélioration de l'éducation, partant, *le processus de perfectionnement est lent et progressif*. C'est une affirmation récurrente sous la plume de Kant : seule l'espèce entière peut espérer atteindre sa destination et il appartient à *chaque* génération de s'efforcer de se perfectionner, en se cultivant et s'éduquant peu à peu. Le projet d'une théorie de l'éducation, partant, le processus de perfectionnement concerne la succession des générations : « L'éducation est un art dont la pratique doit être perfectionnée (*vervollkommnet*) par de *nombreuses* générations. Chaque génération, munie des connaissances des générations précédentes, peut produire, *toujours davantage*, une éducation qui développe *toutes* les dispositions naturelles de l'homme de manière proportionnelle et conforme à une fin, et conduit ainsi l'espèce humaine entière à sa destination » [3].

Il ne m'est pas possible de présenter ici, en détail, en quoi consiste ce projet d'une théorie de l'éducation, qui permettra à l'homme de développer progressivement ses dispositions naturelles et d'avancer, ce faisant, dans le perfectionnement. Dans ma perspective, il m'importe surtout de mettre en avant en quoi il faut reconnaître l'éducation, de même que la culture (à laquelle Kant semble parfois l'identifier), comme un moyen qui permet à l'homme de progresser vers sa destination : la perfection.

1. Voir PPed, AK IX, 445.
2. PPed, AK IX, 441.
3. PPed, AK IX 446 ; OP III, 1153 (trad. mod., je souligne). *Cf.* AK IX, 441 et 443.

La destination de l'homme réside dans la progression vers la perfection. C'est également ce qu'affirme Kant dans une remarque [1] d'un opuscule publié en 1786, *Conjectures sur le début de l'histoire humaine*. La destination de l'espèce humaine réside dans la progression vers la perfection (*Fortschreiten zur Vollkommenheit*). Précisément, dans cette remarque, Kant souligne que la question de savoir si l'homme a gagné – ou perdu – dans le passage de l'état de primitivité d'une créature purement animale à l'état d'humanité, en d'autres termes, dans le passage de la tutelle de la nature à l'état de liberté, ne se pose pas si on la considère au niveau de l'espèce et de sa destination (à savoir la perfection), et ce, même si les tentatives réalisées pour parvenir à cette fin ont été infructueuses.

À mon sens, Kant intervient alors expressément dans le débat suscité par Rousseau et l'affirmation selon laquelle la capacité de l'homme à se perfectionner, la perfectibilité pourrait bien être la cause de tous les malheurs de l'homme. Je cite la première partie du *Discours sur l'origine et les fondements de l'inégalité parmi les hommes* (publié en 1755 [2] et traduit pour la première fois en allemand, par Mendelssohn, dès 1756 [3]) : « ... il y a une autre qualité très spécifique qui distingue [l'homme et l'animal], et sur laquelle il ne peut y avoir de contestation, c'est la faculté de se perfectionner ; faculté qui, à l'aide des circonstances, développe successivement toutes les autres, et réside parmi nous tant dans l'espèce que dans l'individu, au lieu qu'un animal est, au bout de quelques mois, ce qu'il sera toute sa vie, et son espèce, au bout de mille ans, ce qu'elle était la première année de ces mille ans. Pourquoi l'homme seul est-il sujet à devenir imbécile ? N'est-ce point qu'il retourne ainsi dans son état primitif, et que, tandis que la bête, qui n'a rien acquis et qui n'a rien non plus à perdre, reste toujours avec son instinct, l'homme reperdant par la vieillesse ou d'autres accidents tout ce que sa *perfectibilité* lui avait fait acquérir, retombe ainsi plus bas que la bête même ? Il serait triste pour nous d'être forcés de convenir que cette *faculté distinctive* [...] *est la source de tous les malheurs de l'homme* » [4].

Depuis la publication du *Discours*, nombreux sont ceux qui ont critiqué Rousseau, l'accusant de contradiction. C'est le reproche que lui adresse notamment Voltaire, dès 1765, dans sa *Philosophie de l'histoire* : l'homme « est perfectible ; et de là on a conclu qu'il s'est perverti. Mais pourquoi n'en pas conclure qu'il s'est perfectionné jusqu'au point où la nature a marqué les limites de la perfection ? » [5]. Dès lors le débat est lancé : la perfectibilité, qui caractérise l'homme, la capacité qu'il a de se perfectionner – dont parle le cours

1. Voir CDH, AK VIII, 115.

2. En réponse à la question du concours de l'Académie de Dijon, publiée en novembre 1753 dans le *Mercure de France* : « Le prix de morale pour l'année 1753, consistant en une médaille d'or de la valeur de trente pistoles, sera adjugé à celui qui aura le mieux résolu le Problème suivant : *Quelle est la source de l'inégalité parmi les hommes, et si elle est autorisée par la loi naturelle* ».

3. Chez C. F. Voss, à Berlin.

4. J. -J. Rousseau, *Œuvres complètes*, t. III, Paris, Gallimard, 1964, p. 142, je souligne.

5. Voltaire, *Essai sur les mœurs*, Paris, Garnier, 1963, t. I, p. 24-25.

d'anthropologie – est-elle à l'origine du progrès de l'homme vers le bien et la perfection ou est-elle la cause de sa dépravation (de ses erreurs et de ses vices), de sa régression à un état antérieur ?

Lorsqu'on lit les passages dans lesquels Kant aborde cette question, sa position semble claire : nous avons des raisons légitimes d'espérer et même de soutenir que l'humanité progresse vers le mieux et la perfection (autrement dit se perfectionne). Pour être précis : ce progrès, que nous *devons admettre* dans la perspective kantienne, concerne le genre humain *en totalité* (et pas tel individu ou telle génération) et est progrès vers le mieux moral (ou vers la perfection morale) « et non [progrès de] chaque perfection en particulier en laquelle les hommes doivent progresser, par exemple l'art, la science ou le goût [autrement dit : la culture] » [1].

À ce stade, et c'est mon dernier grand point, je me propose d'expliciter comment Kant entreprend de justifier, de fonder l'hypothèse du progrès du genre humain en totalité vers le mieux (la perfection) moral(e), et, dans cette mesure, en quoi, même s'il n'utilise pas le terme, Kant fait de ce qui ne semble être, au premier abord, qu'une simple hypothèse, un postulat de la raison pure pratique.

Le progrès de l'espèce humaine vers la perfection est une simple hypothèse au sens où aucune expérience ne peut prouver ni la réalité ni l'impossibilité du progrès moral constant de l'humanité. Selon le *Conflit des Facultés*, on ne peut tout simplement pas résoudre le problème du progrès par l'expérience [2].

Néanmoins, Kant s'attache à *justifier* cette hypothèse, notamment en s'appuyant sur l'effectivité du progrès de la culture – progrès de la culture qui, rappelons-le, est le moyen du perfectionnement de l'espèce voulu par la Nature, selon le cours d'anthropologie. Dans cette perspective, il me semble pertinent de mobiliser deux textes : un passage de la feuille volante Kullmann et un passage de l'opuscule de 1793, *Über den Gemeinspruch…*

Je commence avec le passage qui m'intéresse dans la feuille volante intitulée Kullmann 1914, selon le nom de Georg Kullmann qui publia, comme un essai indépendant, à Wiesbaden en 1914 le texte de Kant que son père avait acquis chez un bouquiniste de Leipzig pour un prix dérisoire. Je ne rentre pas dans le débat sur le statut de ce texte : essai indépendant selon Kullmann [3] ou brouillon de la seconde section du *Conflit des Facultés* selon Adickes [4], ce qui m'importe, dans la perspective qui est la mienne aujourd'hui, c'est la réponse que Kant apporte à la question : « En quoi consiste le progrès vers le mieux pour l'espèce

1. Réfl. 1471, AK XV, 650.

2. Voir CF, AK VII, 083.

3. Texte qu'il publiera en 1914, à Wiesbaden, sous le titre « *Worin besteht der Fortschritt zum Besseren im Menschengeschlecht ? Ein ungedruckter und unbekannter Aufsatz Kants* ». Selon Kullmann, cet essai serait un travail indépendant (p. 48), qui, pour une quelconque raison, n'a pas été publié et qui contiendrait peut-être les bases d'un entretien de Kant avec un savant de passage à Königsberg (voir p. 49).

4. Et Lehmann relève un accord quasiment mot pour mot entre cet essai et le passage du *Confit des Facultés* transcrit p. 81, ligne 32 à la page 82 ligne 5 du t. VII de l'édition de l'Académie, ce qui prouve, selon lui, le lien entre la feuille volante et le *Conflit*.

humaine ? ». Dans cette feuille volante, Kant, si l'on prend en compte les notes de l'apparat critique, propose deux réponses différentes, deux « variantes » si l'on peut dire. Je commence avec la première réponse, c'est le fameux argument où Kant aurait fait son unique usage du terme *Perfectibilität* dans tout le corpus de textes dont nous disposons aujourd'hui, mais, il me semble important de le préciser : on rencontre exclusivement cet argument dans l'apparat critique ajouté par Lehmann en complément de la ligne 21 de la p. 456 du t. XXIII de l'édition de l'Académie (et non dans le corps du texte). S'agit-il d'un argument antérieur que Kant aurait biffé ? D'une addition, contemporaine ou ultérieure, qu'il aurait rédigée entre les lignes ou dans les marges ? Il m'est impossible de répondre à cette question, puisque je n'ai pas eu accès pour l'instant au manuscrit [1] et que, de surcroît, l'apparat critique ne nous donne aucune information à ce sujet (contrairement d'ailleurs à ce qui est d'usage). Donc l'argument que l'on rencontre dans l'apparat critique : c'est l'argument dans lequel Kant relie l'affirmation du progrès à celle de la perfectibilité, à savoir : si, parce que les hommes sont hommes, ils doivent prendre part à la perfectibilité et, dans cette mesure, on peut admettre qu'ils progressent vers le mieux.

Le second argument, en revanche, que Kant a développé dans le corps de texte (à partir de la même ligne 21), qui n'est donc pas une simple addition, mais l'argument que Kant souhaitait alors mettre en avant, s'appuie sur le progrès – effectif – de la culture. On peut résumer cet argument comme suit : l'animalité sollicite les hommes sans cesse et ils sont toujours tentés d'enfreindre la loi morale en eux et par là de rechuter à un niveau déjà atteint dans leur ennoblissement moral. Mais, puisque cette animalité met l'homme en conflit avec lui-même, conflit qui ne peut s'apaiser que par l'adoption des principes moraux, alors la culture toujours croissante du savoir-faire, qui ne peut manquer de se produire, se verra contrainte d'utiliser également à ces fins celle de la disposition morale, et le progrès de la première entraînera inévitablement (*unausbleiblich*) la seconde. Donc, bien que les hommes, en leur intériorité, ne promettent aucune augmentation perpétuelle de la moralité, il est pourtant en partie *présentement visible*, en partie *prévisible* avec *certitude* qu'ils utiliseront également, dans le progrès de leur culture, la disposition morale en eux, au moins comme moyen de leur prospérité et qu'ainsi ils favoriseront, involontairement, les progrès vers le mieux. Selon cet argument, le progrès du genre humain vers le mieux est déjà visible (*sichtbar*) au moins en partie et Kant n'hésite pas à s'appuyer sur le progrès de la culture (notamment le progrès du savoir-faire) pour prédire avec certitude le progrès des hommes vers le mieux.

Le progrès de la culture est effectif, et Kant peut donc s'appuyer sur cette effectivité pour formuler l'hypothèse du progrès de l'humanité vers le mieux et la perfection morale. C'est également l'enseignement de la troisième section du *Gemeinspruch*, où Kant s'oppose expressément à Mendelssohn, qui, dans son *Jerusalem*, soutient, à en croire Kant, qu'il serait chimérique de penser que

1. Conservé à Cologny (Genève).

l'humanité entière doive toujours progresser et se perfectionner (*sich vervollkommnen*). Selon Kant, Mendelssohn considère chimérique de penser que « l'humanité ici-bas doive toujours dans la suite des temps avancer et se perfectionner. Nous voyons, "dit-[Mendelssohn]", le genre humain, en totalité, faire de petites oscillations : et il n'a jamais fait quelques pas en avant sans bientôt retomber, deux fois plus vite, dans son état antérieur » [1].

Kant se dit expressément d'un autre avis : « Ich bin anderer Meinung » [2]. Et formule une hypothèse différente : puisque le genre humain est constamment en progrès eu égard à la culture, on doit également admettre sa progression vers le mieux eu égard à la fin morale de son existence et, si cette progression est parfois interrompue, elle n'est jamais rompue.

Dans cette perspective – et c'est ce qu'il m'importe de souligner –, Kant s'appuie pour soutenir l'hypothèse de la progression du genre humain vers le mieux moral sur un *devoir*, précisément sur ce qu'il appelle alors notre « devoir inné d'agir sur la postérité », devoir présent en tout membre de la suite des générations [3]. Dans cette succession des générations, je suis, en tant qu'homme, doté d'une nature morale, or, au regard de la nature morale qu'on exige de moi, je ne suis pas aussi bon que je devrais et donc que je pourrais l'être, ce pourquoi je dois agir sur la postérité pour qu'elle devienne toujours meilleure, en d'autres termes pour qu'elle se perfectionne.

Or, ce devoir d'agir sur la postérité sur lequel Kant fonde, dans le *Gemeinspruch*, donc en 1793, l'hypothèse de la progression de l'humanité vers le mieux, vers la perfection morale n'est pas sans nous faire penser au devoir de perfectionnement que Kant explicitera dans le § 4 de la « Doctrine de la vertu » en 1797. Si l'on rapproche ces deux « devoirs », il me semble possible de formuler l'hypothèse que l'humanité progresse vers le mieux parce que c'est notre devoir de nous perfectionner et d'agir, ce faisant, sur notre postérité et de participer ainsi au processus de perfectionnement de l'humanité.

Il est notoire que, dans la perspective de 1797, Kant fait du perfectionnement un devoir de vertu et plus précisément un devoir envers soi-même : le devoir de cultiver nos forces/facultés et de nous rendre, ce faisant, plus parfaits que nous a créés la nature. Selon le § 4 de la « Doctrine de la vertu », les devoirs de perfectionnement de soi-même (*Vervollkommnung seiner selbst*) sont des devoirs d'effectuation, d'accomplissement (*Begehungspflichten*), devoirs qui nous enjoignent d'exercer les forces dont nous disposons : « *viribus concessis utere* / Exerce les forces dont tu disposes » [4]. Ces devoirs relèvent de la *richesse* morale : car ils ont pour fin notre amélioration, nous devons devenir meilleurs,

1. TP, AK VIII 307-308 ; OP III, 293 (trad. mod.).
2. TP, AK VIII, 308.
3. On retrouve donc ici le caractère générationnel du progrès et du processus de perfectionnement.
4. DV, AK VI, 419 ; OP III, 703.

nous améliorer [1]. Et le principe de ce type de devoir s'énonce comme suit : « Rends-toi plus parfait que ne t'a créé la simple nature ! / *Mache dich vollkommner, als die blosse Natur dich schuf* ».

Dans la perspective de la *Métaphysique des mœurs*, le perfectionnement est un devoir de la raison pratique : le devoir d'exercer, de cultiver nos propres forces/facultés, de sorte à devenir plus parfaits que nous a créés la nature. Il me semble intéressant de rapprocher ce devoir de perfectionnement de soi du devoir d'agir sur la postérité dont parle l'opuscule de 1793 : c'est un devoir pour tout individu de cultiver ses facultés et de se perfectionner ; ce faisant, tout individu qui cultive ses propres facultés et se perfectionne agit sur sa postérité, contribuant à la rendre meilleure et prenant part activement au processus de perfectionnement de l'humanité et à sa progression vers la perfection morale.

C'est un devoir de se perfectionner, devoir sur lequel Kant peut s'appuyer pour admettre, pour postuler le progrès de l'homme vers le mieux. L'affirmation de la progression de l'humanité vers le mieux, on l'a vu, est une simple hypothèse, mais une hypothèse que Kant fonde sur un devoir, ce qui lui confère un statut particulier : l'hypothèse de la progression vers le mieux est nécessaire au point de vue pratique. Davantage, selon le projet de réponse de Kant à la question de l'Académie de Berlin sur le progrès accompli par la métaphysique en Allemagne depuis le temps de Leibniz et de Wolff, cette hypothèse a le statut d'un *idéal*. Selon la *Preisschrift*, en effet, aucune théorie ne justifie l'hypothèse que le monde progresse toujours vers le mieux, mais bien la raison pure pratique, qui ordonne d'agir selon une telle hypothèse. Kant reconnaît, il est vrai, que cela ne suffit pas pour présenter au point de vue théorique la réalité objective de cet idéal, mais que cela satisfait, néanmoins, pleinement la raison au point de vue pratique [2].

L'idée de la progression *constante* de l'humanité vers le mieux est une idée de la raison pure, certes, *problématique au point de vue théorique* (il est impossible de présenter cette idée dans l'intuition et donc d'en affirmer ou d'en infirmer la réalité objective dans la perspective théorique), mais nonobstant une idée *nécessaire au point de vue moral*, où elle sert et a la valeur d'idéal régulateur pour orienter nos actions. En d'autres termes : nous devons agir comme si (*als ob*) l'humanité progressait *constamment* dans le perfectionnement et vers la perfection.

Le progrès vers la perfection est un idéal auquel nous devons travailler, c'est-à-dire vers la réalisation duquel nous devons tendre nos efforts, que cet idéal soit réalisable ou non [3] : « la destination du genre humain en totalité est une

1. Richesse morale qui consiste « dans la possession d'une *faculté* suffisante relativement à toutes les fins dans la mesure où cette faculté peut être acquise et appartient à la culture de soi-même [*Cultur seiner Selbst*] (en tant que perfection active [*als thätiger Vollkommenheit*]) » (*ibid.*, trad. mod.).

2. Voir Progrès, AK XX-7, 307 ; OP III, 1259.

3. Cela étant dit, selon le CF, la Révolution française nous offre des signes avant-coureurs et même des preuves du progrès de l'humanité vers le mieux moral. Voir AK VIII, 86-88 ; OP II, 894-896.

progression incessante, et son accomplissement est une simple idée, mais très utile à tous points de vue, du but vers lequel nous avons à diriger nos efforts conformément aux intentions de la Providence » [1].

Pour conclure, je souhaite souligner deux points.

Premier point : il ressort de la lecture de l'ensemble des textes dans lesquels Kant traite du perfectionnement qu'il semble « croiser » deux approches : une approche que l'on peut qualifier de « moderne », selon laquelle le perfectionnement relève fondamentalement de la raison pratique, et une conception plus « traditionnelle », plus « archaïque » si l'on peut dire, selon laquelle le perfectionnement de l'espèce entière est une fin de la nature. On a, d'une part, ce que *veut* la nature, ce qu'elle nous *contraint* de faire pour nous perfectionner conformément au plan qui est le sien et, d'autre part, le devoir que nous impose la raison pratique de nous perfectionner. Je pense, pour ma part, qu'il est possible de concilier ces deux approches : c'est un devoir de la raison pratique que de se perfectionner et on peut, dans cette mesure, considérer que la nature-Providence supplée la raison pratique pour contraindre l'homme à travailler à la réalisation de cet idéal de la raison pratique : progresser vers le mieux et donc perfectionner l'espèce tout entière. Nous devons faire *comme si* l'humanité progressait *constamment* vers la perfection, non seulement grâce à l'exercice et donc au perfectionnement de nos propres forces et facultés – et ce, conformément au devoir de la raison pure pratique qui nous enjoint de nous perfectionner –, mais aussi grâce aux ruses de la nature-Providence, qui utilise les antagonismes entre les penchants, la discorde (dont parlait notamment le passage de l'*Anthropologie* qui nous a servi de point de départ), pour produire la concorde et, de manière générale, les conditions nécessaires au perfectionnement.

Deuxième point sur lequel je souhaite mettre l'accent : Kant n'a pas adopté le néologisme de *Perfektibilität* et il me semble donc beaucoup plus exact, dans la perspective kantienne, de parler de perfectionnement que de perfectibilité. Même si le perfectionnement et la perfectibilité sont liés l'un à l'autre, ce sont là deux « choses » distinctes : le perfectionnement désigne un *processus*, dont nous avons vu qu'il est lent et progressif, à la réalisation duquel la nature nous contraint/la raison nous prescrit de travailler alors que la perfectibilité serait une sorte de "qualité" à laquelle tous les hommes prendraient part (si l'on se fie au seul usage que Kant aurait fait du terme *Perfektibilität* dans le « Loses Blatt Kullmann 1914 »), bref qui reviendrait aux hommes en tant qu'hommes.

Sophie GRAPOTTE
Société d'Études Kantiennes de Langue Française

1. « Recensionen zu J.G. Herders Ideen zur Philosophie der Geschichte der Menschheit », AK VIII, 65.

TABLE DES MATIÈRES

DEUXIÈME PARTIE

PSYCHOLOGIE : L'HUMAIN INTÉRIEUR

TROISIÈME PARTIE

ANTHROPOLOGIE :

L'HUMAIN EN TANT QU'ÊTRE ET DEVENIR

QUATRIÈME PARTIE
OUVERTURE ÉTHIQUE :
L'HUMANITÉ ET SON DEVOIR DE DÉVELOPPEMENT